한국의 선거 정치 2010-2020

한국의 선거 정치 2010-2020
천안함 사건에서 코로나 사태까지

초판 1쇄 발행 2020년 11월 30일
지은이 강원택
펴낸이 김선기
펴낸곳 (주)푸른길
출판등록 1996년 4월 12일 제16-1292호
주소 (08377) 서울시 구로구 디지털로 33길 48 대륭포스트타워 7차 1008호
전화 02-523-2907, 6942-9570~2
팩스 02-523-2951
이메일 purungilbook@naver.com
홈페이지 www.purungil.co.kr
ISBN 978-89-6291-884-7 93340

• 이 도서의 국립중앙도서관 출판시도서목록(CIP)은 서지정보유통지원시스템 홈페이지(http://seoji.nl.go.kr)와 국가자료공동목록시스템(http://www.nl.go.kr/kolisnet)에서 이용하실 수 있습니다.(CIP제어번호: CIP2020048837)

한국의 선거 정치 2010-2020

천안함 사건에서 코로나 사태까지

푸른길

차 례

책을 내면서 · 6

제1부 이슈와 투표

제1장 천안함 사건과 2010년 지방선거 · 11
제2장 왜 회고적 평가가 이뤄지지 않았을까: 2012년 국회의원 선거 · 33
제3장 세월호 사건과 2014년 지방선거 · 55
제4장 쟁점 부재의 선거에서의 투표 선택: 2016년 국회의원 선거 · 73
제5장 코로나 사태와 2020년 국회의원 선거 · 99

제2부 계층의 정치

제6장 '계급 배반 투표'와 사회 계층: 2012년 대통령 선거 · 127
제7장 사회 계층과 정치 갈등: 객관적 계층과 주관적 계층 · 148
제8장 경제적 불평등과 정치 신뢰 · 173

제3부 이념과 투표

제9장 2012년 대통령 선거에서의 이념과 후보 선택 • 199
제10장 2017년 대통령 선거에서의 보수 정치: 몰락 혹은 분화? • 219
제11장 2017년 대통령 선거에서 이념과 세대: 보수 성향 유권자를 중심으로 • 246

제4부 정치적 균열의 변화와 선거

제12장 정파적 지지와 인지적 동원: 2012년 국회의원 선거를 중심으로 • 281
제13장 '안철수 현상'과 2012년 대통령 선거 • 302
제14장 영남 지역주의의 변화: 2018년 지방선거 분석 • 323

참고문헌 • 345

책을 내면서

이 책은 2010년부터 2020년까지 10년 동안 우리나라에서 실시된 선거에 대한 분석을 다루고 있다. 사실 지난 10년 동안 한국 사회는 상당한 격변의 시간을 겪어 왔다. 2010년 천안함 사건, 2014년 세월호 사건, 2016년 촛불집회, 2017년 박근혜 대통령 탄핵, 2018년 미국 트럼프 대통령과 북한 김정은 위원장의 싱가포르 회담, 그리고 2020년 코로나 사태 등이 모두 지난 10년 사이에 발생한 일이다. 이러한 사건들은 우리 사회에 커다란 충격을 주었고 또 그때마다 선거라는 정치적 공간을 통해 그에 대한 민심이 표출되었다.

한편 지난 10년은 정치권 내에서도 상당한 변화의 과정을 거쳐 온 시기였다. 정당 명칭의 변화가 그런 특성을 잘 보여 준다. 2010년 선거에서 민주당의 간판을 내걸었던 진보 진영은 그 후 2011년 민주통합당으로, 2014년 새정치민주연합으로, 그리고 2015년 더불어민주당으로 당명을 바꿔 왔다. 2010년 한나라당이었던 보수 진영 역시 2012년 새누리당, 2017년 자유한국당, 그리고 2020년에는 미래통합당을 거쳐 이제는 국민의힘으로 당명이 변경되었다. 보수, 진보를 막론하고 이러한 당명의 잦은 변화는 그만큼 지난 10년간 한국 정치가 의미심장한 변화의 과정을 거쳐 왔음을 시사해 준다.

이 책에서는 지난 10년간 실시된 대통령 선거, 국회의원 선거, 지방선거에 대한 분석을 모두 포함하고 있다. 이 책의 기본 관점은 이러한 선거 분석을 통해 지난 10년 동안 한국 정치의 변화를 살펴보자는 데 있다. 각 장에서의 관심은 선거 당시 유권자의 정치적 선택의 원인을 찾는 것이지만, 10년 동안의 시간을 한데 묶어 보면 우리 사회의 시대적 흐름을 읽을 수 있다고 생각하기 때문이다. 더욱이 이 책은 이전에 출간한 두 권의 책에서 행했던 논의의 연장선에 있다. 2003년에 출간된 『한국의 선거 정치: 이념, 지역, 세대와 미디어』는 1997년부터 2002년까지의 선거 정치를 분석했고, 2010년 출간된 『한국 선거정치의 변화와 지속: 이념, 이슈, 캠페인과 투표참여』는 2004년부터 2008년까지의 선거 정치를 다뤘다. 이 책은 그 이후 10년의 선거 정치를 다루고 있다.

이 책은 크게 네 개의 주제로 구성되어 있다. 첫 번째 주제는 선거 이슈에 대한 것이다. 앞에서 언급한 대로, 특히 지난 10년 동안에는 대형 사건, 사고가 선거를 앞두고 터져 나온 경우가 잦았다. 이러한 이슈들이 선거에 미친 영향에 대해 분석했다.

두 번째 주제는 계층의 정치이다. 최근 우리 사회의 가장 심각한 문제는 계층 간 격차, 경제적 양극화에 대한 것이다. 그러나 선거 정치를 통해서는 계층에 따른 투표 선택보다 오히려 '계급 배반적' 특성이 나타났다. 이런 문제의식하에서 계층이라는 변수가 선거와 정치적 태도에 미치는 영향에 주목했다.

세 번째 주제는 정치 이념에 대한 것이다. 이 주제는 『한국의 선거 정치: 이념, 지역, 세대와 미디어』 이래 필자가 오랫동안 관심을 가져 온 주제이기도 하다. 앞선 두 책에서는 한국 정치에서 보수, 진보가 갖는 의미와 특성에 대해 관심을 가졌는데, 이 책에서는 이념적 지형과 기반의 변화에 대해 살펴보았다. 특히 2016~2017년 촛불집회와 박근혜 탄핵을 거치면서 나타나고 있는 보수의 분화에 대해 주목했다.

네 번째 주제는 '지역주의 균열'의 변화에 대한 것이다. 외형상 유사한 모습을 보인다고 해도 지역주의 정치는 변화하고 있다는 것이 이 책의 시각이다. 여기서는 지역주의의 약화로 인해 생겨난 정파적 연계의 약화와 변화에 대해 주목했다.

2003년의 『한국의 선거 정치』 책 출간에 이어 다시 푸른길 출판사에 신세를 지게 되었다. 사회과학 전반에 대한 출판 환경이 좋지 않고 더욱이 코로나 사태로 쉽지 않은 상황에서 출간을 결정해 준 김선기 사장님께 감사드린다.

민주화 이후 한 세대를 넘는 시간이 지났고 비교적 안정적으로 민주적 공고화를 이뤄 냈음에도 오히려 정치적 갈등과 사회적 분열이 격화되고 있는 최근 한국 정치의 모습은 많은 이들에게 깊은 우려를 자아내고 있다. 이 책이 지난 10년간 우리 사회의 변화를 되돌아보고 우리가 오늘 서 있는 자리를 차분하게 살펴보게 하는 데 일조할 수 있기를 기대한다.

2020. 11.

학송재(壑松齋)에서

제1부

이슈와 투표

제1장

천안함 사건과 2010년 지방선거

1. 서론

2010년 지방선거는 외형상 천안함 사건에서 시작해서 천안함 사건으로 끝이 났다고 할 만큼 이 사건은 선거 기간 내내 언론의 커다란 주목을 받았다. 천안함 사건은 2010년 3월 26일 백령도 부근 해상에서 해군 초계함인 천안함이 피격되어 침몰하면서 해군 장병 40명이 사망하고 6명이 실종된 사건이다. 2010년 지방선거는 천안함 사건 이후 두 달 남짓 한 시간이 지난 6월 2일에 실시되었다. 천안함 사건이라는 안보 이슈가 터져 나오면서 이 사건이 여당에 유리한 환경을 조성할 것이라는 예측이 많았다. 즉 천안함 사건이 한나라당을 돕는 일종의 '북풍(北風)'으로 작용할 것으로 보았다. 실제로 한나라당과 이명박 정부가 사건을 선거에 의도적으로 활용하려는 움직임도 있었다. 천안함 사건에 대한 정부 조사단의 발표일이 공식 선거운동 개시일이었다든지, 이명박 대통령이 천안함 사건 관련 대국민 담화문을 유례없이 전쟁기념관에서 발표했다든지 하는 것은 천안함 사건으로 인한 '북풍' 정국을 선거에 연계시키려는 의도로 볼 수 있다. 이에 야당은 정부, 여당의 이런 움직임에 대해 천안함 사건으로 인해 고조된 군사적 긴장 관계를 선거에 이용하려 한다는 비판을 제기하기도 했다.

그러나 천안함 사건을 둘러싼 여러 가지 정치적 논란에도 불구하고 지방선거는 결국 한나라당의 참패로 끝이 났다. 한나라당은 호남권을 제외하더라도 인천, 강원, 충남, 경남 광역 단체장을 민주당에 빼앗겼다. 서울 시장직은 0.6%라는 근소한 차이로 간신히 지켜 냈지만 기초단체장 선거에서는 강남, 서초, 송파 등 이른바 강남3구와 중랑구를 제외한 21개 구에서 모두 민주당에 패배했다. 천안함 사건으로 인한 '북풍'의 기대에도 불구하고 집권당은 패배했다. 이 장에서는 이런 점에 유의하여 정치적 논란의 대상이었던 천안함 이슈가 정작 선거에서 유권자들의 선택에 과연 어떤 영향을 미쳤는지에 대해 살펴보고자 한다.

2. 북한 변수, 이슈 소유권과 이슈 현저성

북한 변수는 한국전쟁 이후에도 끊임없이 남한 내 '국내정치'의 주요한 행위자로 존재해 왔다(강원택 2003: 108). 군부 권위주의 시대에 북한 변수는 무엇보다 정치적 반대세력을 제압하는 효과적인 수단으로 활용되었다. 정치적 반대에 직면할 때마다 그것을 억압하는 명분은 언제나 반공이었고 북한의 군사적 위협이었다. 민주화 이후에는 과거처럼 북한 변수를 노골적으로 활용하는 것은 줄어들었지만, 선거철이 되면 지지층을 결집하거나 불리한 이슈의 부상을 막기 위해 이른바 '북풍'이 반복적으로 등장하곤 했다. 1987년 대통령 선거일을 한 달도 남겨 두지 않은 11월 29일 대한항공 폭파 사건이 발생했고 폭파범 김현희는 선거 전날 중동에서 서울로 급히 압송되었다. 1992년 대통령 선거를 앞두고는 이선실의 조선노동당 사건과 김낙중 간첩 사건이 발생했다. 1996년 국회의원 선거가 예정되었던 상황에서는 비무장 지대에서 북한의 무력시위가 발생했고, 1997년 대통령 선거 전에는 신한국당이 북한과의 은밀한 교섭을 통해 금전을 대가로 북한 무력시위를 요청한 이른바 '총풍' 사건이 드러나기도 했다(이상 강원택 2003: 111-112). 2000년 국회의원 선거를 앞두고는 과거와는 상이한 속성의 북풍 전략이 활용되었는데 당시 김대중 정부는 선거일을 불과 사흘 앞두고 역사적인 남북정상회담의 개최를 발표했다. 2002년 대통령 선거를 보름 앞두고는 북한이 농축 우라늄 핵개발을 즉각 폐기하고 핵 관련 시설에 대한 사찰을 수용하라는 국제원자력기구의 결의안을 정면 거부했는데, 선거일 8일 전에는 북한제 스커드 미사일을 선적한 북한 선박이 미국 해군에 의해 나포되는 사건이 발생했다(김형준 2007: 49). 2007년 대통령 선거를 두 달 앞둔 10월 2일부터 4일까지는 평양에서 노무현 대통령과 김정일 위원장 간 남북정상회담이 개최되었다. 그리고 2010년 지방선거를 앞두고는 해군 초계정 천안함이 북한 잠수정의 공격으로 침몰하는 사건이 발생했다. 이 모든 사건이 우연인지 아니면 의도된 것인지 잘 알 수는 없지만 흥미롭게도 민주화 이후 치러진 선거에서 북한은 선거에 영향을 미칠 수 있는 변수로 종종 등장해 왔다.

이처럼 선거를 앞두고 발생한 북한과 관련된 사건은 안보에 예민한 유권자들을 보수 정당에 대한 지지로 이끌어 내는 북풍 전략에 활용되는 것으로 이해되어 왔다. 그렇다면 북풍 전략이 시도되는 까닭은 무엇일까? 이론적으로 세 가지 측면에서 설명해 볼 수 있다. 첫째, 시급한 안보 문제로 인해 지도자를 중심으로 결집하게 하는 효과('rally round the flag' effect)이다. 전쟁의 발발이나 위협은 국내 문제에서 발생하는 긴장과 갈등을 뒤로하고 위기 극복을 위해 지도자를 중심으로 뭉치게 하는 효과를 가져올 수 있다(Norpoth 1987: 4). 즉 당장 외부로부터의 군사적 위협이라는 급박한 이슈의 등장으로 인해 국내적 불만은 선거에서 부차적인 이슈로 그 중요성이 낮아지며, 위기를 극복하기 위해서는 현 정치 지도자를 중심으로 국민 모두가 뭉쳐야 할 필요성을 갖게 된다는 것이다. 북풍 전략 역시 이와 동일한 논리에서 설명해 볼 수 있다. 집권당이나 대통령이 국내 경제 상황의 악화나 스캔들 등으로 정치적 궁지에 몰렸다고 해도, 북한의 군사적 위협이라는 급박한 이슈가 등장하게 되면 일단 국내 문제를 둘러싼 불만과 갈등은 잠시 제쳐 두고 대통령과 집권당을 중심으로 국민이 단결해야 하는 상황으로 몰아가고자 하는 것이다.

둘째, 유권자의 전반적인 선호 분포를 집권당에게 유리하도록 변화시키는 전략이다. 던리비(Dunleavy 1991: 112-144)의 선호형성모델(preference-shaping model)은 북풍 전략의 또 다른 의미를 논리적으로 설명한다. 정당 경쟁이 중위수 유권자의 위치로 수렴해 간다는 다운즈(Downs 1957: 114-132) 가정을 뒤집어서, 던리비는 정치적 자원을 지니고 있는 집권당이 그들의 이념적 위치에 가깝도록 유권자의 선호 분포를 의도적으로 변화시킬 수 있다는 점에 주목했다. 즉 다운즈가 가정한 대로 정당이 유권자의 선호 분포에 따라가는 것이 아니라, 유권자의 선호 분포를 집권당에 가깝도록 정치적 자원을 통해 이동시킬 수 있다는 것이다. 북풍을 예로 든다면, 보수 정당이 경제와 같은 특정 이슈에 대한 중위수 유권자의 위치를 향해 가는 것이 아니라, 북풍과 같은 이슈를 통해 유권자의 선호 분포가 보수적인 방향으로 이동하도록 함으로써 그 정당의 이념적 위치에 중위수 유권자의 위치가 가깝게 다가서도록 한다는 것이다.

셋째, 정당 경쟁의 근접이론(proximity)에 따르면, 이슈가 단일차원인 경우에 새로운 이슈가 부상해 어떤 유권자와 두 정당 간 거리가 이차원 공간으로 확대되면 새로이 떠오른 이슈에 대한 유권자와 정당의 이념적 위치에 따라 각 정당과의 근접성은 변화할 수 있다(Enelow and Hinich 1984: 42-64). 예컨대, 경제 이슈에서는 A 정당과 더 가깝게 느꼈던 유권자라고 하더라도 안보 이슈에서는 B 정당의 입장에 아주 근접해 있다면 이차원 공간에서의 거리는 B 정당에 더 가까워질 수 있다는 것이다. 즉 선거 이슈가 일차원으로부터 이차원으로 변화되는 경우라면 유권자로부터 두 정당의 거리는 달라질 수 있다. 이 입장을 적용해 보면 집권당이 경제정책이나 사회정책으로 인해 인기가 떨어진 경우, 북풍을 통한 안보 이슈를 새로이 부상시킴으로써 보수적 유권자와의 거리를 가깝게 만들 수 있다.

그렇다면 선거에 활용되는 북풍의 효과는 과연 어떠할까? 정준표(1998: 139)는 1996년 국회의원 선거를 앞두고 발생한 북한의 잇단 비무장지대에서의 무력시위로 인해 당시 야당인 국민회의가 수도권에서 적어도 10석 정도의 의석을 잃은 것으로 평가했다. 그러나 이와는 달리 '북풍'의 효과가 제한적이라는 평가도 적지 않다. 예컨대, 2000년 총선을 앞두고 개최된 남북정상회담은 의도한 효과를 보지 못한 것으로 나타났다(강원택 2003). 김형준(2007) 역시 2002년 대통령 선거에서 북핵 파동은 보수적 유권자들을 결집하는 효과는 있었지만, 반미 이슈 등으로 인해 그 효과가 상쇄되어 큰 파장을 일으키지 못한 것으로 보았다. 마찬가지로 김영태(2007)는 2007년 대통령 선거 이전의 남북정상회담과 같은 북한 변수는 유권자의 투표 행태에 별다른 영향을 미치지 못한 것으로 분석했다. 즉 북풍의 효과는 최근에 가까워질수록 그 효과가 제한적인 경향을 보이고 있다.

2010년 지방선거에서 천안함 사건은 유권자의 투표 선택에 대한 이슈의 영향력이라는 관점에서도 살펴볼 수 있다. 선거에서 이슈의 영향과 관련하여 생각해 볼 수 있는 이론적 개념은 이슈 소유권(issue ownership)과 이슈 현저성(issue salience)이다. 이슈 소유권은 정당이나 후보자가 오랜 시간에 걸쳐 형성된 특정 이슈와 관련하여 유권자들에게 유능하다고 일반적으로 받아들여지는 인식을 의미한다. 말하자면 어떤 이슈에 대해 특정 정당이 보다 많이 관계되었다는 것으로는 충분하지 않고 그 문제 해결에 유능(competence)하다는 인식을 주어야 이슈 소유권이라고 부를 수 있다. 예컨대 미국 정치에서 외교, 안보, 치안 분야에서는 공화당이 보다 유능한 것으로 인식되는 반면, 복지, 민권, 교육 등의 이슈에 대해서는 민주당이 보다 나은 것으로 인식되는 경향을 말한다. 이처럼 정당이나 후보자들은 선거에서 자신에게 유리한 이슈를 선택하여 부각시키고 상대 후보와의 차별성을 강조하려고 한다(Petrocik 1996). 영국에서도 보수당은 치안, 국방, 세금 문제에서 상대적으로 낫고 노동당은 교육, 보건 분야에서 보다 유능하다는 인식이 존재한다(Budge and Farlie 1983). 어떤 이슈가 부상했느냐에 따라 그에 대한 이슈 소유권을 가진 정당이 선거에서 보다 유리해졌다는 사실이 경험적 연구에서도 확인된다(Ansolabehere and Iyengar 1994; Petrocik, Benoit and Hansen 2003; Damore 2004; Kaufmann 2004). 그런데 컨버스(Converse 1964)의 고전적 연구가 말해 주듯 일반적으로 유권자들이 관심을 갖거나 중요하게 생각하는 이슈는 소수에 불과하다. 따라서 선거를 앞두고 정당들은 자신들이 이슈 소유권을 갖는 이슈를 부각함으로써 지지자들을 동원하려고 노력하기 마련이다.

이슈 소유권의 영향은 선거에서 특정 이슈가 보다 크게 부각될 때 커질 수밖에 없다. 즉 이슈의 현저성이 커질수록 그 이슈에 대한 소유권을 가진 정당은 유리한 입장에 놓이게 될 것이다. 예컨대 미국 선거에서 안보, 국방 이슈가 부상했다면 공화당 후보가 상대적으로 유리한 상황에 놓이게 될 것이다. 우리나라에서도 2004년 국회의원 선거는 노무현 대통령에 대한 탄핵 이슈가 선거판을 지배했다. 당시 여론은 탄핵 반대가 훨씬 우세했고, 선거 결과는 탄핵 반대를 주장해 온 열린우리당이 152석의 과반 의석을 차지하며 선거에 승리했다. 이슈의 현저성에는 일반적으로 언론의 영향이 크다. 선거를 앞두고 각 정당에서 제기하는 다양한 어젠다 중에서 특정 어젠다가 언론에 의해 부각되면 그것이 유권자의 투표 결정에 영향을 미칠 수 있다. 즉 언론에 의한 프라이밍(priming)이 이뤄질 수 있다(Druckman 2004). 그러나 이슈의 현저성은 선거 캠페인이나 언론의 보도 이외에도 특정 사건의 정치적 위력에 의해 나타날 수 있다. 앞에서 예로 든 2004년 국회의원 선거에서 탄핵 이슈가 그 예가 된다.

2010년 지방선거는 이슈의 소유권, 이슈의 현저성이라는 점에서 매우 흥미로운 사례이다. 선거 두 달 전 해군 초계함이 침몰하는 충격적인 사건이 발생했고 그 이후 천안함 사건은 언론을 통해 지속적으로 대서특필되어 왔다. 그러나 안보, 국방 이슈와 관련해서 이슈 소유권을 가진 것으로 간주되는 한나라당은 선거에서 사실상 패배했다. 왜 한나라당은 천안함 사건에도 불구하고 패배했을까? 이런 문제 의식으로부터 2010년 지방선거에서 천안함 사건이라는 북한 변수가 유권자의 선택에 어떤 영향을 미쳤는지에 대해 살펴보기로 한다.

3. 2010년 지방선거에서의 주요 이슈

2010년 6월 2일 실시된 지방선거를 두 달여 앞둔 3월 26일 해군 초계정 천안함이 침몰한 이후 선거 때까지 이 사건은 사실상 주요 언론의 지면과 방송 시간을 뒤덮었고 국민적 관심의 대상이 되었다. 이로 인해 지방선거를 앞두고도 선거 관련 이슈들이 공식 선거운동이 시작된 5월 20일까지 제대로 논의조차 되지 못하는 분위기였다. 아래의 인용문은 선거 무렵 천안함 사건이 갖는 정치적 비중을 느끼게 하는 기사이다.

> 6·2 지방선거 공식 선거운동이 시작된 20일, '북한의 무력도발에 의한 침몰'이라는 천안함 사건 조사 결과가 발표되자 정치권은 술렁이고 있다. 북한 책임 및 제재 방법과 수위를 둘러싼 이념대결이 벌어질 경우 선거에서 제기된 많은 정책 의제들을 빨아들이는 '블랙홀'이 될 수 있는 메가톤급 이슈이기 때문이다. 19일 열렸던 방송기자클럽 주최 TV토론에서도 천안함 조사에 대한 여야의 대응이 극명하게 엇갈렸다. 정몽준 한나라당 대표는 "민주당 일부 의원들이 북한을 대변하듯 '국방부가 짜깁기한다'고 해 안타깝다"고 했다. 또 "자주국방이라는 이상한 단어를 써서 경제·안보가 모두 어려웠다"고 전(前) 정권의 책임론을 부각했다… 정세균 민주당 대표는 "왜 공식 선거운동 개시일에 천안함 조사결과를 발표하고 선거 전에 대통령이 담화를 발표하냐"며 여권의 '정치적 의도'를 지적했다.[1]

그렇다면 과연 지방선거 때 유권자들이 갖는 중요한 관심사는 천안함 사건이었을까? 천안함 이슈가 선거에 미친 영향을 살펴보기에 앞서 선거 기간 중 제기되었던 각종 이슈가 유권자들의 투표 결정에 있어 얼마나 큰 고려의 대상이

1. 조선일보, 2010.5.20., [천안함 조사발표] 6.2지방선거에 안보론 북풍론 맞설 듯, http://news.chosun.com/site/data/html_dir/2010/05/20/2010052000694.html

었는지에 대해 알아보기로 한다. 〈표 1-1〉은 광역 단체장 선거에서 후보자를 결정하는 데 각 이슈가 고려의 대상이었는지 그 질문에 대한 응답 비율을 정리해 둔 것이다. 〈표 1-1〉은 매우 의외의 결과를 보여 주고 있다.

천안함 이슈가 선거 운동 기간 동안 신문과 방송 등 주요 언론을 사실상 뒤덮다시피 했지만 실제로 유권자들이 투표 결정 때 고려한 이슈는 천안함 사건이 아닌 것으로 나타났다. 유권자들이 선거 결정 때 천안함 이슈를 고려했다는 비율은 다른 이슈들에 비해서 오히려 낮게 나타났다. 선거 전 실시한 1차 조사에서는 초중교 무상급식에 대한 관심이 높았고, 그다음이 4대강 사업, 세 번째가 세종시, 네 번째가 전교조 명단 공개, 그리고 다섯 번째가 천안함 사건이었다. 선거 후 조사한 2차 조사에서도 무상급식과 4대강 사업의 순위가 바뀌기는 했지만 대체로 유사한 순서를 보였다. 세종시 문제가 세 번째, 전교조 교사 134명의 파면과 해임이 네 번째였다. 천안함 사건은 여기서도 다섯 번째의 비율을 보였다. 유권자들에게 영향을 미친 사건은 천안함 사건이나 노무현 전 대통령 1주

〈표 1-1〉 2010년 지방선거 때 지지 후보 결정에 각 이슈를 고려한 비율

이슈	1차 조사	순위	2차 조사	순위
초중교 무상급식	74.8	1	61.7	2
4대강 사업	63.3	2	64.1	1
세종시 사업	57.6	3	57.9	3
천안함 사건	48.1	5	43.3	5
노 전 대통령 1주기	40.3	6	31.8	7
전교조 명단 공개	53.9	4	–	–
전교조 교사 파면 해임	–	–	48.4	4
김제동 씨 프로그램 중단	–	–	39.1	6

각 항목에 대해 개별적으로 물어본 응답 결과임. 1차 조사는 선거 전, 2차 조사는 선거 후 실시하였음.[2]

2. 여기서 사용된 데이터는 동아시아연구원(EAI), 중앙일보, SBS가 한국리서치에 의뢰하여 실시한 패널 조사 결과이다. 서베이 조사는 컴퓨터를 이용한 전화면접조사(CATI) 방식을 이용했으며, 1차 조사는 2010년 5월 4~6일 사이에 1200명을 대상으로, 2차 조사는 선거 실시 직후인 2010년 6월 3~5일 사이에 904명을 대상으로 실시했다.

기 같은 이슈가 아니었다. 오히려 유권자들에게 영향을 미친 사건은 두 가지 특성을 보임을 알 수 있다. 첫째는 일상생활에 보다 큰 영향을 미치는 무상급식, 4대강, 교육 문제이다. 즉 2010년 지방선거에서 유권자들이 관심을 가졌던 이슈는 환경, 교육 등 생활 정치(lifestyle politics)와 관련된 것이었다. 둘째는 이명박 대통령의 주요 공약과 관련된 사안, 즉 4대강이나 세종시 수정안 등에 대한 것이었다. 지방선거의 시점이 임기 중반이라는 점을 감안할 때 이러한 이슈에 대한 유권자들이 높은 관심은 적지 않은 유권자들이 지방선거를 대통령에 대한 중간 평가로 바라보고 있음을 시사한다.

그런데 사실 각 이슈에 대한 태도는 정파적 지지에 따라 각기 달라질 수 있다. 즉 한나라당 투표자들과 민주당 지지자들이 각각 관심을 갖고 영향을 받은 이슈는 서로 다를 수 있다는 것이다. 이런 점을 고려하여 〈표 1-2〉에서는 광역 단체장 선거에서 주요 두 정당 후보에 투표한 유권자들이 각 이슈에 대해 얼마나 영향을 받았는지에 대해 분석한 것이다. 7개 이슈 모두에 대해서 두 정당 간 영향의 차이가 통계적으로 유의미하게 나타났는데, 민주당 지지자들이 7개 모든 이슈에 대해 상대적으로 보다 큰 영향을 받은 것으로 나타났다. 그런데 흥미로운 점은 천안함 사건에 대한 것이다. 한나라당과 민주당 두 집단 간 평균값의 차이도 제일 작게 나타났지만, 민주당 투표자의 경우 그 값이 다른 이슈에 비해서

〈표 1-2〉 광역 단체장 선거에서 한나라당과 민주당 후보 지지자의 이슈별 투표 영향

	한나라당	민주당	t-검정
천안함	2.69	2.49	2.48**
4대강	2.59	1.59	13.21*
세종시	2.68	1.86	10.83*
무상급식	2.51	1.82	8.30*
노무현 1주기	3.24	2.48	10.07*
전교조 해임	2.76	2.20	6.57*
김제동 하차	3.11	2.42	8.53*

1-투표에 매우 고려했다, 2-약간 고려했다, 3-별로 고려하지 않았다, 4-전혀 고려하지 않았다.
*p<0.00, **p<0.05

크게 나타났다. 즉 천안함 이슈가 야당 지지자들이 투표 때 가장 덜 고려되었던 이슈라는 것이다. 야당 지지자들에게는 오히려 4대강, 무상급식, 세종시 이슈가 보다 중요하게 고려되었다. 한나라당 투표자들에게도 무상급식, 4대강이 보다 중요하게 고려된 이슈이며, 세종시 이슈에 대한 고려는 천안함과 비슷한 정도로 나타났다.

이러한 특성을 다시 확인해 보기 위해 이번에는 천안함 이슈만을 떼어 정파별로 투표 결정에 미친 영향에 대해 살펴보았다. 이번에는 광역비례대표 투표의 결과를 한나라당과 민주당, 그다음에는 두 정당 이외의 다른 정당들까지 포함하여 보수 정당군과 진보 정당군으로 구분하고 천안함 이슈가 투표 결정에 얼마나 영향을 미쳤는지에 대해 분석했다. 〈표 1-3〉에서 보듯이, 지지 정당이나 정파별로 천안함 사건이 미친 영향의 차이가 확인되었다. 두 경우 모두 한나라당이나 보수 정당군보다 민주당이나 진보 정당군 지지층에서 천안함 사건의 영향이 보다 큰 것으로 나타났다. 두 경우 모두 민주당이나 진보 정당군 지지층에서 대략 10% 정도 더 천안함 사건의 영향이 높게 나타났다.

〈표 1-2〉, 〈표 1-3〉에서 본 대로, 천안함 사건이 투표 선택에 미친 영향은 '보수적인' 한나라당 지지자들이 아니라 진보 성향인 민주당 지지자들에게서 더 높게 나타났다. 안보 이슈는 전통적으로 한나라당이 이슈 소유권을 갖고 있다고 간주되는데, 그 지지층인 보수적인 유권자들이 오히려 더 반응하지 않은 것이다. 다시 말해, 전통적으로 보수적 유권자들이 보다 중요하게 생각하는 북

〈표 1-3〉 광역비례대표 투표 정당별 천안함 사건 고려 정도

투표 정당	고려했다	고려하지 않았다	n	카이제곱
한나라당	36.3	63.1	298	χ^2=8.32
민주당	48.8	51.2	261	$p<0.01$
보수 정당군	37.6	62.4	338	χ^2=7.59
진보 정당군	47.0	53.0	562	$p<0.01$

보수 정당군: 한나라당, 자유선진당, 친박연대, 국민중심연합
진보 정당군: 민주당, 민주노동당, 창조한국당, 진보신당, 국민참여당

한 이슈, 안보 이슈인 천안함 사건을 민주당 지지자들이 더 고려했다는 것은, 그동안 선거에서 보아온 '북풍'의 기대효과와는 다른 방향으로 이 사건이 영향을 미쳤다는 점을 시사해 준다. 즉 천안함 사건이라는 안보 이슈가 한나라당에 오히려 불리하게 작용했을 수도 있다는 것이다.

이런 특성을 보다 분명히 확인하기 위해 〈표 1-4〉에서는 연령 집단별로 투표 때 천안함 사건을 얼마나 고려했는지 그 비율을 비교해 보았다. 일반적으로 연령이 높아질수록 보수적인 성향이 강하게 나타나기 때문에(예컨대 강원택 2003: 287-333), 고연령 집단에서 이 사건에 대한 관심이 더 높을 것으로 예상해 볼 수 있다. 그러나 실제 결과는 흥미롭게도 연령이 높아질수록 지지 후보 선택 시 천안함 사건을 고려했다는 비율이 낮게 나타나고 있다. 이 사건을 투표 결정 때 고려했다는 비율은 19~29세의 젊은 층에서 55.6%로 가장 높게 나타났다. 반면, 일반적으로 가장 보수 성향이 강한 것으로 간주되는 60세 이상에서 그 비율은 40.9%에 머물렀으며, 40~49세의 경우에는 35.3%, 50~59세에서도 그 비율은 39.7%로 나타났다. 과거 북한이나 안보와 관련된 이슈에 대해 나이가 많은 층에서 매우 예민한 반응을 보여 왔음을 고려할 때, 19~29세 층에서 천안함 이슈를 더 많이 고려했다는 응답은 다소 의외라고 할 수 있다. 앞서 지적한 대로, 이러한 응답 패턴은 천안함 사건이 이전과는 상이한 형태로 투표 결정에 영향을 미쳤음을 시사해 준다.

지금까지의 논의를 종합하면, 천안함 사건은 언론의 대대적인 보도나 안보 이슈라는 사건의 무게감에도 불구하고 예상만큼 유권자들의 투표 결정에 커다

〈표 1-4〉 연령 집단별 투표 결정시 천안함 사건 고려 정도

연령	고려했다	고려하지 않았다	카이제곱
19~29	55.6	44.4	$\chi^2=17.92$ $p<0.01$
30~39	45.6	54.4	
40~49	35.3	64.7	
50~59	39.7	60.3	
60 이상	40.9	59.1	

란 영향을 미치지 못했다고 말할 수 있다. 그렇다면 천안함 사건은 집권당에게 별다른 도움이 되지 않았던 것일까?

4. 천안함 사건은 북풍(北風)이었나?

북한 이슈가 대체로 집권당, 특히 보수적인 집권당에게 유리하게 작용할 것이라는 예상은 앞서 살펴본 여러 이론적 설명처럼, 최소한 보수적인 유권자들에게 안보 이슈의 중요성을 일깨워 줌으로써, 집권당이나 대통령의 국정운영에 불만이 있는 경우라도 '깃발 주위로 뭉치게 하는' 효과를 가져올 것이라는 기대감 때문이다. 또한 이슈 소유권을 갖는 한나라당에 대한 지지를 강화시켜 줄 것이라는 예상 때문이었다. 이런 이유로 인해 정부 조사 결과 북한군의 소행으로 밝혀진 천안함 사건 역시 여당인 한나라당에게 유리한 환경을 만들어 줄 것으로 기대되었다. 그러나 앞 절에서 본 대로, 천안함 사건의 영향은 크지 않았으며 그 효과 역시 예상과는 다소 다른 형태로 나타났다. 야당 지지자가 더 높은 비율로 그 이슈를 고려했다고 했고, 상대적으로 진보적인 젊은 유권자층에서 천안함 이슈를 고려했다는 응답이 높게 나타났다. 그리고 실제 선거 결과 또한 과거의 북풍 전략에 대한 기대감과는 달리 여당의 패배를 막지 못했다. 그렇다면 천안함 사건은 정파적으로 어느 정당에게 더욱 유리하게 작용했을까?

〈표 1-5〉는 천안함 사건이 과연 투표 행태의 변화에 영향을 주었는지에 대한 응답을 정리한 것인데 주목할 만한 결과를 보여 준다. 전체 응답자의 64.2%가 지지 후보를 바꾸지 않았다고 응답하여 이 이슈로부터 영향을 받지 않은 것으로 나타났기 때문이다. 모름/무응답 3.2%를 제외하면 대체로 33% 정도가 천안함 사건으로 원래의 투표 결정을 바꿨다고 응답했다. 선거를 앞두고 특정 이슈가 30% 이상의 표심을 변화시켰다면 그 이슈의 효과는 대단히 큰 것으로 봐야 할 것이다. 그런데 흥미로운 점은 표심 변화의 '방향'이다. 가장 큰 비율의 응답

〈표 1-5〉 천안함 사건에 영향 받은 유권자들 중 그 이슈로 인한 투표 행태의 변화

	지지 후보 바꾸지 않았다	여당에서 야당 후보로 지지 변화	야당에서 여당 후보로 지지 변화	지지 후보 없다가 여당 지지로 변화	지지 후보 없다가 야당 지지로 변화	투표 안 하려다 투표 결정	모름/무응답
% (N=304)	64.2	16.0	3.1	3.4	5.3	4.9	3.2

은 '여당에서 야당 후보로 지지를 변화'했다는 것으로 16%였다. 이에 비해 '야당을 지지하다가 천안함 사건 때문에 여당 후보로 지지를 바꿨다'는 응답의 비율은 3.1%에 불과했다. 흥미롭게도 천안함 사건이라는 '북풍'은 여당보다 야당으로의 지지 변화에 더 큰 영향을 미친 것으로 나타났다. 선거 전략으로의 북풍은 안보상의 위기가 국내적 문제에서 벗어나 현 정부를 중심으로 단결하게 만들 것이라는 기대감에 의한 것이지만 실제로는 그런 기대와는 정반대 방향의 결과가 나타난 것이다. 더욱이 지지 후보가 없었는데 천안함 사건으로 여당 혹은 야당 후보로 지지를 바꾼 응답자들까지 포함하면, 천안함으로 인해 야당 지지로 바꾼 비율은 21.3%인데, 여당 지지로 바꾼 비율은 6.5%에 불과했다. 즉 이번 천안함 사건은 집권당이 아니라 야당에게 오히려 유리하게 작용했음을 알 수 있다. 〈표 1-5〉의 결과는 선거 후 여당이 천안함 사건이라는 북풍의 역풍을 맞았다는 언론과 정치권의 해석[3]이 옳았다는 사실을 잘 보여 주고 있다.

그렇다면 왜 천안함 사건은 애당초 예상과는 달리 여당인 한나라당에게 불리한 영향을 미쳤을까? 우선 생각해 볼 수 있는 원인은 여당이 안보 문제인 천안함 사건을 노골적으로 선거에 활용하려 하는 데 불만을 가졌기 때문일 수 있다. 즉 북풍을 정치적으로 이용하려 했기 때문에 오히려 반감이 생겼다는 것이다. 이를 확인해 보기 위해 천안함 침몰 발표가 지방선거에 영향을 미치기 위한

3. 오마이뉴스, 2010.5.24., 한나라당 내부문건 "천안함 선거 이용, 되레 여론 악화", http://www.ohmynews.com/NWS_Web/View/at_pg.aspx?CNTN_CD=A0001387926&PAGE_CD=N0000&BLCK_NO=3&CMPT_CD=M0002

〈표 1-6〉 천안함 사건 정치적 의도 여부에 대한 정당별 응답율

투표 정당	정치적 의도 있다	정치적 의도 없다	n	카이제곱
한나라당	38.5	61.5	299	$\chi^2=164.24$ $p<0.00$
민주당	91.1	8.9	258	
보수 정당군	42.9	57.1	340	$\chi^2=188.67$ $p<0.00$
진보 정당군	86.3	13.7	556	

정부의 의도가 있느냐는 질문에 대한 응답을 광역자치단체장 선거에서 투표한 정당별로 나눠서 살펴보았다. 〈표 1-6〉은 천안함 사건을 바라보는 유권자들의 인식이 투표 정당에 따라 매우 다르게 나타난다는 점을 잘 보여 주고 있다. 민주당에 투표한 이들은 거의 전부가 정부, 여당이 천안함 사건을 선거용으로 활용하려는 의도가 있다고 응답했다. 그 응답 비율은 91.1%에 달했다. 진보 정당군에 투표한 이들 중에서도 정치적 의도가 있다는 응답이 86.3%에 달했다. 그러나 한나라당 후보에 투표한 유권자들은 38.5%, 그리고 보수 정당군 투표자들은 42.9%가 정치적 의도가 있다고 보았다. 이와 같은 한나라당이나 보수 정당군 투표자의 응답 비율은 민주당이나 진보 정당군 투표자의 응답 비율에 비해서는 상당히 낮지만, 절대적인 기준으로 볼 때 그 응답 비율은 결코 낮은 것이라고 말할 수 없다.

이런 특성을 다시 확인하기 위해서 이번에는 이명박 정부의 국정운영에 대한 평가를 기준으로 천안함 사건의 정치적 의도 여부에 대한 태도에 대해서 알아보았다. 〈표 1-7〉의 결과는 이명박 대통령에 대한 국정운영 평가와 천안함 사건의 정치적 의도에 대한 응답 비율을 정리한 것이다. 이명박 대통령의 국정운영에 대해 부정적인 시각을 갖고 있는 이들 중 대다수는 90.4%로 천안함 사건 발표에 정치적 의도가 있다고 답했다. 이명박 대통령의 국정운영에 대해 긍정적으로 평가하는 이들 중 58.5%는 정치적 의도가 없다고 답했지만, 40%가 넘는 이들이 이명박 대통령을 긍정적으로 평가하면서도 천안함 사건을 선거를 앞두고 정치적 의도를 갖고 활용했다고 보았다.

〈표 1-7〉 천안함 사건 정치적 의도 여부에 대한 국정운영 평가별 응답율

MB 국정운영 평가	정치적 의도 있다	정치적 의도 없다	N
긍정적	41.5	58.5	371
부정적	90.4	9.6	519
카이제곱 χ^2=245.91 $p<0.01$			

5. 왜 '북풍'은 불지 않았나

지금까지 살펴본 대로 천안함 사건은 과거 북풍처럼 선거에서 여당에게 도움을 주기보다는 오히려 역효과를 낸 것으로 보인다. 이처럼 과거와 다르게 북풍 효과가 나타난 것은 무슨 이유 때문일까? 첫째, 김대중, 노무현 정부 10년을 거치면서 남북 간 화해 협력을 경험했기 때문에, 과거와 달리 유권자들이 수용할 수 있는 남북 관계의 새로운 대안이 존재했다. 과거 냉전 시기처럼 남북 간의 관계가 군사적 긴장과 적대감의 고조 이외에 다른 방안이 없던 것과는 매우 상이한 환경이 된 것이다. 이 때문에 선거를 앞두고 천안함 사건 이후 이명박 정부가 남북 간 군사 위기를 의도적으로 고조시키고자 한 것은 앞의 〈표 1-5〉에서 본 대로, 오히려 적지 않은 유권자의 불만을 샀다. 예를 들면, 선거를 불과 열흘 정도 남겨 둔 2010년 5월 24일에 이명박 대통령이 천안함 사건 관련 특별 대국민 담화를 발표한 장소는 다름 아닌 전쟁기념관이었다. 아래의 인용문에서 볼 수 있듯이, 담화문의 내용 중에는 전쟁도 불사하겠다는 해석이 가능할 법한 표현도 담겨 있었다.

> 천안함 침몰은 대한민국을 공격한 북한의 군사도발입니다. … 나는 북한의 책임을 묻기 위해 단호하게 조처해 나가겠습니다. … 대한민국은 앞으로 북한의 어떠한 도발도 용납하지 않고, 적극적 억제 원칙을 견지할 것입니다. 앞으로 우리의 영해, 영공, 영토를 무력 침범한다면 즉각 자위권을 발동할 것입니다.

실제로 이 담화 발표 이후 전쟁 상황에 대한 불안감이 증폭되었고 일시적으로 증시와 환율에 영향을 미치기도 했다. 그러나 이와 같은 대북 강경 대처는 많은 유권자들로부터 그다지 긍정적인 반응을 받지 못했음을 알 수 있다. 특히 이런 강경 태도는, 〈표 1-4〉에서 본 대로, 전쟁 등 국가 위기 시에 직접 참전이나 동원의 대상이 되는 19~29세 젊은 층의 반발을 샀다. 더욱이 천안함 사건 발발에도 불구하고 장기적으로 볼 때 다수 국민들이 원하는 대북정책 추진의 방향은 강경 대처보다는 남북 간 화해 협력 강화였다. 〈표 1-8〉은 지방선거 후 실시한 2차 조사에서 실시한 바람직한 대북정책 추진 방향에 대한 응답이다. 천안함 사건에도 불구하고 전체 응답자의 62.4%가 남북 간 화해 협력 강화를 원한다고 답했다. 북한에 대해 강경하게 대처해야 한다는 응답은 37.6%에 불과했다. 한나라당 지지자의 경우에는 54.9 %가 강경 대처를 원했지만, 화해 협력 강화를 원하는 비율도 45.1%에 달했다. 한나라당 이외의 다른 정당 지지자들은 70% 이상이 화해 협력을 원하는 것으로 나타났다. 대북화해협력정책에 대한 지지가 다수를 차지하는 만큼 이명박 정부의 대북 강경 기조는 한나라당 지지의 외연 확대를 오히려 어렵게 했다. 그런 점에서 천안함 사건을 군사적 위기로 고조시켜 지지자를 동원하려던 한나라당의 전략은 유권자 다수가 선호하는 정책 방향을 제대로 읽지 못한 실책이었다.

〈표 1-8〉 바람직한 대북정책 추진 방향

		강경 대처	화해 협력 강화	카이제곱
광역 비례	한나라당	54.9	45.1	χ^2=65.96 p<0.00
	민주당	24.0	76.0	
	기타	29.0	71.0	
연령	19~29	29.9	70.1	χ^2=10.57 p<0.05
	30~39	41.9	58.1	
	40~49	41.4	58.6	
	50~59	31.8	68.2	
	60	41.8	58.2	
전체		37.6	62.4	n=892

둘째, '북풍'과 관련된 이슈 소유권이 정치적으로 적절히 활용되기 위해서는 몇 가지 조건이 필요하다. 즉 선거 때 '북풍'이 불기 위해서는 적의 행위가 분명하게 확인되어야 하고 그것이 명백한 위협으로 받아들여져야 한다. 그리고 가장 중요한 점은 그 이슈가 정당 간, 혹은 정치 지도자 간 차별성을 극대화할 수 있어야 한다. 그러나 천안함 사건은 한나라당의 이슈 소유권이 제대로 드러날 수 없었던 이슈였다. 우선 천안함 침몰이 북한의 소행이라는 정부 합동조사단의 발표에도 여전히 사회적으로는 그 진상에 대한 의구심이 폭넓게 존재했다. 정부 발표에도 불구하고 명백하게 모두가 수긍할 수 있는 '북한의 직접적 개입'에 대한 증거가 충분하지 못했다. 또 다른 점은 '명백한 위협'에 대한 것이다. 북한이 천안함이라는 우리 군함을 침몰시킨 것은 매우 분노할 만한 일이지만, 그것이 국가 안보에 대한 직접적 불안으로 이어질 정도의 사건은 아니라고 대다수 유권자들이 생각할 수 있다. 정도의 차이는 있지만 북한과의 국지적 충돌은 종종 발생했기 때문에, 그런 군사적 충돌이 전면전과 같은 대규모 군사적 충돌로 확대될 것이라는 위기감은 크지 않았다. 2002년 월드컵 기간 중에는 서해 연평도 북방한계선 부근에서 북한 해군 경비정과 우리 고속정 간 2차 연평해전이 발생하기도 했다. 더욱이 남북 간 경제적 격차의 확대로 우리 국민이 북한에 대해 갖는 우월감은 높은 편이다. 이런 상황에서 군사적 긴장을 고조시키는 것이 선거 때 유권자의 지지를 이끌어 낼 수 있는 적절한 전략이었다고 보기 어렵다. 더욱이 중요한 점은, 과거 북풍을 활용했을 때는 그 전략이 효과적으로 발휘될 수 있는 정치적 대상이 있었다. 사실과 무관하게 과거 김대중은 군사 독재 기간을 거치면서 이념적으로 과격한 인물로 낙인이 찍혔고 이러한 이념적 공세는, 1996년 국회의원 선거에서처럼 안정을 선호하는 보수와 중도층 유권자에게 영향을 미치기도 했다(정준표 1998). 그러나 그 이후에는 더 이상 그런 북풍이 효과를 발휘할 대상을 찾기가 어려워졌다. 특히 2010년 지방선거 당시 민주당을 이끌던 당 대표는 정세균이었는데, 김대중과 달리 이념적 공세의 대상이 될 수 없었다.

셋째, 이슈가 선거에서 영향을 미치기 위해서는 그것이 대립 쟁점(position issue)이 되어야 하지만, 2010년 지방선거에서 천안함 사건은 대립 쟁점이 되지 못했다. 스토크스(Stokes 1963)는 선거에서의 쟁점을 그 특성에 따라 두 가지로 구분했다. 하나는 사회적으로 어느 정도 합의가 이뤄져 유권자 다수의 의견이 어느 한쪽으로 모아진 이슈로서, 이는 합의 쟁점(valence issue)이라고 불렀다. 또 다른 하나는 유권자들의 태도가 찬성과 반대로 입장이 갈리는 이슈로서, 이를 대립 쟁점이라고 불렀다. 정치적 맥락에 따라 같은 이슈라고 해도 합의 쟁점이나 대립 쟁점으로 각기 다르게 나타날 수 있지만, 대체로 평화, 경제 성장 등의 이슈는 합의 쟁점인 경우가 많다. 이에 비해 최근 미국 정치에서 낙태, 이민 등의 이슈는 대립 쟁점이 된다. 그런데 천안함 사건을 둘러싼 논란은 그것이 '북한의 소행이냐 아니냐' 하는 정부 발표를 둘러싼 것이었기 때문에, 정파적으로 찬반의 격렬한 대립을 불러올 수 있는 것은 아니었다. 천안함 사건 자체는 보수이든 진보이든, 여당 지지자이든 야당 지지자이든 모두 가슴 아파하는 사건이었고, 북한의 소행 때문이든 아니든 그러한 사고를 사전에 방지하지 못한 것에 대한 안타까움을 모두가 공유하고 있었다. 그런 점에서 볼 때 천안함 사건은 그 속성상 대립 쟁점이 될 수 없었고, 한나라당은 찬반의 대립 속에서 지지층을 최대한 동원하려고 의도한 효과를 얻을 수 없었다.

종합적으로 지방선거에서 유권자들이 투표를 결정한 원인을 살펴보기 위해서 이항 로지스틱 분석을 행했다. 여기서 종속변수는 광역 단체장 선거에서 한나라당 투표(0), 민주당 투표(1)이다.

분석을 위해 다음과 같은 네 가지 범주를 상정했다. 첫 번째는 이 장에서 주목하는 선거 이슈에 대한 것이다. 지방선거 무렵 주목을 받던 7개의 선거 이슈를 포함했다. 그것은 천안함 사건, 4대강, 세종시, 무상급식, 노무현 대통령 1주기, 전교조 교사 134명의 파면과 해임, 방송인 김제동 씨의 방송 중도 하차 등이다. 두 번째는 이명박 정부에 대한 평가이다. 선거의 시점이 임기 중반이었다는 점에서 그동안 이명박 정부의 국정운영에 대한 회고적 평가가 이뤄졌는지 살펴보

〈표 1-9〉 이항 로지스틱 분석: 2010년 지방선거 투표 요인 분석

		모델 1		모델 2		모델 3	
		B	Exp(B)	B	Exp(B)	B	Exp(B)
이슈	천안함	0.23	1.26	0.23	1.25	0.21	1.24
	4대강	-0.69*	0.50	-0.51**	0.60	-0.45***	0.64
	세종시	-0.29	0.75	-0.25	0.78	-0.19	0.82
	무상급식	-0.24***	0.79	-0.05	0.95	0.01	1.01
	노무현	-0.41**	0.66	-0.31	0.74	-0.37***	0.69
	전교조	-0.01	0.99	0.05	1.06	0.03	1.03
	김제동	-0.32***	0.72	-0.10	0.91	-0.03	0.97
사회 경제 요인	연령	-0.05*	0.95	-0.02***	0.98	-0.02	0.98
	성별	0.09	1.10	0.06	1.06	0.19	1.21
	학력	0.11	1.12	-0.06	0.94	0.01	1.01
	가구소득	-0.09	0.91	-0.15***	0.86	-0.16***	0.85
MB 평가	선호도			-0.36*	0.70	-0.25**	0.78
	국정평가			0.71**	2.04	0.56***	1.75
이념, 정파	주관이념					-0.30**	0.74
	민주당					-1.94*	0.14
		-2Log우도 501.1 Nagelkerke R^2=0.47 분류정확도 77.8%		-2Log우도 388.2 Nagelkerke R^2=0.63 분류정확도 84.1%		-2Log우도 331.4 Nagelkerke R^2=0.69 분류정확도 86.9%	

*p<0.00, **p<0.01, ***p<0.05
7개 이슈: 1-투표에 매우 고려; 2-약간 고려; 3-별로 고려하지 않았다; 4-전혀 고려하지 않았다
성별: 여성(0), 남성(1)
학력: ① 중졸 이하, ② 고졸, ③ 대학 재학, ④ 대학 졸업 이상
가구소득: ① 100만 원 미만, ② 100만~199만 원, ③ 200만~299만 원, ④ 300만~399만 원, ⑤ 400만~499만 원, ⑥ 500만~599만 원, ⑦ 600만~699만 원, ⑧ 700만~799만 원, ⑨ 800만~899만 원, ⑩ 900만~999만 원, ⑪ 1,000만 원 이상
MB선호도: 0-매우 싫음, …, 10-매우 좋음
MB: 1-매우 잘함, 2-대체로 잘함, 3-대체로 잘못함, 4-매우 잘못함
주관이념: 1-매우 진보, …, 5-중도, …, 10-매우 보수
민주당: 민주당(0), 여타 정당(1)

기 위함이다. 이를 위한 변인으로 이명박 대통령 선호도와 국정운영에 대한 평가를 포함했다. 세 번째는 이념 및 정당 일체감의 영향이다. 2002년 이후 한국 선거에서 이념의 영향은 지속적이고 강력하게 나타나고 있으며, 정당 일체감

역시 투표 결정에서 중요한 요인으로 영향을 미치고 있다.[4] 네 번째로 연령, 성별, 학력, 가구소득 등 사회경제적 요인을 포함했다. 이 가운데 연령은 이전 선거에서 정당 지지에 상당한 영향을 미치는 요소로 지속적으로 확인되고 있다. 분석 결과가 〈표 1-9〉에 정리되어 있다.

이항 로지스틱 분석은 세 개의 모델로 분리하여 실시하였다. 모델 1은 사회경제적 요인에 이슈만을 포함한 것이다. 이슈 가운데 통계적으로 유의미한 차이를 보인 것은 4대강, 무상급식, 노무현, 김제동 등 네 가지였다. 이 네 가지 이슈는 모두 보수와 진보 간 의견의 차이를 보였고, 정파적으로도 대립되었던 것들이다. 즉 이 네 이슈는 모두 대립 쟁점이라고 할 수 있다. 이에 비해 천안함 사건은 모델 1에서도 유의미하게 나타나지 않았다. 모델 2는 모델 1에 이명박 정부 평가를 포함한 것이다. 이명박 정부에 대한 평가는 매우 뚜렷하게 투표에 미친 영향이 확인되었다. 이명박 대통령에 대한 선호도가 낮을수록, 그리고 업무 수행에 대한 평가가 낮을수록 민주당 후보에게 투표할 확률이 높아졌다. 이슈 가운데서는 4대강 이슈만이 통계적으로 유의미하게 나타났으며, 연령과 가구소득에 따라 정당 선택에 차이가 나타났다. 즉 젊은 유권자일수록, 가구소득이 낮을수록 민주당 지지의 확률이 높아졌다. 모델 3은 모델 2에 이념과 정당 일체감을 포함한 것이다. 모델 3에서도 4대강과 노무현 1주기 이슈는 영향을 미치는 것으로 나타났다. 즉 정파적으로 대립적인 이슈는 투표 결정에 영향을 미쳤지만 천안함 사건의 영향은 확인되지 않았다. 이념 성향이나 정당 일체감 모두 그 영향이 통계적으로 유의미하게 나타났고 이명박 대통령에 대한 평가도 투표에 영향을 미친 것으로 나타났다.

〈표 1-9〉의 분석 결과를 볼 때, 2010년 지방선거에서는 언론을 중심으로 천안함 사건이 큰 주목을 받았지만 실제 투표 결정에 미친 영향은 크지 않다는 사실이 다시 확인되었다. 오히려 그보다는 노무현 1주기나 4대강 같은 보다 정파

4. 한나라당에 대한 정당 일체감은 이명박 선호도와의 상관관계가 높게 나타나서 분석에서 제외했다.

적으로 대립되는 이슈의 영향력이 크게 나타났다. 2010년 지방선거에서는 전체적으로 개별 이슈보다는 이명박 정부에 대한 중간평가라는 속성이 보다 강한 사실을 알 수 있다. 거기에 더해 이념 성향과 정당 일체감이 투표 결정에 영향을 미쳤다. 이명박 정부에 대한 평가가 대체로 부정적인 상황에서 실시된 2010년 지방선거는 외형상 천안함 사건을 둘러싼 논란에도 불구하고 처음부터 끝까지 이명박 정부에 대한 회고적 평가가 지대한 영향을 미쳤다.

6. 결론

2010년 지방선거는 여러 가지 면에서 흥미로운 결과를 많이 보여 주었다. 그 가운데 천안함 사건은 과거 선거에서의 '북한 변수'와는 전혀 다른 결과를 낳았다는 점에서 더욱 주목할 만하다. 2010년 지방선거 기간 내내 사회적 관심의 중심에는 천안함 침몰 사건이 놓여 있었다. 정부 조사를 통해 그 사건의 원인이 북한의 소행으로 밝혀지면서 또다시 북한은 한국 선거에 중요한 변수로 등장했다. 그리고 정부, 여당의 실제 의도가 어떻든 천안함 사건은 유권자들에게 또 다른 북풍으로 간주되었다. 그러나 한나라당의 기대와는 달리 북풍 전략은 실제로는 위력을 발휘하지 못했다. 한나라당은 지지층을 결집하지 못했고 오히려 역풍이 불어 일부 지지층의 이탈로 이어졌다. 천안함 사건이 역풍을 맞게 된 것은 북풍 전략을 둘러싼 상황적 변화를 한나라당이 제대로 이해하지 못했기 때문이다. 김대중, 노무현 정부 10년을 거치면서 남북 관계의 실질적 변화를 국민이 경험했고, '북풍' 전략을 극대화할 요건도 이전과는 달라졌다. 무엇보다 천안함 사건 자체가 대립 쟁점이 될 수 없는 사안이었다. 이런 상황의 변화에도 불구하고 한나라당은 과거와 같은 방식으로 안보 이슈에 대한 이슈 소유권을 부각시키려고 했지만 그 전략은 실패하고 말았다.

천안함 사건을 둘러싼 2010년 지방선거에서의 논란과 선거 결과는 시대적 변화에 대한 올바른 인식이 정치적으로 얼마나 중요한 것인지를 잘 보여 준다. 또한 그동안 선거철만 되면 '전가(傳家)의 보도(寶刀)'처럼 활용되어 온 북풍이 이제는 예전과 같은 영향력을 발휘할 수 없게 되었다는 점도 의미 있는 결과로 생각된다. 적어도 2000년 이후에 선거 때마다 시도된 거의 모든 북풍 전략은 별다른 효과를 보지 못했다. 천안함 사건을 선거에 활용한 전략은 오히려 역풍이 되어 집권당에게 불리하게 작용했다. 2010년 지방선거 결과가 향후 선거에서 정치권이 북풍에 의존하려는 유혹에서 벗어날 수 있도록 하는 의미 있는 학습의 기회가 될 것인지 지켜볼 일이다.

제2장

왜 회고적 평가가 이뤄지지 않았을까: 2012년 국회의원 선거

1. 서론

2012년 국회의원 선거는 학술적으로나 현실정치적으로 몇 가지 측면에서 흥미로운 결과를 낳았다. 집권당인 새누리당은 152석의 단독 과반 의석을 획득하며 승리했고, 제1야당인 민주통합당은 127석을 얻었다. 이 밖에 통합진보당은 13석, 자유선진당과 무소속은 각각 5석을 얻었다. 그런데 사실 총선 전에는 언론이나 정치권에서 집권당의 패배 가능성에 대한 예측이 많았다. 그렇게 예상했던 까닭은 무엇보다 선거의 타이밍 때문이었다. 국가를 막론하고 대통령이나 수상의 임기 중반에 치러지는 선거는 집권당에 불리한 경우가 대부분이다. 미국의 중간선거나 영국의 지방선거 혹은 보궐선거에서 그러한 사례를 찾아볼 수 있다(예컨대 Norris 1990). 이처럼 2012년 총선은 대통령의 임기 후반에 실시된 선거라는 점에서 처음부터 집권당의 고전이 예상되었다.

더욱이 이명박 정부의 국정운영에 대한 불만이 높았고 이명박 대통령에 대한 지지율도 하락세였다. 총선 전 한 여론조사 결과에 따르면, 이명박 대통령의 직무 수행에 대한 만족도는 28.8%였고 지지도도 떨어지는 추세였다(경향신문 2012.3.26).[1] 더욱이 총선 직전 총리실의 민간인 불법사찰 사건이 터졌고, 최시중 전 방송통신위원회 위원장 등 대통령 측근의 비리 사건에 대한 수사가 시작되는 등 현 정부에 불리한 사건들이 잇달아 발생했다. 한편, 야당인 민주당과 민주노동당은 다른 세력들과의 결집을 통해 민주통합당과 통합민주당으로 면모와 구성을 일신했고, 이 두 정당은 선거를 앞두고 이른바 '야권연대'라는 선거연합(electoral alliance)을 성사시켰다. 이처럼 여러 가지로 집권당에 불리한 여건에도 불구하고 새누리당은 독자적으로 과반 의석을 얻는 데 성공했다. 민주통합당은 4년 전 81석에 비해서는 46석을 더 얻었지만 제1당이 되는 데는 실패했다.

또 한 가지 흥미로운 결과는 의석을 얻은 정당의 수가 4년 전과 비교할 때 크게 줄어들었고 무소속 의원의 수도 급감했다는 점이다. 2008년 총선에서는 한나라당이 153석, 민주당이 81석을 얻은 것 이외에도, 자유선진당 18석, 친박연대 14석, 민주노동당 5석, 창조한국당 3석 등 네 개의 정당이 의석을 확보했으며, 무소속 의원도 25명이나 되었다. 그러나 2012년 총선에서는 단지 네 개의 정당만이 의석을 차지했고, 더욱이 제1, 2당이 차지한 의석의 비율은 무려 93%에 달했다. 4년 전에 제1, 2당의 의석 점유율은 78.3%였다. 의회 수준에서의 유효정당 수(Laakso and Taagapera 1979)는 2008년 2.9에서 2012년에는 2.3으로 줄어들었다. 충청권을 기반으로 하던 자유선진당이 사실상 몰락했으며 무소속 의원도 25명에서 5명으로 크게 줄었다. 말하자면, 새누리당과 민주통합당이라는 두 개의 거대 정당을 중심으로 한 양당 경쟁의 형태로 재편이 발생한 것이다.

이 글에서는 2012년 총선에서 나타난 이와 같은 두 가지 현상에 주목하며 그 원인을 찾아보고자 한다. 여기서의 관심은 우선 어떤 이유로 대통령의 임기 후반에 실시된 선거에서 예상과는 달리 인기 없는 정부에 대한 불만의 기억이 벌(punishment)(Key, Jr. 1966)의 의미를 담은 회고적 평가로 이어지지 못했느냐 하

1. http://vote.khan.kr/167 (검색일: 2012.6.4).

는 것이다. 그리고 4년 전의 선거와는 달리 어떻게 두 개의 거대 정당을 중심으로 한 지지의 결집이 이뤄졌는지 그 원인을 찾고자 하는 것이다. 이 장에서의 주장은 이 두 가지 현상이 서로 밀접하게 연계되어 있으며, 그 연계 고리는 2012년 연말로 예정되어 있던 대통령 선거를 의식한 정치적 고려라는 것이다. 대통령 임기 후반에 실시된 국회의원 선거였지만 많은 유권자들이 국회의원 선거로 인한 정치적 결과가 대통령 선거에 미칠 영향을 의식해서 그에 따른 투표 결정을 내렸다는 것이다. 이 글에서 사용된 경험적 자료는 동아시아연구원(EAI), 중앙일보, SBS, 한국리서치가 총선 전후에 공동으로 실시한 두 차례의 패널 조사 결과이다.[2]

2. 회고적 평가? 혹은 전망적 기대?

선거의 의미는 크게 두 가지로 나눠 볼 수 있다(Powell, Jr. 2000: 7-10). 하나는 권력을 담당할 대표자를 선출하는 것이다. 즉 권력을 위임(mandate)할 대상을 결정하는 것이다. 이럴 경우 선거의 의미는 전망적(prospective) 속성을 띠게 된다. 선출된 권력이 '장차' 무엇을 해 줄 수 있을까에 대한 관심이 일차적이기 때문이다. 선거의 또 다른 의미는 정치적 책임(political accountability)을 추궁하는 것이다. 선거를 통해 유권자는 권력을 담당한 이(들)이 그동안 제대로 역할을 수행했느냐에 대해 평가한다. 집권당이나 대통령, 수상이 만족스럽게 역할을 수행했다면 다시 권력을 부여하겠지만, 그렇지 못했다면 이들을 내쫓고(throw the rascals out), 반대당에게 그 기회를 부여한다. 즉 미국의 언론인 월터 리프만의 말대로, "상황이 좋다면 권력 담당자(the Ins)를 지지하고, 상황이 나쁘게 돌

2. 총선 전 조사는 2012년 3월 30일부터 4월 1일까지 3일간 실시했으며 표본 크기는 2,000으로 표집오차는 ±2.2%이다. 총선 후 조사는 2012년 4월 12일부터 15일까지 실시했으며 표본 크기는 1,666으로 표집오차는 ±2.4%이다. 두 조사 모두 컴퓨터를 이용한 전화면접 방식으로 실시되었다.

아가는 것 같다면 권력 외부자(the outs)을 지지하는 것. 이것이야말로 국민 정부(popular government)의 본질(Powell Jr. 2000: 10에서 재인용)"이 되는 것이다. 키(Key, Jr. 1966: 2)는 국민의 목소리는 소리가 반향(echo)되는 것과 같다고 보았다. 반향실에서 어떤 소리가 울려 퍼지느냐 하는 것은 애당초 어떤 소리가 투입되느냐에 달려 있다는 것이다. 정부 정책에 대한 평가가 유권자의 선택을 결정한다는 의미다. 피오리나(Fiorina 1981)의 회고적 투표(retrospective voting) 이론 역시 이런 점을 강조한다. 피오리나는 미국 대통령 선거를 분석하면서 정당의 공약과 정부의 업무 성과에 대한 만족과 불만의 총합(running tally)이 선거에서 후보자를 선택하는 데 영향을 미친다고 주장했다. 그런데 2012년 한국 총선은 현 대통령의 임기 후반에 치러진 선거이기 때문에, 권력의 위임이라는 속성보다는 현 정부에 대한 회고적 평가의 의미가 애당초부터 클 수밖에 없었다.

이러한 선거의 두 가지 의미는 선거의 종류에 따라서도 각기 다르게 적용될 수 있다. 우리나라와 같은 대통령제 국가에서 대통령 선거와 국회의원 선거의 의미는 서로 다를 수 있기 때문이다. 대통령 선거는 새로운 행정 권력, 새로운 정치 지도자를 선택하는 기회이기 때문에, 이전 정부의 정치적 책임성을 추궁하는 회고적 평가가 투표 결정 과정에 수반된다고 하더라도, 선거 결과에서 권력의 위임이라는 본질적 의미가 사라질 수는 없다. 새로운 대통령에 대한 기대감이 존재하기 때문이다. 그러나 의회 선거의 경우에는 대통령 선거와는 다소 다른 의미를 갖는다. 미국형 대통령제하에서라면 의회의 권력이 대통령보다 결코 약하다고 할 수 없고, 따라서 입법권과 행정권이라는 서로 상이한 권한에 대한 위임이라는 점에서 의회 선거 역시 위임의 의미를 강하게 지닌다고 볼 수도 있다. 원론적으로는 우리나라의 경우에도 유사한 의미를 갖는다고 말할 수 있지만, 현실적으로 우리나라에서는 국회의 역할이 새로운 정책이나 정치적 가치를 '주도'하는 것으로 보기 어렵다. 집권당은 국회에서 대통령의 국정운영을 지원하는 역할이 중요하고, 야당(들)으로서는 대통령과 행정부를 견제하고 압박하는 역할이 더욱 중시되어 왔다(강원택 2005a: 201-228). 더욱이 그동안 이뤄진 국회 기능의 강화가 여야 간 갈등 격화로 이어지면서, 행정부에 대한 정책적 통제는 취약한 채 정치적 통제만이 강력해지는 모순적 양상(박찬표 2002: 92)을 보였다. 다시 말해 한국 정치에서 미래 국정의 방향을 정하고 새로운 비전과 가치를 갖고 이끌어 가는 것은 대통령이기 때문에 선거를 통한 권력의 위임이라는 '전망적' 속성은 아무래도 대통령 선거에서 보다 강하게 나타날 수밖에 없다.

따라서 우리나라에서 대통령 임기 말 국회의원 선거를 통해 유권자들이 전망적 판단에 기초하여 의회에 권력을 위임하려는 선택을 할 것으로 보기는 어렵다. 게다가 2012년의 경우 대통령 선거가 연말로 예정되어 있는 상황에서 국회의원 선거를 전망적 평가에 의한 권력 위임의 기회로 간주하기는 더욱더 쉽지 않아 보인다. 그런 점에서 볼 때 2012년 국회의원 선거는 회고적 평가의 속성이 강할 수밖에 없었다. 키나 피오리나의 주장대로, 만약 현 정부에 대한 평가가 호의적이라면 집권당이 보다 많은 지지를 끌어낼 수 있을 것이고 현 정부에 대한 평가가 부정적이라면 반대로 야당이 보다 유리한 상황을 맞이하게 되는 것이다.

그렇다면 2012년 국회의원 선거 분석은 이명박 정부 국정운영에 대한 정치적 책임을 추궁하는 회고적 평가의 내용부터 시작해야 할 것이다. 국회의원 선거 전 유권자들은 현 정부에 대해서 어떻게 평가하고 있었을까? 〈표 2-1〉은 이명박 정부의 업무 수행 평가에 대한 긍정적, 부정적 입장에 따라 19대 총선의 의미가 이명박 정부 실정에 대한 심판이라는 주장에 대한 의견을 정리한 것이다.

〈표 2-1〉에서 몇 가지 흥미로운 특성이 발견된다. 우선 그동안 이명박 정부의 국정운영이 '잘못했다'는 부정적 평가의 비율이 68.9%로, '잘했다'는 긍정적 평가의 비율 31.1%의 두 배에 달한다. 이명박 정부가 국정운영을 잘못했다는 의견이 압도적이라는 것을 알 수 있다. 그렇다면 이명박 정부의 국정운영을 부정적으로 보는 이들은 19대 총선으로 이명박 정부의 실정(失政)을 심판해야 한다는 주장에 대해서는 어떻게 생각할까? 〈표 2-1〉에서 보듯이 '매우 공감한다'는 응답이 46.1%로 거의 절반에 달하고 있고, '대체로 공감한다'는 응답도 34%

〈표 2-1〉 이명박 정부의 국정운영 평가에 따른 19대 총선의 의미

MB정부 평가	선거 의미: MB정부 실정에 대한 심판				
	매우 공감	대체로 공감	별로 공감하지 않음	전혀 공감하지 않음	합계
잘했다	6.4	28.1	44.1	21.4	31.1
잘못했다	46.1	34.0	17.6	2.3	68.9
합계	33.7	32.2	25.8	8.2	100.0 (1897)
Pearson 카이제곱 483.4 p<0.00 Cramer's V=0.51					

였다. 즉 이명박 정부에 대해서 부정적인 평가를 내리는 사람들 가운데 거의 대부분인 80.1%가 19대 총선을 이명박 정부 실정에 대한 심판으로 인식하고 있었다. 이명박 정부에 대한 평가 태도와 무관하게 19대 총선이 이명박 정부 실정에 대한 심판이라는 주장에 '전혀 공감 않는다'는 응답은 8.2%로 응답 비율이 대단히 낮았다. 심지어 이명박 정부가 그동안 잘했다고 생각하는 응답자들 가운데서도 34.5%가 19대 총선에 이명박 정부 실정에 대한 심판의 의미가 담겨져 있다고 보았다. 〈표 2-1〉의 결과는 19대 총선이 이명박 정부에 대한 회고적 평가의 가능성이 매우 컸던 선거라는 사실을 잘 보여 주고 있다.

이번에는 이명박 정부의 국정운영 수행에 대한 평가가 2007년 대통령 선거 때 지지 후보에 따라 큰 차이가 있는지 살펴보았다. 지난 대통령 선거에서 이명박 후보를 지지했다면 집권 후 국정운영에 대한 평가도 보다 호의적인지 궁금했다. 〈표 2-2〉에 그 결과가 정리되어 있다. 지지 후보별로 적지 않은 평가의 차이가 확인되었다. 이명박 후보가 아닌 다른 후보를 지지한 이들 중 무려 87.6%가 이명박 정부의 국정운영을 비판적으로 평가했다. 긍정적인 평가의 비율은 12.4%에 불과했다. 이에 비해 이명박 후보에게 투표한 이들 중 50.8%는 이명박 정부의 국정운영을 긍정적으로 평가했다. 그러나 이명박 투표자의 거의 절반인 49.2%의 응답자들은 이명박 정부의 국정운영을 부정적으로 평가했다. 2007년 대통령 선거와 비교하면 그 당시의 지지자 중에서도 현 정부에 대해 불만을 갖고 있는 이들이 상당히 늘어났음을 알 수 있다. 회고적 평가가 투표에 반

〈표 2-2〉 2007년 대통령 선거 투표 후보별 이명박 정부 평가

MB 국정운영 / 2007 대선 투표	잘했다	잘못했다	합계
이명박	50.8	49.2	100.0 (895)
다른 후보	12.4	87.6	100.0 (716)
Pearson 카이제곱 262.4 p<0.00 Cramer's V=0.40			

〈표 2-3〉 이념별 이명박 정부 평가

MB 국정운영 / 이념 성향	잘했다	잘못했다	합계
보수	47.2	52.8	100.0 (602)
중도	26.8	73.2	100.0 (769)
진보	15.6	84.4	100.0 (501)
Pearson 카이제곱 137.0 p<0.00 Cramer's V=0.27			

영되었다면 그만큼 19대 총선에서 집권당에 '벌'을 주려는 유권자가 많았을 것임을 알게 한다.

이번에는 이명박 정부에 대한 평가를 이념별로 나눠 살펴보았다. 〈표 2-3〉에서 보듯이, 이념 집단별로 이명박 정부의 국정운영에 대한 평가가 대체로 상이하게 나타났다. 진보에서 보수로 이동할수록 잘했다는 긍정적 평가의 비율이 높아졌고, 반대로 잘못했다는 부정적 평가의 비율은 낮아져 이념에 따른 현 정부 평가에 차이가 확인되었다. 그러나 보다 주목할 점은 절대적인 비율에서 볼 때, 이명박 정부의 지지층이라고 할 수 있는 보수적 유권자들 사이에서도 절반이 넘는 52.8%가 이명박 정부의 국정운영에 비판적이었다. 이념과 무관하게 이명박 정부가 잘못했다는 부정적 평가가 높게 나타난 것이다.

〈표 2-1〉, 〈표 2-2〉, 〈표 2-3〉을 통해 알 수 있듯이, 2012년 총선을 앞둔 상황에서 이명박 정부의 국정운영에 대한 평가는 전반적으로 매우 부정적이었다. 그리고 그런 비판적 평가는 정치 성향이나 이전 대통령 선거에서의 지지 여부와 무관하게 매우 널리 확산되어 있었다. 이처럼 폭넓게 공유된 현 정부에 대한

비판적 평가는 선거에서 집권당에게 불리한 결과를 이끌 수밖에 없다.

실제로 2010년 지방선거 결과를 보면 이명박 정부의 국정운영에 대한 평가가 유권자의 투표 결정에 영향을 미쳤다는 사실을 확인할 수 있다. 다시 말해 이러한 비판적 태도가 집권당에 불리하게 작용했던 것이다. 〈표 2-4〉에서 보듯이, 이명박 정부에 대한 평가가 긍정적인 이들 가운데 70.6%가 한나라당에 투표했다. 긍정적 평가를 내린 이들 가운데 압도적인 다수가 한나라당을 지지한 것이다. 그러나 이명박 정부에 대해서 부정적 평가를 내린 이들 가운데 한나라당을 선택한 비율은 27.5%에 불과했다. 이들 부정적 평가자 중에서 민주당에 투표한 이들의 비율은 35.7%, 그리고 기타 정당이나 무소속을 선택한 이들은 18.8%였다. 부정적 평가자 중 민주당 및 기타 정당/무소속을 선택한 이들의 비율은 54.5%로, 한나라당 투표자 27.5%의 두 배에 달한다. 이런 결과는 현 정부의 국정운영에 대한 회고적 평가가 투표 결정에 영향을 미쳤다는 사실을 잘 보여 주고 있다. 물론 이명박 정부의 국정운영에 대한 평가를 조사한 시점과 지방선거가 실시된 해 사이에 시차가 존재하기 때문에 이 두 요인의 관계를 보다 조심스럽게 해석해야 할 여지도 있다. 하지만 그럼에도 불구하고 〈표 2-4〉는 이명박 정부의 국정운영에 대한 긍정적, 부정적 평가에 따라 투표 선택이 달라지고, 특히 부정적 평가는 집권당에 불리한 결과를 가져다준다는 회고적 평가 이론의 주장을 잘 입증해 주고 있다.

그렇다면 과연 19대 총선에서도 이명박 정부에 대한 평가는 투표할 정당 선

〈표 2-4〉 2010년 지방선거 투표 정당과 이명박 정부 평가

지방선거 / 국정운영 평가	한나라당	민주당	기타 정당/무소속	기권/선거권 없음	합계
잘했다	70.6	10.9	8.0	10.5	100.0 (562)
잘못했다	27.5	35.7	18.8	17.9	100.0 (1199)
Pearson 카이제곱 300.2 p<0.00 Cramer's V=0.41					

*모름/무응답 제외

택에 상이한 영향을 미쳤을까? 이에 대해 살펴보기 위해 이명박 정부 국정운영에 대한 평가와 2012년 국회의원 선거에서 투표 정당 간의 관계에 대해 분석했다. 〈표 2-5〉, 〈표 2-6〉에서 알 수 있듯이, 19대 총선에서 투표한 정당에 따라 이명박 정부에 대한 평가가 매우 상이한 형태로 나타났다. 새누리당에 투표한 응답자들은 이명박 정부의 국정운영에 긍정적인 평가를 내리는 비율이 높았고, 반대로 민주통합당 투표자들은 이명박 정부의 국정운영에 비판적이었다. 그런데 여기서 흥미로운 점은 이명박 정부의 국정운영에 비판적인 태도를 취하면서도 정작 투표는 새누리당에 한 유권자들이 적지 않았다는 사실이다. 지역구 투표인 〈표 2-5〉에서는 새누리당에 투표했다고 응답한 이들 가운데 43.4%, 즉 615명 중 267명이 이명박 정부의 국정운영을 비판적으로 평가했다. 정당 투표의 경우인 〈표 2-6〉에서도 마찬가지 비율인 43.4%, 즉 599명 중 260명이 평가에 부정적이었다.

새누리당 투표자의 43.4%는 이명박 정부에 대해 부정적 평가를 내리면서도 새누리당을 지지했다. 이는 앞에서 논의한 대로, 2012년 총선의 타이밍과 현 정부에 대한 불만 고조와 같은 집권당에 불리한 정치적 환경을 고려할 때 비판적

〈표 2-5〉 이명박 정부 국정운영 평가와 2012년 총선 투표 정당 [지역구 투표]

MB 국정운영 / 투표 정당	매우 잘했다	대체로 잘했다	대체로 잘못했다	매우 잘못했다	합계
새누리당	39 (6.3)	309 (50.2)	**211 (34.3)**	**56 (9.1)**	615 (100.0)
민주통합당	4 (0.6)	66 (10.6)	254 (40.8)	298 (47.9)	622 (100.0)
Pearson 카이제곱 355.3 p<0.00 Cramer's V=0.54					

〈표 2-6〉 이명박 정부 국정운영 평가와 2012년 총선 투표 정당 [정당 투표]

MB 국정운영 / 투표 정당	매우 잘했다	대체로 잘했다	대체로 잘못했다	매우 잘못했다	합계
새누리당	39 (6.5)	300 (50.1)	**208 (34.7)**	**52 (8.7)**	599 (100.0)
민주통합당	3 (0.6)	70 (13.5)	231 (44.7)	213 (41.2)	517 (100.0)
Pearson 카이제곱 268.3 p<0.00 Cramer's V=0.49					

인 형태의 회고적 평가가 이뤄질 것이라는 예상과는 전혀 다른 결과이다. 이들은 왜 이명박 정부의 국정운영에 부정적이면서 '집권당'인 새누리당에 여전한 지지를 보내는 것일까? 이 질문에 답하기 위해 이명박 정부의 국정운영에 부정적인 평가를 내리는 유권자들만을 선별하여, 이들을 대상으로 어떤 요인이 새누리당과 민주통합당에 투표하도록 영향을 미쳤는지 분석해 보았다.

이와 관련해서 고려할 수 있는 변수들을 크게 네 가지 범주로 나누어 살펴보았다. 첫 번째 범주는 이번 선거의 의미를 이명박 정부의 국정운영에 대한 평가로 보느냐 하는 것이다. 말하자면, 앞서 논의한 대로 회고적 평가가 내려질 것인가 하는 점이다. 세 가지 변수를 이 범주에 포함했다. 하나는 '이번 선거는 이명박 정부의 실정(失政)에 대한 심판이다'는 주장에 대한 태도이다. 이 질문은 비판적인 형태의 회고적 평가라는 선거의 의미에 대한 직접적 내용을 담고 있다. 그다음으로는 현 정부의 경제 정책에 대한 평가를 고려했다. 여기에는 두 가지 질문을 포함하는데, 하나는 '지난 1년간 가계 경제가 어떻게 변했다고 생각하느냐'는 질문에 대한 응답, 또 다른 하나는 '지난 1년간 국가 경제가 어떻게 변했다고 생각하느냐'는 질문에 대한 응답이다. 이 두 가지 질문은 모두 경제투표(economic voting)와 관련된 것으로 두 번째는 개인의 경제 상태의 변화(pocketbook voting) 혹은 국가 경제 상태의 변화(sociotropic voting)가 투표 결정에 영향을 미치는지 살펴보고자 한 것이다(Lewis-Beck and Stegmaier 2000; Marcus 1988; Kinder and Kiewiet 1981 등).

두 번째 범주는 개인의 정치 이념이다. 한국 선거에서 이념의 영향은 중요성이 매우 커졌다. 이미 기존의 많은 연구에서 보여 준 대로, 후보자를 선택할 때 이념 성향에 따라 정당 지지의 패턴에는 뚜렷한 차이가 나타나고 있다(박찬욱 2009; 이갑윤·이현우 2008; 최준영·조진만 2005; 김주찬·윤성이 2003; 강원택 2003 등). 여기에도 세 가지 변수를 포함했다. 하나는 유권자 개인이 이념 스펙트럼 상에서 스스로의 이념적 위치를 평가하는 주관적 이념 성향(self-placement)이다. 자신의 이념 성향이 보수적이라고 생각한다면 새누리당을 선택할 가능성이 크고 반대로 진보적이라고 평가한다면 민주통합당을 선택할 가능성이 클 것으로 가정해 볼 수 있다. 나머지 두 변수는 단순한 이념적 위치로부터 한 걸음 더 나아가 새누리당, 민주통합당 등 주요 두 정당과 응답자 간의 이념적 거리이다. 이는 자신의 이념적 위치와 가장 가까운 거리에 놓인 정당을 선택하게 마련이라는 다운즈(Downs 1957)의 주장대로 투표 선택의 근접모델(proximity model)을 반영한 것이다.

세 번째 범주는 정당 일체감(party identification)이다. 캠벨과 동료들(Campbell et al. 1960)이 미국 선거를 대상으로 분석한 고전적 저작인 *The American Voter*의 출간 이래, 정당 일체감은 영향력의 변화 여부에 대한 논쟁에도 그 중요성이 결코 부정될 수 없었다. 이러한 정당 일체감은 우리나라 선거에서도 마찬가지로 중요하게 작용해 왔다. 물론 우리나라에서는 정당의 명칭이나 부분적인 구성이 종종 변화되어 왔지만 그럼에도 불구하고 주요 정당이 정치적으로 의존하는 지지층이나 그 정책적, 이념적 특성은 적어도 3당 합당 이후에 큰 변화를 보이지 않았다. 강원택(2012)은 1990년의 3당 합당과 그에 따른 반대 세력들의 대응과 양자 간의 상호작용이, 의도하지 않았지만, 한국 정치의 맥락에서 보수와 진보라는 이념적 속성을 강화하는 중요한 계기를 마련했다고 보았다. 따라서 새누리당으로 대표되는 보수 정당과 민주통합당으로 대표되는 자유주의적 진보 정당 간의 뚜렷한 차별성은 지역주의적 속성과 혼합하여 3당 합당 이후 외형적 변화에도 불구하고 지속적으로 존재해 왔다고 볼 수 있다. 그런 만큼 이들 정당에 대한 일체감이 형성되어 왔다. 여기서는 정당 일체감에 대해 두 정당을 얼마나 좋아하는지 혹은 싫어하는지 각각의 호오도를 변수로 사용했다.

네 번째 범주는 주요 정치인들에 대한 호오도이다. 통상적인 경우라고 하면 총선에서 유권자의 선택에 영향을 미치는 정치 지도자에 대한 분석은 총선을 지휘한 당 대표나 선거대책위원장을 대상으로 해야 할 것이다. 19대 총선에서 새누리당을 이끈 지도자는 박근혜였고 민주통합당의 대표최고위원은 한명숙이었다. 그러나 2012년은 총선과 대선이 모두 실시되는 해라는 점에서 당 대표

보다는 총선 무렵 유권자의 관심의 대상이 되었던 각 정당의 대통령 유력 후보에 대한 평가가 더 중요했다고 볼 수 있다. 그런 점에서 본다면, 네 번째 범주는 유권자들이 대통령 선거를 '의식'한 평가가 투표 결정에 미친 영향을 분석하는 것이라고 할 수 있다. 여기서는 19대 총선 무렵 대통령 선거의 주요 후보자들로 거론되었던 박근혜, 문재인, 안철수 세 명을 포함시켰다. 종속변수는 이명박 정부 국정운영에 부정적 평가를 내린 이들 가운데 새누리당을 선택한 이들(1)과 민주통합당을 지지한 이들(0)이다. 이런 변인을 토대로 정당 투표와 지역구 투표에 대해 각각 이항 로지스틱 분석을 실시했다. 그 결과가 〈표 2-7〉에 정리되어 있다.

분석 결과 매우 주목할 만한 특성이 발견되었다. 정당 투표의 경우, 네 가지 범주 가운데 정당 일체감과 정치 지도자에 대한 호오도만이 통계적으로 유의미하게 나타났다. 다른 두 범주의 경우, 관계의 방향은 모두 예상했던 대로 나타났지만 이념의 경우 계수의 크기가 매우 작았고 통계적으로도 유의미하지 않은 것으로 나타났다. 이명박 정부에 대한 회고적 평가의 범주 역시 통계적으로 유의미하지 않았다. 반면 정당 일체감의 영향력은 매우 크게 나타났는데 이명박 정부에 부정적 평가를 가진 이들이라고 해도, 새누리당을 호의적으로 인식할수록, 다른 변수의 영향이 일정하다고 가정할 때 호의적인 평가가 한 단계 증가할수록 민주통합당보다 새누리당에 투표할 확률이 1.64배 높아지는 것으로 나타났다. 반대로 민주당에 호감을 가질수록, 현 정부에 불만을 갖더라도 새누리당에 대한 투표의 확률은 0.63으로 낮아졌다. 정치인 호오도 역시 흥미로운 결과가 나타났는데, 세 명의 대상 중 박근혜와 문재인의 경우만 통계적으로 유의미한 결과가 나왔다. 박근혜 당시 새누리당 비상대책위원회 위원장을 호의적으로 인식할수록 새누리당에 투표할 확률이 1.74나 높아졌으며, 문재인 당시 노무현재단 이사장에 호감을 가질수록 새누리당에 투표할 확률은 0.68로 낮아졌다. 이에 비해 이들 두 정파에 소속되어 있지 않은 안철수의 경우에는 계수의 값도 작고 통계적으로 유의미하게 나타나지 않았다.

〈표 2-7〉 이항 로지스틱 분석: 투표 요인 분석

구분	변수	정당 투표		지역구 투표	
		B	Exp(B)	B	Exp(B)
이념	자기 이념	0.02	1.02	0.08	1.08
	새누리당과 이념 거리	−0.01	0.99	−0.02	0.98
	민주당과 이념 거리	−0.00	1.00	0.13**	1.14
회고적 평가	MB 정부 실정 심판	0.20	1.22	0.50*	1.64
	지난 1년간 가계경제 평가	−0.28	0.76	−0.26	0.77
	지난 1년간 국가경제 평가	−0.29	0.75	−0.30***	0.74
정당 일체감	새누리당 호오도	0.49*	1.64	0.27*	1.31
	민주당 호오도	−0.47*	0.63	−0.37*	0.69
정치인 호오도	박근혜	0.56*	1.74	0.28*	1.33
	문재인	−0.39*	0.68	−0.17*	0.84
	안철수	−0.09	0.91	−0.06	0.94
상수		0.35		0.13	
통계모형 평가		Nagelkerke R=0.72 −2LogLikelihood=357.2 분류정확도 89.3% n=629		Nagelkerke R=0.59 −2LogLikelihood=526.1 분류정확도 84.5% n=747	

*p<0.01, **p<0.05, ***p<0.1
종속변수: 민주통합당 0, 새누리당 1
자기 이념: 0−아주 진보, 5−중도, 10−아주 보수
MB 정부 실정 심판: 1−매우 공감, 2−다소 공감, 3−별로 공감하지 않음, 4−전혀 공감하지 않음
가계(국가)경제 평가: 1−매우 좋아졌다, 2−다소 좋아졌다, 3−별 차이가 없다, 4−다소 나빠졌다, 5−매우 나빠졌다
호오도: 0−매우 싫어한다, 10−매우 좋아한다

지역구 투표의 경우에서도, 이러한 패턴은 마찬가지로 나타났다. 정당 일체감과 정치인 호오도의 두 범주에서 뚜렷한 차이를 보였고 여기서도 안철수에 대한 값은 통계적으로 유의미한 값이 나타나지 않았다. 다만 지역구 투표 분석에서는 민주당과의 이념 거리가 95% 수준에서 통계적으로 유의미하게 나타났는데, 민주당과의 이념적 거리가 커질수록 새누리당 투표 확률이 낮아졌다. 또한 국가경제에 대한 회고적 평가가 부정적인 경우 민주당에 대한 지지의 확률이 높아졌는데, 이는 개인경제보다는 국가경제에 대한 평가가 투표에 보다 큰

영향을 미친다는 기존 연구의 결과와 부합하는 것이다(예컨대 이현우 1998; 권혁용 2008).

한편 지역구 투표의 경우, 회고적 평가의 영향이 적지 않게 나타났다는 점도 지적해야 할 것 같다. 이명박 정부에 대한 실정 평가와 지난 1년간 국가경제에 대한 평가는 새누리당이나 민주통합당 선택에 영향을 미친 것으로 통계적으로 확인되었다. 이는 민주통합당에 투표한 이들의 이명박 정부에 대한 부정적 평가가 지역구에서 더욱 강하게 나타났기 때문이다.[3] 지역구 경쟁에서는 후보자들 간의 선거운동과 경쟁 과정이 보다 직접적으로 느껴지고 그런 만큼 상황적 요인에 영향을 많이 받은 탓으로 볼 수 있다. 그러나 정당 투표에서까지 회고적 평가가 통계적으로 유의미하게 나타나지 않았다는 점에서 그 영향력은 일정한 한계를 지니고 있다고 생각된다.

따라서 전체적으로 본다면 〈표 2-7〉에서 알 수 있는 중요한 결과는 2012년 총선에서는 회고적 평가보다 정당 일체감이나 정치 지도자 요인의 영향력이 더욱 컸다는 점이다. 이명박 정부에 대한 회고적 평가는, 그 의미가 전혀 없었던 것은 아니지만, 정당 일체감이나 차기 대선 후보 요인에 압도되었던 것이다. 즉 회고적 평가보다는 새누리당 대 민주통합당, 박근혜 대 문재인이라는 정파적 요소가 2012년 총선에서 투표 결정에 더욱 커다란 영향을 미쳤다. 이렇게 된 것은 무엇보다 유권자들이 다가올 대통령 선거를 의식했기 때문으로 보인다. 국회의원 선거 결과가 다가올 대통령 선거 결과에 영향을 미칠 수 있다는 사실 때문에 설사 이명박 대통령의 국정운영에 대해 불만을 가진 이들이라고 해도 이전에 한나라당을 지지했더라면 정파적 이해관계를 고려하여 총선에서 새누리당을 선택한 것이다. 그런 이유로 인해 현 대통령의 임기 후반에 실시되는 선거

3. 지역구 투표에서 민주통합당 투표자들의 국가경제 평가의 평균은 4.04인 데 비해 정당투표에서는 3.98로 나타났다. 한편, 이명박 정부 실정 평가라는 데 대해 지역구 민주통합당 투표자들의 평균은 1.53인 데 비해 정당투표에서의 평균은 1.61이었다. 새누리당 투표자의 평균은 지역구나 정당투표에서 별 차이가 없었다.

라는 특성에도 불구하고 회고적 평가는 제대로 이뤄지지 못했다.

그런 점에서 2012년 4월의 총선은 이론적으로도 매우 흥미로운 경우이다. 앞서 언급한 대로, 행정 권력의 담당자를 선출하는 대통령 선거가 아니라는 점에서 권력의 위임을 전제로 한 전망적 고려가 수반되는 선거도 아니었고, 선거 타이밍상 전망보다는 회고적 평가가 우선시될 수밖에 없었다. 그러나 12월로 대통령 선거가 예정되어 있다는 사실이 적지 않은 유권자들을 회고적 평가에서 전망적 고려로 그 태도를 변화하게 만들었다. 2012년 총선은 국회의원 선거지만 그 선택의 고려 속에는 대통령 선거를 포함하고 있었던 것이다. 대통령의 임기 말 선거에서 새누리당의 승리는 여러 가지 요인으로 설명할 수 있겠지만, 대통령 선거를 앞둔 국회의원 선거였다는 점이 중요하게 작용했다. 자기 정파의 대선 승리를 위해서는 물러나게 될 대통령에 대한 회고적 평가가 부수적인 중요성을 가졌던 것이다.

3. 정치 불만과 투표 불참

회고적 투표 행태의 전제는 한 정당에 대한 불만이 상대 경쟁 정당에 대한 지지로 이어진다는 것이다. 그러나 대안 정당 역시 유권자의 기대감을 충족시킬 만한 모습을 보이지 못하게 되는 경우라면 유권자에게 선택의 폭은 크게 줄어들게 된다. 이 경우에 유권자는 기존의 집권 정당을 지지하거나 투표 참여를 포기해야 할 것이다. 즉 집권 정당에 불만을 가진 유권자의 선택은 야당으로의 지지의 이전뿐만 아니라, 앞 절에서 본 대로 불만에도 불구하고 기존 집권당에 대한 계속된 지지로 나타나거나 투표 불참으로 나타날 수 있다. 다운즈(Downs 1957)의 합리적 유권자 모델로 설명한다면, 집권 정당 PA의 기대효용과 대안 정당 PB의 기대효용의 차이가 거의 없는 경우라면, 곧 투표 참여를 통한 효용 $B=U(PA)-U(PB)\fallingdotseq 0$의 상황이 되는 것이다. 이런 조건하에서라면 $R=p^{*}B-C$의

수식에서 승자 결정 확률 p의 크기와 무관하게 p*B는 거의 0에 가까운 값이 된다. 따라서 투표 참여 비용 C를 고려하면 투표하지 않는 것이 합리적인 선택이 될 것이다. 즉 집권당에 대한 불만에도 불구하고 대안 정당의 정치적 효용이 크지 않다면, 회고적 투표보다 오히려 기권을 선택할 수 있다.

한편, 어떤 한 정당과 지역 유권자들 간에 오랜 기간 배타적이면서 강한 정치적 유대감이 확립되어 있어서 상당한 수준의 정치적 충성심을 유지하는 경우라면, 그 정당에 대한 불만에도 불구하고 그것이 곧 경쟁 정당으로의 지지 이전으로 이어지지 않을 수 있다. 강원택(2010: 323-351)은 정당 지지의 전이가 비유동적인 상황에 놓인 유권자들의 정치적 선택에 대해 논의하면서, 기존 지지 정당에 대한 불만이 경쟁 정당에 대한 지지로 이어지기보다는 제3정당에 대한 일시적 지지 혹은 투표 불참으로 이어질 것으로 보았다. 그리고 제3정당이나 기권 모두 기존 지지 정당에 대한 지지의 항구적 철회를 의미하는 것이 아니라 지지 정당이 유권자의 기대감에 부응하도록 하는 압력으로 작용한다는 것이다. 허시만(Hirschman 1970)의 표현을 빌리면, 전통적 지지 정당의 정치적 서비스 질의 하락에 대한 실망감으로 일시적으로 그 정당이 제공하는 서비스의 소비를 중단한다는 점에서 외형적으로 탈퇴(exit)의 속성을 보이지만, 그것은 완전한 이탈이 아니라 질적 회복이 이뤄지기만 한다면 다시 그 정당을 지지할 준비가 되어 있다는 점에서 항의(voice)의 속성도 갖는 것이다. 그런 점에서 기존 지지 정당에 대한 불만이 존재하더라도 그것이 주요 경쟁 정당으로의 지지 이전으로 이어지기 위해서는 적절한 대안의 유무, 대안에 대한 평가, 정당 충성심의 정도 등 다른 요인도 함께 고려해야 한다.

이런 점을 염두에 두고 이번 장에서는 이명박 정부에 대한 회고적 평가와 투표 참여 여부에 대해서 분석하였다. 〈표 2-8〉은 이명박 정부 평가 태도에 따른 투표 참여 정도를 분석한 것이다. 이명박 정부의 국정운영을 긍정적으로 평가한 집단에서는 93.1%가 투표했다고 응답한 반면, 이명박 정부에 대한 부정적 평가를 내린 집단에서는 투표 참여 비율이 86.8%로 낮아졌다. 투표 불참의 경

〈표 2-8〉 투표 여부와 이명박 정부 평가

		투표 여부		
		투표했다	투표 안 했다	합계 (n)
이명박 정부 평가	잘했다	93.1	6.9	100.0 (495)
	잘못했다	86.8	13.2	100.0 (1132)
카이제곱 13.7 p<0.00 Cramer's V=0.09				

우는 부정적 평가 집단에서 13.2%로, 긍정적 평가 집단의 거의 두 배 정도 높았다. 투표 불참이 이명박 정부에 대한 불만과도 관련되어 있음을 보여 주는 결과이다. 관계의 강도를 보여 주는 Cramer's V의 값이 작기는 하지만, 대부분의 총선 후 서베이 데이터에서 조사된 투표 참여율이 실제 투표율보다 높게 나타나는 경향을 감안하면, 이 두 요인 간의 관련성은 〈표 2-8〉에서 분석된 것보다 더 강할 것으로 보인다.

그렇다면 이번에는 이명박 정부의 국정운영에 대해 부정적으로 평가하는 이들만을 대상으로, 2012년 총선의 의미가 투표 참여 여부에 따라 얼마나 달라지는지 살펴보았다. 〈표 2-9〉에서 보듯이, 투표 여부와 무관하게 2012년 총선은 이명박 정부 실정에 대한 심판이라는 데 모두 공감했다. 교차분석 결과도 차이가 통계적으로 유의미하지 않은 것으로 나타났다. 말하자면, 이명박 정부의 국정운영에 대해 불만을 가진 유권자들은 투표 참여 여부와 무관하게 이번 총선을 (부정적인) 회고적 평가의 기회로 간주하고 있다는 것을 알 수 있다. 그렇다면 이들 중 누구는 실제로 투표장에 나갔고 누구는 기권했을까?

앞 장에서 새누리당과 민주통합당의 지지 특성을 비교했기 때문에, 이 장에서는 이명박 정부에 불만을 가진 이들 중 누가 민주통합당에게 투표했고 누가 기권했는지에 대해서 분석하기로 했다. 민주통합당과 투표 불참의 경우를 비교해서 살피는 것은 여기서 분석의 대상이 기본적으로 이명박 정부의 국정운영에 대해 불만을 가진 이들이기 때문이다. 이들의 경우 회고적 평가를 전제로 한다면, 제1야당인 민주통합당으로 지지가 이전될 것을 기대할 수 있다. 하지만 앞

<표 2-9> 투표 여부에 따른 총선 의미

		총선 이명박 정부 실정 심판		
		공감함	공감하지 않음	합계 (n)
투표 여부	투표했다	79.8	20.2	100.0 (967)
	투표 안 했다	78.2	21.8	100.0 (147)
카이제곱 0.20 p=0.66				

에서 논의한 대로 대안 정당에 대한 기대효용이 크지 않거나 기존 지지 정당과 오랜 기간 배타적이고 강한 정치적 유대감을 확립한 경우라면 쉽사리 경쟁 정당으로의 지지 이전이 이뤄지지 않을 수 있다. 이런 경우에 가능한 선택은 기권이 될 수 있다.

이명박 정부의 국정운영에 불만을 가진 유권자들이 야당인 민주통합당과 투표 불참 중에서 어떤 요인에 의해 서로 다른 선택을 하게 되었는지 살펴보기 위해 이항 로지스틱 분석을 실시했다. 그 결과가 <표 2-10>에 정리되어 있다. 앞의 <표 2-7>에서의 분석과 가능한 한 논리적 일관성을 유지하기 위해서 정당 일체감이나 정치인에 대한 호오도 변수는 그대로 유지했다. 이 두 가지 요인들은 모두 각 정당에 대한 연계(commitment)이나 정치적 충성심의 정도를 나타내는 것으로 보았다. 이념에 대해서는 여기서는 정당과의 이념 거리만을 변수로 사용했는데, 다운즈(Downs 1957)의 근접이론에 의하면 이념적 스펙트럼상 유권자가 위치해 있는 지점에서 정치적 효용의 정도가 가장 높고 멀어질수록 낮아지게 된다. 따라서 이념적 거리가 작을수록 정치적 효용의 정도는 커지는 것으로 볼 수 있다. 이 밖에 대안 정당으로서 민주통합당에 대한 평가를 포함했다. 여기서는 민주통합당의 후보 공천에 대한 평가를 변수로 사용했다. 그리고 마지막으로 유권자들이 느끼는 투표 효능감의 정도를 변수로 포함했다.

<표 2-10>에서 보듯이, 정당 투표와 지역구 투표 두 모델에서 매우 유사한 결과가 나타났다. 다섯 가지 요인 가운데 정당 일체감, 정치인 호오도, 투표 효능감 세 변인에서 통계적으로 유의미한 결과가 나타났다. 이념 거리나 야당 공

〈표 2-10〉 이항 로지스틱 모델: 민주통합당 지지와 투표 불참

구분	변수	정당 투표		지역구 투표	
		B	Exp(B)	B	Exp(B)
정당 일체감	새누리당	-0.19*	0.83	-0.12***	0.89
	민주통합당	0.23*	1.26	0.21*	1.24
정치인 호오도	박근혜	-0.15*	0.86	-0.12**	0.88
	문재인	0.18*	1.20	0.15**	1.16
	안철수	0.03	1.04	0.01	1.01
이념 거리	새누리당	-0.04	0.96	-0.03	0.97
	민주통합당	0.05	1.05	0.05	1.06
야당 평가	공천 평가	0.00	1.00	0.05	1.05
투표 효능감		0.33**	1.40	0.21	1.24
상수		-0.58		-0.24	
통계모형 평가		Nagelkerke R=0.20 -2LogLikelihood=437.1 분류정확도 86.2% n=632		Nagelkerke R=0.15 -2LogLikelihood=454.3 분류정확도 85.9% n=626	

*p<0.01, **p<0.05, ***p<0.1

종속변수: 기권 0, 민주통합당 1

정당 일체감, 정치인 호오도: 0-매우 싫어한다, 10-매우 좋아한다

민주통합당 공천 평가: 1-매우 잘했다, 2-대체로 잘했다, 3-대체로 잘 못했다, 4-매우 잘 못했다

투표 효능감: 투표는 아주 많은 사람이 하기 때문에 내 한 표는 그다지 중요하지 않다. 1-매우 그렇다, 2-대체로 그렇다, 3-대체로 그렇지 않다, 4-전혀 그렇지 않다

천 평가는 통계적으로 유의미한 차이가 확인되지 않았다. 우선 정당 일체감과 관련해서 보면, 민주통합당에 대한 호감이 강한 유권자일수록 기권보다는 민주통합당에 투표한 것으로 나타났다. 정당 투표의 경우에는 민주통합당에 일체감이 강한 유권자일수록, 다른 변수의 조건이 일정하다고 한다면, 일체감이 한 단계 강해질 때 기권보다 민주통합당을 선택할 확률이 1.26배 커지는 것으로 나타났다. 이에 비해 새누리당에 대해 호감을 가진 유권자들은 기권보다 민주통합당을 선택할 확률이 0.83으로 줄어드는 것으로 나타났다. 이는 앞에서 지적한 대로 정당 일체감이 강한 경우, 기존 정당에 불만이 있더라도 경쟁 정당을 지지하기보다 기권을 선택할 수 있다는 사실을 보여 준다. 이런 특성은 정치인 호

오도에서도 마찬가지로 찾아볼 수 있다. 문재인에게 호감을 가진 유권자일수록 기권보다 민주통합당에 투표할 확률이 1.2배 커졌지만, 박근혜에게 호감을 가진 유권자들은 민주통합당을 지지하기보다는 기권을 선택할 확률이 높아지는 것으로 나타났다. 정당 일체감과 정치인 호오도가 민주통합당 지지 혹은 기권에 미치는 영향은 매우 일관되고 강한 것으로 나타났다. 이와 함께 투표 효능감을 강하게 느끼는 유권자의 경우 기권하기보다 민주통합당에 투표할 확률이 높은 것으로 나타났다.

〈표 2-10〉에서의 결과는 이명박 정부의 국정운영에 대해 불만을 가진 유권자라고 해도 그것이 곧바로 회고적 평가를 통해 야당 지지로 이어지는 것은 아니라는 사실을 잘 보여 준다. 정당 일체감이나 정치 지도자의 호오도와 같은 정치적 연계, 충성심, 혹은 대안 정당에 대한 평가와 같은 요인에 의해서도 영향을 받게 되는 것이다. 그런데 〈표 2-7〉과 〈표 2-10〉에서 나타난 공동의 특성은 2012년 총선의 경우 정당 지지, 차기 대선 후보자에 대한 호오도와 같은 요인이 보다 중요하게 작용했다는 점이다. 이념 요인이나 경제 평가, 공천 평가와 같은 변인들은 예상과는 달리 통계적으로 유의미한 결과가 나타나지 않았다. 그것은 앞에서 지적한 대로 2012년 총선이 연말의 대통령 선거를 향하는 길목에 놓인 선거라는 사실 때문으로 보인다. 보다 중요한 대통령 선거를 의식한 정파적 태도가 국회의원 선거에서의 투표 선택에 상당한 영향을 미쳤던 것이다.

4. 결론

2012년 국회의원 선거는 시기적으로나 상황적으로 볼 때 집권당에 대한 부정적인 회고적 평가가 예상되었지만 그 결과는 집권당의 승리로 끝이 났다. 이명박 정부의 국정운영에 대한 불만이 높았던 상황에서도 이런 '뜻밖의' 결과가 나타나게 된 데에는 여러 가지 원인이 있을 것이다. 선거 전략적인 측면에서는 새누리당으로의 당명 개정 등 집권당의 외형적 변화와 함께 이명박 대통령과의 차별화, 거리두기 전략이 효과적으로 작용했기 때문으로 볼 수 있다. 혹은 김용민 후보 막말 파문이나 한미 FTA 폐지 공약이나 제주 해군기지 공사 반대 등 민주통합당의 실책이 선거운동 과정에서 부정적인 영향을 미쳤기 때문이라고 할 수도 있다. 혹은 여전히 강한 위력을 발휘한 지역주의 정서의 효과 때문으로도 볼 수 있다.

그런데 이 장에서 분석한 결과 2012년 총선에서 유권자들에게 큰 영향을 미쳤던 또 다른 요인은 다름 아닌 12월 대통령 선거였다. 유권자들은 단기적인 요인이나 심지어 이명박 정부에 대한 회고적 평가보다 12월로 예정된 대통령 선거를 의식한 투표를 했다. 이런 점은 특히 새누리당 지지자 혹은 보수적 유권자들에게 더욱 큰 영향을 미쳤다. 현 정부에 대한 불만에도 그러한 불만이 야당 지지로 이어지게 되는 경우, 그로 인한 정치적 결과가 12월의 대통령 선거에서 자신이 지지하는 정파의 당선 가능성을 낮추거나 불리한 정치적 상황을 만들어 낼 것을 우려했던 것이다. 그런 점에서 이들은 회고적 평가가 예상되는 선거에서 전망적 투표를 행한 셈이다. 이명박 정부에 대한 불만에도 불구하고 새누리당에 대한 정당 일체감, 박근혜라는 정치 지도자에 대한 호감이 이들을 새누리당에 대한 계속된 지지로 이끌거나, 최소한 민주통합당으로의 지지 이전보다는 기권하도록 만들었다. 이런 요인 때문에 선거 이전의 예상과는 달리 새누리당은 과반 의석을 차지하는 승리를 거둘 수 있었다.

정도의 차이는 있지만, 민주통합당 지지자들 역시 정당 일체감과 문재인 전 노무현 재단 이사장에 대한 호감이 민주통합당을 둘러싼 여러 가지 악재에도 불구하고 이들이 투표하게 만들었다고 할 수 있다. 2012년 총선에서 새누리당, 민주통합당 두 거대 정당으로 의석이 결집된 것도 바로 이러한 대통령 선거를 의식한 투표 행태의 결과로 보인다. 대통령 선거에 의미 있는 후보를 낼 수 있는 두 정당에 국회의원 선거에서 표가 몰렸던 것이다.

키(Key, Jr. 1966: 7)는 그의 책 *The Responsible Electorate*에서 "유권자는 바

보가 아니다(Voters are not fools.)"라는 유명한 표현을 남겼다. 그는 이 표현을 통해 유권자들이 예리한 회고적 평가를 통해 전임 정부의 업무 수행에 대한 평가를 선거에 반영한다는 점을 강조했다. 그런데 2012년 국회의원 선거에서 보여 준 한국 유권자들의 판단은 단순한 회고적 평가를 넘어서는 보다 복잡한 정치적 계산, 즉 보다 중요한 대통령 선거를 의식한 계산을 담고 있었다. 이번 총선 결과는 한국 유권자들이 키의 이러한 표현을 넘어서는 매우 까다롭고 전략적인 유권자라는 사실을 잘 보여 주고 있다.

제3장

세월호 사건과 2014년 지방선거

1. 서론

지방선거는 지방자치단체의 장과 의회 의원을 선출하는 정치 행사이기 때문에 원론적으로 본다면 각 지방 현안과 관련된 이슈가 지방 유권자의 일차적인 관심의 대상이 되어야 할 것이다. 그러나 그동안 우리나라 지방선거의 경우를 보면 중앙정치적인 이슈가 지방선거를 지배하는 경우가 적지 않았다. 1998년 지방선거에 대한 분석에서 강원택(1999)은 지역주의 투표 행태로 인한 한국 유권자의 정당 지지의 고정성과 지방정치의 낮은 효능감으로 인해서 지방선거에서도 중앙정치에 대한 유권자의 의존성이 크게 나타난다고 보았다. 그러나 이외에도 지방선거가 중앙정치의 영향을 받을 수밖에 없는 이유가 존재한다. 우선 들 수 있는 까닭은 전국의 각급 지방자치단체가 동시에 선거를 치른다는 점이다. 즉 지방선거라고 해도 전국 동시 선거로 인해 정당 간 전국 수준에서의 정치적 경쟁의 승패를 가리는 결과를 낳기 때문에 현실적으로 중앙정치적인 의미를 지닐 수밖에 없는 것이다. 두 번째는 대체로 대통령 임기 중반에 지방선거가 실시되어 현역 대통령의 중간평가적인 속성을 갖게 되는 경우가 적지 않기 때문이다. 대통령 임기의 중반에 전국적으로 동시에 선거를 치르는 것은 그간 대통령의 업무 수행에 대한 평가로 지방선거를 바라보게 한다. 이런 여러 가지 이유로 인해서 지방선거는 종종 중앙정치의 영향하에 놓여 있었다.

지방선거가 중앙정치의 영향을 크게 받는다고 하지만, 기본적인 선거 경쟁의 단위는 자치단체를 기준으로 하기 때문에 현실적으로 각 지방자치단체에 따른 관심사는 다를 수 있다. 다시 말해 동시 지방선거라고 해도 서울 시민들의 주요 관심사와 광주 시민들 혹은 제주도민들의 선거 관심사는 다를 수 있다. 이처럼 지역 유권자들이 중시하는 선거 이슈는 지역별로 서로 다를 수 있는 것이다.

그런데 2014년 지방선거를 앞두고는 세월호 참사라고 하는 매우 충격적인 사건이 발생했다. 인천 연안여객터미널을 출발하여 제주로 향하던 여객선 세월호가 2014년 4월 16일 전남 진도군 병풍도 앞 인근 해상에서 침몰했다. 이 사고로 인해 탑승객 476명 가운데 172명만이 구조됐고, 300여 명이 넘는 나머지 승객들은 모두 사망 혹은 실종되었다. 이 가운데는 제주도로 수학여행을 떠난 안산 단원고 학생들 중 다수가 희생되어 사회적으로 커다란 충격을 주었다. 이러한 대형 참사는 특히 침몰 초기에 정부가 제대로 대응하지 못해 희생자가 크게 늘어나면서 정부의 무능과 박근혜 정부에 대한 비판으로 이어졌다. 2014년 지방선거는 6월 4일 실시되었기 때문에 세월호 사건 이후 한 달 반 정도의 시차를 고려할 때 지방선거는 세월호 사건의 여파에서 벗어날 수 없었던 시기였다.

이 장에서 규명하고자 하는 연구 질문은 과연 2014년 지방선거에서 제기된 각종 이슈가 실제 유권자의 투표 선택에 영향을 미쳤느냐 하는 것이다. 여기서는 크게 세 가지 질문에 대해 답을 찾아보고자 한다. 첫째는 선거 이슈가 유권자의 투표 결정에 독자적인 영향을 미쳤는지, 아니면 정당 일체감과 같은 요인에 의해 투사되는 형태로 나타났는지 살펴볼 것이다. 둘째, 선거 이슈의 영향이 존재한다면 그것이 중앙정치적인 이슈였는지, 아니면 지방적인 이슈였는지 알아볼 것이다. 셋째는 선거 이슈 가운데서도 특히 당시 사회적으로 커다란 충격을 주었던 세월호 사건이 유권자의 정치적 선택에 실제로 영향을 미쳤느냐 하는 점이다. 세월호 사건이 박근혜 정부의 정책적 실패의 결과는 아니지만, 국가의 무능과 구조적 문제점이 드러난 만큼 현직 대통령이 이에 대한 책임을 지는 것이 불가피했던 상황이었다. 그러나 동시에 세월호 참사가 그동안 투표 선택에 큰 영향을 미쳐 온 이념이나 정파성과는 무관해 보이는 이슈이기 때문에 과연 이 이슈가 지방선거의 투표 결정에 영향을 미쳤을 것인지 확신하기 어려워 보이는 것도 사실이다.

2. 기존 논의의 검토

선거 때가 되면 예기치 못했던 사건이나 특정한 이슈 혹은 공약이 유권자들의 커다란 관심의 대상이 된다. 그리고 그러한 이슈는 선거에서 유권자의 투표 결정에 적지 않은 영향을 미칠 수 있다. 한국 선거에서도 이슈의 영향력은 종종 발견된다. 예컨대 대통령 선거의 경우를 보면, 이현우(2006)는 2002년 대선에서 미군 장갑차에 사망한 여중생들과 관련된 촛불시위나 행정수도 이전 공약이 노무현 후보에게 긍정적인 영향을 미쳤다고 분석했다. 장승진(2013)은 2012년 대통령 선거 분석을 통해, 대선 과정에서 핵심적인 쟁점으로 제기되었던 경제 민주화 이슈가 일반적인 정치적 성향을 통제한 이후에도 유권자의 투표 선택에 여전히 유의미한 영향력을 보였다고 주장했다. 경제민주화 선거에서 중요한 쟁점이라고 인식할수록 그 이슈의 영향력이 강하게 발견되었다는 것이다.

국회의원 선거에서도 이슈의 영향력이 확인된다. 정준표(1998)는 1996년 국회의원 선거 직전 비무장지대에서 발생한 북한의 잇단 무력시위가 집권당인 신한국당에 유리한 영향을 미쳤다고 분석했다. 한편, 2004년 국회의원 선거에서는 노무현 대통령에 대한 탄핵 이슈가 유권자의 투표 결정에 상당한 영향을 미친 것으로 나타났다. 강원택(2010: 125-168)은 탄핵 이슈가 압도적으로 커다란 영향을 미쳤고, 이념적 요인과 맞물리면서 열린우리당과 한나라당 간의 양극적인 대결로 이끌었다고 보았다. 한편 윤종빈(2006) 역시 탄핵 쟁점이 연령 변수, 지역 변수와 함께 혹은 중첩되어 유권자의 투표 결정에 상당한 영향을 미쳤다고 주장했다.

한편, 2014년 지방선거에서 세월호 사건의 영향과 관련해서 볼 때 흥미로운 사례가 2010년 지방선거에서 나타난 천안함 사건의 영향이다. 2010년 6월 2일 실시된 지방선거를 두 달여 앞둔 3월 26일, 해군 초계정 천안함이 침몰했고 이 사건은 당시 사회적으로 커다란 주목을 받았다. 그런데 제1장에서 본 것처럼, 천안함 이슈가 신문과 방송 등 주요 언론을 뒤덮다시피 했지만 실제로 유권자들이 투표 결정 때 고려한 이슈는 천안함 사건이 아니었다. 유권자들이 선거 결정 때 실제로 중요하게 생각한 이슈는 초중교 무상급식, 4대강 사업 등이었다.

선거 이슈가 투표 선택에 미친 영향을 알기 위해서는 여러 가지 조건을 함께 고려해야 한다. 예컨대 이슈의 현저성(salience), 이슈에 대한 유권자의 태도와 선호도, 후보 또는 정당과 이슈 위치에 대한 유권자의 인식(Brody and Page 1972: 455) 등이 선거 이슈의 영향을 살펴보고자 할 때 고려해야 조건들이다. 한편, 이슈의 특성에 따라서 선거 이슈가 투표 결정에 미치는 영향은 달라질 수 있다. 이슈의 특성이 유권자의 전반적인 태도가 찬성과 반대 중 어느 한쪽으로 대체로 모아지는 이슈인 합의 쟁점(valence issue)인지, 아니면 유권자의 태도가 나뉘는 위치 쟁점 혹은 대립 쟁점(position issue)인지에 따라 이슈에 대한 유권자의 반응은 서로 달라질 수 있다(Stokes 1963). 그런데 서구 민주주의 국가의 선거에서 이슈의 영향에 주목하게 된 것은 전반적인 정당 정치의 약화와 관련이 있다. 계급과 같은 집단적 정체성이나 계급적 소속감에 의해 투표하는 것이 아니라 선거 이슈나 후보자와 같은 단기적이고 비구조적인 요인의 영향이 커졌으며, 이 때문에 선거마다 지지율의 변화가 커지는 선거 변동성(volatility)의 증대가 생겨나게 되었다는 것이다(Scarrow, Webb, and Farrell 2000, 129).

투표 결정에 대한 이슈의 영향과 관련해서 이 연구에서 주목하는 점은 이슈 자체가 투표 결정에 영향을 준 것인지 아니면 정당 일체감이나 후보자에 대한 선호가 투사(projection)된 결과, 혹은 선호하는 정당이나 후보자의 정책적 입장에 설득(persuasion)된 것이거나 그로 인한 선별적 인식(selective perception)의 결과인가 하는 점이다. *The American Voter*(Campbell et al. 1960)는 투표 결정에서 정당 일체감이 매우 중요한 영향을 미친다고 주장했다. 정당 일체감은 선거나 정치에 대해 충분한 정보나 지식을 갖지 못한 유권자들에게 분명한 투표 선택의 단서(cues)를 제공한다는 것이다. 또한 선거 기간 중 논의되는 이슈나 사건에 대해서도 이러한 정당 일체감에 기반하여 해석할 수 있다. 즉, 유권자의 투표 결정이 반드시 정책 이슈에 기반하지 않고, 선호하는 정당이나 후보자가 자신의 정책적 입장과 유사할 것이라고 스스로 확신하여 투표할 수도 있는 것이다(Dalton 1984: 264–265; Page and Jones 1979: 1077–1078). 그러나 아브라모위츠(Abramowitz 1995)나 알드리치 등(Aldrich et al. 1989)은 선거에서 독자적인 이슈의 영향력이 존재한다고 주장했고, 페이지 존스(Page and Jones 1979)는 정당 소속감과 이슈 선호의 영향이 상호 간에 영향을 주고받는다고 주장했다. 이처럼 투표 결정에 대한 이슈의 영향력을 바라보는 시각은 매우 다양하다.

2014년 지방선거는 선거 이슈라는 측면에서 주목할 만하다. 2014년 지방선거를 앞두고도 당시 여러 가지 상황적인 이슈가 제기되어 있었다. 가장 대표적으로는 세월호 참사 사건이 있었고, 전세가 급등 등 부동산 문제도 사회적인 관심의 대상이었다. 2014년 초에는 국정원의 대선 관련 댓글 사건이나 간첩 조작 사건 등이 정치적 논란의 중심에 놓였다. 당시 민주당 김한길 대표는 이에 대한 항의 표시로 천막에서 장기간 농성하기도 했다. 박근혜 대통령이 신년사에서 사실상 경제민주화 공약의 포기를 천명하면서 경제민주화, 복지 공약의 실천 여부도 논란의 대상이 되었다. 한편 선거 전 북한 무인기가 몇 곳에서 발견되었고, 4차 핵 실험의 징후도 나타났다. 지방선거 이전 아마도 가장 큰 정치 환경의 변화는 선거 직전 김한길 민주당 대표와 신생 정당을 준비하던 안철수의 합의에 의해 새정치민주연합이라는 새로운 정당을 창당한 것이었다. 이처럼 2014년 지방선거를 앞두고 적지 않은 이슈가 존재했다. 그리고 지방선거이니만큼 각 지방마다 나름대로 지역 유권자들이 주목하는 현안도 중요성을 갖고 있었다.

이런 점에서 이 장에서는 2014년 지방선거에서 제기된 이슈를 모두 일곱 가지로 정리하여 분석하였다. 특성별로 살펴보면, 중앙정치적 의미를 갖는 세월호 사건, 부동산 문제, 국정원 사건, 복지 공약 실천 여부, 북한 문제, 새정치민주연합 출범 등의 이슈와, 각 지방의 현안이라는 지방 이슈 등으로 구분해 볼 수 있다. 그리고 이들 이슈는 다시 합의 쟁점과 대립 쟁점으로 나눠 볼 수 있는데, 이 가운데 국정원 사건, 경제민주화·복지 공약 실천 여부, 북한 문제, 새정치민주연합 출범 등 네 가지는 대립 쟁점이라고 할 만한 이슈들이다. 이들 이슈는 그동안 한국 정치에서 이념적으로나 정파적으로 비교적 뚜렷한 대립각을 보여 온 것들이기 때문이다. 이에 비해 세월호 사건, 부동산 문제, 지방 현안 등은 그와 같은 갈등에서 벗어나 있는 합의 쟁점으로 보아도 무방할 듯하다. 이처럼 이 연구에서 고려하는 일곱 가지 이슈는 중앙정치 대 지방정치적 이슈, 그리고 합의 쟁점 대 위치 쟁점이라는 두 차원을 모두 포함하고 있다.

그런데 이 가운데 여기서 특히 주목한 이슈는 세월호 참사이다. 세월호 이슈가 갖는 합의 쟁점의 특성에도 불구하고 2014년 지방선거에서 이 이슈에 대해 주목하게 된 것은 이 사건이 거대한 재난 발생 후 국가가 보여 준 무기력, 비효율, 무능의 상징이 되었기 때문이다. 더욱이 지방선거가 박근혜 정부 출범 1년 4개월이 지난 후 실시된 선거였기 때문에 중간평가적 속성을 지닐 수밖에 없었다. 따라서 재난 발생이라는 이슈 자체는 합의 쟁점적 속성을 갖는다고 하더라도 그에 대한 정부의 미흡한 대처가 적지 않은 유권자들의 불만의 원인이 되었기 때문에, 대통령에 대한 평가나 정파적 입장에 따라서 세월호 이슈가 선거에 미치는 영향은 차별적일 수도 있을 것이다.

실제로 세월호 사건 이후 얼마 지나지 않은 2014년 4월 25일에 실시한 한 여론조사의 결과는 다음과 같다. "지난 16일 발생한 진도 앞바다 세월호 침몰사고와 관련하여 정부가 인명구조를 위한 초동대처를 잘했다고 생각하느냐, 아니면 잘 못했다고 생각하느냐?"는 질문에 대해 응답자의 31.1%가 '잘했다'고 평가한 반면, 2배가 넘는 65.5%의 국민들은 '잘 못했다'고 응답했다. 특히 부정적 응답 가운데 '매우 잘 못했다'는 매우 부정적인 응답의 비율이 절반에 가까운 47.6%였다. 또한 "침몰사고 직후 관계당국이 초동대처를 더 신속하게 했더라면 인명 피해가 더 줄었을 것으로 보느냐, 아니면 별다른 차이가 없었을 것으로 생각하느냐"는 질문에 대해 응답자의 70.4%가 '크게 줄었을 것'이라고 답했고, 19.5%는 '다소 줄었을 것'이라고 응답했다. 결국 거의 대다수인 89.9%의 응답자들이 정부의 초동 대처에 대해 부정적으로 평가한 것이다. 더욱이 세월호 참사와 관련한 정부 책임에 대해 물었을 때, 33.9%가 가장 높은 비율로 청와대의 책임이라고 답했고, 해양수산부(19.4%), 안전행정부(17.8%), 해양경찰청(14.7%), 국무총리실(1.4%)이 그 뒤를 이었다.[1] 이처럼 세월호 사건이 박근혜 정부의 책임 공방으로 이어지는 경우 이슈 자체의 속성이 합의 이슈적인 것이라고 해도 정당 일체감이나 이념적 입장에 따라서 상이한 평가가 내려질 수도 있다. 즉 주요 이슈에 대해 유권자들이 쟁점과 무관하게 지지하는 정당이나 후보의 입장에 설득(persuasion)되거나 혹은 그 입장을 자기의 것으로 받아들이는(projection) 것과 같은 합리화(rationalization) 과정을 거칠 수도 있을 것이다(Brody and Page 1972). 그렇다면 세월호 사건을 포함한 각 이슈들은 2014년 지방선거에 과연 어떤 영향을 미쳤는지 경험적 분석을 통해 살펴보기로 한다.

3. 분석

앞서 언급한 대로, 한국의 지방선거는 지방자치단체의 장과 의회를 구성하는 대표자들을 선출하는 행사이면서도 중앙정치의 큰 영향에 놓여 왔다. 그런 점에서 볼 때 지방선거는 중앙정치와 지방정치 두 차원에서의 의미를 동시에 지

1. 미디어오늘, 2014.4.27., 세월호 여론도 분노, 박근혜 지지폭락 39% … "잘못" 49%, http://www.mediatoday.co.kr/news/articleView.html?idxno=116250

니고 있다고 할 수 있다. 그러나 개별 유권자의 입장에서는 중앙정치와 지방정치 중 어느 차원의 의미를 더욱 크게 생각하느냐에 따라 지방선거를 바라보는 태도가 달라질 수 있을 것이다. 이와 함께 지방선거에서 제기된 각종 이슈를 평가하는 시각 역시 달라질 수 있다.

〈표 3-1〉은 2014년 지방선거를 앞두고 제기된 주요 이슈가 선거에 어느 정도 영향을 미쳤다고 생각하느냐는 데 대한 응답과 지방선거의 의미를 어떻게 바라보는지에 대한 응답 패턴 간의 상관관계(correlation)를 살펴본 것이다. 우선 흥미로운 점은 지방선거를 중앙정치와의 연관하에서 인식하는지 아니면 지방 중심적 행사로 바라보는지에 따라 이슈와의 상관관계가 매우 상이하게 나타난다는 점이다. '중앙정치보다 지역 현안이 중요한 선거'라고 지방선거를 인식하는 이들의 경우에는 당연히 '우리 지역 현안'과의 상관관계가 확인되었다. 그리고 비교적 일상적인 삶의 문제와 관련된 '경제 민주화, 복지 공약 실천'과의 관계도 통계적으로 유의미한 것으로 나타났다. 그러나 그 외의 이슈들은 통계적으로 유의미한 관계가 확인되지 않았다. 한편, 지방선거를 '박근혜 정부를 심판하는 선거'라고 보는 이들의 경우에는 '우리 지역 현안'을 제외한 모든 이슈에서 상관관계의 통계적 유의미성이 확인되었다. 상관계수의 크기는 역시 세월호 사건이 가장 크게 나타났으며, 그다음은 국정원 댓글·간첩조작 사건, 경제민주화·복지 공약 실천, 민주당·안철수 합당, 전세가 급등·부동산 문제 등으로 나

〈표 3-1〉 각 선거 이슈의 영향과 지방선거를 바라보는 시각 간의 상관관계

	세월호 사건	경제민주화, 복지 공약 실천	전세가 급등, 부동산 문제	민주당, 안철수 합당	무인기, 4차 핵실험 준비 등 북한문제	국정원 댓글 사건, 간첩조작 사건	우리 지역 현안
박근혜 정부를 심판하는 선거	0.38*	0.24*	0.20*	0.22*	0.14*	0.26*	0.05
중앙정치보다 지역현안이 중요한 선거	0.04	0.12*	0.04	0.00	0.01	0.06	0.18*

*p<0.01(양방향)

타났다. 따라서 〈표 3-1〉의 결과는 지방선거를 '지방적인 것'으로 보는 이들과 중앙정치적 의미를 부여하는 이들 간에 이슈를 바라보는 시각의 차이가 매우 크다는 것을 잘 보여 주고 있다. 지방선거를 회고적 의미에서 박근혜 정부를 비판하는 선거라고 보는 이들에게는 세월호 사건을 포함한 각 이슈가 투표 선택에 적지 않은 영향을 미친 것으로 나타났다.

그렇다면 이제는 〈표 3-1〉에서 살펴본 각 이슈가 2014년 지방선거에서 새누리당과 새정치민주연합에 대한 투표에 얼마나 영향을 미쳤을까에 대해 살펴보고자 한다. 여기서 고려해 봐야 할 점은 두 가지이다. 첫째는, 각 이슈들이 독자적으로 투표 결정에 영향을 미친 것인지 아니면 정당 일체감과 같은 요인에 의해 투사되거나 설득되는 등의 합리화 과정을 거친 것인지 하는 점이다. 만약 선거 이전의 주요 이슈가 정당 일체감이나 정파적 성향에 의해 영향을 받게 된다면 그 이슈의 영향은 제한적이었다고 봐야 할 것이다. 둘째는 2014년 지방선거에서 제기된 각 이슈의 특성에 따라 어떤 영향을 미칠 것인가 하는 점이다. 앞서 본 대로, 지방선거 무렵에 제기된 이슈들은 합의 쟁점과 대립 쟁점을 모두 포함하고 있었다. 이러한 이슈의 특성에 따라서 투표 선택에 상이한 영향을 미치는지 아닌지 살펴볼 필요가 있다. 특히 주목해 볼 점은 세월호 이슈이다. 세월호 참사는 그 자체로서는 합의 쟁점의 속성을 지니고 있지만 앞서 본대로 회고적 평가의 시각이거나 정파적 관점에서 세월호 사건을 평가한다면 박근혜 정부에 대한 부정적 평가라는 대립 쟁점적 속성을 가질 수도 있기 때문이다.

이러한 문제의식을 염두에 두고 경험적 분석을 실시했다. 〈표 3-2〉와 〈표 3-3〉에서 보듯이 이항 로지스틱 분석을 실시했다. 선거 이슈가 독자적 영향을 가진 게 아니라면 정당 일체감 등 다른 요인에 부수적인 영향을 받았는지 살펴보기 위해 세 가지 모델을 설정했다. 세 모델에서 종속 변수는 모두 새누리당(0)과 새정치민주연합(1) 중 어느 정당에게 투표했느냐 하는 것이다. 여기서는 광역자치단체장 투표와 광역의회 비례대표 정당투표의 두 경우를 모두 대상으로 삼았다. 광역자치 선거를 분석 대상으로 삼은 것은 선거에서의 관심이나 정보 면에서 광역자치선거의 경우가 보다 크고, 정치적 중요성이나 실제 각 정당의 관심이나 개입도 상대적으로 크기 때문이다. 또한 중앙정치적 요인의 영향에 광역 단체장 선거가 보다 예민하게 반응할 것으로 보았다. 광역자치단체장 투표와 광역의회 비례대표 정당 투표를 모두 분석한 것은 광역 단체장 선거의 경우에 후보자 요인이 보다 강하게 작용할 수 있고, 광역의회 비례투표의 경우에는 정당 요인이 보다 큰 영향을 미칠 수 있어서 그 결과 분할투표(split-ticket voting)가 발생했을 가능성을 고려했기 때문이다.

모델 1은 7개의 선거 이슈만을 대상으로 포함했다. 각 이슈가 지방선거에서 새누리당과 새정치민주연합 가운데 정당 선택에 어떤 영향을 미쳤는지 분석했다. 모델 2는 7개의 이슈만을 다룬 모델 1에 새누리당과 새정치민주연합 각각에 대한 정당 일체감을 포함시킨 것이다. 정당 일체감을 포함시킨 후에도 이슈들이 선거에 독자적인 영향을 미쳤는지 살펴보고자 했다. 모델 3은 모델 2에 대통령 요인, 즉 박근혜 대통령에 대한 호감도를 포함시킨 것이다. 대통령에 대한 호감도까지 고려했을 때 이슈의 영향력이 어떻게 유지되는지 보고자 했다. 〈표 3-2〉와 〈표 3-3〉에 그 결과가 정리되어 있다. 광역 비례대표 정당 투표와 광역 단체장 투표라는 별개의 투표 행태를 대상으로 분석한 것이지만 〈표 3-2〉와 〈표 3-3〉의 결과는 대체로 유사하다.

우선 흥미로운 점은 7개의 이슈만을 대상으로 한 모델 1에서는 두 분석에서 '전세가 급등, 부동산 문제'를 제외하고는 모두 통계적으로 유의미한 결과가 나타났다. 회귀계수의 부호를 고려할 때, 세월호 사건, 경제민주화·복지 공약 실천 여부, 민주당·안철수 합당, 댓글·간첩조작 등 국정원 문제, 우리 지역 현안 등의 이슈가 선거에 큰 영향을 주었다고 생각하는 경우 새정치민주연합에 대한 지지가 높아지는 것으로 나타났다. 이에 비해서 무인기·4차 핵실험 준비 등 북한 이슈의 선거 영향력을 높게 생각할수록 새누리당 지지가 높아지는 것으로 나타났다. 보수적인 새누리당 지지자들에게 민감한 북한 이슈가 새누리당 지지에 영향을 준 반면, 나머지 이슈들에 대해서는 새정치민주연합 지지에 영향을 미친 것으로 나타난 것이다. 이런 결과로 미뤄 볼 때, 선거 이슈에 대해서는 새누리당보다는 야당인 새정치민주연합 지지에 보다 큰 영향을 미친 것으로 볼 수 있다. 이 연구에서 주목하는 세월호 사건은 〈표 3-2〉, 〈표 3-3〉 모두에서

〈표 3-2〉 광역 비례대표 투표 정당(새누리당 0, 새정치민주연합 1)

		모델 1	모델 2	모델 3
		B [Exp(B)]	B [Exp(B)]	B [Exp(B)]
상수항		2.22*	0.88	2.76*
선거 이슈	세월호 사건	-0.13*** [0.88]	-0.04 [0.96]	0.05 [1.05]
	경제민주화, 복지 공약 실천 여부	-0.27** [0.77]	-0.21 [0.81]	-0.23 [0.80]
	전세가 급등, 부동산 문제	-0.06 [0.94]	-0.17 [0.85]	-0.13 [0.88]
	민주당, 안철수 합당	-0.57* [0.57]	-0.47* [0.63]	-0.49* [0.61]
	무인기, 핵실험 준비 등 북한 문제	0.51* [1.67]	0.46** [1.59]	0.38** [1.46]
	댓글, 간첩조작 등 국정원 문제	-0.17*** [0.84]	0.04 [1.04]	0.16 [1.18]
	우리 지역 현안	-0.23** [0.80]	-0.35** [0.70]	-0.45* [0.64]
정당 일체감	새누리당	-	-3.68* [0.03]	-3.10* [0.05]
	새정치민주연합	-	2.17* [8.78]	2.01* [7.49]
대통령 요인	박근혜 호감도	-	-	-0.03* [0.97]
모형 평가		-2Log 우도=1019.0 Nagelkerke R^2=0.18 분류정확 64.9%	-2Log 우도=480.3 Nagelkerke R^2=0.73 분류정확 87.9%	-2Log 우도=444.9 Nagelkerke R^2=0.76 분류정확 89.4%

*p<0.01, **p<0.05, ***p<0.01

선거 이슈: 1-매우 큰 영향, 2-어느 정도 영향, 3-그저 그렇다, 4-별로 영향 없다, 5-전혀 영향 없다

정당 일체감: 각 정당에 정당 일체감을 갖는 경우 1, 아닌 경우 0

박근혜 호감도: 0(전혀 호감이 없다)----100(매우 호감이 크다)

〈표 3-3〉의 경우도 위와 동일

〈표 3-3〉 광역 단체장 투표 정당(새누리당 0, 새정치민주연합 1)

		모델 1	모델 2	모델 3
		B [Exp(B)]	B [Exp(B)]	B [Exp(B)]
상수항		2.47*	1.00	2.94*
선거 이슈	세월호 사건	-0.12*** [0.89]	-0.04 [0.96]	0.03 [1.03]
	경제민주화, 복지 공약 실천 여부	-0.19*** [0.83]	-0.00 [1.00]	0.01 [1.01]
	전세가 급등, 부동산 문제	-0.11 [0.90]	-0.29*** [0.75]	-0.26 [0.77]
	민주당, 안철수 합당	-0.50* [0.61]	-0.28*** [0.75]	-0.31*** [0.74]
	무인기, 핵실험 준비 등 북한 문제	0.47* [1.59]	0.29 [1.33]	0.16 [1.17]
	댓글, 간첩조작 등 국정원 문제	-0.29* [0.75]	-0.23 [0.80]	-0.13 [0.88]
	우리 지역 현안	-0.20** [0.82]	-0.21 [0.81]	-0.30*** [0.74]
정당 일체감	새누리당	-	-3.89* [0.02]	-3.34* [0.04]
	새정치민주연합	-	2.06* [7.87]	1.93* [6.91]
대통령 요인	박근혜 호감도	-	-	-0.03* [0.97]
모형 평가		-2Log 우도=1027.1 Nagelkerke R^2=0.18 분류정확 65.3%	-2Log 우도=466.8 Nagelkerke R^2=0.75 분류정확 88.9%	-2Log 우도=436.9 Nagelkerke R^2=0.77 분류정확 89.7%

*p<0.01, **p<0.05, ***p<0.01

새정치민주연합 지지에 영향을 미친 것으로 나타났지만, 회귀계수의 값도 상대적으로 크지 않았고, 유의확률 역시 90% 수준에서나 유의미한 것으로 나타났다. 그런 점에서 볼 때 세월호 사건은 야당 지지자들에게 영향을 미치기는 했지만 그다지 큰 영향은 아니라고 할 수 있다.

이런 특성은 모델 2로 가면 더욱 분명하게 드러난다. 모델 2는 7개의 선거 이슈에 새누리당과 새정치민주연합에 대한 정당 일체감을 포함시킨 것이다. 〈표 3-2〉와 〈표 3-3〉의 결과는 미세한 차이가 있지만 대체로 유사하다고 할 수 있다. 우선 정당 일체감의 강한 영향이 확인되었다. 특히 새누리당 지지에서 정당 일체감의 영향력은 새정치민주연합보다 강한 것으로 나타났다. 정당 일체감이 포함되면서 선거 이슈의 유의미함은 크게 줄어들었다. 광역 비례대표 투표를 분석한 〈표 3-2〉에서는 민주당·안철수 합당의 영향과 북한 이슈가 각기 상이한 방향으로 유의미한 것으로 나타났고, 광역 단체장 투표를 대상으로 한 〈표 3-3〉에서는 부동산 문제와 민주당·안철수 합당이 유의미한 것으로 나타났다. 두 표 모두에서 '우리 지역 현안' 이슈는 통계적으로 유의미한 것으로 확인되었다. 이 외에 선거 이슈의 유의미성은 모두 사라졌다. 세월호 이슈는 정당 일체감이 포함되면서 두 표에서 모두 통계적으로 유의미한 결과가 확인되지 않았다. 이 결과는 세월호 사건이 독자적으로 선거에 미친 영향은 미미했거나 혹은 정당 일체감과 같은 요인에 의해 흡수되었음을 의미한다. 세월호 사건에 대한 정파적 해석 여부에 대해서는 뒤에서 다시 논의할 것이다.

모델 3은 모델 2에 박근혜 대통령에 대한 호감도를 추가한 것이다. 박 대통령에 대한 호감도는 〈표 3-2〉, 〈표 3-3〉 모두에서 통계적으로 유의미한 것으로 나타났지만, 회귀계수의 값은 그다지 크지 않았다. 모델 3에서도 여전히 정당 일체감의 영향이 매우 큰 것으로 나타났는데, 선거 이슈 중에서 〈표 3-2〉의 경우 모델 2와 마찬가지로 민주당·안철수 합당의 영향과 북한 이슈만이 상이한 방향으로 영향을 미친 것으로 나타났으며, 〈표 3-3〉의 경우 민주당·안철수 합당의 영향만이 유의미한 것으로 나타났다. 모델 2에서와 마찬가지로 '우리 지역 현안'은 두 표에서 모두 영향을 미친 것으로 확인되었다.

〈표 3-2〉와 〈표 3-3〉의 분석 결과를 정리해 보면, 역시 새누리당과 새정치민주연합을 대상으로 한 투표 선택에서 가장 중요한 영향을 미친 것은 정당 일체감이라는 것을 알 수 있다. 박근혜 대통령에 대한 평가도 다소 영향을 미친 것으로 나타났다. 이 장에서 주목하는 선거 이슈의 경우에는 '우리 지역 현안'이

독자적인 영향을 준 것으로 나타났으며 이 이슈를 중시할수록 새정치민주연합에 투표할 확률이 높아지는 것으로 나타났다. 중앙정치적인 이슈뿐만 아니라 지방의 현안이 지방선거에서의 투표 결정에 영향을 준다는 사실도 확인할 수 있다. 민주당·안철수 합당의 영향 역시 새정치민주연합 지지의 확률을 높인 이슈로 확인되었다. 이와 함께 무인기·4차 핵실험 준비 등 북한 이슈의 영향은 새누리당 지지를 높인 것으로 나타났다. 선거 이슈가 독자적인 영향을 보이는 경우에도 그 내용이 정파별로 각기 상이하다는 것을 알 수 있다. 그러나 세월호 참사 이슈는 2014년 지방선거 이전에 드러난 사회적 관심의 규모에 비해서는 광역 비례대표 투표나 광역 단체장 투표에 그다지 큰 영향을 미치지 못한 것으로 나타났다. 다시 말해서 민주당과 안철수의 합당이나 북한 관련 이슈와 같은 위치 쟁점은 지방선거에서도 그 이슈에 보다 민감한 정파적 지지자들에게 일정한 영향을 미친 반면, 세월호 이슈와 같은 합의 쟁점은 투표 결정에 별다른 영향을 미치지 못한 것으로 나타났다.

그렇다고 하더라도 세월호 사건이 투표 선택에 영향을 미치지 않았다는 결과는 다소 의아하다. 앞의 〈표 3-2〉, 〈표 3-3〉을 보면, 90% 유의수준이라고 해도 모델 1에서는 세월호 사건의 영향이 확인되었지만, 정당 일체감 그리고 대통령에 대한 호감도가 모델에 포함되면서 세월호 사건의 영향에 대한 유의성은 사라졌다. 그렇다면 세월호 사건을 바라보는 시각은 정당 일체감과 같은 정파적 입장의 차이에 영향을 받은 것으로 추정해 볼 수도 있을 것이다. 과연 세월호 사건에 대한 평가가 정파적 입장이나 이념적 태도에 따라 달라진 것인지 살펴볼 필요가 있다. 앞서 언급한 대로, 세월호 사건이 준 사회적 충격이 매우 컸고 또 이 사건에 제대로 대처하지 못한 정부에 대한 불만과 불신도 높았기 때문에, 앞의 표에서 본 결과와는 달리 이념, 정파에 따른 하위 집단별로는 상이한 패턴이 나타날 수도 있기 때문이다. 이런 특성을 살펴보기 위해서 〈표 3-4〉에서처럼 회귀분석(OLS regression)을 실시했다.

종속변수는 세월호 사건이 선거에 미친 영향에 대한 응답으로, '큰 영향을 받

〈표 3-4〉 '세월호 사건의 투표 영향'에 대한 회귀분석

범주	변인	Beta	t
사회경제적 배경	연령	0.00	0.02
	학력	−0.12*	−2.90
	가구 재산	0.08**	2.02
	가구 소득	−0.03	−0.68
이념	주관적 이념 평가	0.02	0.43
	국방, 북한 관련 이념	0.06	1.47
	경제 관련 이념	0.09*	2.69
	사회 관련 이념	0.02	0.58
정파적 성향	새누리당 호감도	0.08	1.38
	새정치민주연합 호감도	−0.01	−0.25
	새누리당 정당 일체감	−0.01	−0.21
	새정치민주연합 정당 일체감	−0.03	−0.60
대통령	박근혜 호감도	0.08	−2.90
R^2=0.10 F=7.20 p<0.00			

*p<0.01, **p<0.05, ***p<0.01

았다(1), 대체로 영향을 받았다(2), 그저 그렇다(3), 그다지 영향받지 않았다(4), 전혀 영향받지 않았다(5)'의 다섯 가지 등간척도(interval scale)를 이용했다. 독립변수로는 네 가지 범주를 고려했는데, 첫 번째는 사회경제적 배경이다. 연령, 학력, 가구 재산, 가수 소득 등 네 가지 요인을 포함했다. 이들은 그동안 한국 정치에서 이념적, 정파적 선호도의 차이를 보인 요인들이다. 두 번째는 정치 이념이다. 스스로 생각하는 주관적 이념(0-가장 진보, …, 10-가장 보수)과, 세 가지 주요한 정책 영역에 대한 각 응답의 평균을 포함했다. 세 가지 주요 정책 영역은 국방·북한과 관련된 세 가지 질문, 경제 정책과 관련된 세 가지 질문, 그리고 사회 정책과 관련된 세 가지 질문에 대한 것이다. 가장 진보적 입장이 1, 가장 보수적 입장이 4이다.[2] 세 번째는 정파적 성향에 대한 것으로, 새누리당과 새정치

2. 국방·북한 관련 질문은 "한미동맹 강화", "국가보안법 폐지", "북한 지원 확대"이고, 경제 관련 질문은 "성장보다 복지", "고소득자 중과세", "공기업 민영화", 그리고 사회 관련 질문은 "학교 체벌 허

민주연합 각각에 대한 호감도와 정당 일체감을 포함했다. 호감도는 좋아하는 정도를 0에서 100의 값 중에서 선택하도록 한 것이고, 정당 일체감은 두 정당 중 특정한 한 정당을 지지한다고 응답한 경우를 1 그렇지 않은 경우를 0으로 더비변수로 처리한 것이다. 그리고 네 번째로 대통령 변수를 고려했으며, 박근혜 대통령에 대한 호감도를 포함했다.

분석 결과가 〈표 3-4〉에 정리되어 있다. 가장 흥미로운 결과는 정파적 성향이나 대통령에 대한 호감도가 세월호 사건의 선거 영향과 무관한 것으로 나타났다는 점이다. 또한 그동안 한국 정치의 갈등 원인 중 하나인 이념 요인도 전반적으로 별 영향을 미치지 못한 것으로 나타났다. 특히 가장 격렬한 정치적 갈등의 원인이었던 국방, 북한 관련 정책에 대한 태도의 차이가 세월호 사건의 선거 영향에 대해서는 미미한 것으로 나타났다는 점은 매우 주목할 만한 발견이다. 〈표 3-4〉의 결과는 세월호 참사가 선거에 미친 영향이 정파적인 입장, 이념적인 태도, 박근혜 대통령에 대한 호오도와 무관했다는 사실을 보여 준다. 앞에서 살펴본 대로, 세월호 참사가 발생한 이후 이에 대한 정부의 무기력한 대응에 대한 비판 여론이 높았지만 이 이슈는 그 본래의 특성인 합의이슈(valence issue)로 유권자들에게 받아들여졌다는 사실을 확인할 수 있다.

또 한 가지 〈표 3-4〉에서 주목할 만한 점은 유독 가구별 재산, 경제 관련 이념이 영향을 미치고 있다는 점이다. 가구 재산이 많아 부유하고 경제적 이슈를 보수적으로 바라보는 유권자일수록 2014년 지방선거의 선택에서 세월호 이슈의 영향으로부터 자유로울 수 있었다는 것을 보여 주고 있기 때문이다. 이는 계층별로 세월호 사건을 바라보는 시각이 상당히 달랐다는 점을 시사해 준다. 최근 들어 우리 사회에서 양극화의 심각성에 대한 지적과 함께 계층적 차이가 정치에 미치는 영향에 대한 논의가 활발해지고 있는데(이용마 2014; 강원택 2013; 2014; 한귀영 2013; 이갑윤·이지호·김세걸 2013 등), 경제 계층별로 세월호 사건

용", "대체복무제 허용", "사형제 폐지" 등이다.

에 대한 영향의 차이가 다르게 나타난 것은 향후 계층별 정치적 성향의 차이라는 관점에서 볼 때 주목할 만하다. 학력 변인 역시 유의미한 것으로 확인되었는데, 학력이 높을수록 세월호 사건으로부터 선거 결정에 보다 큰 영향을 받은 것으로 나타났다.

〈표 3-4〉의 결과를 종합해 볼 때, 세월호 이슈는 재난 초기 대응에 실패한 정부에 대한 불만과 불신이 높았고 박근혜 정부에 대한 지지도 하락을 초래하기도 했지만, 이것이 정파적이거나 이념적인 갈등으로까지 이어지지는 않았다고 할 수 있다. 즉, 세월호 이슈는 그것이 준 사회적 충격이나 정부의 역할에 대한 불신, 그리고 정치권 일부와 일부 시민단체가 관련된 정치적 논란에도 불구하고 지방선거에서의 투표 선택에 영향을 미칠 정도까지 심각한 정치적 갈등으로 비화되지는 않았다.

4. 결론

지금까지 2014년 지방선거에서 각종 선거 이슈의 영향에 대해서 살펴보았다. 특히 선거 전에 발생한 세월호 이슈가 지방선거에서 유권자의 선택에 어떤 영향을 미쳤는지 살펴보았다. 분석 결과 선거 이슈의 영향은 존재했다. 지방선거인 만큼 '우리 지역 현안'이라는 지역 이슈의 영향은 정당 일체감 등 다른 요인과 독자적으로 존재했다. 지방선거에서 지방 이슈의 영향이 확인된다는 것은 규범적인 측면에서 볼 때도 바람직한 결과로 보인다. 이와 동시에 중앙정치적인 이슈 중 정파적 속성이 강한 위치 쟁점적인 이슈의 영향 또한 확인되었다. 새누리당 지지자들에게는 북한 관련 이슈가, 새정치민주연합 지지자들에게는 민주당과 안철수의 합당 이슈가 선거에 영향을 준 것으로 나타났다.

그러나 이 장에서 주목한 세월호 사건이 지방선거에 미친 영향은 그다지 크지 않았다. 선거 이전 세월호 사건이 준 사회적 충격이나 미흡한 정부 대처에 대한 비판을 고려할 때 이러한 결과는 사실 뜻밖이라고도 할 수 있다. 세월호 사건이 투표 선택에 영향을 미치지 않은 것은 이슈의 성격 자체가 합의 쟁점적이었기 때문으로 보인다. 세월호 사건에 대한 영향은 그동안 우리 정치에서 나타난 이념적, 정파적 균열과 큰 연관성이 드러나지 않았다. 이는 세월호 사건이 보수와 진보 집단 간 격렬한 이념 갈등을 불러왔다는 점에서 예상과 다른 결과라고 할 수 있다. 이 장에서의 분석 결과는 우리 사회에서 나타나는 정치적 갈등이 본질적으로 국민 다수가 특정 사안을 두고 실제로 분열해 있기 때문이라기보다 매우 정파적이고 이념적으로 강한 일부 집단의 부추김에 의해 일어날 수 있다는 점을 시사해 준다.

제4장

쟁점 부재의 선거에서의 투표 선택: 2016년 국회의원 선거

1. 서론

국회의원 선거는 향후 4년간 자신을 대표할 정치적 대리인을 선출하는 행사이지만, 그 선택에는 여러 가지 요인들이 영향을 미친다. 유권자의 정당 일체감이나 이념, 혹은 출신 지역 등이 그동안 한국 선거에서 투표 선택에 중요한 영향을 미친 변인들이었다. 그러나 이러한 요인들이 주요한 영향을 미친다고 하더라도, 이와 동시에 선거가 실시되는 당시의 정치적 상황이나 환경적 요인 역시 유권자의 정치적 선택에 영향을 미친다. 선거의 타이밍이나 선거에서 주목을 끄는 주요한 이슈의 부상 등이 그런 예가 될 수 있을 것이다.

2016년 국회의원 선거는 박근혜 대통령의 임기 중반에 실시되었다. 선거가 실시된 2016년 4월은 박근혜 정부 출범 이후 3년을 조금 넘긴 시점이었다. 따라서 선거의 타이밍으로 볼 때, 박근혜 정부에 대한 중간 평가적 속성을 갖기 쉬운 상황이었다. 그런 점에서 2016년 국회의원 선거는 회고적 투표(retrospective voting)가 행해질 가능성이 컸던 선거였다. 임기 중반에 치러지는 선거는 종종 현 정부에 불리한 결과를 가져오기 쉽다. 예컨대, 미국의 중간선거에서 집권당이 의석을 늘리는 경우는 매우 드물다. 이를 두고 노리스(Norris 1999)는 '임기 중반의 우울함(midterm blues)'라고 불렀다. 실제로 2016년 국회의원 선거를 앞둔 박근혜 대통령에 대한 여론의 평가는 그다지 좋지 않았다. 그리고 선거 결과 집권당인 새누리당은 이전 선거와 비교할 때 상당한 의석을 잃고 과반 의석 획득에 실패했다. 4년 전 152석으로 단독 과반을 차지했던 새누리당은 122석으로 30석이나 의석이 줄어들었다. 여소야대의 정국이 만들어진 것이다.

그런데 2016년 총선 결과가 흥미로운 것은 집권당이 '패배'했다고 할 수는 있지만, 그것이 제1야당인 더불어민주당의 '승리'였다고 말할 수도 없다는 점이다. 더불어민주당은 123석으로 선거 결과 제1당이 되기는 했지만, 4년 전의 127석에 비해서는 오히려 의석이 줄어들었다. 더욱이 더불어민주당은 선거 전 창당된 신생 야당인 '국민의당'의 선전으로 전통적 강세 지역인 호남권에서 상당한 어려움을 겪었다. 호남 지역에서 의석을 휩쓴 국민의당은 38석을 얻어 단번에 원내교섭단체의 지위를 확보했고, 정당 투표에서는 26.7%를 득표하여 25.5%에 그친 더불어민주당을 앞서는 결과를 보여 주었다. 이와 같은 선거 결과를 고려하면, 2016년 국회의원 선거의 의미를 한마디로 쉽게 단정하기 어렵다. 분명한 승자가 만들어지지 않은 선거였던 셈이다. 선거 타이밍은 중간평가적 속성을 지닐 수 있고 따라서 박근혜 대통령이 정치적 심판의 중심에 있어야 할 것 같지만, 선거 운동 과정이나 선거 결과를 보면 반드시 그렇다고 보기 어려운 면이 있다.

이 장에서는 대통령 임기 중반에 실시된 선거가 어떤 이유에서 박근혜 정부에 대한 회고적 평가로 이어지지 않았는지 그 원인을 찾아보고자 하였다. 이 장의 주장은 회고적 투표이든 중간 평가이든 '평가'가 내려지기 위해서는 유권자의 관심과 주목을 끄는 상징적이거나 구체적인 어떤 사건이나 정책 이슈가 필요하다는 것이다. 아무리 대통령에 대한 지지도가 낮고 현 정부 정책에 대한 불만이 크다고 하더라도 막연하고 추상적인 부정의 정서만으로는 회고적 평가를 이끌기 어렵다.

그런 점에서 이 장에서 주목하는 점은 선거 이슈의 부재이다. 2016년 국회의원 선거의 독특한 특성 중 하나는 각 정당이 지지자를 끌어들일 만한 쟁점이나 대립 이슈가 부상하지 않았다는 것이다. 예컨대 개성공단 폐쇄가 선거 쟁점이었다면 야당은 개성공단 폐쇄를 비판했을 것이다. 이에 대해 여당 지지층, 특히 박근혜 대통령 지지자들은 폐쇄 결정에 찬성했을 것이고, 이러한 태도는 또다시 집권당에 대한 결집으로 이어졌을 것이다. 그러나 2016년 국회의원 선거에서는 선거를 지배하는 굵직한 이슈가 부상하지 않았다. 여야를 가르는 대립적 쟁점의 부재로 여당과 야당은 모두 자기의 지지층을 강하게 결집해 낼 수 없었다. 다시 말해 대립 쟁점의 부재로 인해 '정당 간' 차별성이 크게 부각될 수 없었고, 오히려 지지하는 '정당 내부'의 문제에 보다 주목하게 되었다.

쟁점의 부재 속에 여당 지지자 중 박근혜 대통령에 실망한 이탈자들이 발생했고 거기에 공천 과정에서의 당내 분란이 또다시 정파적 결속력을 약화시켰다. 야당 역시 이슈의 부재는 전통적인 야당 지지층의 결속력을 약화시켰고 이는 국민의당이라고 하는 새로운 야당의 출현과 함께 두 개의 야당 지지로 분열되었다. 이슈의 부재가 정파적 결집력을 강화시키지 못한 것이다. 이와 함께 국회의원 선거가 최고 권력을 두고 다투는 대통령 선거에 비해 2차적 중요성을 갖는다는 점도 상대적으로 지지층의 결속을 약화시키는 측면이 있었을 것이다.

결국 정파적 결속력의 부재로 대립하는 상대 정파와의 관계 속에서 유권자의 정파적 소속감이나 일체감을 일깨우지 못하면서, 여당 지지층은 여당에 대한 평가가, 야당 지지층은 야당과의 평가가 투표 결정에 중요한 영향을 미쳤다는 것이 이 장에서의 주장이다. 여기서 사용하는 데이터는 한국정치학회와 중앙선거관리위원회가 한국리서치에 의뢰하여 전국의 만 19세 이상 유권자 1,215명을 대상으로 2016년 4월 14일부터 29일까지 실시한 대면설문조사의 자료이다.

2. 이론적 검토

정당은 정파적 편향성을 동원한다. 잠재화된 많은 갈등 중에서 정당은 자신에게 유리한 갈등이 부각될 수 있도록 노력한다(Schattschneider 1960). 정파적 편향성을 동원하기 위해서 정당들은 보다 구조적으로는 사회 균열을 활용한다. 서구에서의 계급 균열이나 우리나라의 지역주의 균열이 그런 예가 된다. 그러나 개별 선거에서라면 자기 정당으로의 편향성 동원에 적합한 이슈를 부각시키는 것이 필요할 것이다. 예컨대, 반공이데올로기가 정파적 편향성 동원의 주요한 수단이라면 이른바 '북풍'은 지지자를 결집해 내기 위한 효과적인 이슈가 될 수 있다(정준표 1998).

스토크스(Stokes 1963)의 고전적 분류에 따르자면, 이슈에 대한 유권자들의 태도가 찬성과 반대로 갈리는 위치 쟁점 혹은 대립 쟁점(position issue)은, 유권자의 반응이 어느 한 쪽으로 모아지는 합의 쟁점(valence issue)에 비해, 정당 입장에서는 자신의 지지자들을 정파적으로 결집시키는 데 보다 유리할 것이다. 대표적으로 2004년 국회의원 선거에서 노무현 대통령에 대한 탄핵을 그 예로 들 수 있다. 대통령 탄핵에 대한 찬반은 이념적, 정파적 요인과 맞물리면서 열린우리당과 한나라당 각각의 지지층을 결집시키는 데 중요한 영향을 미쳤다(강원택 2010: 125-168; 윤종빈 2006).

그런데 대립 쟁점이 특정 정당에 대한 지지로 이어지는 데는 정당 일체감 등 유권자 개인의 정당 선호나 충성심의 강도가 영향을 미칠 수 있다. 특정 이슈에 대한 유권자 개인의 선호로 인해 자신의 입장과 유사한 정당에 대한 선택으로 이어질 수도 있지만, 자신이 선호하는 정당이 그러한 정책 방향을 주장해 왔기 때문에 그 이슈에 대한 그 정당의 주장을 따를 수도 있는 것이다. 예를 들면, 유권자가 대북 강경 정책을 지지하기 때문에 새누리당을 지지할 수도 있지만, 역으로 새누리당이 그런 입장을 취해 왔기 때문에 대북 정책이 중요한 선거 이슈로 부상했다면 그 이슈에 대한 새누리당의 입장을 지지하게 되는 것이다. 즉 이슈에 대한 태도에서 유권자는 자신의 선호 정당과 자신의 입장이 동일하다고 합리화(rationalization)할 수 있다. 내가 선호하는 정책 방향이 곧 내가 지지하는 정당의 입장과 동일하다고 믿거나(projection), 혹은 어떤 선거 쟁점이 부상했을 때 내가 지지하는 정당의 입장이 옳다고 받아들이게 되는 것이다(persuasion)(Brody and Page 1972). 이처럼 정당 소속감이나 정파적 성향과 이슈 선호는 상호 간에 영향을 주고받을 수 있다(Page and Jones 1979).

그런데 이슈가 투표 선택에 영향을 미치기 위해서는 몇 가지 조건이 필요하다. 우선 선거 때 유권자들의 관심을 끄는 이슈가 분명하게 부상해야 한다. 즉 선거 이슈의 현저성(salience)이 요구된다. 또한 그 이슈에 대한 유권자의 선호, 태도가 형성되어 있어야 한다. 즉 이슈에 대한 유권자의 상이한 태도와 반응이 있어야 하는 것이다. 그리고 이슈에 대한 각 정당의 위치, 태도에 대한 유권자의 인식도 필요하다. 어느 정당은 그 이슈에 대해 어떤 입장을 취하고 있고 그것이 나의 입장과는 어떤 관계가 있는지 인식하고 있어야 한다(Brody and Page 1972: 455). 바꿔 말하면, 커다란 주목을 끌 수 있는 이슈가 부상해야 하고, 또 이에 대한 정당이나 후보자 간 입장의 차이가 크고, 이러한 정당과 후보의 정책에 대한 태도나 공약에 대해 유권자가 잘 알고 있다면 선거 이슈는 유권자의 선택에 보다 큰 영향을 미칠 수 있게 되는 것이다(Highton 2010). 이처럼 특정 이슈가 정파적 동원에 영향을 미치기 위해서는 선거에서 이슈에 대한 유권자의 태도가 갈리는 대립 쟁점이 크게 부상해야 한다.

그렇다면 2016년 총선에서 이슈의 영향은 어떠했을까? 〈표 4-1〉은 2016년 국회의원 선거에 투표한 이들을 대상으로 '투표에 가장 큰 영향을 준' 이슈에 대해 물은 것이다. 한눈에 봐도 유권자에게 주목을 끌 만한 특별한 이슈가 없었다는 것을 알 수 있다. 전체 평균을 두고 볼 때, 박근혜 대통령의 국정운영에 대한 평가가 상대적으로 높았지만 그 비율은 21.8% 정도에 그쳤다. 임기 중반 선거였다고 해도 박근혜 대통령의 국정운영에 대한 평가가 선거판을 '압도한 이슈'로 볼 수는 없는 것이다.

〈표 4-1〉 투표 결정에 영향을 준 가장 중요한 이슈

	남북 관계	여야의 공천 파동	야당 분열과 국민의당 창당	박근혜 대통령 국정운영	후보의 지역 개발 공약	경제 위기론	박근혜의 국회 물갈이론	기타/없음/무응답	합계
지역구 투표									
새누리당	4.2	14.5	15.9	18.1	21.2	19.2	4.2	2.8	100.0 (359)
더불어민주당	2.5	14.0	13.7	27.7	19.0	17.9	4.5	0.9	100.0 (358)
국민의당	0.7	17.1	30.9	20.4	13.8	11.2	3.9	2.0	100.0 (152)
기타 정당	1.3	22.7	9.3	14.7	26.7	18.7	4.0	2.7	100.0 (75)
정당 투표									
새누리당	3.5	14.1	17.1	18.2	21.8	18.8	3.8	2.7	100.0 (340)
더불어민주당	3.3	13.0	10.1	28.7	20.5	18.2	5.2	1.0	100.0 (307)
국민의당	1.9	19.7	28.2	17.4	16.0	13.1	2.8	0.9	100.0 (213)
기타 정당	0	17.9	13.1	22.6	16.7	19.0	6.0	4.8	100.0 (84)
전체 평균	2.8	15.4	16.9	21.8	19.6	17.4	4.2	1.9	100.0 (944)

오히려 여야 각 정당의 내부 사정과 관련된 이슈가 보다 큰 관심을 끌었다. '야당의 분열과 국민의당 창당', '여야의 공천 파동' 등 두 가지 이슈는 모두 여야 정당 정치 내부의 문제와 관련된 것으로 볼 수 있다. 이 이슈에 대한 응답은 전체적으로 정당투표에서 그 비율이 32.3%로, 박근혜 대통령 국정운영에 대한 응답률 21.8%보다 높았다. 북한 핵 개발이나 개성공단 폐쇄 등 과거 '폭발력'을 지녔던 북한 관련 이슈는 평균 2.8%라는 매우 미미한 응답률을 보였다.

물론 투표한 정당별에 따라서 다소 차이가 확인된다. 야당인 더불어민주당 지지자들은 박근혜 대통령의 국정운영을 가장 중요한 이슈로 응답했다. 지역구 투표에서 27.7%, 정당투표에서 28.7%로 전체 평균보다 높았다. 국민의당

지지자들에게는 야당의 분열과 국민의당 창당이 중요한 이슈였다. 지역구에서 30.9%, 정당 투표에서 28.2%로 나타났다. 새누리당 지지자들은 대체로 후보자의 지역개발 공약이나 경제위기론과 같은 '비정치적인 이슈'에 대한 응답률이 높았다. 박근혜 대통령의 국정운영에 대한 평가는 18% 정도로 나타났다.

그런데 여야의 공천 파동에 대해서 가장 높은 비율로 응답한 것은 국민의당 투표자였다. 새누리당과 더불어민주당 투표자들 사이에서는 그 비율이 14% 정도였는 데 비해, 국민의당 투표자 중에서 여야의 공천 파동을 지적한 비율은 지역구 투표 17.1%, 정당 투표 19.7%였다. 여야의 공천 파동이 국민의당 지지에 도움을 주었을 것으로 추정해 볼 수 있는 부분이다.

또 한 가지 지적할 점은 더불어민주당 지지자들 사이에서 '여야의 공천 파동'이나 '야당의 분열과 국민의당 창당'이라고 응답한 비율이 세 정당 중 가장 낮다는 점이다. 더불어민주당에 투표한 이들은 야당의 분열이나 공천 논란을 상대적으로 심각하게 받아들이지 않은 것으로 볼 수 있다. 공천 파동이나 야당의 분열 등의 이슈에 대한 태도는 국민의당 투표자와 더불어민주당 투표자 간 비교적 뚜렷한 차이가 나타난다.

전체적으로 볼 때, 2016년 국회의원 선거에서는 선거 전체를 압도하는 강력한 이슈는 부상하지 않았다고 할 수 있다. 오히려 각 정당의 당내 상황에 대한 평가가 보다 중요한 영향을 미쳤음을 〈표 4-1〉의 결과는 보여 주고 있다. 즉, 2016년 국회의원 선거에서는 현저성(salience)이라는 측면에서 뚜렷하게 부각된 이슈가 존재하지 않았으며, 더욱이 이슈의 속성상으로도 정파적 정체성을 확인하게 해 줄 대립 쟁점이 부상하지 않았다. 요약하면, 2016년 총선에서는 정파적 차별성이 두드러진 이슈가 부상하지 않았다. 이 때문에 유권자가 스스로 이슈에 대한 태도나 선호를 확인할 수도 없었고, 이를 통해 정당 혹은 후보의 이슈에 대한 태도와 자신의 정파적 지지를 연결시킬 수도 없었다.

대립 쟁점이 없는 상황에서 각 정당은 전통적으로 지지해 온 유권자들을 강하게 결집시킬 수 없었고, 여기에 공천을 둘러싼 당 내분이 겹치면서 새누리당과 더불어민주당 모두 선거에서 어려움을 겪었던 것이다. 그렇다면 2016년 국회의원 선거에서 '전통적인' 새누리당과 더불어민주당 지지자들은 무엇에 의해 투표 결정을 내렸을까?

3. 분석

새누리당과 더불어민주당 지지자들의 투표 선택을 분석하기에 앞서, 이 글에서 가정하고 있는 것처럼 과연 2016년 총선에서 이들 정당에 대한 지지자들의 결속력이 약화되었는지 살펴볼 필요가 있다. 〈표 4-2〉와 〈표 4-3〉은 각각

〈표 4-2〉 2012년과 2016년 총선에서 지지의 이전(지역구)

2016년 총선	2012년 총선(지역구 투표)		2016년 총선	2012년 총선(정당 투표)	
	새누리당	민주통합당		새누리당	민주통합당
새누리당	59.7	5.4	새누리당	60.2	4.9
더불어민주당	15.7	56.8	더불어민주당	14.4	57.2
국민의당	6.5	23.6	국민의당	7.1	22.8
기타 정당	6.1	4.5	기타 정당	6.3	4.6
기권	12.1	9.7	기권	12.0	10.4
합	100.0 (511)	100.0 (352)	합	100.0 (493)	100.0 (346)

〈표 4-3〉 2012년과 2016년 총선에서 지지의 이전(정당 투표)

2016년 총선	2012년 총선(지역구 투표)		2016년 총선	2012년 총선(정당 투표)	
	새누리당	민주통합당		새누리당	민주통합당
새누리당	57.9	3.7	새누리당	60.4	2.3
더불어민주당	13.9	48.3	더불어민주당	12.6	50.0
국민의당	11.2	29.3	국민의당	11.2	29.8
기타 정당	4.9	9.1	기타 정당	3.9	7.5
기권	12.1	9.7	기권	12.0	10.4
합	100.0 (511)	100.0 (352)	합	100.0 (493)	100.0 (346)

2012년 총선에서 투표한 정당과 2016년 총선에서 투표한 정당 간의 관계를 정리한 것이다.

〈표 4-2〉와 〈표 4-3〉은 대체로 유사한 패턴을 보이고 있는데, 새누리당과 더불어민주당 모두 4년 전에 비해 지지자들의 결집력이 약화되었다는 것을 알 수 있다. 4년 전 새누리당에 투표했던 이들 중 2016년에 다시 새누리당에 투표한 이들의 비율은 대체로 60%이거나 혹은 그보다 다소 낮게 나타났다. 더불어민주당의 경우에는 새누리당보다 그 비율이 더욱 낮았다. 4년 전 투표자의 대략 57% 정도가 2016년 총선의 지역구 투표에서 더불어민주당을 선택했고, 정당 투표에서 그 비율은 50%이거나 그보다 더 낮은 비율을 보였다. 즉 2016년 총선 정당 투표에서는 4년 전 투표자의 절반 이하만이 다시 더불어민주당을 선택한 셈이다. 2012년으로부터의 투표 전이를 비교해 볼 때, 2016년 총선에서 두 거대 정당의 지지층의 결집력이 약화되었음을 확인할 수 있다.

그렇다면 새누리당이나 더불어민주당에서 이탈한 유권자들은 어디로 갔을까? 4년 전과 비교할 때, 새누리당 지지층의 12.6~15.7% 정도는 흥미롭게도 야당인 더불어민주당으로 옮겨 갔다. 그리고 또 다른 12% 정도의 새누리당 지지자들은 기권한 것으로 나타났다. 정당 투표의 경우에는 11.2%의 지지자들이 국민의당에 투표했다.

한편, 4년 전 민주통합당에 투표한 유권자 중 상당한 수가 2016년 총선에서는 국민의당으로 지지를 이전했다. 지역구 투표에서 그 비율은 23% 내외로 나타났고, 정당 투표에서는 무려 30%에 가까운 비율을 보였다. 기권자의 비율은 대체로 10% 수준으로 4년 전 새누리당 지지자들에 비해서는 다소 낮게 나타났다. 그러나 4년 전 민주통합당 지지자 중 새누리당으로 지지를 옮긴 이들의 비율은 매우 낮았다. 전체적으로 볼 때, 새누리당이나 더불어민주당 모두 4년 전과 비교해 상당한 비율로 지지층의 이탈이 발생했음을 알 수 있다.

이처럼 대립적 이슈의 부재와 정당 결집력의 약화가 2016년 총선의 주요한 특징이라면, 누가 떠나고 누가 남았을까? 그리고 그 이유는 무엇이었을까? 이 질문에 대한 답을 찾아볼 차례이다.

1) 2012년 새누리당 지지자의 투표 선택

우선 2012년 총선에서 새누리당을 지지한 이들만을 대상으로, 이들이 2016년 총선에서의 투표 선택에 따라 박근혜 대통령의 업무 수행을 어떻게 상이하게 평가하는지 살펴보았다. 이는 박근혜 대통령에 대한 회고적 평가가 이들의 투표 선택에 영향을 미쳤는지 보기 위해서다. 〈표 4-4〉에 분석 결과가 정리되어 있다.

분석 결과 4년 전 총선에서 새누리당을 선택한 유권자들에게 박근혜 대통령의 업무 수행 평가는 투표 선택에 중요한 기준이 되었음을 알 수 있다. 2016년 총선에서도 변함없이 새누리당을 지지한 유권자들 사이에서 평균은 70점과 72.9점으로 매우 높게 나타났다. 그러나 더불어민주당으로 지지를 이전한 집단에서의 평균은 그에 절반도 되지 않는 33.8점에 그쳤다. 국민의당으로 이전한 이들에게서도 42.4점, 36.8점에 불과했고, 기권한 이들은 40.3점이었다. 지지를 이전한 유권자들이 박근혜 대통령의 업무 수행에 상당한 불만을 가진 이들이라

〈표 4-4〉 2012년 총선에서 새누리당 지지자의 지지 이전과 박근혜 대통령 평가

2012년 총선	2016년 총선 투표 정당	박근혜 대통령 업무 수행 평가			카이검정
		잘했다	잘 못했다	합	
지역구 새누리당 투표자	새누리당	70.0	30.0	100.0 (300)	카이제곱 48.3 p<0.00
	더불어민주당	33.8	66.3	100.0 (80)	
	국민의당	42.4	57.6	100.0 (33)	
	기권	40.3	59.7	100.0 (62)	
정당 투표 새누리당 투표자	새누리당	72.9	27.1	100.0 (300)	카이제곱 62.0 p<0.00
	더불어민주당	33.8	66.2	100.0 (80)	
	국민의당	36.8	63.2	100.0 (33)	
	기권	40.3	59.7	100.0 (62)	

*0(아주 못했다)-50(중간)-100(대단히 잘했다)

는 것을 알 수 있다. 각 집단별 대통령 업무 수행 평가의 차이는 카이제곱 검정에서도 유의미한 차이가 있는 것으로 확인되었다. 그런데 여기서 궁금한 점은 불만을 가진 유권자들의 상이한 선택이다. 4년 전에 새누리당에 투표했던 이들 중 박근혜 대통령에게 불만을 가진 유권자들은 더불어민주당, 국민의당, 기권 등으로 서로 다른 선택을 했다. 그 차이를 만든 것은 무엇일까?

그러한 이유를 몇 가지 요인으로 나눠서 생각해 볼 수 있다. 첫 번째는 정당 일체감(party identification)이다. 정당 일체감은 정치사회화 초기에 형성되어 생애에 걸쳐 강화되는 심리적 태도로서 정당에 대해 가지고 있는 애착심을 말한다. 따라서 정당 일체감은 정당 지지에 대한 상당한 안정성을 의미한다(Campbell et al. 1960). 우리나라에서는 정당들이 자주 당명을 변경해 왔지만 그 정치적 대표성이나 당내 구성, 지지층에 있어서는 근본적인 변화를 겪지 않았기 때문에 정당체계의 연속성이 존재한다고 할 수 있다. 예컨대, 한나라당과 새누리당은 명칭이 다른데도 불구하고 사실상 동일한 정당이다. 이는 민주통합당과 더불어민주당의 경우에도 마찬가지이다. 1990년 3당 합당 이후 한국 정당체계는 대체로 변화하지 않은 채, 연속성을 유지해 왔다. 이런 상황 속에서 유권자의 정당 지지의 패턴 역시 일정한 안정성을 유지해 왔다. 그런 점에서 우리나라에서도 정당 일체감이 존재한다고 말할 수 있다(박원호 2013; 한정훈 2012; 장승진 2015). 정당 일체감이 있다면 새누리당에 불만이 있더라도 새누리당에 투표했을 가능성이 높을 것이다.

두 번째로 생각해 볼 수 있는 요인은 정치 지도자에 대한 감정적 선호이다. 박원호와 신화용(2014)은 세월호 사건 이후의 지방선거에 대한 패널 설문조사와 기억상기 실험설문을 통해, 유권자들이 중장기적으로는 안정적인 정당 일체감을 유지하면서도 정당에 대한 즉각적이고 감정적인 단기적 평가를 내리고 이를 투표 선택에 적극적으로 반영한다고 주장했다. 이들의 주장은 정당 일체감이 안정적으로 유지되는 상황에서도 감정적 선호가 투표에 영향을 미친다는 것이다. 2016년 국회의원 선거에서는 박근혜 등 정치 지도자에 대한 감정적 선호의 영향에 대해서 주목할 필요가 있다. 시기적으로 임기 중반의 대통령이라는 사실도 중요하지만, 박근혜 대통령에 대한 지지가 새누리당에 대한 정파적 일체감과 무관하게 박근혜 개인에 대한 선호, 애정과 관련이 있다는 점은 부인하기 어렵다. 2012년 대통령 선거에서도 당시 박근혜 후보는 보수 진영의 매우 열렬한 지지를 받았고, 보수적 유권자의 강한 결속을 이끌어 냈다(오현주·길정아 2013). 따라서 박근혜 대통령을 포함하여, 문재인, 안철수 등 각 정당의 주요 정치 지도자에 대한 호감도가 투표 선택에 영향을 미칠 수 있다. 새누리당에 불만이 있더라도 박근혜에 대한 선호도가 높다면 새누리당을 계속해서 지지할 수 있고, 또 박근혜나 새누리당에 대한 불만이 크더라도 문재인에 대한 선호도가 낮다면 더불어민주당에 대한 지지로 이전하기 어려울 것이다.

세 번째는 이념의 영향이다. 적어도 2002년 대통령 선거 이후 한국 선거에서 이념은 투표 선택에 매우 중요한 요인이 되어 왔다(강원택 2003). 대북정책, 대미관계뿐만 아니라 경제정책이나 사회정책 등에서 이념 집단별로 뚜렷한 태도의 차이가 확인되고 있으며, 이는 정당 지지와도 긴밀하게 연계되어 있다. 여기서는 이념의 영향과 관련하여 두 가지 측면에 주목했다. 하나는 주관적 이념의 영향이다. 주관적 이념을 살펴보는 것은 이를 통해 스스로 생각하는 이념의 강도를 파악하기 위해서이다. 보수적 입장을 갖는 이들 중에서도 스스로 생각하는 보수적 이념성이 강하다면 이념이 상이한 더불어민주당이나 국민의당으로 지지가 이전하기 상대적으로 더 쉽지 않을 것이다. 이념과 관련된 또 다른 지표는 자신의 이념적 위치와 지지해 온 정당의 이념적 위치 간의 거리에 대한 것이다. 즉, 다운즈(Downs 1957)가 말하는 이념적 근접성(ideological proximity)의 영향이다. 이 점에 주목하는 것은 과거에 지지했던 정당이라고 해도 그 이후의 정치적 행보에 대한 유권자의 주관적 평가가 달라질 수 있기 때문이다. 즉, 가장 가까운 위치에 놓인 정당이 변함없이 새누리당이라고 해도 이전에는 주관적으로 느끼는 그 정당과의 거리감이 0.3이었지만, 이제는 1.5로 커졌다면 이러한 이념적 거리감의 변화는 유권자의 투표 선택에 영향을 미칠 수 있다.

네 번째는 주요 정당에 대한 만족감이다. 특히 2016년 국회의원 선거에서는 각 정당의 내부 공천 과정이 큰 갈등을 빚었다. 특히 새누리당의 경우에는 이한구 공천위원장의 노골적인 '친박계' 편들기와 김무성 대표의 이른바 '옥새 파동'으로 공천 과정에서 심각한 내홍을 겪었다. 새누리당의 이런 부정적 행태에 대한 평가가 투표 선택에 영향을 미쳤을 수 있는 것이다. 직접적으로 공천 평가를 분석 요인으로 삼을 수도 있겠지만, 부정의 응답이 높아 차별성이 크지 않아 분석에 포함시키지 않았다. 실제로 새누리당 공천에 대한 평가는 전체 응답자 중 13.5%만이 '잘했다'고 응답했고 74.5%의 응답자는 '잘 못했다'고 응답했다. 2012년 총선에서 새누리당에 투표한 이들만을 대상으로 하면 21.4%만이 긍정적으로 평가했고, 78.6%는 부정적으로 평가했다. 이 때문에 여기서는 공천 평가 대신 0에서 100까지의 정당에 대한 호감도 정도를 변인으로 포함했다. 공천 파동을 포함한 선거 직전의 새누리당에 대한 만족감, 호감도를 측정 지표로 삼은 것이다. 정당 호감도는 이러한 각 정당 내부의 갈등과 분란에 대한 간접적인 유권자의 평가로 볼 수 있을 것이다.

다섯 번째는 연령 변인이다. 2002년 대통령 선거 이후 세대 요인은 한국 선거에서 매우 중요한 변인이 되었다. 그런데 이런 특성은 박근혜 대통령에 대한 지지에서 보다 두드러지게 나타난다. 2012년 대통령 선거에서 박근혜 후보는 50대 이상 유권자의 높은 지지에 의해 당선되었다. 이에 비해 20~30대 젊은 유권자층에서 박근혜 후보에 대한 지지는 낮았다(박찬욱 2013). 이러한 세대별 지지의 패턴은 집권 이후에도 각종 여론조사나 서베이 결과를 통해 확인되어 왔다. 그런 점에서 박근혜 정부에 대한 불만에도 연령 변인에 따른 차이, 특히 고령층 유권자의 선택은 다를 수 있다는 점에 주목했다. 실제로 이 조사에서도 박근혜 대통령에 대한 선호도는 연령별로 뚜렷한 차이를 보이고 있다. 〈표 4-5〉에서 보듯이, 박근혜 대통령에 대한 선호도는 나이가 올라갈수록 뚜렷이 증가하고 있다. 20~30대 젊은 유권자층에서 선호도의 평균은 30점대에 머물고 있지만, 60대 이상에서는 60점을 넘고 있다. 전체 평균인 47.7점을 기준으로 보면, 50대

〈표 4-5〉 박근혜 대통령에 대한 연령 집단별 선호도의 차이

	선호도 평균	n	분산분석
19~29세	35.9	218	F=61.0 p<0.00
30대	38.2	222	
40대	43.0	255	
50대	53.2	235	
60대 이상	63.7	283	
평균/합계	47.7	1213	

와 60대 이상에서 전체 평균보다 높은 선호도를 보이고 있는 것이다.

마지막으로 유권자의 정치적 관심의 정도를 고려했다. 정치적 관심을 변인에 포함한 것은 불만을 가진 유권자의 선택 가운데 특히 기권과 관련하여 살펴볼 필요가 있기 때문이다. 정치적 만족도가 낮은 유권자가 정치적 관심도까지 낮다면 선거 불참을 결정할 수 있기 때문이다.

이처럼 정당 일체감, 정치 지도자 호감도, 정치 이념, 정당 호감도, 연령, 정치 관심도 등을 변인으로 하여 2012년 총선에서 새누리당을 지지한 유권자들을 대상으로 다항 로지스틱을 실시했다. 이 장에서의 관심은 주요 정당 지지자들의 결집력 약화와 그에 따른 상이한 정치적 선택에 대한 것이기 때문에, 참조범주를 2016년 총선에서도 새누리당을 지지한 유권자들로 두고 더불어민주당 지지, 국민의당 지지, 그리고 기권을 선택한 유권자 집단으로 구분하여 그 특성을 분석했다. 2012년 총선에서의 새누리당 지지자 중 〈표 4-6〉은 당시 지역구 투표, 그리고 〈표 4-7〉은 당시 정당투표의 경우이다.

〈표 4-6〉과 〈표 4-7〉에서 몇 가지 흥미로운 점이 발견된다. 첫째, 정당 일체감의 강한 영향력이 확인된다. 새누리당에 정당 일체감을 갖는다고 응답한 이들은 지역구 투표와 정당 투표의 구분 없이, 새누리당에 대한 일관된 지지의 패턴을 보였다. 특히 새누리당에 정당 일체감을 갖는 이들이 더불어민주당에 투표할 가능성은 매우 낮았다. 안정적인 정당 지지의 근원으로서 정당 일체감의 영향이 확인된 것이다.

둘째, 박근혜 대통령에 대한 호감도는 전반적으로 계숫값도 작았을 뿐만 아니라 대부분 통계적으로도 유의미한 차이를 보이지 않았다. 정당 투표에서 더불어민주당으로 지지가 이전된 이들에게서만 박근혜 호감도는 통계적 유의미함을 나타냈다. 총선 전 박근혜 대통령에 대한 불만이 높았지만, 2012년 총선에서 새누리당에 투표한 이들의 대다수에게는 2016년 총선이 박근혜 대통령에 대한 부정적 평가를 의미하는 중간평가, 회고적 평가의 기회로는 생각되지 않

〈표 4-6〉 2012년 총선에서 새누리당 지지자들에 대한 다항 로지스틱(지역구 투표)

투표 선택	범주	변수	B	Exp(B)
더불어민주당	정치인 호감도	박근혜 호감도	−0.02	0.99
		문재인 호감도	0.01	1.01
		안철수 호감도	0.01	1.01
	정당 호감도	새누리당 호감도	−0.08*	0.93
		더불어민주당 호감도	0.10*	1.11
		국민의당 호감도	−0.02	0.98
	이념	자기 이념	0.03	1.03
		새누리당과 이념 거리	0.05	1.05
	새누리당 정당 일체감		−1.94*	0.14
	연령		−0.02	0.98
	정치 관심도		−0.15	0.86
	절편		−0.09	
국민의당	정치인 호감도	박근혜 호감도	0.01	1.01
		문재인 호감도	−0.01	0.99
		안철수 호감도	0.04***	1.04
	정당 호감도	새누리당 호감도	−0.07**	0.93
		더불어민주당 호감도	−0.01	0.99
		국민의당 호감도	0.08*	1.09
	이념	자기 이념	0.04	1.04
		새누리당과 이념 거리	0.31	1.36
	새누리당 정당 일체감		−1.60***	0.20
	연령		0.02	1.02
	정치 관심도		0.17	1.19
	절편		−6.06**	

기권	정치인 호감도	박근혜 호감도	-0.00	1.00
		문재인 호감도	-0.02	0.98
		안철수 호감도	0.01	1.01
	정당 호감도	새누리당 호감도	-0.02	0.98
		더불어민주당 호감도	0.03****	1.03
		국민의당 호감도	-0.02	0.98
	이념	자기 이념	0.03	1.03
		새누리당과 이념 거리	0.21****	1.24
	새누리당 정당 일체감		-1.17**	0.31
	연령		-0.05**	0.96
	정치 관심도		0.49***	1.63
	절편		0.29	
-2 Loglikelihood 565.1 p<0.00 Cox & Snell R^2=0.54				

참조범주: 새누리당 투표
*p<0.00, **p<0.01, ***p<0.05, ****p<0.1
호감도: 0(매우 싫다) - 50(중간) - 100(매우 좋다)
자기 이념: 0(가장 진보) - 5(중도) - 10(가장 진보)
정당 일체감: 0-없다, 1-있다
정치관심도: 1-매우 많다, 2-조금 있다, 3-별로 없다, 4-전혀 없다

〈표 4-7〉 2012년 총선에서 새누리당 지지자들에 대한 다항 로지스틱(정당 투표)

투표 선택	범주	변수	B	Exp(B)
더불어민주당	정치인 호감도	박근혜 호감도	-0.03***	0.97
		문재인 호감도	0.05**	1.05
		안철수 호감도	-0.02	0.98
	정당 호감도	새누리당 호감도	-0.09*	0.92
		더불어민주당 호감도	0.12*	1.13
		국민의당 호감도	-0.01	0.99
	이념	자기 이념	0.04	1.04
		새누리당과 이념 거리	0.17	1.19
	새누리당 정당 일체감		-2.02*	0.13
	연령		-0.01	0.99
	정치 관심도		-0.14	0.87
	절편		-0.96	
국민의당	정치인 호감도	박근혜 호감도	-0.00	1.00
		문재인 호감도	-0.03****	0.97
		안철수 호감도	0.05**	1.05

국민의당	정당 호감도	새누리당 호감도	−0.07*	0.93
		더불어민주당 호감도	0.02	1.02
		국민의당 호감도	0.04***	1.04
	이념	자기 이념	0.18	1.19
		새누리당과 이념 거리	0.25****	1.218
	새누리당 정당 일체감		−1.49**	0.23
	연령		−0.01	1.00
	정치 관심도		−0.05	0.95
	절편		−1.98***	
기권	정치인 호감도	박근혜 호감도	−0.01	0.99
		문재인 호감도	−0.01	0.99
		안철수 호감도	0.01	1.01
	정당 호감도	새누리당 호감도	−0.02****	0.98
		더불어민주당 호감도	0.03****	1.03
		국민의당 호감도	−0.02	0.99
	이념	자기 이념	0.03	1.03
		새누리당과 이념 거리	0.22****	1.24
	새누리당 정당 일체감		−1.13**	0.32
	연령		−0.05**	0.95
	정치 관심도		0.46***	1.58
	절편		0.82	
−2 Loglikelihood 590.6 $p<0.00$ Cox & Snell $R^2=0.58$				

은 것이다.

셋째, 새누리당에 대한 호감도는 과거 지지자들이 새누리당이 아닌 다른 선택을 하는 데 영향을 미쳤다. 즉 새누리당에 대한 호감도가 낮을수록 지지의 이탈이 많이 나타났다. 지역구 투표, 정당 투표 모두에서 이런 특성이 확인되었다. 더불어민주당과 국민의당으로 지지를 이전한 유권자들은 새누리당에 대한 호감도가 낮은 이들로 나타났다. 이는 앞서 지적한 대로, 공천 과정에서 불거진 당내 분란과 갈등, 혼란이 새누리당 일부 지지자들의 이탈에 영향을 미친 것으로 볼 수 있다.

넷째, 국민의당으로의 이탈은 안철수 대표에 대한 호감도, 그리고 국민의당에 대한 긍정적 평가가 반영된 것으로 나타났다. 국민의당은 신생 정당이기 때문에 사실 그동안 아무것도 보여 준 것이 없다. 따라서 국민의당에 대한 긍정적 평가는 기대감이라고 보아야 하며 정당 투표, 지역구 투표 모두에서 이런 특성이 확인되었다. 그런데 국민의당으로의 이탈에서 흥미로운 점은 정당투표의 경우, 안철수에 대한 호감과 문재인에 대한 거부감이 동시에 작용했다는 것이다. 즉 새누리당에 대해 실망감을 갖는 이들 중에서 문재인은 싫고 안철수에 호감을 보인 이들이 정당 투표에서 국민의당에 투표하였다. 새누리당에 실망했지만, 더불어민주당을 대안으로 간주하지 않는 이들이 국민의당으로 지지를 이전한 것이다. 이런 특성은 정당 선택의 비유동성(immobility of party choice)이 존재하는 경우에 불만을 갖는 유권자가 중간 영역인 제3당에 대한 일시적 지지로 이전하는 형태(강원택 1998)로도 볼 수 있다. 즉 신생 정당인 국민의당으로의 지지 이전은 새누리당에 대한 항구적 지지의 철회보다 일시적으로 불만을 표출하는 저항투표(protest voting)적 속성도 지니고 있다. 더불어민주당으로의 이탈의 경우에는 정당 투표에서만 문재인 전 대표에 대한 호감도와 더불어민주당에 대한 호감도가 모두 작용한 것으로 나타났다.

다섯째, 주관적 이념의 영향은 통계적으로 유의미하게 나타나지 않았다. 그러나 새누리당과의 이념 거리는, 비록 90% 유의수준이기는 하지만, 유의미한 값이 확인되었다. 특히 기권자의 경우에는 지역구 투표, 정당 투표 모두 통계적으로 그 영향이 확인되었다. 새누리당과의 이념 거리가 멀다고 느낄수록 아예 투표에 참여하지 않은 확률이 높았던 것이다. 이념 거리가 멀어졌다고 느끼게 된 구체적인 원인을 파악하기는 어렵지만, 아마도 당의 분열이나 갈등이 자신이 지지했던 정당과의 심리적 거리감을 크게 느끼게 해 주었을 수도 있다. 이는 다운즈(Downs 1957)가 말하는 이념거리의 증대가 지지자에게 이념적 소외감을 줌으로써 기권으로 이끄는, 소외로 인한 기권(abstention from alienation)의 형태로 볼 수도 있을 것이다.

여섯째, 4년 전 새누리당 지지자 중에서 기권을 선택한 이들은 역시 정치에 대한 관심도가 상대적으로 낮은 이들이었고, 연령이 상대적으로 낮은 이들이었다. 그동안의 각종 선거에서 젊은 세대의 투표 참여율이 상대적으로 낮다는 점을 고려할 때, 젊은 층에서 기권율이 높게 나타난 것은 이해할 수 있는 결과이다. 젊고 정치에 상대적으로 관심이 적은 새누리당 지지자들이 기권을 보다 많이 한 것으로 나타났다.

요약하면, 4년 전 총선에서 새누리당을 지지한 이들 가운데 정당 일체감이 약하거나 새누리당 당내 분란에 대해 큰 불만을 가진 이들, 새누리당에 거리감을 느끼게 된 유권자들이 더불어민주당나 국민의당으로 옮겨 가게 된 것으로 볼 수 있다. 문재인이나 더불어민주당, 안철수나 국민의당에 대한 호감도 역시 각각의 정당에 대한 지지로 옮겨 가는 데 영향을 주었다. 하지만 전반적으로 볼 때, 새누리당 지지자들의 이탈은 정치적 대안이 갖는 흡인 요인(pull factor)보다는 기존 정당에 대한 실망감이나 불만이라고 하는 배출 요인(push factor)의 영향이 더욱 큰 것으로 보인다. 즉 새누리당에 대한 불만이 4년 전과 상이한 선택을 하게 이끈 주요한 원인이었다고 할 수 있다. 그러나 이들은 임기 중반의 선거에도 박근혜 대통령에 대한 회고적 평가로 선거의 의미를 부여하지 않았다. 적어도 새누리당 지지자들의 불만은 박근혜 대통령의 국정 수행보다는 새누리당 쪽을 향하고 있는 것으로 보인다.

2) 2012년 민주통합당 지지자의 투표 선택

이번에는 2012년 총선에서 민주통합당을 지지한 이들을 대상으로 2016년 총선에서의 선택에 대해서 살펴보기로 한다. 이들은 4년 전 새누리당 지지자들과는 상이한 입장에 있기 때문에 〈표 4-6〉, 〈표 4-7〉에서 새누리당 지지자들을 대상으로 한 분석과는 다른 방식이 필요하다. 우선 이들은 2016년 총선을 박근혜 대통령의 국정운영에 대한 평가로 간주한다. 〈표 4-1〉에서 본 대로, 30%에 가까운 비율로 이들은 2016년 총선의 의미를 박근혜 대통령에 대한 평가와 연계했다. 그리고 당연히 박근혜 대통령에 대한 호감도나 업무 수행 평가 역시 매우 낮다. 박근혜 대통령에 대한 민주통합당 지지자들의 호감도는 평균 35.6점으로, 새누리당 지지자의 평균 61.6점과 큰 차이를 보인다.[1] 박근혜 대통령의 업무 수행 평가에서도 잘했다는 응답자의 비율은 15.9%이며, 84.9%는 못했다는 반응을 보였다.[2] 따라서 이들에게 2016년 총선은 박근혜 정부에 대한 중간평가이자 회고적 투표의 기회가 되었을 것이다.

그런데 여기서 관심을 갖는 것은 왜 이런 인식을 갖고 있으면서도 야당 지지층이 하나로 결집하지 못하고 더불어민주당과 국민의당으로 분열했느냐 하는 점이다. 박근혜 대통령에 대한 불신이 큰 야당 지지자들이라면 그러한 불만과 분노를 표출하기 위해 더불어민주당에게 표를 몰아줘서 대통령에 대항할 수 있는 강한 야당을 만들어 주는 것이 마땅해 보이기 때문이다. 그러나 실제 선거에서 야당 지지자들의 선택은 두 정당으로 갈렸다. 이렇게 된 것은, 앞에서 전제한 대로, 정파적 지지를 동원할 수 있는 대립 쟁점의 부재가 야당에게도 마찬가지로 정파적 결속력을 약화시켰기 때문이다. 막연하고 추상적 수준에서의 불만은 만연했다고 하더라도 그러한 부정적 감정을 정치적으로 동원할 수 있는 쟁점이 없었던 것이다. 정파적 편향성 혹은 정파적 일체감을 자극할 수 있는 이슈의 부재가 야당 지지자들이라고 하는 집단의 결속력과 정체성을 약화시켰다. 그렇다면 어떤 이유로 야당 지지자들은 더불어민주당과 국민의당이라는 상이한 선택을 했을까.

분석을 위한 변인에 우선 정치 지도자에 대한 호감도를 포함했다. 정치 지도자에 대한 호감도는 문재인 전 대표와 안철수 대표, 그리고 김종인 대표를 분석에 포함시켰다. 선거운동 기간 중 국민의당 후보들은 문재인 전 대표를 비난의 표적으로 삼았는데,[3] 이것이 실제로 국민의당 지지에 영향을 미쳤는지 알아보

1. t-test 결과 t=16.4 p<0.00
2. 2012년 총선에서 새누리당을 지지한 이들 중 박근혜 대통령의 업무 평가에 대해 잘했다는 58.1%, 못했다는 41.9%였다. 카이제곱 검정에서 피어슨카이제곱은 159.1 p<0.00.

고자 했다. 김종인 대표는 더불어민주당 비상대책위원장으로 총선을 진두지휘했기 때문에 더불어민주당에 대한 평가와 관련이 있을 것으로 간주하여 포함했다. 그러나 박근혜 대통령은 분석에서 제외했다. 2012년 총선에서의 야당 지지자들을 대상으로 한 분석이기 때문에, 2016년 선거에서 어떤 선택을 했느냐와 무관하게 박근혜에 대한 낮은 선호로 차별성을 나타내기 어려워 보이기 때문이다.

정당에 대한 호감도 역시 더불어민주당과 국민의당 두 당만을 포함했다. 박근혜 대통령에 대한 평가가 나쁜 상황에서 야당을 지지했던 유권자들이 새누리당을 대안으로 선택한 경우는 많지 않을 것이기 때문이다. 더불어민주당의 경우에는 공천 갈등 등을 포함한 그동안의 정치 활동에 대한 평가의 의미가 담겨 있을 것이고, 국민의당은 신생 정당이니만큼 기대감이 반영되었을 것이다. 그런데 더불어민주당의 공천 과정에 대한 평가는 거의 절반으로 입장이 갈렸다. 전체 응답자 중에서는 45.8%가 잘했다, 54.2%가 잘 못했다는 평가를 내렸다. 그리고 2012년 총선에서 민주통합당에 투표한 이들 가운데서는 52.4%가 잘했다, 47.6%가 못했다는 평가를 내렸다. 공천에 대한 평가가 갈리는 만큼 더불어민주당에 대한 분석에서는 정당 호감도 이외에 더불어민주당의 공천에 대한 평가도 분석에 포함했다.

또한 국민의당 돌풍의 진원지는 호남이었다. 따라서 호남 거주 여부 역시 분석에 포함했다. 이 외에 유권자의 주관적 이념, 더불어민주당과의 이념 거리, 그리고 연령 변인 역시 앞의 새누리당 지지 분석의 경우와 마찬가지로 분석에

---

3. 정권교체를 위해서는 먼저 야권 내부의 영남패권주의를 청산해야 한다는 천정배 대표의 '호남정치 복원' 주장이 잘 응축돼 있습니다. "이번 총선은 내년 대선에서 이루어야 할 호남 주도 정권교체의 기틀을 다지는 중요한 선거입니다. 이번 총선은 박근혜·새누리당 정권을 심판하는 한편 야권의 친문 패권을 청산하는 선거가 되어야 합니다. … 친문 세력은 지난 대통령 선거에서 그 한계가 여실히 드러났습니다. 대통령 선거에 실패한 이후에도 이 패권세력은 조금도 반성하지 않았습니다. 책임도 지지 않았습니다. 어떤 변화도 만들어 내지 못했습니다. 친문 세력의 패권을 지키는 데만 몰두했습니다." 〈한겨레신문 성한용 선임기자의 정치 막전막후〉
http://www.hani.co.kr/arti/politics/polibar/739011.html (검색일: 2016.7.1).

포함했다.

분석 결과가 〈표 4-8〉과 〈표 4-9〉에 정리되어 있다. 몇 가지 주목할 만한 특성을 발견할 수 있다. 첫째, 문재인 전 대표에 대한 선호도는 더불어민주당과 국민의당 지지에 영향을 미치지 않았다. 통계적으로 유의미하지 않은 것으로 나타났고 계수의 값도 매우 작았다. 이에 비해 안철수 대표에 대한 선호도는 정당 투표에서 통계적으로 유의미하게 나타났다. 안철수에 대한 호감도가 높을수록 더불어민주당 대신 국민의당을 선택할 확률이 높게 나타난 것이다. 흥미로운 점은 김종인 더불어민주당 대표에 대한 선호도가 투표 선택에 영향을 미쳤다는 사실이다. 지역구 투표와 정당 투표에서 모두 김종인에 대한 선호도가 낮을수록 국민의당을 지지할 확률이 높아지는 것으로 나타났다. 문재인 전 대표에 대한 선호도가 두 정당 간 선택에 영향을 미치지 못한 반면, 김종인 위원장에 대한 선호가 영향을 미쳤다는 점은 주목할 만하다. 이는 국민의당 후보들이 제기한 이른바 '친문 패권주의' 주장에 국민의당 투표자들이 공감했다기보다는, 더불어민주당 자체에 대해 그동안 내재된 불만으로 인해 지지에서 이탈하였음을 시사하는 것으로 볼 수 있다.

둘째, 정당 선호도는 지역구 투표와 정당 투표에서 두 정당 간 매우 뚜렷한 대조를 보였다. 두 분석에서 모두 더불어민주당에 대한 호감도가 낮을수록, 그리고 국민의당에 대한 선호도가 높을수록 국민의당 지지로 이어질 확률이 높았다. 국민의당이 아직 아무것도 보여 준 적이 없는 신생 정당이라는 점에서 이는 사실 더불어민주당에 대한 불만의 결과일 것으로 보인다. 즉 더불어민주당에 대한 못마땅함, 불만이라고 하는 '배출 요인'이 4년 전 선거에서의 지지자들을 국민의당 지지로 옮겨 가게 만든 원인이라고 할 수 있다.

셋째, 정당 일체감은 지역구 투표에서는 중요하게 작용했다. 더불어민주당에 정당 일체감을 갖는 이들은 지역구 투표에서는 더불어민주당을 보다 많이 지지했다. 그러나 흥미롭게도 정당 일체감 변인은 정당 투표에서는 통계적 유의미성이 확인되지 않았다. 정당 투표에서는 더불어민주당에 정당 일체감을 갖는 이들 중 적지 않은 이들이 국민의당에 투표를 한 것이다. 이러한 결과는 더불어민주당의 전통적 지지층에서 상당한 정도의 심리적 동요와 불만이 존재하고 있었음을 보여 준다. 즉, 정당 일체감이 유권자와 정당 간의 안정적 유대를 전제로 하는 것이라면, 더불어민주당에 정당 일체감을 가지면서도 국민의당에 투표한 것은 그만큼 더불어민주당에 대한 불만이 높다는 것을 시사해 준다. 그러나 이러한 특징은 동시에 정당 투표에서 국민의당으로 지지를 이전한 이들 가운데 적지 않은 이들이 항구적으로 지지를 이전했다기보다는, 불만으로 인한 일시적 지지의 이전을 의미하는 것으로 볼 수 있다.

그러나 더불어민주당의 공천 평가는 지역구 투표나 정당 투표에서 모두 통계적으로 유의미한 값을 보이지 않았다. 또한 호남 거주 변인은 예상대로 큰 계숫값을 보였고 통계적으로도 유의미한 결과를 보였다. 그러나 연령이나 이념 거리는 통계적으로 유의미하게 나타나지 않았다.

이상에서 살펴본 결과를 요약하면, 2012년 총선에서의 민주통합당 지지자들 중 국민의당으로 지지를 옮기게 된 원인을 문재인 전 대표에 대한 불만이나 미움, 혹은 '친문 패권' 담론에 대한 공감 때문이었다고 말하기는 어려워 보인다. 또한 더불어민주당의 공천 과정에서 생겨난 당내 갈등이나 분란이 국민의당에 대한 지지로 이전하게 한 주된 원인이라고 말하기도 어렵다. 그보다는 호남 유권자들을 중심으로 한 더불어민주당에 대한 오랜 불만이 국민의당이라는 신생 정당의 출현과 함께 그 정당에 대한 지지의 형태로 표출된 것으로 보는 것이 보다 적절해 보인다. 2012년 대선에서 안철수 후보에 대한 호남의 지지를 통해 드러났던 당시 민주통합당에 대한 불만과 실망감은 4년 뒤의 총선에서도 크게 바뀌지 않고 이번에는 국민의당을 통해 표출된 셈이다. 새누리당에서와 마찬가지로, 더불어민주당의 지지자들 역시 지지해 왔던 정당에 대한 불만이 투표 결정에 영향을 미친 것이다.

〈표 4-8〉 2012년 총선에서 민주통합당 지지자들에 대한 이항 로지스틱(지역구)

범주	변수	B	Exp(B)
정치인 선호도	문재인 선호도	0.02	1.02
	김종인 선호도	-0.03****	0.97
	안철수 선호도	-0.00	1.00
정당 선호도	더민주 선호도	-0.08*	0.92
	국민의당 선호도	0.11*	1.12
이념	자기 이념	-0.08	0.92
	더민주와 이념 거리	-0.23	0.80
더민주 정당 일체감		-1.55**	0.21
더민주 공천 평가(잘했다)		-0.09	0.92
연령		0.02	1.02
호남 거주		1.51**	4.50
상수항		-2.99	
분류 정확도 89.8% Cox & Snell R^2=0.45			

* 더불어민주당 0, 국민의당 1
*p<0.00, **p<0.01, ***p<0.05, ****p<0.1

〈표 4-9〉 2012년 총선에서 민주통합당 지지자들에 대한 이항 로지스틱(정당투표)

범주	변수	B	Exp(B)
정치인 선호도	문재인 선호도	-0.01	1.01
	김종인 선호도	-0.04***	0.97
	안철수 선호도	0.04***	1.04
정당 선호도	더불어민주당 선호도	-0.09*	0.92
	국민의당 선호도	0.08*	1.08
이념	자기 이념	0.00	1.00
	더민주와 이념 거리	0.01	1.01
더민주 정당 일체감		-0.64	0.53
더민주 공천 평가(잘했다)		0.10	1.11
연령		-0.01	0.99
호남 거주		1.34**	3.80
상수항		-0.60	
분류 정확도 88.1% Cox & Snell R^2=0.47			

4. 결론

이 글은 2016년 국회의원 선거에서 유권자의 관심을 끄는 주요한 쟁점이 없었다는 사실에서 출발했다. 실제로 경험적 분석 결과 유권자들 다수의 주목을 끈 이슈는 없었다. 각 정당이 전통적 지지자들을 동원해 낼 수 있는 대립 쟁점이 존재하지 않으면서, 각 정당은 지지자들을 끌어내기 위한 편향성의 동원을 제대로 해내기 어려운 상황이 되었다. 이와 함께 선거에서 각 정당 지지자들의 관심이 '정당 간' 차별성보다 '정당 내부'의 문제에 보다 집중되었다. 새누리당은 심각한 공천 파동을 겪었고, 더불어민주당은 당내 파벌 간 분란이 일었다. 이런 상황에서 각 정당 지지층의 결속력은 약화되었다. 4년 전 국회의원 선거에서의 투표 결정과 비교할 때, 다른 정당 지지로 이탈한 경우나 기권의 비율이 높게 나타났다. 야권에서는 선거를 앞두고 국민의당이 출범하면서 전통적 야권의 표가 두 정당으로 나뉘었다.

이 장에서는 바로 이와 같은 쟁점 부재와 그로 인한 정파적 결속력의 약화가 각 정당의 전통적 지지층이 투표 결정의 1차적 관심을 자신이 지지해 온 정당에 대한 평가에 두도록 이끌었다는 점에 주목했다. 즉 4년 전 새누리당 투표자는 새누리당에 대한, 그리고 민주통합당 투표자는 더불어민주당에 대한 호불호, 만족–불만족에 따라 선거에서의 투표 선택이 이뤄졌다는 것이다. 실제로 분석 결과, 새누리당에서 이탈한 유권자들은 공천 등을 둘러싼 새누리당의 당내 분란에 대한 불만이 컸으며, 정당 일체감이 상대적으로 약했다. 즉 새누리당으로부터의 배출 요인(push factor)이 이들의 투표 선택에 보다 중요한 영향을 미친 것이다. 이들은 박근혜 대통령에 대한 중간 평가로 2016년 국회의원 선거의 의미를 부여하지는 않았다. 오히려 새누리당이 이들의 주된 평가의 대상이 된 셈이다.

이런 특성은 더불어민주당 지지자들에게서도 유사한 형태로 나타났다. 4년 전 민주통합당을 지지했던 이들 중 국민의당으로의 지지 전이는 호남을 중심으로 더불어민주당에 쌓인 불만의 표출이었다. 국민의당 후보들이 제기한 문재인 전 대표에 대한 책임 추궁이나 '친문 패권' 담론은 별다른 영향을 미치지 못한 것으로 나타났다. 안철수나 국민의당에 대한 기대감이 없다고 말할 수는 없지만, 일차적인 요인은 새누리당의 경우처럼 더불어민주당으로부터의 배출 요인이 보다 크게 작용했다. 다른 여러 요인들과 함께, 더불어민주당 역시 중요한 평가의 대상이 되었다.

전체적으로 볼 때, 2016년 국회의원 선거는 시기상 박근혜 대통령 임기 중반에 실시된 선거였지만 이 선거의 의미를 박근혜 대통령에 대한 중간평가로 단언할 수는 없을 것 같다. 전통적 새누리당 지지자들에게 2016년 총선은 박근혜 대통령에 대한 평가와 무관한 것으로 간주되었으며, 그보다는 새누리당 자체의 분란과 갈등에 보다 주목했다. 한편 전통적 더불어민주당 지지자들에게는 박근혜 정부에 대한 중간 평가는 물론 회고적 평가의 의미를 담고 있었지만, 쟁점의 부재 속에 박근혜 대통령이 투표 선택의 핵심이 되지 못했다. 이런 상황에서 국민의당이라는 대안이 생겨나면서 그들에게 보다 중요한 평가의 대상은 더불어민주당이 되었던 것이다.

지지자를 동원할 수 있는 대립 쟁점의 부재는 유권자들로 하여금, '정당 간' 경쟁보다 그들이 전통적으로 지지해 온 정당에 대한 평가라는 차원에서 선거를 바라보고 그에 따른 투표 결정을 내리도록 이끈다. 2016년 국회의원 선거에서 나타난 '승자 없는 선거'라는 결과는 바로 이런 점에서 그 원인을 찾아볼 수 있다.

제5장

코로나 사태와 2020년 국회의원 선거[1]

1. 서론

2020년 실시된 21대 국회의원 선거는 예전과는 매우 다른 상황에서 치러졌다. 코로나 바이러스(COVID-19)의 대규모 유행으로 다수의 사망자가 나오고 확진자가 급증하는 등 사회적 위기감이 높았던 상황에서 선거를 맞이했다. 서구 민주주의 국가 중 적지 않은 나라에서 선거가 연기되고 있던 상황에서도 우리나라에서는 선거가 예정대로 실시되었다. 그러나 코로나 바이러스 사태로 인해 후보자가 유권자와의 직접적인 대면 접촉이 어려워져 선거 운동 방식에도 제약이 따랐다. 투표일에도 유권자들은 마스크를 착용하고 유권자 간 거리 두기를 해야 했고 비닐장갑을 낀 채 투표해야 했다.

선거 결과, 집권당인 더불어민주당은 전체 지역구 의석 253석 가운데 64.4%인 163석을 얻었다. 특히 전체 지역구 의석의 48%를 차지하는 수도권의 121석 가운데 103석을 차지했다. 이에 비해 제1야당인 미래통합당은 수도권에서 겨

1. 이 장에서의 분석에 도움을 준 길정아 박사에게 감사를 표한다.

우 16석을 얻었으며 영남권을 중심으로 지역구에서 84석을 얻었다. 21대 국회의원 선거에서 처음 적용된 이른바 준연동형 비례대표제 방식[2]에 대한 거대 양당의 '꼼수'로 만들어진 '위성정당'들[3]도 비례의석을 대부분 차지했다. 더불어민주당의 위성정당인 더불어시민당은 17석을, 그리고 미래통합당의 위성정당인 미래한국당은 비례의석으로 19석을 각각 얻었다. 이에 따라 더불어민주당은 180석을, 그리고 미래통합당은 103석을 얻었다. 코로나 와중의 선거에서 집권당은 압승을 거두었다.

이 장에서는 2020년 총선의 결과를 코로나 바이러스 사태의 영향과 관련하여 살펴보고자 한다. 코로나 바이러스 사태가 선거에 미친 영향은 크게 두 가지로 예상해 볼 수 있다. 하나는 사태의 심각성으로 인해 다른 이슈가 선거 국면에 효과적으로 제기되기 어려웠다는 점이다. 즉 집권당에 불리한 이슈가 정치적 관심의 대상이 되지 못하였다. 두 번째는 코로나 사태의 직접적 효과이다. 어느 나라에서나 국가적 위기 상황이 되면 정치지도자를 중심으로 결집하려는 효과, 이른바 '지도자를 중심으로 결집하는 상황(rally round the flag)'이 만들어질 수 있다. 즉, 코로나 사태로 인한 위기감이 집권당에 유리한 상황을 조성해 줄 수 있다는 것이다. 더욱이 코로나 바이러스 사태가 초기 대구를 중심으로 급격하게 확산하면서 정부의 대응 방식에 대한 의구심이 제기되었지만, 점차 세계적 규모로 확산하면서 한국의 방역은 상대적으로 성공적인 것으로 평가받았다.[4]

---

2. 이른바 준연동형 비례대표제는 전체 의석 300석 가운데 기존의 지역구 253석, 비례대표 47석을 그대로 두고 비례대표 47석 가운데 30석에 한해서 정당투표 비율에 연동하여 의석을 배분하도록 한 것이다. 그러나 정당투표에 100% 연동되는 것이 아니라 50%만 연동되도록 했고, 47석 중 나머지 17석은 기존의 방식대로 각 정당의 정당 투표 비율대로 배분하도록 했다. 정당 투표에 연동되는 의석이 30석이기 때문에 지역구에서 15석 이상 얻을 수 있는 정당은 준연동형 비례대표 방식으로는 비례 의석 배분을 받을 수 없다. 이런 이유로 더불어민주당과 미래통합당은 지역구 출마자가 없는 비례의석만을 위한 '위성정당'을 창당했다.
3. 한겨레신문, 2020.3.25., 양당 '위성 정당' 횡포에 소수정당 설 땅은 오히려 줄었다, http://www.hani.co.kr/arti/politics/assembly/934229.html
4. KBS, 2020.3.12., 코로나19 한국 대응 배워야 … '성숙한 시민의식' 외신 극찬, https://www.youtube.com/watch?v=fq3bvbhvpBU

이런 점 역시 선거에서 집권당에 유리하게 작용했을 수 있다.

이 글은 이런 문제의식에서 출발하여, 2020년 총선에서 유권자의 투표 선택에 미친 코로나 바이러스 사태의 영향력을 분석함으로써 그 원인을 찾아보고자 한다. 여기서 사용되는 데이터는 2020년 4월 17일부터 20일까지 18세 이상 2,500명을 대상으로 한국리서치에 의뢰하여 웹 조사를 실시한 결과이다.

2. 중간평가 혹은 재난, 위기의 선거

2020년 총선을 앞두고 문재인 대통령의 지지율은 이전 대통령과 비교할 때 그다지 낮지 않았다. 한국갤럽 조사에 의하면, 4월 둘째 주 대통령 직무 수행에 대한 긍정적 평가는 57%였다. 그러나 실제 정책에 대한 만족도는 그만큼 높다고 보기 어려웠다. 〈표 5-1〉은 한국갤럽이 문재인 정부 출범 3년을 맞아 정책에 대한 만족도를 평가한 것이다. 선거 이후인 5월 19~21일 실시된 조사이지만 문재인 정부의 3년 업무 수행에 대한 일반 국민의 평가를 가늠할 수 있다는 점에서 살펴볼 필요가 있다. 〈표 5-1〉에서 보듯이, 당시 현안인 코로나 대응이 85%로 가장 높게 나타났고 그다음은 복지정책으로 69%로 나타났다. 외교정책이 56%로 절반을 넘었을 뿐, 그 이외의 정책은 모두 40% 정도에 머물러 있

〈표 5-1〉 문재인 정부 3년간 주요 정책에 대한 만족도

정책	복지 정책	공직자 인사	대북 정책	고용노동정책	외교 정책	경제 정책	교육 정책	코로나 대응
긍정평가 (%)	69	41	40	41	56	41	41	85

한국갤럽(2020. 5. 21)[5]

5. 갤럽리포트: 데일리 오피니언 제402호(2020년 5월 3주) – 정부 출범 3년 분야별 정책 평가, 코로나19. https://www.gallup.co.kr/gallupdb/reportContent.asp?seqNo=1109

다. 경제 투표 이론에서 주목하는 경제정책이나 고용노동정책에 대한 만족도는 41%, 그리고 한국 정치에서 특별한 의미를 갖는 대북정책 역시 40%에 머물렀다. 즉, 선거 무렵에는 모든 국민의 심각한 관심사였던 코로나 대응에 대해서만 85%로 예외적으로 높은 평가가 나왔다.

이런 점에서 볼 때 2020년 국회의원 선거에서 유권자의 투표 결정에 영향을 미친 요인이 무엇인지 살펴보는 것은 무척 흥미로운 일이다. 경제정책 등 문재인 정부 3년간의 전반적인 업무 수행에 대한 만족도는 그리 높다고 볼 수 없지만, 단기적 요인인 코로나 대응에 대한 평가는 매우 높았기 때문이다.

유권자들은 대통령과 정부의 업무 수행을 평가하여 회고적인 투표 선택을 하는 것으로 알려져 왔다. 키(Key 1966: 7)가 말한 대로 '유권자는 바보가 아니며(voters are not fools)' 현 권력 담당자의 정책 수행에 대한 평가가 긍정적이면 선거에서 그에 대한 보상(reward)을 하고, 부정적이라면 표를 주지 않음으로써 벌(punishment)을 주는 것이다. 피오리나(Fiorina 1981: 5) 역시 유권자의 회고적 평가에 대해 다음과 같이 말했다. "그들은 현 정부의 경제나 외교정책의 결과를 보거나 느끼기 위해 그것들에 대해 정확하게 알 필요가 없다 … 현 정부가 제대로 일하는지 형편없이 일하는지 확인하기 위해서 시민들은 단지 그들의 자신의 복지(welfare)의 변화를 계산하면 된다."

이러한 유권자들의 회고적 투표 행태는 정치 엘리트에 대한 문책의 기능을 하여, 그들로 하여금 정치적 책임성(accountability)을 실현하도록 한다. 그런데 회고적 평가의 태도는 일반적인 국정운영의 상황이 아닌, 사회적 위기이자 재난의 상황에서도 마찬가지로 유의미하게 발견된다. 예를 들면, 벨레즈와 마틴(Velez and Martin 2013)은 2012년 미국 대통령 선거를 앞두고 10월 동부를 강타한 허리케인 샌디(Sandy)가 미친 영향에 주목했다. 허리케인 샌디는 버지니아 등 동부 지역에 매우 커다란 피해를 입혔다. 그런데 이 연구는 그러한 재난 상황에 대해 오바마 행정부가 효과적으로 대응하면서 피해 지역에서 오바마에 대한 지지가 4% 정도 상승했다고 주장했다. 궁극적으로 이러한 결과는 키가 말한 회고적 평가에 의한 상벌의 개념을 적용할 때, 유권자들은 자연 재해에 대해 현직 대통령이 보통 이상의 대응을 할 경우에는 '보상(rewarding)'을 하고, 평균보다 못한 대응을 할 경우 '벌(punishing)'한다는 것을 의미한다.

그러나 재해 혹은 위기 상황에서 현 정부의 업무 수행에 대한 평가나 그로 인한 투표 결정은 반드시 이렇게 합리적으로만 이뤄지는 것은 아니다. 오늘날 코로나 바이러스 사태처럼 1918년경에는 스페인 독감이 대유행(the Influenza pandemic of 1918)했다. 당시 미국에서만 50만 명이 사망했다. 그러나 사실 이러한 감염병의 확산과 그로 인한 엄청난 피해가 1918년 중간선거에는 거의 영향을 미치지 않았다. 당시에는 이러한 감염병을 정부가 통제할 수 있다는 인식을 갖지 못했고 그로 인한 결과는 정치적, 사회적 문제라기보다 신의 뜻과 같은 자연적 문제로 받아들였다. 즉, 당시에는 이러한 감염병 확산에 대한 정치적 책임을 묻는 일은 어림짐작(guesswork)이거나 사회적 구성의 문제였다(Achen and Bartels 2004: 32-34).

그러나 이와는 달리 현실적으로 현직 대통령이나 행정부가 해결할 수 없는 재난이나 위험에 대해서 유권자들이 그 책임을 현직자에게 묻는 경우도 있다. 에이큰과 바텔스(Achen and Bartels 2004: 9-19)는, 1916년 여름 미국 뉴저지에서 잇달아 일어난 해수욕객에 대한 상어의 공격은 정부가 제대로 대응할 수 없는 일종의 자연재해였지만, 그해 대통령 선거에서 피해를 입은 지역의 유권자들 사이에서 윌슨 대통령에 대한 지지는 하락했다는 점을 지적했다. 또한 2000년 미국 대통령 선거에서는 알 고어 후보가 당시 미국에서의 가뭄과 홍수와 같은 기상 재해로 인해 7개 주에서 득표에 상당한 손해를 보았다고 주장했다(Achen and Bartels 2004: 27-29). 개스퍼와 리브스(Gaster and Reeves 2011) 또한 기상 재해(weather damage)가 현직 주지사의 득표율에 미친 영향을 분석했는데, 이들의 주장은 재난과 위기 상황에서 유권자들의 합리적인 회고 투표는 생각보다 어렵고, 때로는 맹목적 회고(blind retrospection)가 선거에서의 보상과 벌의 잘못된 패턴을 만들어 낼 수 있다고 보았다(Achen and Bartels 2004: 36).

회고적 평가의 과정이 정파적 고려로 인해 객관적이고 합리적으로 이뤄지지 않을 수도 있다. 예컨대, 경제위기의 책임을 정파적으로 상이하게 판단할 수 있다. 루돌프(Rudolph 2003)는 유권자가 국가경제 정책의 실패에 대한 책임을 인식하는 데에 당파성이 영향을 미친다는 것을 밝혔다. 비스가르(Bisgaard 2015)는 경제 상황이 누구도 부정할 수 없을 만큼 나빠졌다고 해도, 그러한 경제상황 악화에 대한 책임을 돌리는 데 있어서는 당파심이 작용하는 "선택적 책임 귀속(selective attribution of responsibility)"이 나타날 수 있다는 것을 주장하였다. 나와라(Nawara 2015)는 거시경제적 상황과 이라크 전쟁의 상황이 좋아졌다고 인식할수록 민주당 지지자들이 그 공을 오바마 대통령에게 돌리는 데 비해 상황이 나빠졌다고 인식하는 경우 공화당 지지자들은 그 책임이 오바마 대통령에게 있다고 간주하는 경향이 있음을 밝혔다. 오현주 외(2014)의 연구는 2014년 지방선거에서 대통령의 국정운영에 대한 회고적 평가가 강한 정파성을 지닌 유권자들에게서는 유의미하게 나타나지 않는다고 주장했다.

우리나라에서 선거와 관련된 재난, 위기의 사례는 천안함 사건이나 세월호 참사를 들 수 있다.[6] 이현우(2015)는 투표 결정에 세월호 사건에 대한 책임을 정부-여당에게만 묻지 않았고, 세월호 사건을 반영했다는 응답자들 중 다수가 기존 지지 정당을 더욱 지지하게 되었다는 강화 효과를 주장하였다. 이에 비해 박원호·신화용(2014)은 중장기적으로 안정적인 정당 일체감을 대다수 유권자가 지니고 있었지만, 세월호 사건은 정부-여당에 대한 처벌보다는 정치권 전반에 대한 실망감을 높임으로써 주요 양당 모두에 대한 호감도 하락을 초래한 것으로 보았다. 그렇다면 감염병의 전국적 확산이라고 하는 초유의 상황에서 실시된 선거에서 코로나 사태가 유권자의 투표 결정에는 어떤 영향을 미쳤을지 살펴볼 필요가 있다. 과연 코로나 사태는 어떻게 문재인 대통령과 더불어민주당에 유리하게 작용했고 그 결과 선거에서 더불어민주당은 대승을 거둔 것일까.

---

6. 1장과 3장의 논의를 참조할 것.

3. 분석

1) 선거 이슈와 투표 결정

21대 총선은 문재인 정부 출범 3년이 지난 시점인 동시에 코로나19라고 하는 위기 상황에서 실시된 선거라는 점에서 유권자들이 선거의 의미를 어떻게 생각하는지 알아볼 필요가 있다. 선거의 의미를 '문재인 정부에 힘을 실어 줘야 한다'고 본다면 문재인 정부의 국정운영에 대해 긍정적인 회고적 평가를 내림과 동시에 당면한 위기 극복을 포함하여 전망적 기대감을 갖는 것으로 이해할 수 있다. 반면에 '문재인 정부를 심판해야 한다'고 본다면 불만족스러운 정책 수행에 대한 부정적인 회고적 평가의 의미를 갖는 것으로 볼 수 있다. 그런 점에서 우선 지난 3년 동안의 경제 상황에 대한 평가, 대통령의 국정운영에 대한 평가, 그리고 그동안 논란이 되었던 각종 정책에 대한 평가가 총선의 의미를 바라보는 시각에 어떤 영향을 주었는지에 대해 살펴보았다. 〈표 5-2〉는 총선의 의미를 종속변수로 하고, 경제평가와 주요 정책들에 대한 평가를 독립변수로 한 선형 회귀분석의 결과이다. 여기서는 두 가지 모델을 상정했는데, 하나는 경제 평가와 주요 이슈만을 독립변수로 한 것이고, 다른 하나는 코로나 사태에 대한 대통령 대응의 평가를 추가한 것이다.

전체적으로 볼 때, 유권자들이 선거의 의미를 평가하는 데 주요 이슈들이 영향을 미쳤음이 확인되었다. 모델 1을 보면 대통령 국정운영 평가, 적폐청산, 대북 정책, 조국 임명, 검경 수사권 조정 등과 거주 지역 경제 상황 변화가 통계적으로 유의미한 것으로 나타났다. 각 이슈에 대해서 긍정적으로 평가할수록 문재인 정부에 힘을 실어 줘야 하고, 부정적일수록 문재인 정부를 심판해야 한다고 선거의 의미를 바라볼 확률이 높아졌다. 모델 1에 코로나 사태 관련 대통령의 대응을 포함한 모델 2에서도 대통령 국정운영 평가, 적폐청산, 공수처 신설, 대북 정책, 조국 임명 등과 함께 대통령의 코로나 대응이 통계적으로 유의미하게 나타났다. 사회적 위기감을 고조시킨 코로나 사태에도 불구하고 그동안 정치적으로 큰 논란이 되었던 적폐청산, 공수처 신설, 대북 정책, 조국 임명 등의 이슈에 대한 평가가 선거의 의미를 판단하는 데 영향을 준 것이다. 대통령 국정운영 평가 역시 선거의 의미를 바라보는 시각에 영향을 주었다. 그러나 개인의 경제 상황이나 국가 경제, 지역 경제와 관련된 회고적 평가는 선거의 의미에 영

〈표 5-2〉 총선의 의미: 선형 회귀분석

변수	모델 1	모델 2
대통령 국정운영 평가	-.335*	-.282*
4년간 국가 경제 상황의 변화	.017	.001
4년간 본인의 가정 형편의 변화	.021	.020
4년간 거주 지역의 경제 상황 변화	-.067***	-.055
적폐청산	.153*	.140*
탈원전	-.038	-.040
소득주도성장	.039	.039
주52시간제 도입	.003	.008
부동산 규제	-.004	-.003
검찰-경찰 수사권 조정	.040*	.025
고위공직수사처 신설	.270	.255*
자립형 사립고등학교, 특목고 폐지	.029	.016
대학입학 정시 전형 확대	.017	.023
대북화해협력정책	.181***	.146*
조국 전 법무부장관 임명	.120*	.119*
대통령의 코로나 대응		.237*
상수	3.170*	2.546*
R^2	0.782	0.789

*p<0.00, **p<0.01, ***p<0.05
종속변수: 문재인 정부에 힘 실어줘야 한다(1) ---심판해야 한다(7)
독립변수:
- 대통령 국정운영 평가: 0-매우 못한다, …, 10-매우 잘한다
- 경제상황 평가: 1-매우 좋아졌다, 2-다소 좋아졌다, 3-별 변화 없다, 4-다소 나빠졌다, 5-매우 나빠졌다
- 각 추진 정책 평가: 1-매우 긍정적, 2-다소 긍정적, 3-보통, 4-다소 부정적, 5-매우 부정적
대통령 코로나 대응: 1-매우 잘했다, 2-대체로 잘했다, 3-보통이다, 4-대체로 못했다, 5-매우 못했다

향을 준 것으로 확인되지 않았다. 〈표 5-2〉의 결과는 21대 총선이 코로나 사태뿐만 아니라 쟁점이 되었던 정책들에 대한 평가와 관련하여 중간평가의 속성을 지닐 수 있음을 시사하고 있다.

그렇다면 이번에는 그동안 논란을 빚었던 각 정책과 코로나 대응이 지역구 투표 결정에 얼마나 큰 영향을 미쳤는지에 대해 분석해 보았다. 〈표 5-3〉은 코로나 대응을 포함하여 각 정책이 투표 결정에 미친 영향을 정리한 것이다. 투표 결정에 영향을 받았다는 응답 중에서 가장 높은 것은 '코로나 사태에 대한 정부 대응'으로, 그 비율은 62.9%로 나타났다. 코로나 사태에 대한 대응이 투표 결정에 '압도적'이라고 할 만큼 높은 영향을 미쳤다. 그다음으로는 '검찰 개혁과 공수처 신설'로 영향을 받았다는 응답이 51.2%로 나타났다. 이 두 사안에 대한 응답이 50% 이상으로 나타났다. 그다음으로 조국 법무장관 임명(41.9%), 소득주도성장 정책(41.0%), 대북화해협력정책(40.0%)으로 나타났다. '코로나 사태로 인한 긴급재난지원금'의 영향은, 선거 전 정치권에서의 논란에도 불구하고,[7] 38.8%로 그다지 높지 않았다. 그리고 '종합부동산세 강화'는 33%, '선거법 개정과 위성정당 창당'이 32.4%로 가장 낮았다. 한편, '영향이 없었다'는 응답은 '검찰 개혁과 공수처 신설'이 17.6%로 가장 낮았고, '코로나 사태 정부 대응'과 '소득주도 성장 등 경제정책'이 18.5%, '대북화해협력정책'이 20.6%로 그다음으

7. "4·15 총선 하루 전인 14일 문재인 대통령이 신종 코로나바이러스 감염증(코로나19) 긴급재난지원금과 관련해 "정부는 국회가 제2차 추경안(추가경정예산안)을 상정·심의해서 통과할 때까지 기다리지 말고, 지급 대상자들에게 미리 통보해 주고 신청을 받으라"고 지시했다. 총선 전날 발언인 데다 국회에 추경안이 제출되기도 전이라 야당은 "매표(買票) 행위"라고 비판했다."(중앙일보, 2020.4.15., 선거 전날 문 대통령 "재난지원금 신청받아라" 통합당 "이런 관권선거는 처음", https://news.joins.com/article/23754771)
그러나 야당인 미래통합당 황교안 대표 역시 선거 운동 기간에 긴급재난지원금 지급을 주장한 바 있다. "미래통합당 황교안 대표가 5일 우한 코로나 바이러스 감염증(코로나19)과 관련해 '전 국민에게 1인당 50만 원을 즉시 지급하라"고 했다. 정부가 긴급재난지원금으로 소득 하위 70% 가구에 100만 원씩 지급하겠다고 한 것에 대해선 "국민에게 많은 불만과 혼란을 초래할 뿐'이라고 했다."(조선일보, 2020.4.5., 통합당 "全국민에 50만 원씩 즉시 지급해야 … 정부 재난지원금 혼란", https://biz.chosun.com/site/data/html_dir/2020/04/05/2020040501087.html)

〈표 5-3〉 투표 결정에 미친 각 이슈의 영향

	영향 있다	보통이다	영향 없다	합계 (n=2,500)
코로나 사태로 인한 정부의 대응	62.9	18.6	18.5	100.0
코로나 사태로 인한 긴급재난지원금	38.8	32.2	29.0	100.0
종합부동산세 강화	33.0	42.6	24.3	100.0
검찰 개혁과 공수처 신설	51.2	31.2	17.6	100.0
선거법 개정과 위성정당 창당	32.4	42.1	25.4	100.0
소득주도성장 등 경제정책	41.0	40.4	18.5	100.0
조국 전 법무부장관 임명	41.9	33.0	25.0	100.0
대북화해협력정책	40.0	38.4	20.6	100.0

로 낮았다. '영향 있다'와 '영향 없다'는 응답을 종합해 보면, 투표 결정에 영향을 끼친 이슈 중에서 '코로나 사태에 대한 정부 대응'이 가장 크게 작용했지만, 그동안 정치적으로 큰 논란의 대상이 되었던 '검찰 개혁, 공수처', '소득주도 성장', '대북화해협력정책' 등도 적지 않은 영향을 미쳤다고 볼 수 있다. 즉 합의 쟁점(valence issue; Stokes 1963)으로 볼 수 있는 코로나 사태 대응 이슈 이외에도, 문재인 정부의 주요 정책에 대한 회고적 평가가 내려질 만한 폭발성 있는 이슈가, 코로나 사태와 같은 위기 상황 속에서도 투표 결정에 영향을 미친 것이다.

그러나 흥미로운 점은 이런 대립 쟁점(position issue)이라고 할 만한 이슈들은 실제 선거 운동 기간 중에 크게 부각되지 못했다. 〈표 5-2〉에서의 응답과는 달리 선거에서 이러한 이슈들의 현저성(issue salience)은 낮았다.

한편, 이슈가 투표 결정에 영향을 미쳤다고 해도 정치적 성향이나 관심사에 따라 영향을 준 이슈는 각기 다를 수 있다. 그런 점에서 지역구 투표에서 더불어민주당과 미래통합당을 지지한 유권자를 대상으로 각 이슈에 대해 어떤 영향을 받았는지 살펴보았다. 〈표 5-4〉에서 보듯이, 어느 정당에 투표했느냐에 따라 투표 결정에 대한 이슈의 영향력이 서로 다르게 나타났다.[8] 소득주도성장 등 경

8. 전체 이슈들의 투표 영향의 평균은 3.28로 나타났다. 그런 점에서 3.5 이상이면 투표 결정에 미친 해당 이슈의 영향이 상당히 높은 편이라고 볼 수 있다.

〈표 5-4〉 각 이슈의 영향에 대한 지역구 투표 정당별 평균

이슈	투표 정당	평균	표준편차	t 검정
코로나 사태로 인한 정부의 대응	더불어민주당	3.87	1.056	t=11.388
	미래통합당	3.27	1.248	p<0.00
코로나 사태로 인한 긴급재난지원금	더불어민주당	3.19	1.106	t=4.057
	미래통합당	2.96	1.352	p<0.00
종합부동산세 강화	더불어민주당	3.23	0.989	t=5.275
	미래통합당	2.97	1.162	p<0.00
검찰 개혁과 공수처 신설	더불어민주당	3.74	1.044	t=7.776
	미래통합당	3.33	1.239	p<0.00
선거법 개정과 위성정당 창당	더불어민주당	3.05	0.976	t=-4.957
	미래통합당	3.30	1.241	p<0.00
소득주도성장 등 경제정책	더불어민주당	3.34	0.907	t=-1.689
	미래통합당	3.43	1.213	p=0.09
조국 전 법무부 장관 임명	더불어민주당	3.09	1.083	t=-13.735
	미래통합당	3.85	1.328	p<0.00
대북화해협력정책	더불어민주당	3.26	1.036	t=-4.496
	미래통합당	3.49	1.211	p<0.00

각 수치는 [1-전혀 영향 없음, 2-별로 영향 없음, 3-보통, 4-다소 영향 있음, 5-아주 영향 있음]에 대한 평균값

제정책에 대한 것을 제외하면 다른 모든 이슈에서 두 집단 간 영향력의 차이가 통계적으로 확인되었다. 그런데 여기서 주목할 점은 두 지지자 집단이 각기 중요하게 생각하는 이슈가 달랐다는 점이다. 더불어민주당과 미래통합당 지지자 집단 간 영향력의 정도를 살펴보면, 〈표 5-5〉에서 볼 수 있듯이, 다음과 같은 순서로 나타났다.

〈표 5-5〉의 내용을 정리해 보면, 더불어민주당 지지자들이 큰 영향을 받은 이슈는 코로나 사태로 인한 정부 대응(3.87), 검찰 개혁과 공수처 신설(3.74)인 반면, 미래통합당 지지자들에게는 조국 법무부장관 임명(3.85), 대북화해협력 정책(3.49)이 중요한 이슈로 나타났다. 흥미롭게도 더불어민주당 지지자들 중 가장 큰 영향으로 생각한 코로나 사태에 대한 정부 대응은 미래통합당 지지자들에게는 6위에 그쳤다. 앞의 〈표 5-3〉에서 코로나 사태 대응은 62.9%라는 높

〈표 5-5〉 투표 결정에 영향을 받은 이슈의 순서

순위	더불어민주당 투표자		미래통합당 투표자	
1	코로나 사태 대응	3.87	조국 장관 임명	3.85
2	검찰 개혁과 공수처 신설	3.74	대북화해협력정책	3.49
3	소득주도 성장 등 경제정책	3.34	소득주도 성장 등 경제정책	3.43
4	대북화해협력정책	3.26	검찰 개혁과 공수처 신설	3.33
5	종합부동산세 강화	3.23	선거법 개정과 위성정당	3.30
6	긴급재난지원금	3.19	코로나 사태 대응	3.27
7	조국 장관 임명	3.09	종합부동산세 강화	2.97
8	선거법 개정과 위성정당	3.05	긴급재난지원금	2.96

은 비율로 투표 결정에 영향을 준 것으로 나타났지만, 그 영향은 정파적으로 차별적이었음을 〈표 5-5〉의 결과는 말해 주고 있다. 더불어민주당 지지자들에게 두 번째로 큰 영향을 미친 검찰 개혁과 공수처 신설 역시 미래통합당 지지자들에게는 네 번째로 나타났다. 반면, 미래통합당 지지자들에게 큰 영향을 미친 조국 법무부장관 임명 건은 더불어민주당 지지자들에게는 7위에 놓였다. 앞에서 언급한 코로나 사태를 위한 긴급재난지원금은 두 정당 지지자들 모두에게 큰 관심사가 아니었던 것으로 나타났다.

〈표 5-5〉의 결과를 보면 21대 총선에서 여야 간 입장이 대립할 수 있었던 위치 쟁점은 검찰 개혁과 공수처 신설, 조국 장관 임명, 대북화해협력정책 등이었을 것으로 보인다. 그러나 유권자들은 정파적 특성에 따라 서로 다른 이슈에 영향을 받은 것으로 나타났다. 다시 말해, 그러한 잠재적 선거 쟁점들은 그 이슈를 둘러싸고 유권자들이 찬반으로 갈리는 양극적(bipolar) 특성을 갖지 못했다. 정당의 입장에서 보면, 유권자의 관심을 끌 수 있는 쟁점의 부각을 통해 지지자를 동원하는 선거 전략을 펼치기 어려웠다는 것이다. 〈표 5-3〉에서 본 것처럼, 21대 총선은 문재인 정부 3년 동안의 정책 수행에 대한 평가가 내려질 수 있는 상황이었지만, 유권자 모두에게 공히 영향을 미칠 수 있는 이슈가 부각되지 않았다. 21대 총선에서 이슈의 현저성이 낮았던 것은 코로나 사태라는 위기 상황의

영향도 있었겠지만, 정파적으로 분리된 유권자들이 서로 다른 이슈에 관심을 가졌던 것이 보다 큰 원인이라고 할 수 있다.

이러한 특성을 보다 구체적으로 살펴보기 위해 이번에는 2017년 대통령 선거에서의 투표 선택과 2020년 국회의원 선거에서의 투표 선택 간 관계를 고려하여 각 이슈의 영향을 살펴보았다. 여기서의 관심은 이러한 상이한 관심 이슈라는 특성이 2017년 대선 선택으로부터의 이탈자들에게도 해당되는지 알아보고자 하는 것이다. 〈표 5-6〉에서는 2020년 총선에서의 투표 선택을 2017년 대통령 선거 때의 지지와 연관 지어 분석한 것이다. 두 선거에서의 투표 결정을 고려하면 모두 네 개의 집단으로 구분된다.

즉, 2017년 대선에서 문재인을 지지하고 2020년 민주당을 지지한 집단(문재인+민주당), 2017년 문재인 지지에서 2020년 미래통합당 지지로의 이탈(문재인-통합당), 2017년 야당 후보들(홍준표·안철수·유승민) 중 한 명을 지지하고 2020년 미래통합당을 지지한 집단(야당+통합당), 그리고 2017년 야당 후보들 지지에서 2020년 민주당으로의 이탈(야당-민주당) 등 네 집단으로 구분하여 각 집단별 이슈의 영향에 대해 분석했다.[9] 분산분석 결과 모든 이슈에서 네 집단 간 통계적으로 유의미한 차이가 다 확인되었다. 이 가운데 2017년 지지로부터 이탈한 집단에 특히 영향을 미친 이슈는, 더불어민주당 지지로의 이탈자들에게는 코로나 사태에 대한 정부 대응, 검찰 개혁과 공수처 신설이었다. 이에 비해 미래통합당으로의 이탈자들에게는 조국 사태가 가장 컸고, 흥미롭게도 코로나

9. 각 사례의 비율은 다음과 같다. 2017년 대선 당시에 투표 연령 이전 유권자와 기권자가 포함되어 전체 분석 대상은 2,500명보다 작은 1,680명이다.

2017 → 2020	%	n
문재인+민주당	56.5	949
문재인-미래통합당	8.3	140
야당+미래통합당	26.2	440
야당-민주당	9.0	151
합계	100.0	1,680

〈표 5-6〉 2017년 대선과 2020년 총선에서의 지지 패턴에 따른 투표 결정에 대한 각 이슈의 영향

이슈	2017 → 2020 투표 선택	평균	표준편차	ANOVA
코로나 사태로 인한 정부의 대응	문재인+민주당	3.90	1.086	F=41.153 p<0.00
	야당-민주당	3.75	0.973	
	야당+통합당	3.19	1.311	
	문재인-통합당	3.47	1.049	
코로나 사태로 인한 긴급재난지원금	문재인+민주당	3.20	1.124	F=9.407 p<0.00
	야당-민주당	3.15	1.092	
	야당+통합당	2.90	1.418	
	문재인-통합당	3.16	1.203	
종합부동산세 강화	문재인+민주당	3.27	1.000	F=10.768 p<0.00
	야당-민주당	3.25	0.947	
	야당+통합당	2.95	1.225	
	문재인-통합당	3.04	1.079	
검찰 개혁과 공수처 신설	문재인+민주당	3.83	1.035	F=24.021 p<0.00
	야당-민주당	3.52	0.979	
	야당+통합당	3.38	1.326	
	문재인-통합당	3.24	1.064	
선거법 개정과 위성 정당 창당	문재인+민주당	3.03	0.977	F=9.424 p<0.00
	야당-민주당	3.09	1.009	
	야당+통합당	3.36	1.284	
	문재인-통합당	3.17	1.156	
소득주도성장 등 경제정책	문재인+민주당	3.40	0.909	F=3.846 p<0.01
	야당-민주당	3.25	0.945	
	야당+통합당	3.51	1.286	
	문재인-통합당	3.24	1.077	
조국 전 법무부 장관 임명	문재인+민주당	3.12	1.085	F=60.557 p<0.00
	야당-민주당	3.06	1.168	
	야당+통합당	4.00	1.343	
	문재인-통합당	3.61	1.273	
대북화해협력정책	문재인+민주당	3.32	1.033	F=9.948 p<0.00
	야당-민주당	3.17	1.067	
	야당+통합당	3.62	1.241	
	문재인-통합당	3.29	1.103	

n=(문재인+민주당 949; 문재인-통합당 140; 야당+통합당 440; 야당-민주당 151)
야당은 홍준표, 안철수, 유승민 지지의 합
[1-전혀 영향 없음, 2-별로 영향 없음, 3-보통, 4-다소 영향 있음, 5-아주 영향 있음]

사태에 대한 정부 대응도 영향의 정도가 높게 나타났다. '야당+통합당'의 일관 지지자들에게 중요했던 대북화해협력정책은 '문재인-통합당' 집단에서는 상대적으로 그 중요성이 떨어졌다.

〈표 5-4〉와 〈표 5-6〉에서 타나난 결과를 종합하면, 21대 총선의 국면에서 유권자들의 정파적 지지에 따라 그들이 중요하게 생각했던 이슈가 서로 달랐음을 알 수 있다. 미래통합당 지지자들에게 가장 중요했던 이슈는 조국 법무부장관 임명이었으며, 이에 비해 더불어민주당 지지자들에게는 검찰 개혁과 공수처 신설 이슈가 가장 중요했던 것으로 나타났다. 유권자들이 정파적으로 서로 다른 이슈에 관심을 가지면서 여야가 한 이슈를 두고 지지자를 동원해 내는 정치적 쟁점은 마련되지 못했다. 한편, 코로나 사태에 대한 정부 대응은 더불어민주당 일관 지지자들, 그리고 민주당으로 이탈자들에게 중요한 영향을 미쳤지만, 문재인 투표에서 미래통합당으로 이탈한 이들에게도 적지 않은 영향을 미친 것으로 나타났다. 그런 점에서 코로나 사태에 대한 정부 대응의 평가는 상반된 것으로 보인다.

코로나 사태에 대한 각 정파적 집단의 평가를 보다 구체적으로 살펴보았다. 〈표 5-7〉은 2020년 2월부터 3월 사이에 대구를 중심으로 일어난 급격한 감염병 확산의 책임이 누구에게 있다고 생각하는지에 대한 응답을 정리한 것이다. 당시 대구에서는 특히 신천지교회를 중심으로 확진자가 대거 발생했는데, 또 한편으로는 정부가, 전문가들의 제언과 달리, 코로나 사태의 진원지였던 중국으로부터 한국에 입국하는 중국인들을 막지 않았기 때문에 확진자가 급증했다는 비판도 일부에서 제기했다. 그런 점에서 코로나 바이러스의 초기 확산과 관련한 책임 대상을 중앙정부, 지방정부, 중국, 신천지교회, 감염자 개인, 기타 등으로 구분하여 과연 어디에서 방역 실패의 잘못을 찾을 수 있는지 물어보았다.

〈표 5-7〉에서는 매우 흥미로운 결과가 나타났다. 두 선거에서의 투표 행태에 따라 각 집단별로 큰 차이가 확인되었다. 더불어민주당에 가장 충성스러운 '문재인+민주당' 집단은 초기 확산의 책임 소재에 대해 신천지 교회가 59.2%, 그

〈표 5-7〉 코로나 바이러스 초기 확산의 책임

	중앙정부	지방정부	중국	신천지 교회	감염자 개인	기타	합계 (n)
문재인+ 민주당	5.6	0.8	28.1	**59.2**	6.0	0.2	100.0 (949)
야당- 민주당	17.9	0.7	**37.7**	**37.1**	6.6	0.0	100.0 (151)
야당+ 통합당	**48.0**	0.2	30.2	18.4	2.7	0.5	100.0 (440)
문재인- 통합당	**30.7**	0.7	37.1	26.4	5.0	0.0	100.0 (140)
χ^2=424.791 (p<0.00)							

다음이 중국 28.1%라고 응답했으며, 중앙정부라는 응답은 5.6%에 불과했다. 이들 집단에서는 초기 확산의 책임이 중앙정부와 무관하다고 본 것이다. 그러나 야당에 가장 충성스러운 '야당+통합당' 집단에서는 이와 대조적인 응답이 나타났다. 초기 코로나 확산의 책임이 중앙정부에 있다는 응답이 거의 절반에 가까운 48%로 나타났고, 그다음이 중국으로 30.2%였다. '문재인+민주당' 집단에서 59.2%가 지목한 대구 신천지 교회라는 비율은 '야당+통합당' 집단에서는 18.4%로 매우 낮았다. 2017년 대선 투표로부터의 이탈자 집단 역시 비슷한 패턴을 보였다. '야당-민주당'에서는 중국 책임이라는 응답이 37.7%, 신천지 교회라는 응답이 37.1%로 나타났지만, 중앙정부라는 응답은 17.9%로 비교적 낮았다. 반면 '문재인-통합당' 집단에서는 중국이라는 응답이 37.1%로 가장 높았고, 중앙정부 책임이라는 응답도 30.7%로 상당히 높았다. 이 집단에서 신천지 교회를 지목한 응답은 26.4%였다. 요약하면, 코로나 초기 확산에 대한 책임에 대해서 정파적 시각에 따라 전혀 다른 입장을 갖고 있는 것으로 나타났다. '문재인+민주당', 즉 충성스러운 민주당 지지자는 신천지 교회의 책임으로 본 반면 '야당+통합당', 즉 야당의 충성스러운 지지자들, 그리고 문재인 투표로부터의 이탈자들은 중앙정부의 책임으로 바라보고 있었다. 21대 총선이 코로나 사태의 와중에 실시되었고 그에 대한 정부의 대응이 투표에 미친 영향이 큰 것으

로 나타났지만, 그것은 〈표 5-4〉와 〈표 5-6〉에서 본 대로 정파적으로 매우 차별적인 것이었다. 더욱이 〈표 5-7〉의 결과는 코로나 사태를 바라보는 시각 자체가 매우 정파적이라는 사실 잘 보여 주고 있다.

코로나 사태라는 사회적 위기에 대한 평가가 정파적으로 달라진다는 것은 주목할 만한 발견이다. 이런 특성을 다시 확인하기 위해서 이번에는 코로나 사태와 관련된 사안에 대한 '정치 태도'에 대해 살펴보았다. 〈표 5-8〉에 다섯 개의 관련 항목이 제시되어 있다.

전체적으로 볼 때, 계숫값이 대부분 2보다 작게 나타나 지지 정당과 무관하게 대체로 각 항목의 주장에 대해 동의하는 경향이 강하다는 사실을 알 수 있다. 그럼에도 불구하고 t 검정 결과에서 보듯이, 모든 항목에 대해 투표 정당별로 분명한 차이가 확인되었다. 우선 '코로나 사태와 같은 위기 상황에서는 최고 정치지도자를 중심으로 국민이 결집해야 한다'는 주장은 위기결집효과(rally round the flag)(Newman and Forcehimes 2010; Barker and Oneal 2001; Oneal and Bryan 1995)에 대한 것이다. 분석 결과 위기결집효과는 일정하게 존재했다고 할 수 있다. 민주당 지지자들 사이에서 동의의 강도가 보다 강했지만, 미래통합당에서

〈표 5-8〉 투표 정당별 코로나 사태 이슈 관련 정치적 태도

정치 태도	지역구 투표 정당	평균	표준편차	t 검정
코로나 사태와 같은 위기 상황에서는 최고 정치지도자를 중심으로 국민이 결집해야 한다	더불어민주당	1.45	.575	−15.458
	미래통합당	1.95	.852	p<0.00
코로나 사태와 같은 위기 상황에서는 국가에 의해 개인의 자유가 제한받을 수 있다	더불어민주당	1.63	.570	−7.590
	미래통합당	1.85	.653	p<0.00
코로나 사태와 같은 위기 상황에서는 종교 활동이 국가에 의해 제한받을 수 있다	더불어민주당	1.28	.521	−11.408
	미래통합당	1.62	.795	p<0.00
코로나 사태가 장기화되면서, 특정 지역 및 집단 간 사회적 갈등이 더욱 심해질 것이다	더불어민주당	2.22	.741	5.319
	미래통합당	2.04	.717	p<0.00
코로나 사태 이후로 빈부 간 격차가 더욱 커질 것이다	더불어민주당	2.04	.735	5.477
	미래통합당	1.85	.737	p<0.00

각 계수는 [1-매우 동의한다, 2-다소 동의한다, 3-별로 동의하지 않는다, 4-전혀 동의하지 않는다]의 평균값

도 평균값이 2보다 낮았다.

그다음의 두 항목인 '개인의 자유 제한', '종교 활동의 제한'은 이념적으로 볼 때, 자유지상주의 대 권위주의(libertarian vs authoritarian)의 축에서 이해할 수 있는 질문이다(강원택 2005; Tilly 2005; Evans, Heath, and Lalljee 1996; Kitchelt 1988). 이념의 속성을 구분할 때, 경제적 가치를 중심으로 한 시장 자율 대 국가 개입이 보수, 진보를 구분하는 한 기준이 되지만, 그와 함께 사회적 가치를 중심으로 한 자유지상주의 대 권위주의의 축 역시 보수, 진보를 나누는 중요한 기준이 된다. 자유지상주의는 개인의 자유, 선택, 표현의 자유, 정치 참여, 인권을 강조하는 반면, 권위주의는 법과 질서, 위계, 전통을 중시한다. 코로나 사태로 인한 '개인의 자유 제한', '종교 활동의 제한'은 자유지상주의-권위주의의 이념 축에서 볼 때, 권위주의적 속성, 즉 사회적 가치에서 보수 이념의 특성을 갖는다고 할 수 있다. 질서와 안정을 위해 개인의 자유가 일시적으로 제한받을 수 있음을 의미하기 때문이다. 더불어민주당 지지자들이 진보적 성향을, 그리고 미래통합당 지지자들이 보수적 성향을 갖는다는 점에서[10] 민주당 지지자들이 자유지상주의적 경향을, 그리고 통합당 지지자들이 권위주의적 경향을 보일 것으로 기대할 수 있다. 그런 점에서 볼 때 〈표 5-8〉의 결과는 매우 흥미롭다. 더불어민주당과 통합당 지지자들 간에 이 두 항목에 대한 응답에서 의미 있는 차이가 확인되었다. 그런데 상대적으로 진보적이라는 더불어민주당 투표자들 사이에서 '개인의 자유의 제한', '종교적 활동의 제한'에 대한 동의의 비율이 보수적인 미래통합당 지지자들보다 높게 나타났다. 이런 응답 결과는 이념적 태도보다 정

---

10. 더불어민주당 투표자의 이념 성향의 평균은 3.52, 그리고 미래통합당 투표자들의 이념 성향의 평균은 5.89로 나타났다(0-가장 진보적, 5-중간, 10-가장 보수적). 이념의 사회적 범주에 대해 물은 질문에서 양당 지지자들의 시각 차이는 분명하게 나타났다. '학교 체벌 허용 금지'에 대해 더불어민주당 2.56, 미래통합당 2.78, 대체복무제 허용에 대해 더불어민주당 2.69, 미래통합당 3.23, 그리고 사형제 폐지에 대해서 더불어민주당 3.00, 미래통합당 3.17로 나타났다(1-매우 찬성, 2-대체로 찬성, 3-대체로 반대, 4-매우 반대). 여기서 언급한 두 정당 지지자들 간 이념이나 시각의 차이는 t 검정에서 모두 $p<0.000$이다.

파적 입장이 우선시된 것으로 보인다. 즉, 더불어민주당 투표자들은 혹시라도 방역에 대한 문제가 발생하는 것이 문재인 정부에 부담으로 작용할 수 있다는 우려에서 개인의 자유나 종교의 자유가 제한을 받더라도 받아들여야 한다는 태도를 보인 것이다.

이러한 응답의 특성은 그다음의 두 항목, 즉 코로나 사태가 사회적 갈등의 심화, 그리고 빈부 격차의 심화로 이어질 것이라는 전망에 대해서 유사한 패턴으로 나타났다. 이 두 가지 주장은 코로나 사태가 야기할 수 있는 부정적인 결과라고 할 수 있다. 그리고 만약 이러한 부정적 결과가 발생한다면 그것은 문재인 정부가 책임을 감당해야 할 것이다. 〈표 5-8〉의 결과를 보면, 코로나 사태로 인한 향후의 부정적 결과, 즉 사회적 갈등 심화와 빈부 격차 확대의 가능성에 대해서 야당인 미래통합당 투표자들은 동의의 정도가 높았고, 여당인 더불어민주당 지지자들 사이에서는 동의의 정도가 상대적으로 약했다. 코로나 사태로 인한 사회적 결과에 대한 전망 역시 정파적 시각에 따라 차이가 나타났다. 〈표 5-8〉의 내용을 정리하면, 코로나 사태와 그로 인한 정치적 결과를 바라보는 입장은 큰 틀에서는 대체적인 공감대가 있다고 할 수 있지만, 정파적 관점에 따라 매우 뚜렷한 시각의 차이를 보여 주고 있다. 즉, 코로나 사태는 그것이 선거에 미친 영향이 컸다고 하더라도 코로나 사태를 바라보는 시각 자체뿐만 아니라 코로나 사태로 인한 영향도 정파적으로 매우 차별적이었다.

2) 종합 분석

지금까지 논의를 토대로 2020년 총선에서 유권자의 선택에 영향을 미친 이슈의 영향을 종합적으로 분석하기 위해 이항 로지스틱 분석을 실시했다. 〈표 5-9〉는 미래통합당(0)과 더불어민주당(1) 투표를 종속변수로 한 로지스틱 회귀분석의 결과를 정리한 것이다. 독립변수로 그동안 연구에서 한국 선거에 영향을 준 것으로 확인된 다섯 가지의 범주를 포함했다. 첫 번째 범주는 문재인 정부 3년간 정치적 쟁점이 되었던 주요 이슈들이다. 앞에서는 투표 결정에 영향을 준 이슈에 대해서 살펴보았다면, 여기서는 각 이슈에 대한 긍정–부정의 평가를 고려했다. 적폐청산, 탈원전, 소득주도 성장, 주 52시간제 도입, 부동산 규제, 검찰–경찰 수사권 조정, 고위공직수사처 신설, 자립형 사립고등학교/특목고 폐지, 대학 입시 정시 전형 확대, 대북화해협력정책, 조국 법무부장관 임명에 대한 평가와 문재인 대통령의 코로나 사태 대응에 대한 평가 등 12개 이슈에 대한 평가를 포함했다. 두 번째 범주는 사회경제적 요인으로 성별, 학력, 가구소득, 재산, 연령 등을 포함했다. 세 번째 범주는 지역주의 변수로 '출신' 지역을 중심으로 살펴보았는데, 여전히 지역주의적 속성이 나타나고 있는 호남, 대구/경북, 부산/울산/경남 지역만을 대상으로 포함했다. 네 번째 범주는 진보–보수에 대한 개인의 주관적 이념 성향이다. 다섯 번째 범주는 정치 지도자 변수로 더불어민주당 쪽에는 문재인 대통령에 대한, 그리고 미래통합당 쪽에는 황교안 대표에 대한 호오도를 포함했다. 그리고 이러한 범주들을 순차적으로 포함하는 다섯 가지 모델을 설정했다.

모델 1은 12개의 정책 평가의 영향만을 두고 분석한 것이다. 분석 결과, 적폐청산, 주 52시간제 노동 도입, 검찰–경찰 수사권 조정, 자사고/특목고 폐지, 조국 장관 임명, 문재인 대통령 코로나 대응 등에서 통계적으로 유의미한 차이가 나타났다. 문재인 정부 3년 동안 사회적 갈등을 야기한 정책들에 대한 평가가 투표에 미친 영향이 확인되었다. 특히 앞의 논의와 관련해서 볼 때, 조국 임명, 코로나 대응에 대한 계수가 유독 크다는 점에 주목할 필요가 있다.

모델 2는 모델 1에 성별, 학력, 가구소득, 재산, 나이 등의 사회경제적 요인을 포함한 것이다. 모델 1에서 유의미하게 나타난 이슈 가운데 검경 수사권 조정 대신 대북화해협력 정책의 통계적 차이가 확인되었다. 모델 2에서도 조국 임명과 문재인 코로나 대응의 계수는 크게 나타났다. 사회경제적 요인 중에서는 연령만이 유의미하게 나타나 젊을수록 더불어민주당 지지가 높게 나타났다. 모델 2는 정책 평가의 영향과 사회경제적 요인이 그다지 중첩되지 않음을 보여

〈표 5-9〉 종합 분석 1: 이항 로지스틱 회귀분석

		모델 1	모델 2	모델 3	모델 4	모델 5
		B/Exp(B)	B/Exp(B)	B/Exp(B)	B/Exp(B)	B/Exp(B)
이슈 평가	적폐청산	-.312** [0.732]	-.280** [0.756]	-.258*** [0.773]	-.225*** [0.799]	-.081 [0.922]
	탈원전	-.159 [0.853]	-.082 [0.921]	-.077 [0.925]	-.084 [0.920]	-.057 [0.945]
	소득주도 성장	-.102 [0.903]	-.112 [0.894]	-.126 [0.881]	-.059 [0.943]	-.050 [0.952]
	주 52시간제	-.273** [0.761]	-0.215*** [0.807]	-.199*** [0.819]	-.185*** [0.831]	-.183 [0.833]
	부동산 규제	.103 [1.109]	.026 [1.027]	.025 [1.026]	.019 [1.019]	.076 [1.078]
	검경 수사권 조정	-.228*** [0.796]	-.187 [0.829]	-.185 [0.831]	-.160 [0.852]	-.284*** [0.752]
	공수처 신설	-.135 [0.874]	-.127 [0.881]	-.138 [0.871]	-.170 [0.844]	.162 [1.175]
	자사고,특목고 폐지	-.299** [0.741]	-.284** [0.752]	-.279** [0.756]	-.225*** [0.798]	-.156 [0.856]
	대입 정시 확대	.160 [1.174]	.135 [1.145]	.141 [1.151]	.173 [1.189]	.170 [1.185]
	대북화해협력 정책	-.167 [0.846]	-.219*** [0.803]	-.217*** [0.805]	-.202*** [0.817]	-.059 [0.942]
	조국 장관 임명	-.626* [0.535]	-.588* [0.555]	-.574* [0.563]	-.526* [0.591]	-.416* [0.660]
	문재인 코로나 대응	-.613* [0.542]	-.682* [0.506]	-.660* [0.517]	-.619* [0.538]	-.067 [0.935]
사회 경제 변수	성별		.121 [1.128]	.157 [1.170]	.116 [1.122]	.126 [1.134]
	연령		-.022** [0.978]	-.022** [0.978]	-.023** [0.987]	-.018** [0.982]
	학력		.020 [1.020]	.020 [1.020]	-.044 [0.957]	-.091 [0.913]
	가구소득		.043 [1.044]	.037 [1.038]	.049 [1.051]	.022 [1.022]
	재산		.005 [1.005]	.008 [1.008]	.005 [1.005]	.030 [1.031]

출신 지역	호남			1.165** [3.205]	1.087*** [2.964]	.781*** [2.183]
	대구/경북			-.456 [0.634]	-.501*** [0.606]	-.351 [0.704]
	부산/울산/경남			-.242 [0.785]	-.247 [0.781]	-.228 [0.796]
이념	주관적 이념				-.320* [0.726]	-.230* [0.794]
지도자	문재인					.053* [1.054]
	황교안					-.039* [0.962]
상수		8.715*	9.258*	9.064*	9.997*	4.106*
		Nagelkerke R**=0.712 분류 정확도 84.5%	Nagelkerke R**=0.719 분류 정확도 88.2%	Nagelkerke R**=0.725 분류 정확도 88.1%	Nagelkerke R**=0.738 분류 정확도 88.2%	Nagelkerke R**=0.795 분류 정확도 90.6%

*p<0.00, **p<0.01, ***p<0.05
종속변수: 미래통합당(0), 더불어민주당(1)
독립 변수
이슈 평가: 1-매우 긍정적, 2-다소 긍정적, 3-보통, 4-다소 부정적, 5-매우 부정적
성별: 1-남성, 0-여성
이념: 0-가장 진보적, 5-중간, 10-가장 보수적
출신 지역: 각 지역 출신(1), 다른 지역(0)
문재인, 황교안: 0-대단히 부정적 느낌, 100-대단히 호의적 느낌

준다.

모델 3은 모델 2에 호남, 대구/경북, 부산/울산/경남 등 세 지역의 출신 여부를 포함한 것이다. 지역주의는 민주화 이후 모든 선거에서 꾸준히 그 영향력을 보여 주었고, 특히 2020년 총선에서는 양당 구도로 선거가 진행되면서 지역주의 구도가 외형적으로 강화된 모습을 보였다. 분석 결과 모델 2에서 의미 있는 것으로 확인된 변인은 모두 그대로 유의미성을 유지했으며, 지역주의 변인 중에서는 호남만이 유의미하게 나타났다.

모델 4는 모델 3에 응답자의 주관적 이념 성향을 포함했다. 모델 4에서도 정책 평가 변수는 모델 2, 3에서와 마찬가지의 패턴으로 유의미하게 나타났고, 여

기서도 조국 임명, 문재인 코로나 대응의 계수는 큰 값으로 유지되었다. 이념 변수는 21대 총선에서도 중요한 영향을 미치는 것으로 나타났다. 이념 변인이 추가되면서 호남뿐만 아니라 대구/경북 변수도 통계적으로 유의미한 것으로 나타났는데, 지역주의 변수 중 부산/울산/경남에서는 그러한 통계적 유의미성이 확인되지 않은 점은 흥미롭다. 이런 결과는 이른바 PK 지역과 TK 지역 유권자들의 투표 행태가 동일한 패턴으로 이뤄지지 않음을 보여 주는 것이기 때문이다.

모델 5는 모델 4에 문재인, 황교안 두 정당 지도자의 호오도를 포함한 것이다. 즉, 모델 4에 정파적(partisan) 지지를 포함하였다. 모델 5에서는 앞의 모델의 분석과는 전혀 다른 패턴의 값이 나타났다. 모델 4에까지 지속적으로 그 영향을 보였던 정책 평가 중 통계적 유의미성이 확인된 것은 검경 수사권 조정과 조국 임명뿐이었다. 나머지 이슈들은 모두 통계적 유의미성이 사라졌다. 문재인 코로나 대응도 통계적으로 유의미하지 않게 나타났고 계숫값도 크게 줄었다. 코로나 대응에 대한 평가에 문재인 대통령에 대한 호오도가 반영된 결과라고 할 수 있다. 그리고 사회경제적 요인 중에는 나이, 주관적 이념 성향, 그리고 지역주의 변인 중에는 호남 등이 유의미한 것으로 나타났다. 이러한 결과는 코로나 사태 대응을 포함한 여러 가지 정책에 대한 평가를 모두 정파적 요인이 흡수해 갔음을 의미한다. 즉, 코로나 사태가 아무리 심각한 것이었다고 해도 그에 대한 평가는 이미 정파적 속성에 의해 반영되고 있었던 것이었고, 그동안 사회적 갈등을 빚은 다른 정책들도 마찬가지로 정파적 시각에 따라 그에 대한 평가가 달랐다는 것이다.

다만 조국 임명 건은 지도자 변수가 포함된 이후에도 통계적 유의미성을 유지했다. 즉, 문재인 대통령에 호감을 가졌더라도 조국 임명에 불만이 있었다면 미래통합당에 투표할 확률이 상대적으로 높았으며, 더불어민주당 지지자들 내에서도 조국 사태에 대한 찬반의 평가가 공존했던 것이다. 또한 호남 변인 역시 문재인 지지와 무관하게 더불어민주당에 대한 강한 선호가 존재함을 나타냈다.

결국 〈표 5-9〉의 분석 결과는 단기적인 코로나 사태 대응을 포함하여 문재인 정부 3년에 대한 평가와 그에 따른 투표 선택에 유권자의 정파성이 미친 영향력을 보여 준다.

요약하면, 코로나 사태의 와중에 실시된 선거였지만 정부의 코로나 대응에 대한 평가는 정파적으로 각기 상이한 형태로 나타났다. 더불어민주당 지지자들에게는 투표 결정에 영향을 미친 중요한 이슈였지만, 미래통합당 지지자들에게는 큰 영향을 미치지 못했다. 그 밖의 대다수 이슈들도 유권자들이 정파적 입장에 따라 해석하고 평가함으로써 투표 결정에 독자적인 영향을 미치지 못한 것으로 나타났다. 다만 조국 법무부장관 이슈는 정파성과 무관하게 그 사안에 대한 찬반의 평가에 따라 투표 결정에 상이한 영향을 미친 것으로 나타났다.

4. 결론

2020년 선거를 앞두고 코로나 바이러스가 국내에 급격하게 확산되면서 심각한 문제가 되었다. 21대 총선은 이처럼 코로나 바이러스 사태 와중에 치러져 선거 운동 기간 중 코로나 사태와 관련된 것 이외의 특별한 이슈가 부각되지 않았다. 현저성(issue salience)을 갖는 선거 쟁점이 존재하지 않았던 셈이다. 이처럼 2020년 총선은 '코로나 선거'라고 부를 만큼 코로나 바이러스 사태의 커다란 영향하에 실시되었다.

이 장에서의 분석 결과 코로나 사태가 유권자의 투표 결정에 미치는 효과는 제한적이었다. 우선 앞의 분석에서 본 대로, 정파별로 중요하게 생각하는 이슈가 달랐다. 더불어민주당 지지자들은 '코로나 사태 대응'과 '검찰 개혁과 공수처 신설'을 중시했고, 반면 미래통합당 지지자들은 '조국 사태'나 '대북정책'에 큰 관심을 가졌다. 즉 하나의 이념 축 위에 경쟁 집단이 맞서게 될 양극화된 이슈(bipolar issue)가 존재하지 않았던 셈이다(Conover and Feldman 1981). 그런 점에서 21대 총선은 기본적으로 하나의 쟁점을 부각시킬 수 없었던 야당에게 불리하게 전개될 수밖에 없었던 선거였다.

한편, 코로나 사태는 이슈의 속성이라는 관점에서도 흥미로운 특성을 찾을 수 있다. 코로나 바이러스 사태가 국가 위기 상황을 초래했다면, 이 이슈는 위기 결집효과를 불러올 수 있다는 점에서 집권당에 유리할 수 있다. 더욱이 정부 당국의 대처가 효과적이었다는 점에서 대통령이나 집권당의 업무 수행에 대한 평가가 긍정적으로 작용할 수 있었다. 하지만 이 장의 분석에서 본 대로, 코로나 관련 이슈의 영향은 제한적이었다. 사실 코로나 이슈는 그 속성 자체가 대립 이슈(position issue)라기보다는 합의 이슈(valence issue)라고 할 수 있다. 전염병의 확산을 막는 것은 누구에게나 중요하고 시급한 일일 수밖에 없고 따라서 그 이슈가 정쟁의 대상이 되기는 어렵다. 그러나 코로나 사태 대응에 대한 평가도 이미 정파적 시각에 포함되어 있었다. 코로나 사태를 바라보는 시각이나 대응에 대한 평가는 정파적으로 차별적이었다. 이에 따라 각 정파에 따라 응답자들은 지지하는 정당에게 유리한 이슈만을 중요하게 판단하고, 불리한 이슈는 경시하는 태도를 보였다. 이처럼 선거에서 중요했던 두 가지 이슈, 코로나 바이러스 사태와 조국 장관 임명 이슈는 이미 정파적 관점으로 수용이 되어 그 이슈가 독자적인 의미를 갖지 못했다. 이슈만을 놓고 볼 때, 코로나 사태보다 '조국 장관 임명' 이슈가 부각되었다면 야당인 미래통합당으로서는 유리했을 것이다. 조국 이슈는 야당 지지자뿐만 아니라 문재인 대통령 지지자들 사이에서도 긍정, 부정의 평가가 존재했기 때문이다. 그러나 조국 이슈는 야당 지지자들에게는 중요했지만 여당 지지자들에게는 큰 관심의 대상이 아니었다.

지금까지의 논의를 종합하면, 2020년 총선에서 여당이 압승한 것은 코로나 사태로 인한 정부와 여당의 유리함보다는 미래통합당이 애당초부터 다수 유권자의 신뢰를 받지 못했기 때문이다. 다시 말해, 코로나 사태라는 위기 상황과 그에 대한 정부의 효과적 대응이 아니라, 2017년 박근혜 전 대통령 탄핵과 대통령 선거 패배 이후에도 당 내부의 변혁에 둔감했던 미래통합당의 무능이 2020년 총선에서의 참패를 낳았다. 2020년 총선이 중간평가였다고 한다면 그 대상은 문재인 정부가 아니라 오히려 야당인 미래통합당이었던 셈이다.

제2부

계층의 정치

제6장

'계급 배반 투표'와 사회 계층: 2012년 대통령 선거

1. 서론

그간의 한국 선거 정치에서 나타난 흥미로운 현상 중 하나는 계층 혹은 계급이 투표 결정에 별다른 영향을 미치지 않거나 하위 계급 집단 유권자가 오히려 보다 보수적인 성향을 보였다는 점이다(박찬욱 1993; 2009; 이갑윤 1997; 강원택 2003 등). 특히 저소득층 유권자가 스스로를 이념적으로 보수적이라 규정하거나 진보 정당이 아닌 보수 정당에 투표하는 현상을 두고 '계급 배반적인' 것이라는 평가를 받았다(구갑우 외 2008; 김윤태 2013). 즉, 자신이 속한 하층 계층의 이익을 대변하는 정당이나 후보가 아니라 본질적으로 기득권층이나 상층 등 다른 계층의 이익을 대표할 수밖에 없는 정당이나 후보에게 투표한다는 점에서 계급 이해에 배치된다는 것이다. 한국 선거 정치에서 나타나는 이러한 현상은 서구 민주주의의 경험과 비교해 보면 확실히 예외적이라고 할 수 있다.

이러한 '계급 배반 투표'의 원인에 대한 논의는 그동안 학술적으로 많이 다뤄지지 않은 편이다. 그런데 이런 현상이 새삼스럽게 주목을 끄는 것은 2012년 대통령 선거 과정에서 가장 중요하게 논의되었던 이슈가 바로 계층과 관련된 것이었기 때문이다. '사회적 양극화', '경제민주화', '복지 확대', '중산층 재건' 등이 모두 당시 선거 과정에서 가장 많은 논의와 관심을 불러일으켰던 주제들이다. 선거 운동 과정에서 이러한 이슈가 유권자의 주목을 끌었다는 것은 한국 사회에서 계층 간 격차가 그만큼 심각해졌음을 보여 주는 것이라고 할 수 있다. 신광영(2013: 69)에 따르면 1980년대부터 1996년까지 한국에서 소득 불평등은 완화되는 추세였지만 외환위기를 계기로 소득이 양극화되면서 불평등이 급격히 심화되었으며, 한국은 대단히 짧은 기간 내에 소득분배가 크게 악화된, 세계적으로 매우 드문 사례라는 것이다. 따라서 현재 한국 사회의 양극화는 극단적이라고 할 수는 없더라도 대단히 심각한 수준에 놓여 있다고 보았다.

이처럼 현실적으로 계층 격차의 문제가 심각한 상황에 이르렀음에도 불구하고 이것이 선거를 통해 반영되지 않거나 혹은 '계급 배반적' 투표 성향을 보인다는 것은 사실 이해하기 어려운 일이다. 더욱이 부유층 유권자의 경우에는 그들의 계층적 입장에 맞게 보수적 이념 성향을 보이고 보수 정당에 보다 많이 투표한다는 점을 고려할 때(강원택 2013), 유독 저소득층에서 '계급 배반적' 속성이 나타난다는 점은 더욱 큰 궁금증을 낳는다.

이 장에서는 이러한 문제의식으로부터 저소득층 유권자의 '계급 배반적' 투표 행태의 원인을 찾아보며, 한국 선거 정치에서 계층이라는 요인이 어떤 정치적 특성을 보이며 실제 투표 결정에 어떠한 영향을 미쳤는지 분석하고자 한다. 여기서 사용하는 데이터는 서울대학교 한국정치연구소에서 2012년 대통령 선거 이후 실시한 면접조사 자료이다.[1]

1. 이 조사는 2012년 12월 31일부터 1월 16일까지 17일 동안 대면면접조사 방식으로 진행되었고 표본의 크기는 1,200이다.

2. 기존 연구의 검토와 계층의 구분

립셋과 록칸(Lipset and Rokkan 1967)의 연구가 잘 보여 주는 대로, 한 국가의 정당체계의 형성에는 국민국가 건설이나 산업혁명과 같은 역사적 사건이 중요한 영향을 미친다. 이들은 여러 균열 가운데 산업혁명과 함께 생성된 계급 균열이 가장 보편적인 것이며 전후의 유럽 정당체계에서 계급 균열은 계속 '동결(freezing)'된 형태로 유지되고 있다고 주장했다. 이들의 이른바 동결 명제는 그 진위 여부를 두고 이후 많은 학술적 토론의 대상이 되었다. 그런데 립셋과 록칸의 주장은 유럽과 상이한 역사적 경험을 거쳐 온 국가들의 경우에는 유럽 국가와는 다른 형태의 정당 체계가 형성될 수 있음을 의미하는 것으로도 볼 수 있다. 예컨대, 미국에서 계급 정당의 부재는 봉건 지배 구조의 부재, 산업화 이전의 대중선거권의 부여, 지속적인 이민자의 유입으로 인한 높은 사회적 이동성 등 미국의 고유한 역사적 경험을 그 원인으로 들 수 있을 것이다. 이와 유사하게 우리나라의 경우에도 분단과 한국전쟁, 뒤늦은 근대화 등으로 서구와는 다른 균열 구조가 형성되었고, 권위주의 정권의 이념적 억압 등으로 인해 계급 정치가 활성화되지 못했다(강원택 2011). 민주화 이후 한국 선거에서 나타난 지역주의 균열의 지배적 영향이나 대북관계, 대미관계 등 안보 이슈 중심의 이념적 대립 모두 해방 이후부터 민주화 이전까지 전개된 한국정치의 역사적 경험과 관련이 있는 것이다.

그러나 이른바 '3김 정치'가 사라진 이후 지역주의는 외형적 유사성에도 불구하고 변화해 가고 있으며(윤광일 2013; 강원택 2010), 대북정책이나 대미관계 역시 예전에 비해서는 갈등의 정도가 완화되어 가는 경향을 보이고 있다(김병로 2013; 장용석 2013). 이와 같이 그동안 유권자의 정치적 선택을 지배해 온 기존 균열의 약화와 함께 한국 경제의 저성장, 고용 없는 성장이 지속되면서 사회적 양극화, 사회적 이동성의 약화 등이 문제점으로 드러나고 있다. 그리고 이러한 사회적 변화는 사실 이미 부분적으로는 정치적으로도 표출되고 있다. 대표적인 사례가 부유층이 밀집한 서울 강남 지역에서 나타나는 새누리당(한나라당)의 강세를 들 수 있을 것이다. 더욱이 2004년 총선 이후 계급 정당인 민주노동당이 울산, 창원에서 당선자를 내는 등 처음으로 의회에 진출하게 되면서 계급 정치 혹은 계층 투표의 '가능성'에 주목한 연구들이 나타나기 시작했다(박찬욱 2000; 신광영 2004; 정한울 2011). 손낙구(2010)는 주택 소유 여부를 기준으로 계층과 정당 지지의 관계를 분석하였는데, 유권자는 재산 정도에 따라 뚜렷하게 계층 투표를 하고 있으며, 따라서 '계급 배반 투표'가 아니라고 주장했다. 방법론적으로 생태적 오류의 가능성을 포함하고 있지만, 그의 주장은 '계급 배반 투표'라는 흥미로운 역설을 부정한 첫 연구로 볼 수 있다.

이처럼 최근 들어서 선거에서 계급, 계층과 같은 사회경제적 지위의 중요성에 대한 연구가 꾸준히 나타나고 있다. 하지만 여전히 지역주의나 이념 갈등에 비해서는 실제 선거에서 계층적 요인에 의한 투표 결정이 피부로 잘 느껴지지 않는다는 점에서 아직까지 계층 변수의 영향력의 정도는 그다지 크지 않다고 볼 수도 있다. 오히려 흥미로운 것은 계급 정치와는 반대로 한국에서는 저소득층이 보다 보수적이라는 사실이다. 강원택(2013)은 2012년 대통령 선거 분석에서 미국에서의 사례 등을 통해 진보 정당이 사회적 부의 재분배와 같이 경제적 이해관계에서 저소득층 유권자들에게 보다 유리한 정책을 펼칠 수 있다고 해도 우선적으로 이들이 선거에서 중요하게 생각하는 것은 개인의 이익이나 경제적 이해관계보다 사회적, 문화적 가치이며, 한국적 맥락에서 이는 반공 이데올로기에 기반한 강한 안보, 북한에 대한 적대적 태도, 그리고 법과 질서의 강조와 같은 것으로 보았다.

한편 이갑윤·이지호·김세걸(2013)은 재산의 정도에 따라 계급의식이 형성되고 있다고 보았다. 즉 재산이 소득 만족이나 공정 분배 및 빈부 격차와 같은 유권자의 분배 의식에 큰 영향을 미치고 있으며, 시장 개방, 기업 규제 반대, 세금 인하와 같은 경제적 이슈와 복지 확대, 무상급식 및 사회적 약자 보호와 같은 사회적 이슈에 민감하게 반응한다는 것이다. 그러나 이들은 계급의식이 정당 지지나 투표 결정에 커다란 영향을 미치지 못하고 있는데, 이는 정당이 계급 이슈를 강력하게 제기하여 이를 통한 지지의 동원을 이뤄 내지 못했기 때문이라 보았다.

그러나 최근 들어서는 계층 변수의 정치적 영향력을 주장하는 연구들이 나타나기 시작했다. 이용마(2013)는 외환위기 이후 한국 사회가 계층 구조의 큰 변화를 겪으면서 신중산 계층의 진보성과 상위 계층의 보수성이 나타나게 되었고 이러한 계층적 투표 행태는 2000년 이후 거의 모든 대선과 총선에서 확인되고 있다고 주장했다. 장승진(2013)은 유권자의 주관적 계층 의식을 기준으로 할 때 2012년 총선과 대선에서 계층에 따른 정치적 선택의 차이가 존재한다고 주장했다. 중하위 혹은 하위 계층에 속한다고 스스로 생각하는 유권자는 중간 계층 이상에 속한다고 생각하는 유권자에 비해 보수 정당이나 보수 후보에게 투표할 확률이 상대적으로 낮았다는 것이다. 조기숙(2013: 83) 역시 2012년 총선 분석을 통해 새누리당 지지에 계층적 지지의 특성이 미약하게나마 나타나기 시작했다고 주장했다. 이런 연구는 한국 정치에서도 계층 요인이 정당 지지에 영향을 미치고 있음을 보여 준다.

이러한 논의를 토대로 2012년 대선에서 사회 계층의 요인은 선거 결정에 어떤 영향을 미쳤는지, 또한 정말 '계급 배반적' 투표 결정을 했는지에 대해서 살펴보기로 한다. 본격적인 분석에 앞서 우선 제기될 수 있는 문제는 계층의 정의, 그리고 계층의 구분에 대한 것이다. 계층 구분 방식은 학술적으로 논란의 대상이 될 수 있다. 한 가지 기준은 직업이나 신분적 의미에서 노동계급(labour class), 중간 계급(middle class) 등으로 나누는 방안이다. 유럽적인 의미에서의 계급 정치를 설명하는 데 유용한 개념이지만, 이는 한국 정치에서의 계층 구분에는 한계를 지닌다고 볼 수 있다. 우선 유럽에서의 계급은 단순히 경제적 소득의 차이를 넘어서는 문화적, 신분적 의미를 담고 있으며 세습의 특성도 지니고 있다. 그러나 우리나라에서는 유럽에서와 같은 비교적 고정적이고 배타적인 계급적 속성을 지니고 있다고 보기는 어려울 것 같다. 더욱이 오늘날에는 노동자라고 하더라도 대기업 노동자와 중소기업 노동자 간의 경제적 소득의 차이가 크고, 고용 형태 역시 정규직, 비정규직, 시간제, 임시직 등 다양화되어 유사한 직종에 종사한다고 해서 하나의 집단으로 범주화하기에는 어려움이 존재한다. 경험적 분석에서도 우리나라의 경우 화이트칼라나 블루칼라라고 해서 동질적인 정치적 속성을 갖는 하나의 집단으로 볼 수 없다는 연구 결과(강원택 2013: 127-130)도 존재한다.

그런 점을 고려하여 여기서는 계급과 계층을 개념적으로 구분하지 않고 혼용할 것이며, 계층의 구분은 가계소득을 중심으로 구분하고자 한다. 통계청이 2012년 기준 도시 2인 이상 가구의 월 소득을 10분위로 나눈 자료에 의거하여[2] 계층을 구분할 것이다. 이 자료를 토대로 계층을 구분하는 이유는 〈표 6-1〉에서 보듯이, 최저 분위와 최고 분위 간의 소득 차이가 10배에 달하는 것으로 나타나 거의 양극화라고 할 만큼 계층별 소득의 차이가 대단히 크기 때문이다. 계층별 소득 격차가 큰 만큼 그러한 격차가 정치적으로 어떻게 반영될 것인지 살펴보기로 했다. 여기서는 계층을 상·중·하의 세 집단으로 구분했는데, 중간 집단인 5·6·7분위를 중간 소득으로 잡고 1에서 4분위를 저소득층, 8·9·10분위를 고소득층으로 간주했다. 한국정치연구소의 데이터에서는 299만 원 이하를 저소득층, 300만~499만 원을 중간 소득층, 500만 원 이상을 고소득층으로 분류했다.[3] 이러한 계층 분류를 토대로 한국 선거에서의 계층 정치의 특성에 대해 살펴보기로 한다.

〈표 6-1〉 10분위로 나눈 가구별 평균 월 소득

분위	1	2	3	4	5	6	7	8	9	10
소득	903	1,800	2,541	2,977	3,477	3,947	4,518	5,228	6,277	9,212

2. http://www.kyeonggi.com/news/articleView.html?idxno=710079 (검색일: 2013.10.4.)
3. 강원택(2013)은 통계청이 밝힌 우리나라 2012년 3분기 평균 가계소득 414만 2,000원을 기준으로 가계소득 400만~499만 원 집단을 중간으로 보고 그 아래를 하위 계층으로, 그보다 소득이 높은 집단을 상위 계층으로 보고, 하(199만 원 이하), 중하(200만~399만 원), 중(400만~499만 원),

3. 계층과 세대

계층에 따른 정치 성향을 파악하기 위해서 우선 2012년 대선에서 각 계층이 어떤 투표 결정을 했는지 살펴보았다. 〈표 6-2〉에서 보듯이, 소득 계층별로 지지 후보가 비교적 뚜렷하게 구분된다. 무엇보다 저소득층 유권자의 박근혜 후보 선호가 두드러진다. 저소득층 유권자의 56.3%가 박근혜를 지지했는데, 중간 소득층에서 그 비율은 46.1%, 고소득층에서도 이와 유사한 46.2%였다. 이러한 투표 행태의 차이는 통계적으로도 유의미한 것으로 확인되었다. 저소득층이 보수 정당 후보인 박근혜에게 큰 지지를 보낸 것은 앞서 논의한 '계급 배반적' 투표 행태가 2012년 대선에서도 나타났음을 보여 주는 것이다. 여기서 또 흥미로운 점은 기권율에 있어서 저소득층이 가장 낮게 나타났다는 점이다. 일반적으로 투표 참여에 시간비용 및 정보비용이 수반한다는 점에서 저소득층은 상대적으로 보다 소득이 높은 계층에 비해 불리할 수밖에 없다(Downs 1957: 260-261). 그러나 〈표 6-2〉에서는 저소득층이 가장 낮은 기권율을 보였다.

'계급 배반적' 성향을 다시 확인해 보기 위해 이번에는 세 소득 계층별로 2012년 총선 때 어느 정당에게 투표했는지 정당 투표를 기준으로 비교해 보았다. 〈표 6-3〉에서 볼 수 있듯이 2012년 대선에서 보여 준 소득 계층별 투표 패턴과

〈표 6-2〉 소득 계층별 대선 투표

	박근혜	문재인	기권	합(n)
저소득층	56.3	34.6	9.1	100.0 (396)
중소득층	46.1	40.9	13.0	100.0 (545)
고소득층	46.2	41.9	11.9	100.0 (236)
평균	49.5	39.0	11.5	100.0 (1177)
카이제곱 검정	Pearson 카이제곱 11.7 p<0.05			

중상(500만~699만 원), 상(700만 원 이상) 등 5개로 소득 계층을 구분한 바 있다. 여기서는 저소득층의 배반 투표에 주목하는 만큼 소득 기준을 고소득층, 중소득층, 저소득층의 세 집단으로 보다 단순화하였다.

매우 유사한 결과가 나타났다. 저소득층에서 새누리당에 대한 투표율은 50%로 가장 높게 나타났으며, 중소득층, 고소득층과의 지지율 차이는 대선 때와 비교할 때 더욱 큰 차이를 보이고 있다. 흥미롭게도 소득이 높아질수록 새누리당에 대한 지지는 낮아지는 경향을 보이고 있다. 한편, 기권율에 있어서도 앞의 〈표 6-2〉와 마찬가지로 저소득층에서 가장 낮은 것으로 나타났다. 〈표 6-3〉의 결과 역시 2012년 대선에서뿐만 아니라 그 이전의 총선에서도 저소득층 유권자가 보수 정당에 보다 많은 지지를 보낸 '계급 배반 투표'를 행했다는 사실을 다시 확인시켜 주고 있다.

그런데 〈표 6-2〉, 〈표 6-3〉의 결과는 2012년에 실시된 두 차례 선거를 토대로 한 것이고, 박근혜가 두 차례 선거의 중심에 놓여 있었던 만큼 저소득층의 '계급 배반적' 성향이 2012년 선거에서만 나타난 예외라는 평가도 가능할 수 있다. 이런 점을 고려하여 이번에는 2007년 대통령 선거에서 소득 계층별 투표 패

〈표 6-3〉 소득 계층별 2012년 총선에서의 정당 비례 투표

	새누리	민주	통합진보	기타 정당	기권	합(n)
저소득층	50.0	26.6	2.0	2.3	19.1	100.0 (346)
중소득층	41.0	28.8	3.0	1.7	25.4	100.0 (468)
고소득층	36.5	30.8	5.7	1.4	25.6	100.0 (211)
평균	43.1	28.5	3.2	1.9	23.3	100.0 (1025)
카이제곱 검정 Pearson 카이제곱 17.6 p<0.05						

〈표 6-4〉 소득 계층별 2007년 대선 투표

	이명박+이회창	정동영 +문국현+권영길	기권	합(n)
저소득층	62.9	22.5	14.6	100.0 (356)
중소득층	56.8	23.3	20.0	100.0 (451)
고소득층	51.8	23.8	24.4	100.0 (193)
평균	58.0	23.1	18.9	100.0 (1000)
카이제곱 검정 Pearson 카이제곱 9.8 p<0.05				

턴에 대해서 살펴보았다. 그 결과가 〈표 6-4〉에 정리되어 있다. 여기서도 앞의 〈표 6-2〉, 〈표 6-3〉에서 본 것과 같은 패턴이 확인되었다. 저소득층에서 이명박과 이회창, 두 보수 후보에 대한 득표율이 중소득층이나 고소득층보다 높게 나타났다. 저소득층과 고소득층 간 보수 후보들에 대한 지지율의 차이는 11.1%였다. 또한 기권율에서도 저소득층이 다른 소득 계층에 비해서 낮은 것으로 나타났다. 따라서 2012년 두 번의 선거와 2007년 대선 결과를 종합해서 보면, 저소득층 유권자는 상대적으로 상위 소득계층 유권자들에 비해 보수 정당, 혹은 보수 후보에 대한 선호도가 더 높다고 하는 '계급 배반적' 특성이 확인된다. 또 한 가지 흥미로운 점은 기권의 비율이 제일 낮다는 점으로, 저소득층 유권자들이 비용이나 정보의 상대적 불리함에도 불구하고 정치적으로 가장 잘 동원되고 있음을 보여 준다. 상대적으로 낮은 기권의 비율 또한 '계급 배반 투표'만큼이나 다른 국가의 사례와 매우 대조적인 현상으로 볼 수 있다.

이러한 '계급 배반적' 특성은 사실 계층별로 상이한 경제적 이해관계의 중요성을 강조하는 시각에서 볼 때 매우 당혹스러운 것이다. 왜냐하면 이러한 결과는 일반적으로 분배, 복지, 형평을 강조하는 진보적 정파가 그 정책의 잠재적 수혜자인 저소득층 유권자들에게 정치적으로 수용되지 못하고 있음을 말해 주는 것이기 때문이다. 이런 외형상 모순적으로 보이는 현상을 합리화하기 위해서는 경제적 이익보다 중요한 다른 요인이 저소득층의 투표 결정이나 정치적 성향에 영향을 미치고 있다는 가정이 가능할 것이다. 그런 점에서 생각해 볼 수 있는 것이, 앞서 언급한 대로, 저소득층 유권자가 안보나 법과 질서와 같은 반공 이데올로기적 가치에 보다 큰 중요성을 부여할 수 있다는 점이다(강원택 2013: 123-126). 마치 미국 정치에서 경제적 요인보다 낙태, 동성애 등이 저소득층 유권자의 공화당 지지에 보다 큰 영향을 미친다는 주장처럼(Frank 2012; Haidt 2012), 반공 이데올로기나 권위, 질서의 강조가 경제적 합리성보다 한국의 저소득층 유권자들에게 더 큰 영향을 미칠 수 있다는 것이다.

그런데 이런 해석을 그대로 받아들일 경우에 생각해 봐야 할 또 다른 요인은 세대 변수이다. 분단과 전쟁 이후 한반도에서 남북 간의 군사적 대치는 여전히 지속되고 있지만, 북한이나 반공 이데올로기를 바라보는 태도는 세대별로 매우 커다란 차이를 보이고 있기 때문이다(박원호 2013; 박명호 2009; 서현진 2008; 김형준 2004; 강원택 2003). 반공 이데올로기에 대한 수용성은 아무래도 탈냉전 시대에 경제적으로 풍요롭고 민주주의적 환경에서 성장한 젊은 세대보다 분단과 전쟁, 냉전의 경험을 가진 고연령 집단에서 보다 강하게 나타날 것으로 볼 수 있다. 만약 저소득층 유권자 중 고연령 유권자의 비율이 높다면 이들의 '계급 배반적' 투표 행태는 계층적 요인보다 세대적 요인의 영향으로 볼 수 있을 것이다.

더욱이 생애 소득 주기의 관점에서 볼 때도 현직에서 은퇴한 이들이 많은 60대 이상 연령층의 가계 소득이 상대적으로 낮으리라는 점도 짐작할 수 있는 일이다. 특히 우리나라의 노년 빈곤율은 다음의 기사에서 보듯이 상대적으로 대단히 높은 편이다. "유엔이 정한 '세계 노인의 날'인 1일 유엔인구기금(UNFPA)과 국제 노인인권단체 '헬프에이지 인터내셔널' 등이 세계 91개국의 노인 복지 수준을 수치화해 발표한 '글로벌 에이지워치(AgeWatch) 지수 2013' 보고서에 따르면 … 연금과 노년 빈곤율 등을 반영한 소득 분야 지수는 8.7로 (한국은) 조사 대상 91개국 중 90위"[4]를 차지했다. 신광영(2013: 55-59) 역시 노인의 빈곤층화는 한국 사회가 직면하고 있는 새로운 위험이며 고령화와 가족 관계 변화

〈표 6-5〉 계층의 연령별 분포

	저소득층	중간 소득층	고소득층
19~29세	11.9	19.3	25.2
30대	12.9	24.7	23.1
40대	13.9	27.7	23.1
50대	16.6	18.9	23.1
60대 이상	44.7	9.4	5.5
합계 (n)	100.0 (403)	100.0 (555)	100.0 (238)

4. http://www.seoul.co.kr/news/newsView.php?id=20131002008018 (검색일: 2013.10.4.)

로 인해 노인 빈곤층의 확대가 더 가속화되고 있다고 보았다. 이런 사항들을 고려하여 계층을 연령대별로 구분해 보았다.

〈표 6-5〉에서 볼 수 있듯이, 저소득층의 44.7%가 60대 이상의 노령층에 밀집되어 있으며 중간 소득층이나 고소득층에서 노령층이 차지하는 비율은 그다지 높지 않았다. 그런데 이러한 분포는 저소득층의 정치 성향 분석에서 세대적 변인이 큰 영향을 미칠 수 있는 개연성을 낳고 있다. 다시 말해 기존 연구에서 확인된 60대 이상 유권자층의 강한 보수성이 저소득층에게 '계급 배반적' 특성이 나타나는 원인일 수 있다는 것이다. 즉 저소득층의 '계급 배반적' 특성은 계층적 원인보다 세대적 요인에 의한 영향이 더 클 수 있다. 이를 위해서 60대 이상을 제외한 경우를 별도로 고려하여 앞의 〈표 6-2〉, 〈표 6-3〉, 〈표 6-4〉와 동일한 형태로 분석해 보기로 했다.

60대 이상의 고령층 유권자를 제외하고 분석한 〈표 6-6〉, 〈표 6-7〉, 〈표 6-8〉의 결과는 앞의 〈표 6-2〉, 〈표 6-3〉, 〈표 6-4〉의 결과와 비교할 때 매우 흥미로운 차이점을 나타내고 있다. 〈표 6-6〉에서 알 수 있는 대로, 우선 2012년 대선에서 박근혜 후보에 대한 저소득층의 지지율이 〈표 6-2〉와 비교할 때 크게 낮아졌다. 60대 이상 유권자들을 제외하자 박근혜에 대한 저소득층의 지지율은 56.3%에서 45.2%로 10% 이상 낮아졌다. 이에 비해 중소득층이나 고소득층에서의 지지율의 변화는 상대적으로 작았다. 또한 통계적으로도 집단 간 차이가 유의미하게 나타나지 않았다. 또 한 가지 흥미로운 점은 기권율이다. 〈표 6-2〉에서는 저소득층에서의 기권율이 9.1%로 가장 낮게 나타났지만, 〈표 6-6〉에서 그 비율은 14.9%로 높아졌으며 세 집단 중 기권율이 가장 높았다. 이렇듯 60대 이상을 제외하자 합리적 선택이론에서 예상한 저소득층의 높은 투표 불참의 결과가 나타났다. 2012년 총선을 대상으로 한 경우에도 유사한 결과가 확인되었다. 〈표 6-7〉에서 보듯이, 새누리당에 대한 지지율이 거의 10%가량 낮아졌으며, 집단 간 차이도 통계적으로 확인되지 않았다. 여전히 새누리당에 대한 저소득층의 지지율이 제일 높았지만 계층별 차이는 〈표 6-3〉과 비교

〈표 6-6〉 소득 계층별 대선 투표(60대 이상 제외)

	박근혜	문재인	기권	합(n)
저소득층	45.2	39.8	14.9	100.0 (221)
중소득층	42.7	43.3	14.0	100.0 (494)
고소득층	45.7	42.6	11.7	100.0 (223)
평균	44.0	42.3	13.6	100.0 (938)
카이제곱 검정	Pearson 카이제곱 1.8 p=0.77			

〈표 6-7〉 계층별 2012년 총선에서의 정당 비례 투표(60대 이상 제외)

	새누리	민주	통합진보	기타 정당	기권	합(n)
저소득층	40.6	25.1	3.7	2.1	28.3	100.0 (187)
중소득층	38.0	29.9	3.3	1.4	27.3	100.0 (421)
고소득층	35.4	31.8	6.1	1.5	25.3	100.0 (198)
평균	38.0	29.3	4.1	1.6	27.0	100.0 (806)
카이제곱 검정 Pearson 카이제곱 5.6 p=0.69						

〈표 6-8〉 계층별 2007년 대선 투표(60대 이상 제외)

	이명박+이회창	정동영 +문국현+권영길	기권	합(n)
저소득층	56.2	20.0	23.8	100.0 (185)
중소득층	53.7	25.1	21.1	100.0 (402)
고소득층	51.1	24.4	24.4	100.0 (180)
평균				100.0 (1000)
카이제곱 검정 Pearson 카이제곱 2.7 p=0.62				

할 때 확연히 줄어들었다. 기권율 역시 근소하게나마 저소득층에서 가장 높게 나타났다. 2007년 대선에서도 또다시 이러한 유사한 패턴이 확인된다. 60대 이상 유권자들을 제외한 경우, 〈표 6-8〉에서 볼 수 있듯이 보수 후보에 대한 저소득층의 지지율은 62.9%에서 56.2%로 6.7% 낮아졌다. 저소득층에서 보수 후보에 대한 지지율이 제일 높기는 했지만 그 차이가 크지 않았고 실제로 집단 간 차이는 통계적으로 유의미하게 나타나지 않았다. 또한 저소득층의 기권율 역시

14.6%에서 23.8%로 크게 높아졌다.

이상에서 알 수 있듯이 60대 이상 고령층 유권자를 제외한 분석에서는, 저소득층 유권자가 매우 보수적이고 보수 정당이나 후보에 강한 일체감을 갖는다는 '계급 배반적' 특성이 상대적으로 그다지 강하게 나타나지 않았다. 이런 점에서 볼 때, 한국 선거 정치에서의 흥미로운 퍼즐이었던 저소득층 유권자의 '계급 배반적' 투표 성향은 계층적 요인보다 사실 세대 요인의 영향으로 보아야 할 것이다. 60대 이상 고령 유권자의 강한 이념적 보수성이 소득 수준에 따른 경제적 이해관계를 넘어서 보수 정당이나 보수 후보에 대한 강한 정치적 선호를 갖게 한 것으로, 이런 이유로 인해 이들의 구성 비율이 높은 저소득층에서 '계급 배반적' 특성이 나타나게 된 것이다.

'계급 배반적' 정치 성향에 대한 세대 효과를 다시 한번 확인해 보기 위해서 선형 회귀분석을 실시했다. 종속변수는 박근혜와 새누리당에 대한 호감도의 합으로, 각각의 경우 0(최저)에서 100(최고)의 값을 갖는다. 박근혜와 새누리당에 대한 호감도를 합한 까닭은 이런 경우에 보수 정파에 대한 선호의 정도를 보다 분명하게 측정할 수 있을 것으로 보았기 때문이다. 선호도의 범위는 0에서 200까지이며, 숫자가 클수록 박근혜와 새누리당에 대한 호감도가 높은 것이다. 회귀분석은 다섯 가지의 모델로 나눠 실시했는데, 모델 1은 소득 계층만을 포함했다. 중소득층을 기준으로 할 때 저소득층과 고소득층의 상대적 선호의 차이를 확인할 수 있다. 모델 2는 소득 계층에 민주화 이후 한국 정치에서 가장 큰 영향을 미쳐 온 지역주의 변수를 추가했다. 호남, 대구/경북, 부산/울산/경남 등 세 지역의 거주 유권자를 대상으로 했다. 모델 3은 모델 2에 본인 스스로 생각하는 주관적 이념 성향을 포함했다. 정치 이념 역시 최근 한국 정치에서 매우 중요한 영향을 미치는 요인이라는 점을 감안했다. 그리고 모델 4에서는 이념 성향을 제외하고 이 연구에서 주목하는 연령 변수만을 추가했다. 그리고 모델 5는 소득계층, 거주 지역, 이념 성향, 연령 등 모든 변수를 모두 포함하여 종합적인 분석을 실시했다.

분석 결과, 모델 1에서 보듯이 저소득층이 중소득층보다 상대적으로 박근혜와 새누리당에 대한 선호도가 높은 것으로 나타났다. 이러한 저소득층의 보수 정파에 대한 선호는 모델 2에서 보는 것처럼 지역주의 요인을 고려한 경우에도 여전히 통계적으로 유의미한 것으로 확인된다. 주관적 이념 요인이 포함된 모델 3에서도 저소득층의 보수 정파에 대한 선호는 여전히 유의미한 것으로 확인되었다. 그러나 연령 변수를 통제한 모델 4와 모델 5에서는 소득 계층의 통계적 유의미성이 사라진다. 이는 정파성에 대한 소득 계층의 효과가 세대 요인에 영

〈표 6-9〉 박근혜와 새누리당 선호도 합에 대한 회귀분석

	모델 1	모델 2	모델 3	모델 4	모델 5
고소득층	-4.99 (-1.58)	-2.95 (-0.98)	-0.98 (-0.35)	-1.63 (-0.56)	-0.33 (-0.12)
저소득층	8.82* (3.31)	9.08* (3.57)	5.03** (2.06)	-0.09 (-0.04)	0.25 (0.10)
호남		-27.11* (-7.17)	-21.13* (-6.02)	-28.35* (-7.82)	-22.67* (-6.54)
대구/경북		28.68* (7.62)	22.91* (6.55)	28.63* (7.94)	23.76* (6.89)
부산/울산/경남		3.64 (1.16)	6.16** (2.13)	2.40 (0.80)	5.13*** (1.79)
본인이념 성향			9.06* (15.11)		7.77* (12.37)
세대_2030				-14.62* (-6.06)	-8.87* (-3.70)
세대_60 이상				18.08* (5.74)	10.63* (3.40)
상수	113.94* (65.93)	112.63* (60.29)	65.88* (18.64)	117.69* (54.5)	75.50* (18.94)
수정된 R^2	0.02	0.11	0.27	0.18	0.29
n	1,195	1,195	1,111	1,195	1,111

소득층 기준 범주: 중소득층
세대 기준 범주: 40~50대
*p<0.01, **p<0.05, ***p<0.1
계수는 모두 비표준화 계수. 괄호 안은 t 값

향을 받고 있다는 사실을 보여 주는 것이다. 즉 앞의 여러 표에서 본 것처럼 〈표 6-9〉의 분석은 저소득층의 강한 보수성이 계층적 요인보다 세대적 요인에 따른 것이라는 점을 다시 확인시켜 주고 있다.

이상에서의 논의를 종합하면, 한국 선거에서 나타났던 저소득층의 '계급 배반적' 특성의 중요한 원인은 정치적으로 강한 보수성을 지닌 60대 이상 고연령층이라는 세대적 요인의 영향 때문이라는 것을 알 수 있다. 이들이 저소득층의 다수를 차지하면서 이 계층에서의 보수성이 강하게 나타나게 된 것이다. 이들을 제외하게 되면, 소득 계층별로 정파적 지지나 이념 성향의 차이는 그다지 크지 않은 것으로 나타났다. 즉, 계층별 정치 성향의 차별성은 그다지 두드러지지 않았으며 이는 적어도 아직까지는 사회 계층이 기존 정당에 의해 본격적으로 동원되고 있지 않다는 사실을 보여 주는 것으로 해석할 수 있다.

4. 소득 계층과 정책적 선호

보수 정파에 대한 저소득층의 상대적으로 강한 선호가 세대적 요인에 의한 것이라면 이들의 연령 효과를 제외할 경우 계급 배반적 특성은 사라질까? 이에 대한 본격적인 분석에 앞서 우선 안보, 경제, 사회, 복지, 탈물질주의 등 이념과 관련된 다섯 가지 구체적인 정책 분야에 대한 연령 집단별 태도에 대해 살펴보았다. 안보 영역은 안보, 국방 및 반공 이데올로기와 관련된 이슈들이며, 경제 영역은 국가 개입 대 시장 자율이라는 상반된 태도를 측정한 이슈들이다. 사회 영역은 개인적 자율이나 인권 등을 강조하는 자유지상주의적(libertarian) 태도와 권위, 질서, 전통을 강조하는 권위적 태도 간의 시각 차이를 측정했다(강원택 2010). 복지 관련 지출 증대는 복지 서비스 확대 대 증세(增稅)라고 하는 상반된 입장에 대한 태도를 측정했다. 탈물질-물질에 대한 태도는 세계가치조사(World Value Survey)에서 사용해 온 항목 중 하나를 그대로 활용하여 측정한 것이다.[5] 분석 결과 〈표 6-10〉에서 보듯이, 전반적으로 비교적 분명한 집단별 차이가 확인된다. 60대 이상 노령층 유권자는 안보 영역, 사회 영역에서 강한 보수성을 보이고 있으며 특히 젊은 세대와 커다란 시각의 차이를 보이고 있다. 또한 노령층 유권자들이 상대적으로 매우 물질주의적 태도를 취하고 있다는 사실도 주목할 만하다. 이에 비해 서구에서 계급 정치의 핵심적 대립축인 국가 개입 대 시장 자율이라는 경제적 차원의 좌-우 대립축에 대해서는, 다른 항목들과 달리, 연령별 태도의 차이가 통계적으로 유의미하게 나타나지 않았다. 경제 분야의 계숫값이 안보나 사회 영역에 비해 진보적 성향이 상대적으로 강하게 나타났다는 점도 흥미롭다.

전체적으로 볼 때, 주요 정책 분야에 대한 세대 간의 시각 차이는 분명하게 존재하는 것으로 나타났다. 이 글에서 주목하는 60대 이상 유권자들의 경우 안보 영역, 사회 영역, 탈물질 영역에서 젊은 세대와 커다란 시각의 차이를 보이지만, 계층 변수와 긴밀하게 관련되어 있을 것 같은 복지 관련 지출 증대나 경제 정책에 대해서는 그 차이가 상대적으로 크지 않았다. '계급 배반'이 안보 등과 같은 비경제적 이슈에 대한 고연령층 유권자의 강한 선호와 관련된 것이라는 점을 〈표 6-10〉의 결과는 시사해 주고 있다.

그렇다면 60대 이상 유권자들을 제외하게 되면, 주요 정책 이슈에 대한 소득 계층별 선호는 어떻게 나타날까? 〈표 6-11〉은 앞서 논의한 다섯 가지 정책 분야에 대한 소득 계층별 응답의 비율을 보여 주고 있다. 전 연령층을 대상으로 한 분석에서는 복지 관련 정책에 대한 정부의 지출 증대에 대한 항목을 제외한 네 영역에서 계층별로 분명한 차이를 보이고 있다. 그러나 탈물질-물질 항목을 제외하면 그 패턴은 계층별로 일관된 형태가 나타나지는 않았다. 중소득층의 태도가 흥미로운데 안보, 사회 영역에서는 이들이 다른 소득 계층에 비해 진보적인 입장을 취하는 반면, 경제 영역에서는 가장 보수적 입장을 보이는 것으로 나

5. http://www.worldvaluessurvey.org/

〈표 6-10〉 정책 방향에 대한 연령 집단별 성향

	복지 관련 지출 증대	안보 이슈	경제 이슈	사회 이슈	탈물질-물질
19~29세	12.98	10.18	8.50	10.66	12.56
30대	12.96	10.33	8.53	10.76	11.84
40대	13.33	10.38	8.44	10.79	11.51
50대	13.72	10.94	8.80	11.08	11.50
60대 이상	13.25	11.01	8.71	11.36	10.91
ANOVA	F=2.88 p<0.05	F=10.49 p<0.00	F=1.78 p=0.13	F=6.19 p<0.00	F=28.20 p<0.00

복지 관련 정부 지출 증대: 보건/의료비, 교육, 실업급여, 노인연금, 복지 등 5개 항목 응답의 합. 5-지출 매우 늘려야 한다, 25-지출 매우 줄여야 한다

안보 영역: 한미동맹 강화 반대, 국가보안법 폐지, 한미 FTA 재협상, 대북 지원 확대 등의 응답의 합. 4-가장 진보, 16-가장 보수

경제 영역: 성장보다 복지, 비정규직 기업자율 반대, 고소득자 증세, 공기업민영화 반대 등의 응답의 합. 4-가장 진보, 16-가장 보수

사회 영역: 체벌 허용 반대, 대체 복무제 허용, 사형제 폐지, 집회시위자유 보장 등의 응답의 합. 4-가장 진보, 16-가장 보수

탈물질-물질[6]: 높은 경제성장, 개인의 참여/발언권 확대, 방위력 증강, 환경개선 중 1순위, 2순위. 언론자유, 물가/인플레 억제, 국민의견 수렴, 질서 유지 중 1순위, 2순위. 경제안정, 인간적 사회, 범죄소탕, 돈보다 아이디어 중시 중 1순위, 2순위. 1순위에 2점, 2순위에 1점 부여. 탈물질 응답 x 2, 물질 응답 x 1. 9-가장 물질적, 18-가장 탈물질적

〈표 6-11〉 정책 방향에 대한 소득 계층별 성향

		복지 관련 지출 증대	안보 이슈	경제 이슈	사회 이슈	탈물질-물질
전 연령층	저소득층	13.18	10.76	8.54	11.08	11.40
	중소득층	13.32	10.45	8.71	10.81	11.63
	고소득층	13.23	10.53	8.43	10.99	12.04
	ANOVA	F=0.29 p=0.75	F=3.42 p<0.05	F=2.43 p<0.1	F=2.84 p<0.1	F=9.90 p<0.01
50대까지 (60대 이상 제외)	저소득층	13.13	10.64	8.44	10.88	11.87
	중소득층	13.32	10.37	8.70	10.76	11.68
	고소득층	13.23	10.46	8.41	10.93	12.09
	ANOVA	F=0.34 p=0.71	F=1.66 p=0.19	F=2.81 p<0.1	F=0.79 p=0.16	F=4.08 p<0.05

타났기 때문이다.

한편, 60대 이상의 고연령층을 제외한 분석에서는 전 연령층을 대상으로 한 분석과 달리 경제 영역과 탈물질-물질 영역에서만 통계적으로 유의미한 결과가 나타났다. 〈표 6-11〉의 결과는 두 가지 점에서 주목할 만하다. 첫 번째는 경제 관련 분야에서 계층별 차이가 확인되었다는 점이다. 국가 개입 대 시장 자율, 성장 대 분배는 경제적 차원에서 가장 고전적인 좌-우 이념 간의 시각 차이를 보여 주며, 물질-탈물질 항목 역시 성장, 질서, 안보 등의 물질적 가치와 삶의 질, 자아 구현, 환경 등의 탈물질적 가치에 대한 태도를 측정하는 항목이다. 안보나 사회 영역에서 차이가 입증되지 않았고 오히려 이와 같은 경제 영역에서 계층별 차이가 나타났다는 것은 계층 정치, 계급 정치의 등장 가능성과 관련하여 주의 깊게 지켜볼 부분이다. 두 번째 주목할 점은 중간 소득층이 이 두 영역에서 가장 보수적인 태도를 보였다는 점이다. 국가 개입과 시장 자율에서 8.70으로 가장 강한 보수적 성향을 보였고, 탈물질-물질 항목에서도 가장 물질주의적 태도를 보였다. 이는 경제 성장에 대한 중간 소득층의 강한 선호를 보여 주는 것으로 볼 수 있다.[7] 저소득층이 가장 분배 지향적이고 물질주의적 성향이 강할 것이라는 예상과는 다른 결과이다. 이처럼 정책 영역에 대한 소득 계층별 태도가 서구의 계급 정치에서 나타나듯이 일관된 패턴을 보이고 있지는 않지만, 고령 유권자층을 제외하는 경우, 유독 경제 관련 이슈에 대한 태도에서 계층별로 상이한 태도를 보이고 있다는 점은 흥미롭다.

앞의 〈표 6-10〉에서는 60대 이상 유권자들이 안보, 사회, 탈물질 등의 이슈

---

6. 잉글하트의 원래 연구(1971; 1977)에서는 각 항목 중 순서와 무관하게 같은 성격의 것을 묶어 물질주의자와 탈물질주의자로 구분했다. 그러나 여기서는 응답 순서에 의미를 부여했다. 또한 두 개의 응답이 서로 상이한 성격의 것이라고 해도 각각을 합계에 포함시켰는데, 이 글에서는 응답의 일관성보다 전체 항목 중 응답자가 선택한 항목의 수를 중요하게 고려했다.
7. 이들이 왜 유독 경제성장과 물질주의에 강한 선호를 보이는지 그 원인은 자료의 부족으로 분명하게 밝히기 어려웠다. 다만 60대 이상을 제외했을 때 중소득층 중에서 연령별로 40대가 30.6%를 차지하여, 상층 24.4%, 하층 25.1%보다 높았다. 노동 시장에서의 중요한 연령층이고 경제적 부담이 크다는 점에서 이런 경향이 나온 것으로 그 원인을 추정해 볼 수는 있을 것이다.

〈표 6-12〉 선형 회귀분석: 주관적 이념 성향에 대한 영향

	전체	60대 이상 제외
	비표준화 계수 B	비표준화 계수 B
고소득층	-0.09 (-0.64)	-0.02 (-0.13)
저소득층	0.44 (3.59)*	0.05 (0.34)
안보 이슈 태도	0.23 (7.38)*	0.23 (6.78)*
경제 이슈 태도	0.05 (1.52)	0.06 (1.65)***
사회 이슈 태도	0.07 (2.02)**	0.04 (1.03)
탈물질 이슈 태도	-0.08 (-2.64)*	-0.05 (-1.50)
복지 확대와 증세 태도	0.03 (1.29)	0.02 (1.15)
상수	2.07 (2.89)*	1.89 (2.46)**
	수정된 R^2=0.12	수정된 R^2=0.09
n	1,040	836

종속변수: 본인 이념 성향(0-가장 진보, 10-가장 보수)
소득층 기준 범주: 중소득층
괄호 안은 t 값
*p<0.01, **p<0.05, ***p<0.1

에서 이념적으로 강한 보수성을 보이는 것으로 나타났다. 그렇다면 만약 이들을 제외하게 되면, 이러한 이슈의 영향이 약화되는 대신 서구의 계급정치에서처럼 경제적 요인이 이념적 태도에 중요한 영향을 미치게 될까? 이에 대해 알아보기 위해서 유권자가 스스로 생각하는 주관적 이념에 미치는 소득계층 및 주요 이슈에 대한 태도의 영향을 분석했다. 〈표 6-12〉는 소득별 계층과 앞서 논의한 안보, 경제, 사회, 탈물질, 복지 이슈에 대한 태도를 독립변수로 하고, 주관적 이념 성향을 종속 변수로 삼아 선형 회귀분석을 실시한 결과를 정리한 것이다. 전체 표본을 대상으로 한 분석과 60대 이상 고령 유권자들을 제외한 분석이 비교되어 있다.

전체 표본을 대상으로 한 분석에서는 저소득층의 상대적 보수성이 확인되었고, 안보 이슈, 사회 이슈 및 탈물질 이슈 등이 주관적 이념에 영향을 미치는 것으로 나타났다. 그러나 경제 이슈나 복지 확대 문제는 통계적으로 유의미하게 나타나지 않았다. 한편, 60대 이상 고령 유권자들을 제외한 분석에서는 전체 표

본을 대상으로 한 경우와 상이한 결과가 나타났다. 안보 이슈의 영향력은 여기서도 확인되었지만 사회 이슈나 탈물질 이슈는 통계적으로 유의미한 값이 나타나지 않았다. 중소득층을 기준으로 한 고소득층과 저소득층 간의 계층별 차이도 확인되지 않았다. 앞서 본 대로, 자유지상주의나 탈물질 이슈가 세대적 차이와 긴밀한 관련이 있음이 다시 확인되었다. 그런데 60대 이상을 제외한 경우, 뜻밖에도 경제 이슈에 대한 태도가 주관적 이념 성향에 영향을 미치는 것으로 나타났다. 이런 결과는 60대 이상 유권자층을 제외하면, 시장 대 국가, 혹은 효율 대 형평이라는 경제 정책에 대한 태도가 이념적 요인에 영향을 미치고 있다는 사실을 보여 준다. 안보 이데올로기는 50대 이하 연령층에서도 이념에 영향을 미치는 것으로 나타났지만, 동시에 경제 정책을 둘러싼 시각의 차이 역시 보수와 진보를 가르는 중요한 요인이 되고 있는 것이다. 최근 한국 정치에서 이념과 정당 지지가 긴밀하게 맞물려 있다는 점을 감안할 때 경제 정책에 대한 가치의 차이가 이념적 차이와 연계되어 있다는 것은 향후 사회 계층의 정치가보다 '계급 정합적' 형태로 나아갈 수 있다는 가능성을 보여 주는 것이라고 할 수 있다.

5. 결론

이 장에서는 그동안 한국 선거에서 나타난 계층 투표의 역설, 곧 저소득층이 보수 정당이나 보수 후보를 지지하는 '계급 배반적' 경향의 원인을 알아보았다. 여기서는 그 한 가지 원인을 저소득층에서의 세대와 계층의 혼합에서 찾고자 했다. 저소득층 유권자 가운데 적지 않은 비율이 60대 이상의 고령층 유권자들이었는데, 이들의 강한 보수성이 저소득층 유권자의 '계급 배반적' 특성을 드러나게 했다는 것이다. 실제로 이들 고령층 유권자를 제외한 분석에서는 이념적 성향이나 정파적 지지의 패턴에서 '계급 배반적' 속성이 나타나지 않았으며, 소득 계층별 차이도 그리 강하지 않았다. 이런 점에서 볼 때, 고령층 유권자들을 제외한 경우, 아직까지 계층의 정치가 그다지 활성화되었다고 보기는 어렵다. 이갑윤·이지호·김세걸(2013)의 주장대로, 그간 지역주의나 보수-진보의 이념을 통한 정치적 동원에 의존해 온 기존 정당이 계층이라는 균열에 의한 동원을 시도하지 않은 것과 관련이 있을 것으로 보인다. 또 한편으로는 현행 단수다수제 선거제도가 지역주의와 결합하여 새로운 정당의 출현 가능성을 크게 낮추고 있기 때문에, 계층의 정치적 동원을 통한 갈등, 균열의 치환(Shattscheneider 1960) 시도를 어렵게 만들고 있기 때문일 것이다.

그렇다고 하더라도 소득 계층별로 주요 정책 이슈나 이념 성향에서 차이가 발견된 것은 향후 계층 정치의 활성화와 관련하여 주목할 만한 부분이다. 특히 60대 이상 고령층 유권자를 제외한 경우, 경제 영역에서의 이념과 탈물질-물질주의 영역에서 중간 소득층의 보수성이 나타났고, 주관적 이념 평가에서도 경제 이슈가 영향을 미친 것으로 나타난 것은 흥미로운 결과이다. 저소득층이 보다 진보적 성향의 정당이나 후보를 지지하고, 고소득층이 보다 보수적인 성향의 정당이나 후보를 지지하는 것과 같은 '계급 정합적' 패턴이 발견된 것은 아니더라도, 경제 이슈에 대한 태도가 사회 계층별로 상이하게 형성된다는 것은 계층 정치, 계급 정치의 활성화라는 점에서 유의해야 할 변화로 보이기 때문이다.

더욱이 '계급 배반적' 경향이 고령층 유권자의 성향 때문이고 그러한 정치적 성향이 분단, 전쟁, 냉전, 빈곤 등 그 세대가 살아온 삶의 궤적과 연관되어 있는 것이라면, 시간이 흐름에 따라 세대가 교체될 경우, 예컨대 이미 50대로 접어들기 시작한 이른바 '386 세대'의 독특한 세대적 정서의 지속(노환희·송정민 2013)을 고려했을 때 변화는 불가피해 보인다. 그렇다면 향후에는 더 이상 저소득층 유권자가 그들의 계층적 이해관계와 상이한 정파적 지지를 하지 않는 수준을 넘어, 각 사회 계층이 경제적으로 '계급 정합적' 투표 결정을 내리는 때가 올 수 있을 것이다.

제7장

사회 계층과 정치 갈등: 객관적 계층과 주관적 계층

1. 서론

민주화 이후 한국 정치에 가장 큰 영향을 미친 변인은 역시 지역주의일 것이다. 1987년 대통령 선거를 통해 가히 폭발적으로 등장한 이래 오늘날까지도 지역주의는 가장 강력한 정치적 갈등으로 남아 있다. 그러나 2002년 대선을 계기로 지역주의 이외에도 이념, 세대 또한 한국 정치의 중요한 갈등의 축으로 부상했다. 지역, 이념, 세대와 같은 요인이 유권자의 정치적 선택에 영향을 미치는 데 비해, 사회 계층은 선거나 정당 정치 등 현실 정치적으로 별다른 중요성을 지니지 못했다. 이러한 점은 근대 산업 사회의 계급 정치가 가장 지배적인 정치 균열로 확립된 서구 정치의 경험(Lipset and Rokkan 1967)과 매우 대비되는 한국 정치의 특성이다. 이러한 차이는 물론 산업화의 과정, 정치적·사회적 조건이 서구와 상이하기 때문일 것이다.

그러나 동시에 계층적 요인이 정치적 선택에 영향을 미치는 현상도 나타나고 있다. 최근 선거에서는 계층과 관련된 이슈들이 사회적으로나 정치적으로 주목을 받기 시작했다. 2010년 지방선거에서 무상급식과 반값 등록금 등 복지, 배분의 이슈가 부상하였고, 이는 이듬해 오세훈 당시 서울시장의 무상급식 찬반 주민투표로 이어지면서 더욱 큰 주목을 받았다. 2012년 대통령 선거에서도 가장 주목을 받은 이슈는 역시 복지 공약과 경제 민주화였으며, 이러한 이슈를 선점한 박근혜 후보는 대통령으로 당선되었다. 이러한 변화는 현실적으로 우리 사회의 경제적 양극화가 그만큼 심각해졌고, 계층에 따른 상이한 이해관계가 점차 정치적으로 중요성을 갖게 되었음을 의미한다.

그러나 계층이라는 요인이 우리 정치에서 갖는 의미는 여전히 모호하다. 계층이 정치적으로 활성화되었다면 저소득층은 보다 진보적인 정당을, 고소득층은 보다 보수적인 정당을 지지하는 것이 일반적이겠지만, 앞 장에서 본 대로 2012년 대통령 선거에서 저소득층은 보수적인 박근혜 후보를 보다 높은 비율로 지지한 것으로 나타났다. 이와 같은 이른바 '계급 배반 투표'는 계층이 정치적으로 적절히 동원되지 못하고 있음을 보여 준다.

이처럼 한국 정치에서 계층은 매우 흥미로운 질문을 던져 주고 있다. 최근 사회적으로 제기되는 이슈는 계층과 관련된 것들이며 이에 대한 관심과 반응도 큰 편이지만, 정치적인 선택에서는 대체로 '계층적 이해관계에 합당해 보이지 않는' 모습을 보이고 있기 때문이다. 이처럼 일견 모순되어 보이는 현상은 각 계층이 실제로 지닌 정치적 태도가 과연 어떠한 것인지에 대한 궁금증을 야기한다. '계급 배반'적 태도가 나타나는 것은 한 개인이 객관적으로 소속된 계층과 본인이 주관적으로 인식하는 소속 계층이 서로 다르기 때문일 수 있다. 즉 객관적인 기준에 의하면 저소득층에 속하더라도 본인 스스로 중산층이라 생각한다면 주어진 사회경제적 여건과 무관하게 상이한 정치적 태도를 형성할 것이다.

이런 문제의식하에서 여기서는 객관적 상태와 주관적 평가에 의한 계층을 각각 구분하고 각 계층 집단별로 정치 이념, 민주주의에 대한 태도, 정파적 선호, 제도에 대한 신뢰 등에 대해 어떤 입장을 갖는지 살펴볼 것이다. 특히 여기서는 객관적으로 정의되는 계층과 주관적으로 인식하는 계층이라는 두 가지 기준에 의한 계층별 정치적 태도의 차이에 주목할 것이다. 그리고 이러한 분석을 토대로 계층 변인이 우리 정치에서 갖는 의미에 대해 논의할 것이다.

2. 객관적 계층과 주관적 계층

계층에 대한 구분과 정의는 매우 다양하다. 마르크스는 자본가 계급과 노동자 계급으로 구분했고 이는 서구 정치에서 좌파 노동자 정당이 등장하는 이론적 근거가 되었다. 그러나 우리나라에서 마르크스적인 의미의 계급은 현실 정치적으로 별다른 유효성을 갖지 못한다. 서구에서와 같은 노동자들의 배타적 지지에 기반한 거대한 노동자 정당이 존재하지 않으며, 계급의식을 공유한 대규모의 노동계급도 존재한다고 보기는 어렵다. 우리 정치의 이념적인 협소함(최장집 2002) 또한 마르크스적인 계급 개념으로 우리 사회를 설명하는 데 어려움을 준다. 그러나 소득, 재산과 같은 경제적 요인에 의한 사회집단의 구분은 각 집단의 정치적 태도의 차이를 살펴보는 데 유용한 개념이 된다. 한편, 베버가 말하는 지위집단(status group)은 단순히 경제적 기준뿐만 아니라 생활양식, 교육, 직업적, 세습적 위신 등과 같은 비경제적 요소를 포함하는 공동체 내에서의 지위에 주목한 것이라고 할 수 있다. 그런데 우리나라에서의 계층을 논의하기 위해서는 이 두 가지 개념을 함께 고려하는 것이 보다 적절할 수 있다. 예를 들어, 서울 강남의 거주민은 소득이나 재산에서도 상층이지만 생활양식이나 문화에서도 그들 간 공유하는 독특한 특성을 지니고 있다.

홍두승(2008: 91-133)은 중산층을 '생활기회'와 '생활양식'의 개념을 통해 설명하고자 했다. 즉 '생활기회의 범주 속에는 소득과 같은 경제적 자원뿐만 아니라 경제 외적인 사회적 기회에 대한 접근 가능성도 포함'되기 때문에, 중산층은 일정수준 이상의 생활기회를 누리고 생활양식을 공유하는 계층집단으로 규정할 수 있다는 것이다. 그런 의미에서 중산층은 실체적 의미를 갖는 실재집단이기보다는 '자의적 구획에 의한 명목 집단'일 수 있다. 홍두승은 중산층을 객관적인 기준과 주관적 기준으로 구분하였는데, 객관적 기준은 생산, 소유관계와 소비, 경제수준을, 그리고 사회문화적 지표로는 학업성취와 '중산층 문화'의 향유 여부를 들었다. 보다 구체적으로 객관적 기준에 의한 중산층 구분은 가구주의 계급적(직업적) 지위, 가구소득, 주택소유 여부, 그리고 본인의 교육 정도 등 네 가지 기준을 사용했다. 주관적 기준은 객관적 조건과 무관하게 자신이 스스로 생각하기에 어느 계층에 속한다고 하는 주관적 판단에 의한 것이다.

이 장에서도 주관적 평가에 의한 계층과 객관적 조건에 의한 계층으로 구분하고 이들 집단 간 정치적 태도의 유사성과 상이함을 살펴보고자 한다. 특히 이 장에서는 주관적 인식에 의한 계층 의식에 보다 주목하고 있다. 그 까닭은 우리나라처럼 그동안 계층 요인이 정치적으로 활성화되지 않은 경우라면 객관적으로 놓여 있는 경제적, 사회적 조건에 따라 생성된 특정 계층에 대한 귀속의식이나 동류의식보다 오히려 주관적인 계층 의식이 보다 큰 의미를 지닐 수 있기 때문이다. 구체적인 계층 구분 방식은 앞에 제시한 홍두승(2008)의 기준에 따라, 가장 상위를 핵심 중산층, 중간을 주변 중산층, 그리고 가장 하위 집단을 하층으로 구분했다. 한편, 주관적 평가는 한국 사회를 10개의 층으로 나눈다고 할 때 응답자의 소득 수준, 재산, 문화수준(교육이나 교양 수준), 사회적 지위(가장의 직업) 등 네 가지 항목에 대해서 각각 어느 계층에 속한다고 생각하는지 물은 질문을 토대로 분류했다. 이 네 질문에 대한 평균값의 분포를 토대로 상위, 중위, 하위의 세 집단으로 구분했다.

흥미로운 점은 객관적 조건에 따른 계층 구분과 주관적 인식에 의한 계층 구분 간의 차이가 비교적 크다는 점이다. 〈표 7-1〉에서 보듯이, 객관적 조건에 따르면 하층에 속하는 것으로 분류된 이들 가운데 절반이 안 되는 44.8%만이 스스로를 하위 계층에 속하는 것으로 평가했으며 절반이 넘는 이들은 중위 혹은 상위 계층으로 평가했다. 이는 핵심 중산층의 경우에도 비슷한 패턴을 보였다. 핵심 중산층의 45.1%만이 스스로를 상위 집단으로 생각했으며, 19%는 자신을 하위 집단으로 보았다. 주변 중산층의 경우에는 그러한 차이가 더욱 두드러졌

〈표 7-1〉 객관적 조건과 주관적 인식에 의한 계층 구분

		객관적 조건			
		핵심 중산층	주변 중산층	하층	전체
주관적 인식	하위	20.5 19.0	26.5 29.2	53.0 44.8	100.0 (234)
	중위	33.3 36.0	28.9 37.3	37.7 37.2	100.0 (273)
	상위	48.5 45.1	30.2 33.5	21.3 18.1	100.0 (235)
전체		100.0 (253)	100.0 (212)	100.0 (277)	742

는데 37.3%만이 주관적 평가에서 자신을 중위 집단이라고 보았으며, 29.2%는 하위 집단으로, 33.5%는 상위 집단으로 스스로를 평가했다.

이러한 주관적 평가와 객관적 조건에 의한 차이는 계층에 따른 정치적 태도를 살펴보는 데 있어 흥미롭다. 과연 주관적 평가에 의한 계층 구분과 객관적 조건에 따른 계층 구분에 따라 정치적으로 상이한 태도와 인식이 나타날까?

3. 하위 계층은 진보일까?

서구에서 계급 정치는 이념과 긴밀한 관련을 가진다. 하층 계급은 진보적인 이념 성향을 지니며 영국 노동당이나 독일 사민당과 같은 좌파 정당을 지지하는 경향이 있다. 반대로 중산층 이상 상층 계급은 보수적인 이념 성향을 가지면서 영국 보수당이나 독일 기민당과 같은 우파 정당을 보다 많이 지지한다. 그렇다면 우리나라에서 계층은 이념적으로 어떤 특성을 보일까?

이를 알아보기 위해 우선 각 개인이 이념 스펙트럼상에서 스스로 생각하는 주관적 이념적 위치(self-placement)에 대해 살펴보았다. 0은 가장 진보적인 입장이며, 5는 중도적 입장 그리고 10은 가장 보수적인 입장이다. 유럽 국가의 경우 좌-우 이념 스펙트럼에서 주관적인 이념 위치는 곧 자신이 가장 선호하는

정당이 위치해 있다고 생각되는 이념적 위치의 반영(Inglehart and Klingemann 1976: 257), 다시 말해 주관적인 이념 위치는 곧 정당 일체감(party identification)을 의미한다. 〈표 7-2〉에서는 객관적 조건과 주관적 인식을 기준으로 구분한 계층별 주관적 이념 성향의 평균을 비교한 것이다. 객관적 조건에 의한 계층 구분에서는 하층 집단의 강한 보수성이 나타났으며, 이러한 차이는 통계적으로 유의미한 것으로 드러났다. 그러나 핵심 중산층과 주변 중산층 간의 이념적 차이는 크지 않았다. 앞 장에서 본 대로, 우리나라에서는 하위 계층이 보다 보수적 성향을 보이는 '계급 배반적' 정치 성향이 객관적 조건에 의한 구분에서 확인되었다.

주관적 인식에 의한 계층 구분에서도 객관적 조건에 의한 구분의 경우와 유사한 패턴을 보이기는 했지만, 집단 간 평균 차이가 크지 않았으며 통계적으로도 유의미한 것으로 확인되지 않았다. 즉, 하위 집단의 상대적 보수성이 다소 강하게 나타나기는 했지만, 전체적으로는 객관적 조건에 의한 구분과 비교할 때 계층 집단 간 차이가 크지 않았다. 주관적 인식에 의한 경우 계층별 이념적 차이가 통계적 유의미성을 가질 정도로 크게 나타나지 않은 것은 주목할 만한 점이다.

이번에는 이념적 태도를 구체적인 정책에 대한 태도를 통해 살펴보았다. 본인 스스로 생각하는 이념 위치의 기준이 각자 다를 수 있다면, 구체적 정책에

〈표 7-2〉 계층에 따른 주관적 이념 성향 평가

구분	계층	이념 평균	분산분석
객관적 조건	핵심 중산층	5.29	F=7.8 p<0.00
	주변 중산층	5.21	
	하층	5.78	
주관적 인식	상위	5.47	F=0.6 p=0.57
	중위	5.46	
	하위	5.59	

0-가장 진보적, 5-중간, 10-가장 보수적

대한 태도는 보다 객관적인 형태로 계층별 이념적 태도의 차이를 보여 줄 것이다. 이념적 태도를 측정하기 위한 구체적 정책은 비교정치적 관점에서 크게 세 가지 차원으로 나눠서 살펴볼 수 있다(강원택 2005). 첫 번째는 경제적 차원이다. 서구 정치에서 흔히 발견되는 자본과 노동 간의 대립, 혹은 국가 개입과 시장 자율, 효율 대 형평 등의 가치를 대표하는 것이다. 여기에서는 경제성장과 복지, 비정규직 노동자 문제, 고소득자 증세, 공기업 민영화와 관련된 네 가지 항목이 포함되었다. 두 번째는 사회적 차원이다. 자유지상주의적(libertarian) 가치와 권위주의적(authoritarian) 가치 간의 대립이다. 자유지상주의는 개인의 선택, 자율, 권리를 강조하는 반면, 권위주의적 태도는 전통, 권위, 질서, 종교 등을 강조하는 입장이다. 여기에도 네 가지 질문이 포함되었는데, 학교 체벌 허용 문제, 개인 신념에 따른 군 대체복무제 도입, 사형제 폐지, 집회 및 시위의 자유 보장 등에 대한 태도이다. 세 번째는 우리의 특수한 역사적 경험을 통해 생성된 갈등이다. 안보, 대북정책과 관련된 것으로 반공 이데올로기를 둘러싼 갈등으로 볼 수도 있다. 보수적 입장은 대미관계를 중시하고 강경한 대북정책을 선호하며, 국가보안법 등 국내적으로도 반공 이데올로기의 유지를 선호한다. 이에 비해 진보적 입장은 대미 의존적 태도로부터의 변화를 선호하며 유화적인 대북 정책을 지지하고, 반공 이데올로기로부터의 탈피를 희망한다. 여기서는 한미동맹 강화, 국가보안법 폐지, 한미 FTA 재협상, 대북 지원 등의 네 가지 질문을 포함했다. 이러한 갈등의 차원은 부분적으로는 서구 정치에서도 나타나는 국제주의와 고립주의와 같은 대외관계를 둘러싼 시각의 차이로 볼 수도 있다. 또한 국가보안법 폐지에 대한 태도처럼 자유지상주의와 권위주의적 태도의 차이의 속성도 포함하고 있으나, 전체적으로 볼 때는 우리의 고유한 역사적 경험에서 파생된 갈등이라는 별개의 차원으로 바라보는 것이 더 적절할 것이다. 각 질문 항목마다 매우 찬성, 대체로 찬성, 대체로 반대, 매우 반대 등 네 가지 응답을 두어 찬반의 방향과 강도를 측정하도록 했다. 이러한 분류를 토대로 각 이념 차원별 네 가지 질문에 대한 응답을 합하여 4로 나눈 평균값을 계층 집단별로 살펴보았다.

〈표 7-3〉에서 보듯이 객관적 조건에 의해 구분한 계층 간에는 세 정책 집단에 대한 태도의 차이가 통계적으로 유의미한 것으로 나타나지 않았다. 이에 비해 주관적 평가에 의한 계층 간에는 안보/반공, 사회 차원에서 유의미한 차이를 보였다. 그런데 주목할 점은 서구 정치에서 이념 갈등과 관련하여 중요한 영향을 미치는 경제적 차원은 두 가지 구분 모두에서 통계적으로 유의미한 차이가 나타나지 않았다는 것이다. 이는 한국의 계층 갈등이 경제적인 요인과 깊은 관계를 가지지 않는다는 뜻으로, 물질적 가치의 배분을 둘러싼 근대 산업사회의 갈등이 정치적으로 반영된 서구의 계급 정치적 입장과 매우 상이한 특성을 갖는다는 것을 의미한다. 이는 한국 정치에서의 계층 갈등이 계급 정치적 틀에 의해 설명되기 어렵다는 사실을 말해 준다.

이에 비해 그동안 가장 격렬한 갈등의 모습을 보여 준 안보/반공 차원에서는 주관적 평가에 의한 집단에서 분명한 차이가 나타났다. 두 경우 모두 세 집단 간 차이가 상대적으로 컸고 변화의 패턴 역시 분명했다. 주관적 평가 집단에서, 상위 집단에서 하위집단으로 갈수록 안보/반공 이슈에 대한 보수성이 뚜렷이 강화되어 갔다. 사회적 차원의 이슈에서도 유사하게, 하위 집단으로 갈수록 보수색이 짙어졌다. 즉, 주관적 인식에 의한 계층 구분의 경우, 상층의 진보성과 중

〈표 7-3〉 계층별 정책 태도에 의한 이념

	계층	경제적 차원	사회적 차원	안보/반공 차원
객관적 조건	핵심 중산층	2.39	2.58	2.49
	주변 중산층	2.36	2.55	2.47
	하층	2.39	2.61	2.51
	분산분석	F=0.3 p=0.77	F=1.4 p=0.26	F=0.7 p=0.49
주관적 인식	상위	2.38	2.50	2.42
	중위	2.38	2.63	2.51
	하위	2.37	2.57	2.57
	분산분석	F=0.1 p=0.89	F=7.2 p<0.01	F=13.2 p<0.00

1-가장 진보적, 4-가장 보수적

〈표 7-4〉 역대 대통령에 대한 계층별 평가(가장 잘한 대통령)

구분	계층	박정희	김대중	노무현	기타	합 (n)	교차분석
객관적 조건	핵심 중산층	51.8	18.6	22.9	6.7	100.0 (253)	$\chi^2=6.8$ $p=0.34$
	주변 중산층	50.0	15.9	27.4	6.7	100.0 (208)	
	하층	59.6	14.8	20.2	5.4	100.0 (277)	
주관적 인식	상위	48.4	17.4	28.5	5.7	100.0 (316)	$\chi^2=16.5$ $p<0.05$
	중위	56.3	12.0	26.2	5.6	100.0 (359)	
	하위	58.7	16.8	17.7	6.8	100.0 (322)	

기타: 이승만, 전두환, 김영삼, 이명박

층, 하층의 보수성이 뚜렷이 구분되었다. 그동안 한국 정치에서의 보수와 진보 간 이념적 갈등은 주로 안보/반공 차원과 사회적 차원에서 확인되었는데, 흥미롭게도 그러한 차이가 객관적 조건에 의한 계층이 아니라 주관적 인식에 의한 계층 집단을 통해 반영되고 있다. 이런 점에서 볼 때, 한국 사회의 이념적 갈등은 객관적인 조건에 따른 계층 분류보다 주관적 인식에 의한 계층 소속감에 보다 큰 영향을 받는다고 할 수 있다. 다만 경제적 이슈를 둘러싼 이념적 갈등은 계층적으로 크게 부각되고 있지 않다.

이념에 의한 갈등에 대해 보다 상세히 살펴보기 위해서 이번에는 역대 대통령에 대한 계층별 평가에 주목했다. 그동안 우리 사회에서 해방 이후의 역사에 대한 평가는 종종 격렬한 이념적 갈등으로 비화되었다. 이승만, 박정희를 높게 평가하는 보수적 국민들과, 반대로 이들을 비판적으로 평가하고 김대중, 노무현의 공적을 높이 평가하는 진보적 국민들 간의 시각의 차이는 현대사 교과서 문제 등을 둘러싸고 이념적 갈등으로 비화되곤 했다. 〈표 7-4〉는 계층 집단별로 역대 대통령에 대한 평가를 비교하고 있다. 박정희, 김대중, 노무현 대통령만이 의미 있는 수준의 응답률을 보였기 때문에 이들 세 대통령만을 대상으로 분석했다.

객관적 조건에 의한 계층 구분에서는 박정희 대통령에 대한 평가가 집단과 무관하게 50%를 넘었고 특히 하층에서 상대적으로 높은 응답이 나타났지만,

전체적으로는 일관된 패턴이 확인되지 않았으며, 교차분석에 의한 통계적 유의미성도 확인되지 않았다. 이에 비해 주관적 인식에 의한 계층 구분의 경우에는 상위에서 하위 집단으로 갈수록 일관된 형태로 박정희에 대한 응답률이 높아지는 반면, 노무현에 대한 응답률은 매우 낮아졌다. 박정희의 경우 상위와 다른 집단 간, 노무현의 경우 하위와 다른 집단 간 평가의 차이가 컸다. 주관적 평가에 의한 계층 집단에서 김대중, 노무현 두 진보 대통령에 대한 선호를 합하면, 상위 집단의 경우 45.9%, 중위 집단에서는 38.2%, 그리고 하위 집단에서는 34.5%로 나타났다. 〈표 7-4〉에서도 주관적 인식에 의한 계층 구분에서 보다 분명한 차이가 나타났고, 하위 집단의 보수성, 상위 집단의 진보성이 드러났다.

그런데 이러한 응답의 패턴은 〈표 7-3〉에서 본 계층별 패턴과 매우 유사하다고 할 수 있다. 사실 역대 대통령에 대한 평가는 앞의 〈표 7-3〉에서 본 안보/반공 차원과도 어느 정도 연관되어 있다고 할 수 있다. '반공을 국시의 제1로 삼는다'는 것은 박정희가 1961년 쿠데타로 집권했을 때의 명분이었고, 이후 반대세력을 억압하는 구실로 삼았던 것 역시 반공이었기 때문이다. 〈표 7-3〉에서 안보/반공 차원에서 보수성이 강했던 주관적 인식에 의한 하위 집단은 여기서도 박정희에 대한 긍정적 평가의 응답이 높았고, 반대로 노무현 대통령에 대한 긍정적 응답의 비율은 낮았다. 반대로 안보/반공 차원에서 상대적으로 진보성이 강했던 상위 집단에서는 박정희에 대한 선호가 가장 낮았고 김대중, 노무현 대통령에 대한 평가가 높았다.

이상에서 본 대로, 주관적 인식에 의한 분류인 경우 계층 간 이념적 입장의 차이는 분명하게 확인되었다. 〈표 7-3〉에서 스스로 생각하는 이념 위치에 대해서는 차이가 분명하지 않았지만, 정책이나 대통령 평가와 같은 보다 구체적인 항목에 대한 태도에서는 주관적 인식에 따른 계층별로 차이가 드러났다. 상위 집단의 상대적 진보성과 하위 집단의 보수성이 나타났다. 하위 집단의 '계급 배반적' 특성은 소득 등 물질적 조건과 관련된 객관적 평가보다 주관적 인식에 의해서 보다 뚜렷하게 확인된다는 것을 알 수 있다. 그런데 서구와는 달리 경제적 이슈에 대한 계층 간 시각의 차이는 확인되지 않았으며, 사회 차원, 안보/반공 차원에서 계층 간 이념의 차이가 뚜렷했다. 이는 다른 민주주의 국가와 비교되는 우리 정치의 매우 흥미로운 특성이다. 이러한 특성이 나타나는 것은 계급 정치가 발달하지 않았고 기존의 정당들이 계층 균열을 정치적으로 동원하지 않은 결과로 보인다.

4. 계층과 정치적 불만

이번에는 각 계층이 한국의 정치 전반에 대해서 어떤 평가를 내리는지에 대해서 살펴보기로 했다. 한국의 정당 정치에 대한 평가, 한국 민주주의에 대한 평가, 정치적 관심, 정치 참여, 정치제도에 대한 신뢰도, 그리고 한국 사회의 갈등 정도에 대해서 계층 별로 과연 상이한 평가가 내려지는지 분석했다.

첫 번째로 한국 민주주의의 발전 수준에 대한 평가에 대한 응답에 대해서 살펴보았다. 민주주의 발전에 대한 평가는 우리 정치체제와 관련된 전반적인 만족감을 측정하는 지표라고 볼 수 있다. 〈표 7–5〉에는 민주주의 발전에 대한 두 집단별 평가의 평균값이 정리되어 있다. 우선 객관적 조건에 의한 계층 분류의

〈표 7–5〉 한국 민주주의 발전에 대한 평가

	계층	민주주의 평가
객관적 조건	핵심 중산층	5.45
	주변 중산층	5.43
	하층	5.51
	분산분석	F=0.1 p=0.9
주관적 인식	상위	5.81
	중위	5.48
	하위	5.26
	분산분석	F=7.4 p<0.01

경우에는 민주주의 발전에 그 차이에 대한 통계적 유의미함이 나타나지 않았다. 이는 앞서 본 이념의 경우와 유사한 결과이다. 이에 비해 주관적 인식에 의한 계층 분류의 경우에는 집단 간 차이가 통계적으로 유의미하게 나타났을 뿐만 아니라, 상위에서 하위 집단으로 갈수록 민주주의에 대한 평가가 뚜렷하게 낮아지고 있음을 알 수 있다. 즉 상위 집단에 비해 하위 집단에서 한국 민주주의에 대한 평가가 낮다는 사실을 보여 주고 있다. 이는 한국 정치 전반에 대한 주관적 평가에 따라 계층별 만족감이 다르다는 사실을 시사해 주는 것으로 볼 수 있다.

이런 점을 감안하여 이번에는 계층별로 느끼는 정치 신뢰도에 대해서 살펴보았다. 민주주의 정치 제도에 대한 신뢰는 그 제도가 안정적으로 유지되고 효율적으로 운영되기 위해 매우 중요한 조건이며(김지희 2006), 정치제도에 대한 강한 신뢰는 민주주의 공고화라는 관점에서도 커다란 의미를 지닌다(Dalton 1999; Norris 1999; Mishler and Rose 2001). 더욱이 정치적 불만과 정부에 대한 불신이 지속되는 경우에는 정치체제 전반에 대한 불신으로 확산될 수도 있다(이숙종 2006).

〈표 7-6〉은 대통령, 행정부, 사법부, 국회, 언론, 시민단체, 군대, 종교단체, 노조, 대기업 등 모두 10개의 주요 기관들을 대상으로 한 신뢰도의 평균을 두 기준에 의한 계층별로 정리한 것이다. 신뢰도 측정은 일종의 온도계 방식으로 신뢰를 전혀 갖지 못하는 경우에는 0으로, 전적으로 신뢰하는 경우에는 100으로 하여 각 기관에 대해 느끼는 주관적인 신뢰의 정도를 나타내도록 했다. 여기서도 객관적 조건에 의한 계층 집단과 주관적 인식에 의한 계층 집단 간 매우 상이한 패턴의 차이가 확인되었다. 객관적 조건에 의한 계층 집단 간에는 주요 기관에 대한 신뢰도에 있어서 10개 집단 모두에 대해서 일관되게 통계적으로 유의미한 차이가 나타나지 않았다. 즉 객관적 기준에 따른 계층 간에는 기관별 신뢰도의 차이가 별로 크지 않았다. 이와는 대조적으로 주관적 인식에 의해 계층을 나눈 경우에는, 대통령을 제외한 나머지 9개 기관에 대해서 통계적으로 뚜렷

〈표 7-6〉 주요 기관에 대한 신뢰도

	객관적 조건				주관적 인식			
	핵심 중산층	주변 중산층	하층	분산 분석	상위	중위	하위	분산 분석
대통령	55.8	58.0	57.9	–	59.2	58.7	57.2	–
행정부	47.2	47.0	46.3	–	51.3	48.6	44.4	*
사법부	43.4	43.5	44.1	–	47.8	46.0	41.0	*
국회	30.0	31.1	29.8	–	36.7	30.0	28.7	*
언론	37.9	40.3	40.3	–	44.3	40.0	39.2	*
시민단체	45.9	46.9	44.1	–	51.4	45.7	44.0	*
군대	56.0	55.3	55.8	–	59.1	56.1	55.0	**
종교단체	45.3	47.2	44.2	–	53.2	45.7	43.0	*
노조	42.6	44.0	42.0	–	49.4	43.4	38.4	*
대기업	43.4	44.3	43.5	–	49.2	45.4	40.0	*

*p<0.01, **p<0.05. 줄표(–)는 통계적 유의미성이 없음을 나타냄
0점–전혀 신뢰하지 않는다, 50점–중간, 100점–매우 신뢰한다

한 차이를 보였다. 응답의 패턴도 계층별로 매우 일관된 형태를 보였다. 상위 집단으로 갈수록 전반적으로 기관에 대한 신뢰도가 높아지고 하위 집단으로 갈수록 신뢰도가 낮아지는 뚜렷한 패턴이 확인되었다. 즉 앞의 〈표 7-5〉에서 본 것과 유사하게, 주관적인 기준에 의한 계층 구분에서 주요 기관에 대한 평가가 계층별로 서로 상이하게 나타났고, 그 패턴도 상위 집단으로 갈수록 높아지도, 하위 집단으로 갈수록 낮아지는 일관된 특성이 다시 확인되었다.

〈표 7-6〉에서 살펴볼 수 있는 또 다른 흥미로운 점은 기관별 신뢰도의 차이인데, 대통령과 군대의 신뢰도가 높게 나타났다. 대통령에 대한 신뢰도는 계층과 무관하게 대체로 높게 나타났고 그 때문에 객관적 조건에 의한 구분에서나 주관적 인식에 의한 구분에서나 통계적으로 유의미한 차이를 보이지 않았다. 대통령에 대한 신뢰도가 높은 데에는 여러 가지 이유가 있겠지만, 조사 시기가 새 정부에 대한 기대 수준이 높은 임기 초였다는 사실과도 관련이 있을 것으로 보인다. 대통령을 제외하면 군대에 대한 신뢰도가 가장 높았는데, 이는 군의

탈정치화와 민주주의 공고화 과정을 거치면서 이제 우리 정치가 정상화되었다는 것을 보여 주는 지표로도 볼 수 있다. 대통령과 군 다음으로는 종교단체, 행정부, 시민단체에 대한 신뢰도가 비교적 높게 나타났다. 신뢰도가 가장 낮은 기관은 역시 국회로 나타났으며, 언론에 대한 신뢰도 역시 그다지 높지 않은 것으로 나타났다. 〈표 7-6〉의 결과는 앞에서 본 대로 주관적 인식에 의한 구분의 경우, 집단별로 주요 기관에 대한 신뢰도에 분명한 차이를 보이며 주관적 계층이 낮아질수록 정치제도에 대한 불신의 정도가 높아진다는 사실을 잘 보여 주고 있다.

〈표 7-7〉은 우리 사회에서 그동안 자주 등장했던 아홉 가지의 갈등의 심각성에 대한 계층별 반응을 정리한 것이다. 아홉 가지 갈등은 영호남 지역 갈등, 세대 갈등, 빈부 간 계층 갈등, 서울과 지방 간 갈등, 학력에 따른 갈등, 남녀 간 성별 갈등, 노사 간 갈등, 여야 간 갈등, 대기업과 중소기업 간의 갈등을 포함하고 있다. 여기서도 매우 흥미로운 결과가 나타났다.

앞의 〈표 7-6〉에서의 반응과 마찬가지로 객관적 조건에 의한 계층 구분과 주

〈표 7-7〉 사회 갈등의 심각성에 대한 계층별 인식

	객관적 조건				주관적 인식			
	핵심 중산층	주변 중산층	하층	분산 분석	상위	중위	하위	분산 분석
세대	2.50	2.55	2.50	–	2.63	2.54	2.46	**
영호남	2.39	2.40	2.39	–	2.55	2.51	2.32	*
빈부	2.07	2.07	2.08	–	2.18	2.19	1.91	*
서울-지방	2.51	2.46	2.46	–	2.54	2.56	2.38	**
학력	2.34	2.35	2.35	–	2.44	2.44	2.26	**
남녀	2.89	2.91	2.79	–	2.89	2.93	2.83	–
노사	2.11	2.13	2.04	–	2.18	2.14	1.96	*
여야	1.73	1.71	1.70	–	1.84	1.77	1.62	*
대-중소기업	2.09	2.07	2.02	–	2.14	2.16	1.93	*

*p<0.01, **p<0.05. 줄표(–)는 통계적 유의미성이 없음을 나타냄
1-매우 갈등이 심하다, 3-보통, 5-갈등이 전혀 없다

관적 인식에 의한 계층 구분 간에 매우 분명한 응답 패턴의 차이가 보이고 있다. 객관적 조건에 의한 평가에 의해서는 갈등의 심각성에 대한 인식에 있어 앞의 〈표 7-6〉에서처럼 계층 간 뚜렷한 시각의 차이를 보이지 않는 것으로 나타났다. 9개 모두에 대해서 통계적 유의미성이 확인되지 않았다. 이에 비해서 주관적 인식에 의한 계층 구분에서는 남녀 간 갈등을 제외하고 나머지 여덟 가지 갈등에 대해서는 계층별로 비교적 분명한 차이를 보였다.

〈표 7-7〉의 결과는 앞의 〈표 7-6〉에서 본 것과 같이 상위-중위-하위 집단으로 옮겨 가면서 일관된 변화의 패턴을 보인다고 할 수는 없지만, 적어도 상위/중위 집단 대 하위 집단 간에는 분명한 입장의 차이가 확인되었다. 상위/중위 집단에 비해 하위 집단에서 일관되게 우리 사회의 갈등이 보다 심각하다고 인식하는 것으로 나타났다. 이는 앞에서 본 결과와 대체로 맥을 같이 하는 결과라고 할 수 있다. 다시 말해 주관적 인식 집단의 경우 하위 집단이 정치제도나 민주주의 발전에 대한 만족감이 적고, 사회 갈등에 대한 심각성도 더욱 크게 느끼고 있다는 것이다.

이상의 분석 결과는 다음과 같이 정리해 볼 수 있다. 객관적 조건에 의한 계층 구분의 경우 민주주의 발전에 대한 평가, 주요 기관에 대한 신뢰감, 사회적 갈등의 심각성에 대해서 계층별로 뚜렷한 차이를 나타내지 않았다. 이에 비해 주관적 인식에 의한 계층 구분에서는 계층별로 분명한 인식의 차이가 확인되었다. 전반적으로 하위 집단의 경우 정치적 만족감이 낮고 사회적 갈등에 대한 피로감, 갈등의 심각성 정도도 높았다. 다시 말해 정치제도 전반에 대한 신뢰도, 현 정치 상황에 대한 만족감에 대해서 주관적 인식에 의한 계층 집단 간 인식의 뚜렷한 차이가 존재하며, 상위 집단에서 하위 집단으로 갈수록 이에 대한 부정적인 평가가 높아지는 것으로 나타났다. 주관적으로 자신을 하위 집단에 속한다고 생각하는 사람일수록 정치적 불만이 크고 정치제도에 대한 신뢰도 낮은 것으로 나타났다.

5. 계층과 정책 태도

계급 정치가 확립된 서구 민주주의 국가라면 자신이 속해 있는 계층이나 계급에 따라 선호하는 정책적 입장에 차이가 있을 것이다. 예컨대, 부유한 자본가라면 시장에 대한 정부 개입이나 분배 정책, 증세 등에 대해 부정적인 태도를 취할 것이며, 반대로 저소득층이라면 이러한 정책에 긍정적인 태도를 취할 것이다. 그렇다면 과연 우리나라에서도 이와 같은 정책에 대한 계층별 태도에 차이가 존재할까?

〈표 7-8〉은 시장 자율과 국가 개입에 관한 세 가지 질문 항목에 대한 계층 집단별 태도를 정리한 것이다. 정책 선호에 대한 태도를 측정하기 위해서 '경제발전을 위해서 정부의 개입이 지금보다 더 필요하다', '재벌 규제는 지금보다 더 강화되어야 한다', '경제성장을 위해 노조 활동은 지금보다 더 자제되어야 한다'는 세 가지 주장에 대한 찬반의 태도와 강도를 알아보았다. 여기서도 앞에서 본 여러 분석과 마찬가지로 객관적 조건에 의한 계층 구분에서는 집단 간 차이가 그다지 크게 나타나지 않았다. 즉 객관적 조건에 의한 구분에서는 통계적으로 유의미한 차이가 확인되지 않았다. 이에 비해 주관적 인식에 의한 계층 구분에서는 정부 개입, 재벌 규제 두 항목에서 계층별 태도의 차이가 확인되었다. 상위와 중위 집단은 대체로 비슷한 경향을 보인 것에 비해, 하위 집단에서는 정부 개입, 재벌 규제에 대한 보다 강한 찬성의 입장이 확인되었다. 즉 주관적 인

〈표 7-8〉 경제 정책에 대한 계층별 태도

	객관적 조건				주관적 인식			
	핵심 중산층	주변 중산층	하층	분산 분석	상위	중위	하위	분산 분석
정부 개입	3.25	3.29	3.32	p=0.67	3.23	3.25	3.42	p<0.05
재벌 규제	3.68	3.66	3.65	p=0.95	3.62	3.62	3.82	p<0.01
노조 자제	3.34	3.26	3.27	p=0.57	3.29	3.32	3.36	p=0.67

1-매우 반대, 3-그저 그렇다, 5-매우 찬성

식에 의한 계층 구분에서는 하위 집단이 경제 정책에 있어서 상대적으로 보다 진보적인 태도를 취하고 있는 것으로 나타났다. 앞서 〈표 7-2〉, 〈표 7-3〉, 〈표 7-4〉에서 본 대로, 주관적 인식에 의한 구분에서 하위 집단이 이념적으로 보다 보수적이었다는 사실을 감안할 때 경제 정책에서 이들이 보다 진보적인 태도를 보이는 것은 무척 흥미롭다.

이러한 특성을 다시 확인하기 위해서 이번에는 복지 관련 정책에 대한 계층별 태도의 차이에 대해 살펴보았다. 〈표 7-9〉에는 정부가 어느 정도의 복지를 제공해야 하는지, 복지와 세금 부담의 정도, 부유층 과세 여부 등 세 가지 항목에 대한 입장을 알아보았다. 여기서도 객관적 조건에 의한 계층 구분에서는 통계적으로 유의미한 평균값의 차이가 나타나지 않았다. 주관적 인식에 의한 구분에서는 정부의 복지 제공에 대한 항목에서만 통계적으로 유의미한 차이가 나타났는데, 〈표 7-8〉에서와 마찬가지로 상위/중위 집단과 하위 집단 간 이에 대한 매우 분명한 태도의 차이가 확인되었다. 여기서도 하위 집단은 정부의 보다 많은 복지 제공을 선호하는, 상대적으로 진보적인 입장을 취하는 것으로 나타났다.

그렇다면 이번에는 보다 직접적으로 계층 갈등에 대해서는 어떻게 생각하는지 알아보았다. 지역 갈등, 이념 대립, 세대 갈등, 계층 갈등, 수도권-지방 격차 중에서 가장 시급하게 해결해야 할 항목을 선택하도록 했는데, 그에 대한 계층별 응답이 〈표 7-10〉에 정리되어 있다. 객관적 조건에 의한 계층 구분에서는 분명한 패턴이 확인되지 않았다. 이에 비해서 주관적 인식에 의한 계층 구분에서는 몇 가지 흥미로운 패턴이 확인되는데, 지역 갈등과 세대 갈등에 대해서는, 큰 차이는 아니지만, 상위 집단으로 갈수록 해결이 시급하다는 응답이 높게 나타났다. 그런데 여기서 가장 주목할 만한 응답은 계층 갈등에 대한 것이다. 주관적 인식에 의한 계층 구분의 경우 상위 집단에서 하위 집단으로 갈수록 계층 갈등이 시급하다는 응답의 비율이 높게 나타나고 있다. 다른 항목과 비교할 때 계층 간 응답률의 차이도 컸다. 상위 집단에서 계층 갈등을 선택한 응답의 비율

〈표 7-9〉 복지 관련 정책에 대한 태도

	객관적 조건				주관적 인식			
	핵심 중산층	주변 중산층	하층	분산 분석	상위	중위	하위	분산 분석
정부 복지 제공 정도	4.09	4.03	3.92	p=0.50	4.04	4.10	3.62	p<0.00
복지수준 세금부담	3.79	3.96	3.89	p=0.41	3.77	3.93	3.79	p=0.26
부유층 과세	3.10	3.17	3.19	p=0.76	3.14	3.16	2.98	p=0.17

각 항의 값은 최소값 1~최대값 7

정부복지: 개인의 행복한 삶 영위를 위해 정부가 최대한 복지를 제공해야 한다(1), 정부는 최소한의 필요 부분만 지원해야 한다(7) / 세금 부담: 세금이 늘어나더라도 복지 수준을 늘려야 한다(1), 세금 부담을 줄이기 위해 낮은 복지 수준을 감수해야 한다.(7) /부유층 과세: 계층 소득 격차 해소 위해 부유층으로부터 세금을 더 거두어 격차를 줄여야 한다(1), 부유층 과세는 돈을 더 많이 벌려고 하는 동기 부여를 감소시키므로 반대한다(7).

〈표 7-10〉 가장 시급하게 해소해야 할 사회적 갈등

	객관적 조건			주관적 인식		
	핵심 중산층	주변 중산층	하층	상위	중위	하위
지역 갈등	8.7	10.9	12.6	13.5	12.4	8.0
이념 대립	36.4	30.3	33.1	30.8	31.7	33.6
세대 갈등	11.5	15.2	14.7	16.0	15.7	10.2
계층 갈등	26.3	31.8	27.7	23.9	29.5	33.6
수도권-지방 격차	14.6	8.1	9.7	13.5	9.4	11.4
기타	2.0	3.8	2.2	2.2	1.4	3.1
합계 (n)	100.0 (253)	100.0 (211)	100.0 (278)	100.0 (318)	100.0 (363)	100.0 (324)
카이제곱 검정	χ^2=12.6 p=0.25			χ^2=20.5 p<0.5		

이 23.9%인데 비해, 중위 집단에서는 그 비율이 29.5%로 높아지며, 하위 집단으로 가면 그 비율이 33.6%에 달한다. 상위 집단과 하위 집단 간의 차이는 거의 10%에 달한다. 〈표 7-10〉의 결과는 하위 집단에서 계층 갈등을 더욱 심각한 문제로 보고 있음을 잘 보여 주고 있다.

〈표 7-8〉, 〈표 7-9〉, 〈표 7-10〉의 결과는 분배 정책 등 경제 정책을 둘러싸고 계층별 시각의 차이가 존재한다는 것을 보여 준다. 하위 집단에서 계층 격차에 대한 문제를 보다 심각하게 생각하고 있으며, 경제 정책에 대한 선호 역시 하위 집단에서 보다 진보적인 것으로 나타났다. 그러나 그러한 계층별 인식의 차이는 객관적 조건에 의한 구분이 아니라, 주관적 인식에 의한 계층인 경우에만 뚜렷하게 확인되었다.

6. 계층과 정치적 관심

지금까지 살펴본 분석의 결과는 매우 흥미롭다. 주관적 인식에 의한 계층 구분의 경우 정치 이념, 정치 제도에 대한 신뢰, 경제 정책에 대한 태도 등에서 분명한 계층별 차이가 나타났다. 그러나 다소 모순되는 것으로 보이는 응답도 적지 않다. 예컨대, 주관적 인식에 의한 구분인 경우 하위 집단은 보다 진보적인 경제 정책을 선호하고, 계층 갈등을 심각한 것으로 여기며, 정치제도에 대한 불신도 높은 편이지만, 이념적인 측면에서는 보다 보수적인 입장을 취하고 있다.

이러한 상반된 태도에 대해 한 가지 가능한 설명은 계층이 정치적으로 아직 효과적으로 동원되지 않고 있기 때문이라는 것이다. 계층의 정치적 연계에 대해 살펴보기 위해서 우선 가깝게 느끼는 정당이 있는지에 대해 물었다. 가깝게 느끼는 정당 유무는 기존 정당과의 정당 일체감(party identification)과도 깊은 관련이 있다. 〈표 7-11〉은 계층별로 가깝게 느끼는 정당 유무에 대해서 물은 것이다. 전체적으로 객관적 조건이나 주관적 인식에 의한 구분 모두에서 대체로 비슷한 패턴이 확인되고 있다. 전체 응답자의 절반을 넘는 다수는 가깝게 느끼는 정당이 없다고 응답했다. 계층별 태도의 차이가 정치적으로 제대로 반영되고 있지 않은 한 가지 이유는 〈표 7-11〉에서 보여 주는 대로 정치적으로 일체감을 갖는 정당이 존재하지 않는다는 데서 찾을 수 있다.

〈표 7-11〉 가깝게 느끼는 정당

구분	계층	새누리당	민주당	기타	없다	합(n)	카이제곱
객관적 조건	핵심 중산층	28.5	10.7	4.3	56.5	100.0 (253)	χ^2=4.5 p=0.61
	주변 중산층	28.8	10.8	3.3	57.1	100.0 (212)	
	하층	30.6	12.2	1.4	55.8	100.0 (278)	
	평균	29.3	11.3	3.0	56.4		
주관적 평가	상위	28.0	11.9	2.5	57.5	100.0 (318)	χ^2=16.5 p<0.05
	중위	30.6	9.4	3.0	57.0	100.0 (363)	
	하위	29.3	10.2	1.9	58.6	100.0 (324)	
	평균	29.4	10.4	2.5	57.7		

일체감을 느끼는 정당이 없다고 하더라도 계층별로 각 정당이나 정당 정치 전반에 대한 평가는 다를 수 있다. 특히 최근 들어 우리나라 정당 정치가 이념적으로 분화되는 특성을 보인다는 점을 감안하면 계층별로 각 정당에 대한 평가는 다를 수 있을 것이다. 이를 알아보기 위해서 새누리당, 민주당 두 정당에 대한 평가와, 이들 두 정당과 통합진보당, 정의당, 안철수 신당 등 소규모 정당을 포함한 다섯 정당에 대한 평가를 합한 경우 계층별로 어떤 차이가 존재하는지 살펴보았다. 정당에 대한 평가는 온도계 방식으로 가장 부정적일 때 0점, 가장 긍정적일 때 100점을 주도록 했다. 〈표 7-12〉에서 볼 수 있는 대로, 우선 우리나라 정당에 대한 평가는 전반적으로 매우 부정적이라는 사실을 알 수 있다. 실제로 어떤 정당도 50점 이상을 넘지 못했다. 상대적으로 새누리당에 대한 평가가 제일 높았고 그다음이 민주당이었다. 소규모 정당들을 포함한 경우 전체 평균은 낮아졌는데, 이들 소규모 정당들에 대한 평가가 새누리당, 민주당보다 더욱 낮다는 사실을 알 수 있다.

그런데 각 계층 별 정당 평가에서는 주목할 만한 차이가 나타났다. 객관적 조건에 의한 구분에서는 여기서도 계층별로 뚜렷한 차이가 확인되지 않았다. 새누리당의 경우 하층으로 갈수록 긍정적 평가가 높았지만 통계적으로 유의미하지 않았고, 민주당이나 5개 정당 합에 대한 평가 역시 통계적 유의미성이 확인되지 않았다. 또한 세 경우를 모두 고려할 때 계층에 따른 정당 평가에 있어서 뚜렷한 하나의 패턴을 보이지 않았다. 이에 비해 주관적 인식에서는 세 경우에 모두 일관된 패턴이 나타났고 통계적 유의미성도 확인되었다. 상위 집단으로 갈수록 각 정당에 대한 평가가 높아졌으며 하위 집단으로 갈수록 평균값은 줄어들었다. 흥미로운 점은 보수적인 새누리당이나 보다 진보적인 민주당이라는 두 정당의 이념적 차이와 무관하게 하위 집단으로 갈수록 평가가 낮아진다는 것이다. 이러한 사실은 주관적 인식에 의한 경우 계층별로 정파적 지지의 차이보다 정당 정치 전반에 대한 만족감의 차이를 보여 주는 것이라고 하겠다. 전반적으로 정당에 대한 일체감은 계층과 무관하게 약하지만, 하위 집단의 경우 정치적 만족감이 상위 집단에 비해서 매우 낮다는 사실을 〈표 7-12〉의 결과는 시사해 주고 있다.

그런데 서구의 연구 결과에 의하면 소득이 낮을수록 정치에 대한 관심은 낮아지는 것으로 알려져 있다. 〈표 7-13〉에서도 계층 간 정치적 관심의 차이가 분명하게 나타난다는 사실을 잘 보여 주고 있다. 여기서는 객관적 조건에 의한 구분에서도 계층별로 뚜렷한 차이를 보였다. 특히 정치에 관심 없다는 응답에 대해 핵심 중산층과 하층 간의 차이는 무려 15.6%에 달했다. 주관적 인식에 의한 계층 구분에서도 정치 관심의 차이는 통계적으로 유의미한 것으로 나타났는

〈표 7-12〉 정당에 대한 만족감

	계층	새누리당	민주당	5개 정당 합
객관적 조건	핵심 중산층	45.4	39.0	33.0
	주변 중산층	47.8	41.1	35.8
	하층	48.9	39.7	34.6
	분산분석	F=1.4 p=0.25	F=0.6 p=0.55	F=1.9 p=0.14
주관적 인식	상위	50.7	44.0	38.3
	중위	48.3	41.0	34.8
	하위	45.6	36.6	32.5
	분산분석	F=2.4 p<0.1	F=10.3 p<0.00	F=12.2 p<0.00

〈표 7-13〉 정치 관심의 차이

구분	계층	정치 관심 있다	정치 관심 없다	합 (n)	카이제곱
객관적 조건	핵심 중산층	58.9	41.1	100.0 (253)	χ^2=13.3 p<0.00
	주변 중산층	53.5	46.5	100.0 (213)	
	하층	43.3	56.7	100.0 (277)	
주관적 인식	상위	50.2	49.8	100.0 (319)	χ^2=5.9 p<0.1
	중위	50.1	49.9	100.0 (363)	
	하위	42.0	58.0	100.0 (324)	

데, 여기서도 하위 집단이 상위 집단보다 정치 관심이 훨씬 낮은 것으로 나타났다. 그런데 객관적 조건에 의한 구분의 경우 핵심 중산층, 주변 중산층, 하층 모두에서 정치 관심 여부의 차이가 컸지만, 주관적 인식에 의한 구분의 경우에는 상위 집단이나 중위 집단에서는 정치적 관심 여부가 대체로 50 대 50에 가까운 반면 유독 하위 집단에서만 차이가 크게 나타났다. 하위 집단에서 정치에 관심 없다고 응답한 이들은 관심이 있다고 응답한 이들에 비해 16% 높았다.

이와 관련하여 투표 참여 여부에 대해서 알아보았다. 2007년 대선, 2012년 총선, 2012년 대선 세 차례의 선거를 대상으로 한 번 이상 기권한 경우만을 골라 보았다. 〈표 7-14〉에서 보듯이, 두 구분의 계층 분류에서 모두 통계적인 유의미성은 확인되지 않았다. 그러나 주관적 인식에 의한 계층 구분의 경우 유독 하위 집단에서 상대적으로 기권한 경우가 많다는 사실을 알 수 있다. 앞의 〈표 7-13〉에서 본 것처럼, 여기서도 하위 집단이 상위, 중위 집단과 상이한 정치적

〈표 7-14〉 투표 참여

구분	계층	한 번 이상 기권	기타	합 (n)	카이제곱
객관적 조건	핵심 중산층	26.9	73.1	100.0 (245)	χ^2=0.1 p=0.94
	주변 중산층	28.3	71.7	100.0 (195)	
	하층	28.1	71.9	100.0 (262)	
주관적 평가	상위	26.6	73.4	100.0 (291)	χ^2=1.5 p=0.47
	중위	26.4	73.6	100.0 (325)	
	하위	30.4	69.6	100.0 (303)	

태도를 지니고 있음을 시사하고 있다. 사실 투표 참여에 대한 질문은 규범적 속성을 지니고 있어서 많은 서베이에서 실제 투표율보다 항상 높게 나타나는 특성이 있음을 감안한다면, 하위 집단의 상대적인 기권율은 더욱 높아질 수도 있을 것이다.

이상에서 본 대로, 주관적 인식에 의한 계층 구분에서 하위 집단은 정당 정치와의 연계, 소속감도 약하고, 실제 정치에 대한 관심이나 참여 역시 다른 계층과 비교할 때 낮은 것으로 나타났다.

7. 결론

지금까지의 분석에서 주목할 점은 객관적 조건에 의한 계층 구분보다 주관적 인식에 의한 계층 소속감이 정치적으로 보다 의미 있는 차이를 만들어 내고 있다는 것이다. 특히 주관적으로 자신을 하위 집단에 속한다고 생각하는 이들은 한국 민주주의 발전에 대한 낮은 평가, 주요 기관에 대한 낮은 신뢰도, 사회 갈등에 대한 심각성 등의 태도에서 다른 계층과 뚜렷이 구분되는 태도를 갖고 있었다. 즉 주관적 인식에 의한 하위 집단은 정치적인 불신이나 불만이 보다 큰 계층이었다. 다른 한편으로 이들은 복지 확대나 국가 개입 등과 같은 경제 정책에 대해서 자신들의 계층적 이해관계에 부합하는 진보적인 입장을 보였고, 계층 갈등의 심각성도 보다 강하게 인식하고 있었다. 그러나 정치적으로는 기존 정당 정치에 대해서는 매우 부정적인 태도를 취하고 있었다. 즉 정당적 일체감이 약하고, 전반적으로 정당에 대한 호감도와 정치에 대한 관심이나 참여도 낮은 계층으로 나타났다. 요약하자면, 주관적으로 자신이 하위 집단에 속한다고 평가한 이들은 계층 격차를 심각한 문제로 여기고 복지 확대나 국가 개입 등을 통해 해소되기를 기대한다. 하지만 현실 정치권이 이들을 제대로 대표하지 못한 데 대해 불만이 커지면서 정치제도 전반에 대한 높은 불신을 갖게 된 것으로 볼

<표 7-15> 2012년 대선에서의 계층별 투표 패턴

구분	계층	박근혜	문재인	합 (n)	카이제곱
객관적 조건	핵심 중산층	58.4	41.6	100.0 (214)	χ^2=4.7 p<0.1
	주변 중산층	57.2	42.8	100.0 (173)	
	하층	66.7	33.3	100.0 (228)	
주관적 평가	상위	59.8	40.2	100.0 (271)	χ^2=1.8 p=0.42
	중위	65.2	34.8	100.0 (296)	
	하위	63.1	36.9	100.0 (256)	

수 있다.

그렇다면 문제는 이러한 하위 집단의 요구가 뚜렷이 존재하지만 이것이 정당 정치를 통해 효과적으로 대표되거나 동원되고 있지 못한다는 점일 것이다. 이런 경우라면 저소득층이나 하위 집단이 스스로 보수적이라고 생각하거나 보수 정당을 지지하는 '계급 배반적' 행태를 행할 것으로 보기는 어렵다.

주관적 인식에 의한 구분에서도 하위 집단이 '계급 배반적'인지 확인하기 위해서 2012년 대통령 선거에서의 선택에 대해서 살펴보았다. <표 7-15>에서 보듯이, 객관적 조건에 의한 계층 구분에서는 핵심 중산층 및 주변 중산층과 비교할 때, 하층 집단에서 박근혜 후보에 상대적으로 높은 지지를 보였음을 알 수 있다. 계급 배반적 투표는 객관적 조건에 의한 계층 구분의 경우 뚜렷하게 나타났다. 이에 비해 주관적 인식 구분에서는 계층 집단별로 두 후보에 대한 차이가 상대적으로 크지 않았으며 통계적인 유의미성도 확인되지 않았다. 주관적 인식 집단에서는 근소하게나마 중위 집단에서 박근혜 지지가 가장 높게 나타나서 하위 집단이 '계급 배반 투표'를 행한다는 특성도 나타나지 않았다. 이러한 <표 7-15>의 결과는 매우 흥미롭고 주목할 만하다. 그동안의 연구 결과와 달리 주관적으로 계층적 소속감을 갖는 경우, 하위 집단이라고 해서 보수 정당이나 보수 후보를 일방적으로 지지하지 않는다는 사실을 보여 주고 있기 때문이다. 즉 여기서는 '계급 배반적' 투표 행태가 뚜렷하게 확인되지 않았다.

그동안에는 주로 가구 소득에 의해 계층을 구분하고 이들의 투표 행태나 정치 성향 분석을 통해 하위 집단, 혹은 저소득 층이 보다 보수적임을 밝혔다. 그러나 여기서 본 대로, 실제로 계층이 정치적으로 보다 중요한 의미를 갖게 되는 경우는 물질적 기준에 의한 계층 균열보다, 심리적 요인에 의한 계층 소속감에 의한 것이었다. 여기서 하위 계층은 계층 격차의 심각성을 인식하고 있었고 국가 개입 등 정책 방향에 대한 진보적 성향도 나타냈다. 이념적으로 보수적이긴 했지만 주관적 이념 기준에서는 통계적으로 유의미한 집단 간 차이가 나타나지 않았고, 구체적 정책에 대한 것에서는 안보/반공 차원과 사회 차원에서만 그러한 보수성이 확인되었다. 그러나 경제 영역에서는 이들이 보다 보수적이라고 할 만한 결과가 나타나지 않았다. 이들 하위 계층은 정치권에 대한 불만이 크고 정치제도에 대한 불신도 높은 것으로 나타났지만, 그러한 특성은 정파적 선택에서는 커다란 차이를 보이지 않았다.

이런 점에서 볼 때 적어도 주관적 인식에 의한 구분의 경우, 계층이라는 변인은 정치적인 갈등으로 구현될 수 있는 상당한 잠재성을 갖고 있는 것으로 보인다. '계급 정합적인' 태도가 주관적 인식에 의한 계층 구분에서는 확인되고 있기 때문이다. 아직까지 그러한 계층적 특성이 정치적으로 드러나고 있지 않은 까닭은 그것이 기존 정당들을 통해 효과적으로 동원되고 있지 않기 때문이다. 다시 말해서 계층별로 상이한 정치적 시각이나 요구가 정당들을 통해 제대로 표출되고 있지 않다는 것이다. 그것은 우리나라 정당 정치가 여전히 지역주의나 이념, 세대 등 기존의 주요 갈등을 통한 정치적 동원에 만족하고 있기 때문일 것이다. 그러나 머지않은 장래에 이러한 기존의 갈등 요인에 변화가 생겨나거나 혹은 계층과 관련된 중대한 사건이 발생하게 된다면 계층은 곧바로 정치적으로 동원될 수 있는 잠재력을 갖추고 있다. 다만 객관적이고 물리적인 조건보다 주관적인 계층 소속감이 중요한 의미를 지닌다는 점에서 정치권이 정치적으로 지지자들을 규정하고 조직해 내는 일은 쉽지 않을 것이다.

제8장

경제적 불평등과 정치 신뢰

1. 서론

민주화 이후 오랜 기간 동안 한국 정치를 지배했던 가장 중요한 요인은 지역주의였다. 영남과 호남의 지역적 갈등을 축으로 하는 지역주의는 지역에 기반을 둔 정당 정치를 통해 지속적으로 재생산되어 왔다. 그리고 이러한 지역주의에 기초한 정당 정치는 그 이후 보수와 진보라는 이념적 갈등으로까지 확대되어 갔다. 이념적 갈등은 특히 2002년 대통령 선거를 기점으로 가히 폭발적이라고 할 만큼 강력한 정치적 변수로 떠올랐다. 사실 이념에 따른 정치적 경쟁의 부상은 비교정치적으로 본다면 한국 정치가 서구 민주주의 국가의 정치에서와 같은 보편적 특성을 지니게 되었음을 보여 주는 것이라고도 할 수 있다. 그런데 한국 정치 맥락에서 보수와 진보의 이념은 서구 정치에서와는 달리 그 속에 계급적, 경제적 특성이 그다지 두드러지지 않았다. 한국 정치에서의 보수와 진보는 서구에서 일반적으로 나타나는 분배 대 성장, 시장 자율 대 국가 개입, 형평 대 효율 등과 같은 경제적 속성보다는 대북정책, 대미관계 등 안보, 외교적 특성을 두고 강하게 대립했다. 유권자의 이념 성향이나 주요 정당 간 정책적, 이념적 대립에 미치는 요인 역시 이러한 안보, 외교 영역에서의 특성이 보다 강하게 나타났다(강원택 2005).

서구 민주주의와는 달리 우리나라 선거에서 경제적 요인이 정치적 선택에 미치는 영향은 크지 않거나, 서구에서 나타나는 투표 행태와는 오히려 상이한 특성을 보인다. 1970년대 이후 주요 유럽 국가에서 계급 정치의 영향력은 예전에 비해 쇠퇴해 왔지만(Dalton and Wattenberg 2000; Clark, Lipset and Rempel 1993), 유권자의 경제적 지위는 선거에서 여전히 중요한 변수로 남아 있다. 즉 노동계급이나 경제적인 하층 계급은 노동당이나 사회당, 사민당과 같은 좌파 정당을 지지하고, 반대로 중산층 이상 유산 계급은 보수 정당을 지지하는 패턴이 일정하게 유지되어 왔다(Anderson and Heath 2002). 미국에서도 소득 수준에 따른 계급 투표 경향이 1980년대 중반부터 다시 부상하고 있다(김진하 2004).

그러나 우리나라의 선거에서는 이러한 투표 패턴이 제대로 발견되지 않거나 오히려 그 역의 특성을 보이기도 한다. 소득이 낮거나 재산이 적은 경제적으로 하층 유권자들이 보수 정당이나 보수 후보를 지지하는 이른바 '계급 배반 투표'의 특성이 발견되는 것이다. 하지만 최근 들어 한국 사회에서 가장 심각한 문제로 떠오르고 있는 것은 경제적 격차, 경제적 불평등에 대한 것이다. 통계청에서 발표한 2016년 소득 분배지수에서 상위 20%의 소득층과 하위 20% 소득층의 소득 차이를 나타내는 소득 5분위 비율의 경우 시장 소득 기준 9.32, 처분 가능 소득 기준 5.45의 수치를 보였다. 상위와 하위 계층 간 소득의 차이가 거의 10배에 달하며 문제는 그 차이가 시간이 갈수록 더욱 증대되는 경향을 보이고 있다.[1] 통계 수치에서뿐만 아니라 국민들이 실제로 체감하는 경제적 격차의 정도 역시 심각한 수준이다. 이미 오래 전부터 각종 여론조사에서 우리 국민이 가장 심각하게 생각하는 사회 문제로 계층 갈등, 소득 격차가 손꼽혔다. 예컨대, 2012년 내일신문, 서강대 현대정치연구소, 한국리서치가 실시한 신년여론조사

1. https://kostat.go.kr/portal/korea/kor_nw/2/4/1/index.board?bmode=read&aSeq=360790 (검색일: 2017.5.25.)

에 따르면 국민들은 세대 갈등, 이념 갈등, 지역 갈등보다 계층(빈부)갈등이 훨씬 더 심각하다고 느끼는 것으로 나타났다. 응답자의 91.5%가 계층 갈등을 심각하다고 여겼는데, 다른 갈등보다 심각성을 느끼는 정도가 높았다. 또한 심각성의 정도를 측정한 사회갈등 심각성 인식 정도에서도 빈부 격차, 계층 격차가 가장 높은 수치를 나타냈다.[2]

이처럼 최근 들어 우리 사회에서 경제적 불평등의 문제를 심각하게 생각하는 것에 비해 현실 정치에서는 이러한 심각한 이슈가 효과적으로 반영되지 않고 있다.

즉 경제적 불평등 해소를 원하는 국민의 정치적 요구가 제도권 정치를 통해 적절하게 반영되지 못하고 있는 것이다. 이러한 괴리는 불가피하게 정치권에 대한 국민의 불신을 강화시키게 될 것이다. 정당 정치는 여전히 지역주의나 안보, 국방 이슈와 관련된 이념 갈등에 기초해 있을 뿐, 계층 갈등이나 경제적 격차가 정치적으로 제대로 대표되고 있지 못하다. 이러한 상황은 단지 정당 정치에 대한 불만뿐만 아니라, 우리의 정치 시스템 전반에 대한 불신이나 불만으로 이어질 수 있다.

이 장에서는 이러한 문제의식으로부터 경제적 불평등에 대한 국민의 인식이 정치적 신뢰에 어떤 영향을 미치는지에 대해 살펴보고자 한다. 여기서 관심을 갖는 경제적 불평등과 관련된 요인은 크게 세 가지다. 첫째는 개인의 객관적인 경제적 상황이다. 즉 가구별 자산이나 소득에서의 차이가 정치에 대한 신뢰 여부에 차이를 만들어 내는지 보고자 한다. 앞서 언급한 대로, 각 개인의 경제적 상황은 선거 정치에서는 그동안 정파적 지지의 차이를 분명하게 만들어 내지 못했다. 두 번째는 주관적인 계층의식이다. 앞 장에서 본 대로, 객관적 경제 상황보다 주관적 계층의식이 보다 분명한 정치적 의식의 차이를 보였다. 세 번째

2. http://www.sips.re.kr/bbs/viewbody.php?code=report&page=4&id=198&number=198&keyfield=&key=&category=&BoardType=&admin=&PHPSESSID=9a45d66563763bcb05da154f113e7ccd (검색일: 2012.1.4.)

는 사회적인 상황에 대한 인식이다. 즉 한국 사회의 경제적 불평등의 수준과 심각성에 대한 인식의 차이에 따라 정치적 신뢰가 달라지는지 살펴봤다. 이러한 분석을 통해 경제적 불평등이 단지 경제적, 계층적 수준에서의 잠재적 갈등 요인에 그치는 것이 아니라 정치체제, 정당 정치에도 중요한 영향을 미친다는 점을 제시하고자 한다. 여기서 사용되는 데이터는 2014년 서울대학교 사회과학대학에서 실시한 국민의식조사 자료이다.[3]

2. 기존 문헌 검토

경제적 격차의 문제는 오늘날 비단 한국뿐만 아니라 세계적으로 정치적 불안정의 요인이 되고 있다. 세계화와 신자유주의의 확산과 함께 계층 간, 직책 간 소득의 격차는 극적으로 확대되어 왔고, 이러한 문제에도 불구하고 효과적으로 경제적 격차 해소를 해내지 못하는 정부나 정치 시스템에 대한 불만이 각국에서 고조되고 있다. 예컨대, 2011년 9월 시작된 '월가를 점령하라(Occupy Wall Street)' 시위는 미국 사회의 빈부 격차의 심각성과 그에 대한 광범위한 불만을 극적으로 보여 주었고 세계 여러 나라로 확산되었다. 당시 시위대는 '우리는 99%이다(We are the 99%)'라는 구호를 외쳤는데, 소득 상위 1%에 집중된 사회적 부의 편중의 심화 문제를 지적한 것이다. 또한 유럽 등 서구 민주주의 국가에서의 선거에서 최근 들어 기존 정당에 대한 불만의 증대와 함께 극우정당, 포퓰리즘 정당에 대한 지지가 늘어난 것도 경제적 격차나 부의 편중이 확대된 것과 무관하지 않다(Spruyt, Keppens and van Droogenbroeck, 2016; Inglehart and Norris, 2016). 이러한 정치 현상은 경제적 불평등의 심화와 그로 인한 다수 국민

3. 여기서 사용되는 데이터는 2014년 1월 17일부터 2월 5일까지 서울대학교 사회과학대학 계층연구팀이 한국리서치에 의뢰하여 실시한 '한국 사회에 대한 의식 조사' 자료이다. 대면 면접조사 방식을 사용했으며 표본의 크기는 1006이다.

의 삶의 질 하락이 기존 주요 정당 정치 그리고 정치 시스템에 대한 불만과 불신을 드러낸 것이라는 점에서 우려되는 현상이다. 즉 불평등의 심화는 정치권력과 제도의 공정성에 대한 불신을 높여 정치 공동체의 결속력을 약화시키고, 민주주의 정치 시스템의 효과적 작동에 대한 불신을 높여 민주주의의 불안정성을 높일 수 있다. 나이(Nye 2001)는 자신이 편저한 "국민은 왜 정부를 믿지 않는가(Why People don't Trust Government)"라는 책에서 정부의 업무 영역(scope), 정책집행의 성과(performance) 그리고 정부 운영에 대한 국민의 태도, 반응(perceived performance) 등의 세 가지 차원에서 정부 신뢰의 문제를 다루고 있다. 이 책의 주장은 정부에 대한 신뢰가 낮으면 국민은 물리적, 제도적, 법적, 인적 자원을 제공하지 않으려고 하며, 이러한 자원의 결핍은 정부의 업무 수행에 부정적 영향을 미치고 이는 또다시 정부 정책에 대한 불신을 강화시키는 악순환을 거듭하게 된다는 것이다. 더욱이 정부에 대한 불신의 증대는 국민의 정치 참여를 저하시켜 건강한 민주주의에도 부정적 영향을 미치게 된다는 것이다. 다음의 인용문 역시 이런 문제점을 잘 지적하고 있다.

> 정치 시스템이 제 기능을 하지 못할 뿐만 아니라 공정하지 못하다는 믿음이 강해지면, 사람들은 시민적 덕목을 지켜야 한다는 의무감을 벗어던진다. 사회적 약속이 무너지고 정부와 국민 간의 신뢰가 깨지면, 사람들은 정치에 환멸감을 느끼거나, 이탈하거나, 그보다 더 심한 방향으로 움직인다. 오늘날 미국을 비롯하여 세계 각지의 수많은 민주주의 국가에서는 정치에 대한 불신이 점점 깊어져 가고 있다(Stiglitz 2013: 237-238).

그런데 정치 전반에 대한 신뢰감은 각 개인이 경제적으로 놓여 있는 처지에 따라 다르게 평가될 수 있다. 경제적으로 윤택하고 안정적인 사람과 그렇지 못한 이들의 정치제도와 정치 기구의 작동에 대한 신뢰도는 다를 수 있다는 것이다. 즉, 각 개인의 사회경제적 지위는 교육, 직업, 소득 등 위계적으로 구조화된 체계로서 각기 다른 삶의 기회와 생활양식을 가지게 되며, 이렇게 각기 다른 조건들은 개인의 가치관 및 정치적 태도와 행위에 영향을 미친다(김상돈 2007: 31).

앞서 지적한 대로, 한국 역시 경제적 격차는 오늘날 심각한 사회적 문제가 되고 있다. 한국 사회는 1980년대부터 1996년까지는 전반적으로 소득 불평등이 완화되는 추세였지만 1997년 말 외환위기를 계기로 소득이 양극화되면서 불평등이 급격히 심화되었다. 한국의 경우 과거 발전주의 국가 시대에 높은 성장률과 '잘 살아 보자'는 국민의 의욕이 함께 작용하여, 사회 구성원의 개별적 자본 축적뿐만 아니라 사회 전반적으로도 일정한 수준의 분배와 상향 계층 이동의 가능성이 존재했다. 그러나 오늘날과 같이 저성장 시대에 소득 격차의 심화, 자산 격차의 심화는 저소득층의 근로 의욕을 상실시킬 뿐만 아니라, 정부의 역량에 대한 믿음을 약화시켜 정치제도와 정부에 대한 사회 구성원의 신뢰도를 하락시킨다(서문기 2001: 139).

불평등의 심화는 그로 인해 어려움을 겪는 이들에게 정부나 정치제도에 대한 불신을 심어줄 수 있고 자신을 둘러싼 전반적인 정치 환경에 대한 불만을 갖게 할 수 있다. 이는 정치제도에 대한 불만의 증대와 함께 보다 극화된 정치적 경쟁으로 이어질 수 있다. 예컨대, 맥커티 등(2006)은 미국에서 소득 불평등의 심화가 정당 경쟁의 양극화로 이어지고 있다고 주장한다. 이처럼 경제적 불평등의 증대는 정당 정치의 양극화로 이어질 뿐만 아니라, 유권자의 투표선택에도 영향을 미친다. 미국에서는 소득수준에 따라 정치적 선택도 계층화되는 양상이 나타난다. 상대적으로 저소득층일수록 민주당을 지지하는 반면에 고소득층일수록 공화당을 지지하는 현상이 나타나며, 이러한 소득계층에 따른 정치적 계층화는 소득불평등이 심화될수록 더욱 뚜렷해지는 양상을 보인다(이현경, 권혁용 2016: 92).

우리나라에서도 개인의 사회경제적 지위에 따라 주요 정책 방향에 대한 태도의 차이는 확인된다. 예컨대, 이갑윤·이지호·김세걸(2013)의 연구에 따르면,

재산의 정도에 따라 계급의식의 차이가 확인되는데, 재산이 소득 만족이나 공정 배분 및 빈부 격차와 같은 유권자의 분배 의식에 큰 영향을 미치고 있으며, 시장 개방, 기업 규제 반대, 세금 인하와 같은 경제적 이슈와 복지 확대, 무상급식 및 사회적 약자 보호와 같은 사회적 이슈에 상이한 태도를 보인다고 한다.

하지만 우리나라에서는 그러한 정치적 태도의 차이가 정치적 선택이나 정형화된 정파적 지지로까지 나아가지는 못하고 있다. 이갑윤, 이지호, 김세걸(2013)은 계급의식이 정당 지지나 투표 결정에 커다란 영향을 미치지 못하고 있는데 이는 정당이 계급 이슈를 통한 정치적 동원을 이뤄내지 못한 이유 때문으로 보았다. 실제로 그동안의 한국 선거에서는 저소득층이 오히려 보수 정당이나 보수 후보에게 보다 많은 지지를 보내는 이른바 '계급 배반 투표'의 경향이 나타났다. 이 책 제6장에서의 논의에서는 그 원인을 저소득층에서의 세대와 계층의 혼합에서 찾았다. 저소득층 유권자 가운데 적지 않은 비율이 60대 이상의 고령층 유권자들이었는데, 이들의 강한 보수성이 저소득층 유권자의 '계급 배반적' 특성을 드러나게 했다는 것이다. 한국 저소득층의 보수 정당 지지 성향은 세대 효과와 맞물려 나타나고 있다는 점은 다른 연구에서도 유사한 형태로 확인되고 있다(이현경, 권혁용 2016; 신광영 2016: 89; 전병유, 신진욱 2014 등).

그러나 이현경과 권혁용(2016)은 경제적 불평등의 심화 정도에 따라 계층에 따른 정당 지지와 투표 선택이 달라진다고 주장했다. 즉 경제적 불평등이 완화되는 시기에 저소득층은 보수 정당을 지지하는 모습을 보이지만, 불평등이 심화되는 시기에 보수 정당을 지지 하지 않는 모습이 나타나면서 한국사회에서 소득에 기반한 정치적 선호와 정치행태의 계층화가 경제적 불평등의 수준과 맞물려 나타난다고 보았다. 또한 이용마(2013)는 구중산층과 구분되는 신중산층과 외환위기라는 경제적 사건 이후의 변화에 주목하면서, 외환위기 이후 한국사회가 계층 구조의 큰 변화를 겪으면서 신중산 계층의 진보성과 상위 계층의 보수성이 나타나게 되었고 이러한 계층적 투표 행태는 2000년 이후 거의 모든 대선과 총선에서 나타난다고 주장했다. 또한 이 책 제10장의 논의에서는 계층의 구분을 가구 소득이 아니라 가구당 자산 규모와 주택 소유 여부와 같은 재산의 정도를 기준으로 하면, 2017년 대통령 선거에서는 '부자 보수'의 특성이 확인된다고 주장한다. 즉 '가진 자'의 보수 지지 경향이 확인된다는 것이다.

지금까지 살펴본 대로, 경제적 불평등의 사회적 심화는 각 시민의 정치적 태도, 정파적 선택, 그리고 정치제도의 신뢰에 상당한 영향을 미친다는 것을 알 수 있다. 하지만 기존 연구 결과를 볼 때, 우리나라에서 개인의 경제적 상황, 경제적 불평등에 대한 인식과 정치 태도와 정치 신뢰와의 관계는 그다지 두드러지지 않거나 그 관계 자체가 논쟁적이다. 이런 결과를 보이는 데에는 여러 가지 요인이 있을 수 있다. 우선 정당 정치가 계층적 요인에 크게 의존하지 않는다는 점이다. 민주화 이후 한국 정당 정치는 지역주의적 경쟁 구도하에 놓여 있었으며, 지금까지도 지역주의는 각 정당의 지지 동원에 매우 효과적으로 작용하고 있다. 2002년 대통령 선거 이후에는 보수와 진보라는 이념적 요인이 새로운 정치적 균열 축으로 등장했지만, 이념적 갈등의 주된 요인은 국가 대 시장, 형평 대 효율과 같은 경제적 측면보다 대북 관계, 대미 관계 등 안보, 국방, 대외관계와 관련된 특성이 보다 강했다. 그리고 이러한 지역주의와 이념 균열은 세대적 요인과 맞물리면서 주요 정당의 정치적 기반을 견고하게 만들어 왔다. 이 때문에 현실적으로 우리 사회에서 경제적 불평등이 심화되었음에도 불구하고 계층적 요인은 크게 부각되기 어려웠던 것이다. 그러나 경제적 요인에 따라 정파적 태도에 대한 차이는 여전히 두드러지게 나타나지 않더라도 정치 전반에 대한 만족감, 정치제도에 대한 신뢰, 민주주의 작동에 대한 평가는 자신을 둘러싼 전반적인 정치 환경에 대해서는 경제적 상황과 불평등에 대한 인식에 따른 태도의 차이가 나타날 수 있다.

또 다른 측면은 방법론적인 문제와 관련이 있다. 그동안 적지 않은 연구에서 계층적 구분의 기준으로 삼은 것은 소득 격차였다. 소득 격차는 계층을 구분하는 매우 중요한 요인이 된다는 점에는 이견이 있을 수 없지만, 현실적으로 한국 사회에서 보다 두드러진 경제력의 차이는 소득보다 자산에서 비롯될 수 있다.

예컨대 부동산의 소유 유무, 부모나 조부모의 재산 정도가 소득보다 계층적 구분에 보다 큰 영향을 미칠 수 있다는 것이다. 1970~1980년대의 고도 성장기에 교육과 소득에 의한 계층 상승이 가능했던 시절과 달리 이제는 상속이나 재산의 유무가 경제적 지위의 결정에 보다 중요해질 수 있는 것이다. 손낙구(2008)는 한국에서 경제적 능력이나 사회적 지위는 부동산 자산을 얼마나 소유하고 있느냐로 결정된다고 하면서 이러한 세태를 '부동산 계급사회'라고 일컬었다. 한국에서 부동산은 주거 환경뿐만 아니라 개인의 삶을 전반적으로 결정하는 가장 중요한 자원이라는 것이다. 그리고 부동산과 같은 재산의 유무는 실제 정치적인 태도와 결정에도 영향을 미치고 있다. 서울의 강남, 서초, 송파 등 강남권에서의 보수 정당, 보수 후보에 대한 강한 선호도가 이러한 점을 증명하고 있다.

이와 같은 점을 고려하여 이 장에서는 계층적 요인을 소득 이외에 다양한 요인을 고려할 것이며, 계층적 요인과 경제적 불평등에 대한 인식이 정파적 태도보다 정치 시스템 전반에 대해 어떤 영향을 미치고 있는지 분석하고자 한다. 여기서 말하는 정치 시스템 전반이라는 것은 단지 행정부나 대통령과 같은 국정담당 제도에 대한 것뿐만 아니라, 정당 정치 전반, 한국 민주주의의 작동에 대한 만족감까지를 포함하는 것이다.

3. 분석

경제적 불평등의 문제는 일차적으로는 여러 가지 경제 지표를 통해 그 격차가 얼마나 커졌는지 아니면 좁혀졌는지 살펴보는 객관적 요인이 중요할 것이다. 그러나 이러한 이슈가 개별 시민의 정치적 태도나 정치제도에 대한 평가로 이어지기 위해서는 이들이 그러한 상황을 어떻게 평가하고 있는가 하는 주관적 인식이 보다 중요할 수 있다. 〈표 8-1〉은 지난 3년 간 우리 사회에서 소득 분배

〈표 8-1〉 지난 3년 간 우리 사회의 소득 분배 형평성과 계층 상향 이동 가능성의 변화 정도

	소득분배 형평성		계층 상향이동 가능성	
많이 나빠졌다	10.5	40.5	11.1	39.2
약간 나빠졌다	30.0		28.1	
비슷하다	50.1		51.1	51.1
약간 나아졌다	8.9	9.3	9.1	9.6
많이 나아졌다	0.4		0.5	
N	1006		1006	

의 형평성과 계층 상향 이동의 가능성이 어떻게 변화했는지를 물은 것에 대한 응답을 정리한 것이다.

우선 소득 분배의 형평성 변화를 살펴보면, 예전보다 나빠졌다는 응답이 40.5%에 달하고 있다. 큰 차이가 없었다는 응답이 절반 정도 되지만, 3년 전보다 더 나아졌다는 긍정적인 응답은 10%에도 채 미치지 못한다. 이 결과를 보면 대다수의 사람들이 소득 분배 형평성이 증대되고 있다는 긍정적인 생각을 갖지 않고 있음을 알 수 있다. 또 다른 질문 항목인 계층 상승의 가능성에 대해서도 소득 분배 형평성에 대한 응답 패턴과 거의 일치하는 모습을 보이고 있다. 40%에 가까운 응답자들이 계층 상향 이동 가능성이 예전보다 더 나빠졌다고 보았다. 절반 정도의 응답자들이 지난 3년 간 큰 차이가 없었다고 보는 반면, 여기서도 더 나아졌다는 응답은 10% 정도였다. 소득 분배 형평성이나 계층 상향 이동 가능성 등 두 질문에 대해 전체적인 응답의 패턴은 경제적 불평등의 상황이 지난 3년 간 '그저 그렇거나 더 나빠졌다'는 것으로 볼 수 있다. 경제적 불평등 해소에 대한 희망적 시각보다는 이에 대한 사회적 우려가 적지 않음을 알 수 있다.

이번에는 최근 가장 걱정하는 것이 무엇인지 질문한 것에 대한 응답을 살펴보았다. 〈표 8-2〉에서 보듯이, 역시 가장 높은 응답은 경제적 어려움이었다. 그런데 〈표 8-2〉의 응답에서 가장 눈에 띄는 것은 '빈부 격차의 심화'라는 응답이 높게 나타났다는 점이다. 그 응답 비율이 24.4%로 나타났는데, 결국 4명 중 1명은 현재 가장 걱정스러운 일로 빈부 격차의 확대를 꼽은 것이다. 여기서 '경제적

〈표 8-2〉 요즘 가장 걱정하는 점

	경제적 어려움	빈부 격차 심화	민주주의 퇴보	정파적 갈등	안보 불안정	치안 부재, 범죄	부정 부패	기타
%	33.2	24.4	6.6	6.2	9.5	10.1	9.1	1.3

어려움'을 일종의 ' 경제 격차, 불평등'과 관련된 문제로 본다면, 경제적 격차를 걱정하는 응답은 57.6%에 달한다. 이에 비해 정치적 요인, 안보적 요인, 사회적 요인의 비율은 상대적으로 그리 높지 않게 나타났다. 경제적 격차에 대한 사회적 우려가 상당히 크다는 사실을 알 수 있다.

이처럼 한국 사회의 구성원 다수는 오늘날 경제적 불평등에 대해 매우 심각하게 받아들이고 있다. 그런데 경제적 격차의 문제는, 앞에서 문제 제기한 대로, 공정성에 대한 믿음, 국가 기관에 대한 신뢰, 그리고 체제 전반에 대한 신뢰의 인식에 영향을 미친다. 경제적 격차, 불평등에 대한 인식과 정치 신뢰 및 정치제도의 작동에 대한 평가의 관계를 알아보기 위해서 OLS(Ordinary Least Square) 회귀분석을 실시했다. 여기서의 관심은 개인적 경제적 여건의 차이, 그리고 경제적 불평등의 심각성을 바라보는 인식의 차이가 정치제도와 한국 민주주의 전반에 대한 믿음과 호오도에 상이한 영향을 미치는가 하는 것이다. 보다 구체적으로는 개인의 경제적 여건이 어렵거나 하층으로 생각할수록, 그리고 우리 사회의 경제적 불평등이 심각한 것이라고 느낄수록 한국 민주주의나 정치제도에 대한 평가가 상대적으로 보다 부정적인 것일까 하는 점이다. 물론 소득 불평등과 불평등에 대한 인식이 반드시 비례하는 것은 아니다. 이에 대한 인식은 소득보다 정책 선호 혹은 이념에 따라 영향을 받을 수 있다(지은주, 이양호, 권혁용 2014: 304). 그러나 이러한 관점은 정치적 요인이 경제적 불평등의 인식에 영향을 준다는 점에서 이 장에서 주목하는 인과관계와는 정반대의 입장이다.

분석을 위해 개인의 객관적 경제 상황, 개인 경제 상황에 대한 주관적 인식, 그리고 경제적 불평등에 대한 평가 등 세 범주의 독립변수를 설정했다. 구체적으로 각 변수의 특성에 대해 살펴보면 다음과 같다. 첫째, 개인의 객관적 경제 상황으로는 주택의 소유 여부, 자산 정도, 월 가계 소득의 세 가지를 포함했다. 주택 소유 여부는 자기 집인지, 혹은 월세, 전세 등 임대 형태인지 두 가지 형태를 더미 변수로 포함했다. 자기 집인 경우를 1로, 전월세 등인 경우를 0으로 코딩했다. 앞에서 언급한 대로, 우리 사회에서 주택의 소유 여부는 경제력과 사회적 지위에 상당히 큰 영향을 미치고 있다. 그리고 자산 정도는 부동산, 금융자산, 자동차, 회원권, 귀금속 등을 모두 포함한 가구 당 자산 총액을 고려했다.[4] 그리고 기존 연구에서 계층 구분으로 자주 활용된 가구당 월 소득을 또 다른 변수로 포함했다.[5]

두 번째 범주는 주관적으로 느끼는 경제 상황에 대한 만족도에 대한 것이다. 불평등과 관련된 태도는 단지 소득이나 재산의 규모에 따른 개인의 실제 경제 상태뿐만 아니라 본인 스스로 인식하는 주관적 계층 소속감이나 불평등에 대한 주관적 인식의 정도에 의해서도 영향을 받는다. 사실 불평등에 대한 인식은 자신이 생각하는 '평등'의 정도와 실제 현실에 접하는 불평등 사이의 차이에 대한 주관적 평가나 그에 대한 감정적 반응, 주관적으로 느끼는 상대적 박탈감의 정도를 드러내는 것이기도 하다(김상돈 2011: 145). 실제로 기존 연구에서는 주관적 계층의식이 정치적으로 상이한 선택이나 태도를 갖는다는 것을 제시하기도 했다. 강원택(2014)은 객관적 조건에 의한 계층 구분보다 주관적 평가에 의한 계층 소속감이 정치적으로 보다 큰 차이를 만들어 내고 있다고 하면서, 특히 주관적으로 자신을 하위 계층에 속한다고 생각하는 이들은 정치적인 불신이나 정치제도의 작동에 대한 불만이 보다 큰 계층이라고 분석했다. 또한 주관적 하위 계층은 복지 확대나 국가 개입 등과 같은 경제 정책에 대해서 자신들의 계층적

4. 자산 총액 규모는 1) 3000만 원 미만, 2) 3000만~5000만 원 미만, 3) 5000만~7000만 원 미만, 4) 7000만~1억 원 미만, 5) 1억~2억 원 미만, 6) 2억~3억 원 미만, 7) 3억~5억 원 미만, 8) 5억~7억 원 미만, 9) 7억~10억 원 미만, 10) 10억 원 이상 등 10개 항목으로 구성되어 있다.

5. 월 가구소득의 규모는 1) 100만 원 미만, 2) 100만~199만 원, 3) 200만~299만 원, 4) 300만~399만 원, 5) 400만~499만 원, 6) 500만~599만 원, 7) 600만~699만 원, 8) 700만~799만 원, 9) 800만 원 이상 등 9개 항목으로 구성되어 있다.

이해관계에 부합하는 진보적인 입장을 보였고, 계층 갈등의 심각성도 보다 강하게 인식하고 있었다고 보았다. 전병유와 신진욱(2014: 27) 역시 주관적 계층의식에 따른 계층 투표 현상이 나타난다는 점을 지적했다. 또한 김병조(2000)는 상층 귀속의식을 가진 사람이 한국사회를 안정적으로 보는 데 비해, 하층 귀속의식을 가진 사람들은 한국사회가 불안정한 사회로 보는 경향이 있다고 분석했다. 그러나 여기의 분석에서는 주관적 계층 의식을 묻기보다 개인의 경제 상황의 만족도에 대한 주관적 평가를 변수로 사용했다. 개인의 경제적 상태에 대한 만족도는 현재 개인의 경제 상태에 전혀 만족하지 못하는 경우를 0으로, 그리고 전적으로 만족하는 경우를 10으로 했다.

세 번째 범주는 사회적인 경제 불평등의 대한 평가와 전망에 대한 것이다. 경제 불평등을 상대적으로 심각하지 않게 생각하는 사회에서는 높은 수준의 불평등이라도 그것이 정부의 잘못이기보다 사회발전을 위한 유인으로 간주할 수 있으며, 이와 달리 경제적 불평등을 심각하게 여기는 사회에서는 이를 정부의 정책적 실패나 공정성의 부족으로 간주할 수 있고 이에 따라 정부에 대한 신뢰 역시 달라질 수 있다(금현섭, 백승주 2015: 10-11). 여기서는 경제 불평등에 대한 평가와 관련해서 세 가지 변수를 포함했다. 앞의 〈표 8-1〉에서 살펴본 대로, 3년 전과 비교할 때 소득 분배의 형평성의 정도, 3년 전과 비교할 때 계층 상향 이동 가능성에 대한 평가를 포함했고, 그리고 향후 10년 뒤 한국 사회의 빈부격차 확대 여부에 평가를 추가했다. 소득 분배 형평성, 그리고 계층 상향 이동성의 두 변수는 '3년 전보다 나빠졌다(0)', '비슷하거나 좋아졌다(1)'로, 그리고 10년 뒤 한국사회 빈부격차 확대 여부는 '중산층은 늘어나고 빈곤층은 점차 줄어들어 빈부격차가 완화될 것이다'(1)라는 낙관적인 전망과 '중산층은 줄어들고 빈곤층은 점차 늘어나서 빈부격차가 심해질 것이다(0)'라는 비관적인 전망 두 가지를 더미 변수로 포함했다. 이외에 인구학적인 특성의 영향을 보기 위해 연령, 학력, 성별[6] 등을 포함했다.

한편, 정치적 신뢰에 대한 분석을 위한 종속변수는 세 가지 차원에서의 정치적 평가를 포함했다. 정치적 신뢰를 논할 때 우선적으로 고려될 수 있는 것은 권력 담당자, 즉 대통령이나 행정부의 정책 수행 등에 대한 평가가 되거나(이숙종, 유희정 2015), 혹은 행정부, 사법부, 군대 등과 같은 국가 기관이 될 수 있다(김상돈 2007). 하지만 정치적 신뢰의 대상은 여러 가지 차원으로 나눠볼 수 있다. 예컨대, 이스턴(Easton 1965)의 고전적인 연구에서는 정치적 지지, 정치 신뢰의 대상을 정치 공동체(political community), 정치 체제(political regime), 그리고 국정 담당자(political authority)로 나누었다. 정치 공동체는 정치적 분업에 의해 결합된 개인들의 집단으로 체제의 영토적, 사회적 경계를 말한다. 정치 체제는 입법부, 사법부, 행정부 등 권위구조와 정당화의 원리를 의미하며, 국정 담당자는 정치적 권위를 실행하는 역할을 담당하는 대통령, 국회의원, 법관, 공무원 등을 포함한다.

여기서의 논의에서도 네 가지 차원으로 종속변수를 구분하여 분석하는데, 정치적 측면에서의 미시적인 것과 거시적인 것을 함께 고려하고자 했다. 박병진(2007: 77)의 논의대로, 신뢰는 미시적 현상이자 거시적 현상이며, 또한 미시적 심리수준으로나 거시적 구조수준으로 완전히 환원시켜 버릴 수 없는 양 수준에 공히 침투되어 있는 것이기도 하기 때문이다. 가장 미시적 수준은 일상적 차원에서 접하게 되는 정치의 영역에 대한 신뢰와 평가를 고려했다. 즉, 정치 과정적 측면에 대한 평가이다. 일상적 수준에서 가장 쉽게 그리고 자주 접하게 되는 정치는 정당에 의해 수행된다. 정치적 불만이 높다는 것은 기존의 주요 정당들이 자신의 의사를 제대로, 그리고 효과적으로 반영하지 못한다는 것을 의미할 것이다. 0점을 '매우 부정적'으로 100을 '매우 긍정적'으로 평가하는 온도계 측정 방식을 활용했다. 정당 정치에 대한 평가가 특정 정당과의 관계에 대한 것일 때는 정파적 호오도에 의해 영향을 받을 수 있다. 따라서 정당 정치 전반에 대한 평가는 경쟁적인 두 주요 정당 모두를 함께 고려하는 것이 적절하다. 여기서 사

6. 성별은 남성 0, 여성은 1로 코딩했다.

용되는 데이터는 데이터를 수집한 2014년 당시 정국을 주도한 양대 정당이었던 새누리당과 민주당에 대한 선호도를 합해 평균을 낸 값을 사용했다.

여기서 고려하는 두 번째 수준의 정치 대상은 정부 영역이다. 정책을 결정하고 집행하는 역할을 담당하는 제도이다. 현실 정치적으로 경제적 불평등의 확대와 같은 경제 정책의 결과는 일차적으로 대통령이나 행정부에 대한 책임으로 이어지기 쉽다. 여기서는 대통령과 행정부에 대한 신뢰의 합에 대한 평균을 종속변수로 삼았다. 신뢰도는 '전혀 신뢰하지 않는다'의 경우를 0으로 하고, '전적으로 신뢰한다'를 100으로 한 온도계 측정 방식을 활용했다.

세 번째 수준의 정치 대상은 통치 전반의 영역이다. 여기서의 관심은 특정 대통령이나 행정부의 업무 수행에 대한 것이 아니라, 시민 개인을 둘러싼 통치 기구 전반에 대한 평가이다. 즉 국가 기관 전반에 대한 신뢰를 고려했다. 대통령, 행정부, 사법부, 국회, 군대 등 다섯 개 기관에 대한 신뢰도를 종합하여 그 평균값을 첫 번째 종속변수로 삼았다. 신뢰도의 측정은 앞의 대통령, 행정부의 경우와 동일한 방식으로 행했다. 경제적 불평등에 대한 불만이 크다면 국가 기관 전반에 대한 신뢰도 역시 낮을 것이다.

세 번째로 가장 거시 수준으로는 정치 시스템 전체의 영역이면서 정치적 상징의 영역으로도 볼 수 있는 것, 한국 민주주의에 대한 평가를 고려했다. 특정 정당이나 특정 대통령, 혹은 국가 기관에 대한 평가를 넘어서 근본적인 정치적 질서의 기본인 민주주의의 작동에 대한 만족감을 종속변수로 삼았다. 현재 한국 민주주의가 '거의 실현되고 있지 않다'를 0으로, 그리고 '매우 잘 실현되고 있다'를 10으로 하는 범위 내에서의 주관적 정치적 평가를 물었다. 정치적 불신이 높다면 한국 민주주의의 현재 상황에 대한 만족감 역시 낮을 것이다. 이상에서의 논의를 토대로 한 회귀분석의 결과가 〈표 8-3〉, 〈표 8-4〉, 〈표 8-5〉, 〈표 8-6〉에 정리되어 있다.

〈표 8-3〉에는 정당 정치에 대한 신뢰도를 측정한 결과가 정리되어 있다. 객관적인 개인의 경제 상황을 보여 주는 변수들은 모두 통계적인 유의미성이 확

〈표 8-3〉 정당 정치에 대한 신뢰

범주	변수	B
객관적 개인 경제 상황	주택 소유 여부	1.20
	가계 자산 정도	0.03
	월 가계 소득	−0.42
주관적 개인 경제 평가	개인 경제 상황 만족도	1.04*
경제적 불평등에 대한 평가	소득 분배 상황의 변화	−3.17***
	계층 상향이동 가능성 변화	−1.31
	빈부 격차 확대 여부	−2.85***
인구학적 변수	연령	0.18*
	학력	−0.01
	성별	2.37***
상수		52.26*
N=983 R^2=0.08		

*$p<0.00$, **$p<0.01$, ***$p<0.05$

인되지 않았다. 이에 비해 주관적인 개인 경제 평가에서는 자신의 경제 상황에 대한 만족도가 높을수록 정당 정치에 대한 호감도가 높아지는 것으로 나타났다. 사회 전반의 경제적 불평등에 대한 평가에서는, 사회적으로 소득 분배 상황이 전보다 나빠졌다고 생각할수록, 그리고 앞으로 중산층은 줄어들고 빈부 격차는 더 확대된다고 인식할수록 정당 정치에 대한 선호도는 낮게 나타났다. 즉, 우리 사회의 경제적 불평등 문제를 심각하게 볼수록 정당 정치 전반에 대한 불만이 높았고, 자신의 경제 상황에 대한 불만이 클수록 정당 정치에 대한 만족도가 높았다. 나이가 젊은 층에서 정당 정치에 대한 신뢰가 낮았고, 남성이 여성보다 정당 정치에 대한 호감도가 낮게 나타났다. 전체적으로 볼 때, 경제 상태나 불평등에 대한 '주관적 인식'이 정당 정치에 대한 신뢰에 영향을 미치는 것으로 나타났다.

〈표 8-4〉에서 보듯이 대통령과 행정부에 대한 신뢰도 역시 〈표 8-3〉에 대한 분석과 거의 동일한 패턴을 보이고 있다. 경제 불평등에 대한 주관적 인식에 따라 정부 영역에 대한 신뢰도의 차이를 나타내고 있다. 개인의 경제 상황에 대한

〈표 8-4〉 정부 영역에 대한 신뢰도

범주	변수	B
객관적 개인 경제 상황	주택 소유 여부	0.93
	가계 자산 정도	0.31
	월 가계 소득	−0.23
주관적 개인 경제 평가	개인 경제 상황 만족도	1.04**
경제적 불평등에 대한 평가	소득 분배 상황의 변화	−5.67*
	계층 상향이동 가능성 변화	−2.04***
	빈부 격차 확대 여부	−6.92*
인구학적 변수	연령	0.37*
	학력	−0.17
	성별	0.57
상수		45.09
N=984 R^2=0.17		

*p<0.00, **p<0.01, ***p<0.05

주관적 만족도가 높으면 정부에 대한 신뢰도가 높게 나타났다. 또한 사회적인 경제 불평등의 심각성을 크게 느낄수록 정부에 대한 신뢰도는 낮게 나타났다. 3년 전 대비 소득 분배 상황의 악화, 계층 상향 이동 가능성의 하락, 향후 빈부 격차 확대라는 비관적 전망을 갖는 이들일수록 정부 영역에 대한 신뢰도가 상대적으로 낮게 나타났다. 여기서도 재산, 주택, 소득 등 객관적인 경제 상황에 따른 차이는 통계적으로 유의미하게 나타나지 않았다. 젊은 층에 비해 나이 든 세대에서 정부 영역에 대한 신뢰도가 상대적으로 높게 나타났다.

이번에는 대통령, 행정부뿐만 아니라, 통치 기관을 확대하여 대통령, 행정부, 국회, 사법부, 군대 등 국가 기관에 대한 신뢰에 대해 분석했다. 〈표 8-5〉에서 보듯이 국가 기관에 대한 신뢰는 경제적 불평등에 대한 주관적 평가와 관련된 두 범주에서 통계적으로 유의미한 결과가 확인되었다. 우선 개인이 주관적으로 생각하는 자신의 경제 상태에 대한 평가와 관련해서는 만족도가 높을수록 국가 기관에 대한 신뢰가 높아지는 것으로 나타났다. 또한 사회적인 경제 불평등에 대한 인식에서는 세 변수 모두에서 부정적인 평가를 내릴수록 국가 기관에 대

〈표 8-5〉 국가 기관에 대한 신뢰도

범주	변수	B
객관적 개인 경제 상황	주택 소유 여부	0.35
	가계 자산 정도	−0.11
	월 가계 소득	−0.31
주관적 개인 경제 평가	개인 경제 상황 만족도	1.23*
경제적 불평등에 대한 평가	소득 분배 상황의 변화	−4.28**
	계층 상향이동 가능성 변화	−2.01**
	빈부 격차 확대 여부	−5.79*
인구학적 변수	연령	0.23*
	학력	−0.13
	성별	0.80
상수		45.39*
N=984 R^2=0.15		

*p<0.00, **p<0.01, ***p<0.05

한 신뢰도가 낮아졌다. 즉 3년 전에 비해 우리 사회의 소득 분배 상황이 악화되었다고 인식할수록, 예전보다 계층의 상향 이동 가능성이 낮아졌다고 인식할수록, 그리고 10년 후 한국 사회가 중산층이 줄어들고 빈부 격차가 확대될 것이라고 인식할수록 국가 기관에 대한 신뢰도가 낮아졌다. 즉, 자신이 상대적으로 덜 부유하다고 느끼거나 자신의 경제 상태에 대한 불만이 클수록, 그리고 사회적으로 경제적 불평등에 대한 심각성을 느끼는 이들이 국가 기관에 대한 전반적인 신뢰도가 낮은 것으로 나타났다. 여기에서도 경제적 불평등에 대한 '주관적 인식'이 국가 기관에 대한 신뢰에 영향을 미치고 있음을 알 수 있다. 인구학적 변수에서는 젊을수록 국가 기관에 대한 신뢰도가 낮아지는 것으로 나타났다.

〈표 8-6〉은 한국 민주주의에 대한 신뢰와의 관계를 분석한 것이다. 여기서의 결과 역시 전반적으로 앞의 두 표의 결과와 비슷한 패턴을 나타냈다. 개인의 객관적 경제 상황과 관련해서는 여기서도 세 변수 모두 통계적 유의미성이 확인되지 않았다. 사회적인 경제 불평등에 대한 인식에서는 소득 분배 상황이 예전보다도 악화되었다고 생각할수록, 그리고 10년 뒤 빈부 격차가 더욱 확대될 것

〈표 8-6〉 한국 민주주의에 대한 신뢰

		B
객관적 개인 경제 상황	주택 소유 여부	-0.23
	가계 자산 정도	0.02
	월 가계 소득	-0.02
주관적 개인 경제 평가	개인 경제 상황 만족도	0.05
경제적 불평등에 대한 평가	소득 분배 상황의 변화	-0.84*
	계층 상향이동 가능성 변화	-0.04
	빈부 격차 확대 여부	-0.39**
인구학적 변수	연령	0.02*
	학력	-0.01
	성별	0.05
상수		5.59*
N=984 R^2=0.13		

*p<0.00, **p<0.01, ***p<0.05

이라고 비관적으로 판단할수록 한국 민주주의의 실현 정도에 대한 평가가 낮았다. 전체적으로 보면, 한국 민주주의의 진전에 대한 평가에서도 한국 사회의 경제적 불평등에 대해 비관적으로 판단할수록 부정적으로 인식하는 것으로 나타났다. 즉, 가장 거시적 수준의 정치 신뢰에 대해서도 경제적 불평등에 대한 '주관적 인식'이 영향을 미치고 있음을 보여 주고 있다.

〈표 8-3〉, 〈표 8-4〉, 〈표 8-5〉, 〈표 8-6〉에서의 분석 결과는 주목할 만한 시사점을 주고 있다. 우선 우리 사회의 경제적 불평등을 심각하게 생각할수록 정당 정치, 정부, 국가 기관, 민주주의 체제라는 세 수준에서의 신뢰도나 만족도가 낮아지는 것으로 나타났다. 경제적 불평등에 대한 인식이 단지 일상적으로 접하는 정당 정치에 대한 불만의 증대에 그치는 것이 아니라, 국가 기관의 집행 역량이나 공정성에 대한 불만으로 이어지고 있으며, 궁극적으로는 민주주의 체제의 작동에 대한 불만으로까지 나아가고 있다. 경제적 불평등에 대한 주관적 인식이 정치 신뢰에 매우 중요한 영향을 미치고 있음을 알 수 있다.

주관적으로 생각하는 개인의 경제 상태의 만족도 역시 정당과 국가 기관에 대한 평가에 영향을 미치는 것으로 나타났다. 그러나 주택 소유 여부, 집안 재산의 정도 그리고 가구 소득과 같이 객관적으로 측정되는 개인의 경제 상태와 관련해서는 세 분석에서 모두 통계적으로 유의미한 결과가 나타나지 않았다. 제7장의 논의에서처럼 주관적 계층의식이나 주관적 경제 상태 평가 등 주관적 인식이 객관적 조건보다 개인의 정치적 인식이나 태도 형성에 보다 중요한 영향을 끼친다는 점이 다시 확인되었다.

이러한 태도는 또다시 우리 사회가 얼마나 갈등적인가 하는 데 대한 인식에도 영향을 미친다. 아래의 〈표 8-7〉은 경제적 양극화를 바라보는 인식의 차이에 따라 사회적 갈등의 정도[7]를 어떻게 다르게 보고 있는지 분석한 것이다.

〈표 8-7〉에서 볼 수 있듯이, 우리 사회의 경제적 양극화를 바라보는 태도는 다시 우리 사회의 갈등의 심각성에 대한 인식의 차이를 이끌고 있다. 이전에 비해 소득 분배가 악화되었다고 생각하거나, 상향 계층 상승의 가능성이 낮아졌다고 생각하는 이들은 우리 사회를 보다 갈등적이라고 인식하는 것으로 나타났다. 특히 계층 상승의 가능성이 낮아졌다고 응답한 이들이 인식하는 갈등의 정도가 보다 높다는 점에 주목할 필요가 있다. 즉 계층 상승의 희망이 약화될 때 우리 사회는 보다 갈등적이 될 수 있을 것이라는 점을 시사한다.

이번에는 여러 종류의 갈등 가운데 부자와 빈자 간의 계층적 갈등의 심각성에 대한 응답을 분석해 보았다. 〈표 8-8〉에서 보듯이, 세 변수 모두에서 뚜렷한 인식의 차이가 나타났고, 〈표 8-7〉과 비교할 때도 인식하고 있는 갈등의 심각성의 정도가 컸다. 여기서도 계층 상승 가능성이 예전과 비교할 때 낮아졌다고 인식하는 이들의 갈등 심각성 정도는 1.41로 우리 사회 내 부자와 빈자 간의 갈

7. "귀하는 다음 두 집단 간의 관계가 어느 정도 갈등적이라고 생각하십니까?"라는 질문에 대한 아홉 가지 응답을 합한 수의 평균값으로 측정했다(1. 젊은 세대와 기성세대, 2. 호남 사람과 영남 사람, 3. 부자와 가난한 자, 4. 서울과 지방, 5. 고학력자와 저학력자, 6. 남자와 여자, 7. 기업가와 노동자, 8. 여당과 야당, 9. 대기업과 중소기업).

〈표 8-7〉 경제적 양극화에 대한 인식과 갈등 인식

구분	3년 전에 비해 소득 분배 정도		3년 전에 비해 계층 상승 가능성		10년 후 빈부 격차	
	비슷하거나 나아졌다	나빠졌다	비슷하거나 나아졌다	나빠졌다	완화될 것이다	심각해질 것이다
평균	2.43	2.13	2.45	1.82	2.36	2.30
t-test	8.72 p<0.00		12.02 p<0.00		1.50 p=0.13	

1-매우 갈등이 심하다, …, 5-전혀 갈등이 없다

〈표 8-8〉 경제적 양극화에 대한 인식과 부자-빈자 간의 갈등 인식

구분	3년 전에 비해 소득 분배 정도		3년 전에 비해 계층 상승 가능성		10년 후 빈부 격차	
	비슷하거나 나아졌다	나빠졌다	비슷하거나 나아졌다	나빠졌다	완화될 것이다	심각해질 것이다
평균	2.26	1.86	2.27	1.41	2.28	2.05
t-test	7.18 p<0.00		9.87 p<0.00		3.36 p<0.01	

등이 '매우 심각하다'고 인식하는 것으로 나타났다. 계층 간 갈등의 잠재적 심각성을 시사해 주는 것이다.

이처럼 다수가 느끼고 있는 경제적 불평등의 심각성은 정치제도, 민주주의에 대한 신뢰에도 나쁜 영향을 미칠 뿐만 아니라 우리 사회의 갈등을 악화시킬 수 있는 문제점을 갖는다. 갈등의 악화는 또다시 정치제도에 대한 신뢰를 더욱 추락시킬 수 있을 것이다.

4. 결론

지금까지 경제적 불평등과 관련된 요인들이 일상 정치, 국가 기관 그리고 민주주의 정체라고 하는 정치의 세 가지 상이한 수준별 대상에 대한 신뢰와 만족도의 관계에 대해 살펴보았다. 이 장에서의 분석 결과 두 가지 주목할 만한 특

성이 확인되었다. 첫째, 우리 사회의 경제적 불평등의 심각성에 대한 인식은 단지 일상 수준에서 접하는 정당 정치에 대한 불만으로 그치지 않는다는 점이다. 경제적 불평등에 대한 인식은 일차적으로 그 정책의 집행을 담당하는 대통령과 행정부에 대한 신뢰의 차이로 이어졌고 더 나아가 국가 기관 전반에 대한 신뢰도의 차이로까지 나아갔다. 더욱이 이는 한걸음 더 나아가 한국 민주주의의 작동에 대한 만족감의 차이로까지 이어졌다. 즉, 우리 사회의 경제적 불평등에 대한 인식은 단지 일상적 수준에서 접하는 정당이나 대통령 등에 대한 불신에서 그치는 것이 아니라, 정치제도 전반, 국가 통치기관 전반에 대한 불신으로 이어지고, 종국에는 민주주의라는 우리의 핵심 정체에 대한 만족감, 신뢰감을 낮추는 데까지 나아가고 있다. 즉 민주주의 체제의 정당성의 약화로까지 이어질 수 있는 것이다. 그런 점에서 볼 때, 경제적 불평등을 완화하는 것은 단지 경제의 문제에 그치는 것이 아니라, 정치적으로 국가 기관과 정치제도에 대한 신뢰를 높이고 안정되고 건강한 민주주의를 이루는 데 매우 중요한 조건이 된다는 것을 알 수 있다.

두 번째 특성은 개인의 객관적인 경제 상황보다 '주관적으로 인식된 불평등의 정도, 심각성'이 정치적 신뢰에 보다 중요하게 영향을 미친다는 점이다. 네 차원의 정치적 대상에 대한 분석에서 모두 일관되게 통계적으로 유의미한 결과를 보인 것은 개인의 경제 상태에 대한 '주관적 평가'이거나 우리 사회의 경제적 불평등의 심각성에 대한 '주관적 인식'과 관련된 것이었다. 이에 비해 재산의 정도, 주택의 유무, 그리고 가계 소득 등은 별다른 차이를 나타내지 않았다. 특히 경제적 불평등의 완화나 상향 계층 이동 가능성에 대한 비관적 인식이 정치적 신뢰에 부정적으로 작용했다. 그런 점에서 사회적 안전망의 구축과 내실화, 노동시장에서의 신축성과 안정성 확보, 공적연금체계의 확립을 통한 안정적 소득 보장과 사회적 이동성에 대한 기대의 형성(금현섭·백승주 2014) 등이 이러한 문제점에 대한 적절한 대응책이 될 수 있다.

그러나 보다 중요한 점은 장기적이고 구조적인 관점에서 우리 사회가 경제적 양극화의 문제를 심각하게 생각하고 있으며 이를 해소하기 위해 지속적으로 노력해 오고 있다는 희망과 믿음을 주는 것이다. 즉 경제적 양극화는 경제적으로 어려운 형편에 놓인 계층의 문제만이 아니라 사회 전체가 이 문제에 관심을 갖고 격차를 해소하려고 애쓰고 있다는 믿음을 주는 것이 중요하다는 것이다. 사실 2003년 노무현 정부 출범 이후부터 우리 사회에서 복지 확대나 경제적 불평등 해소에 대한 정치권의 공약이나 사회적 논의는 꾸준하게 지속되어 왔다. 이명박 정부에서는 '동반성장'이 중요한 정책 중 하나였다. 2010년 지방선거에서의 주요 이슈는 '반값 등록금, 무상급식'이었다. 또한 박근혜 대통령은 2012년 대통령 선거 때 복지 확대, 경제 민주화를 내걸고 당선되었다. 이처럼 경제적 불평등을 완화하겠다는 정치권의 약속은 이미 오래 전부터 제시되어 온 것이다. 그러나 여기서의 분석에서 보듯이, 많은 이들에게 우리 사회의 경제적 불평등에 대한 심각성은 오히려 더욱 증대되고 있으며, 이처럼 지켜지지 못한 경제적 불평등 완화에 대한 정치권의 공약은 더욱 더 정치적 불신을 가중시킬 수밖에 없다. 사실 이미 경제적 불평등 완화를 위한 정책에 대해서는 많은 논의가 이뤄져 왔고 그 정책 방향에 대한 공감대도 나름대로 이뤄져 왔다. 문제는 선거 때의 약속이 집권 이후 지켜지지 않거나, 혹은 새로운 정부가 들어설 때마다 이전 정부의 정책을 덮어버리고 다른 새로운 정책을 추진함으로써 경제적 불평등 해소를 위한 일관되고 지속적인 정책 추진이 이뤄지지 못한다는 점이다. 따라서 경제적 불평등 완화를 위한 정책이 실효성을 거두기 위해서는 결국 일차적으로는 정치적 책임성(political accountability)을 어떻게 확립할 것인가 하는 문제와 관련이 있다. 그리고 보다 구조적으로는 경제적 불평등 해소라는 중차대한 국가 과제를 장기적으로 일관성 있게 끌고 나갈 수 있는 정치 시스템을 만드는 일이 중요하다. 민주화 30년을 넘어서면서 최근 이른바 '87년 체제'의 극복을 위한 새로운 정치 질서 마련에 대한 논의가 활발하게 이뤄지고 있다. 이러한 논의는 비단 정치 영역에서의 문제일 뿐만 아니라 경제적 불평등 완화와 같은 중요한 국가 과제의 효과적 수행을 위해서도 시급한 문제이다. 그리고 그것은 또다시, 이 장에서의 분석 결과처럼, 정치제도와 한국 민주주의의 신뢰 회복을 위해서도 중요한 의미를 가질 것이다.

제3부

이념과 투표

제9장

2012년 대통령 선거에서의 이념과 후보 선택

1. 서론

적어도 2002년 대통령 선거 이후 이념은 한국 선거 정치에서 매우 중요한 영향을 미치는 요인이 되었다. 주요 정당이 보수와 진보의 이념을 각각 대표했고 실제로 외교안보정책, 경제 정책 및 사회 정책 분야에서 적지 않은 차별성을 보였다(예컨대, 박원호 2012; 이내영 2009; 김욱 2006; 강원택 2003). 그런데 2012년 대선에서는 뜻밖에도 이념적 요인의 영향이 그다지 크게 부각되지 않았다. 선거 운동 기간 중에 과거와 같이 지지자들 간의 이념적 대립이나 갈등이 부각되지 않았고 특정 정책을 둘러싼 격한 논쟁이 일어나지도 않았다. 이런 점이 특히 특이하게 느껴지는 까닭은 2012년 대선이 보수를 대표하는 박근혜와 진보를 대표하는 문재인 간의 양자 대결로 모아졌기 때문이다. 제3의 후보 없이 보수와 진보의 정파가 일대일로 경쟁을 펼친 선거였기 때문에 이념적 입장에 따른 정치적 정면대결이 불가피해 보였던 것이다.

2012년 대선에서 이념적 요인의 중요성이 약화된 것을 설명할 수 있는 한 가지 이유는 후보자 간의 정책적 입장이 수렴하는 모습을 보였다는 점이다. 특히 박근혜 후보는 전통적으로 진보의 어젠다였던 복지 이슈나 재벌 개혁을 포함하는 '경제 민주화'의 이슈를 선점하고 강조하면서 진보 진영과의 정책적 차별성을 크게 좁혔다. 더욱이 대북 정책과 같이 이념적으로 예민한 사안도 박근혜, 문재인 두 후보 모두 전임 이명박 정부의 강경일변도 정책으로부터의 변화를 강조하면서 그 차이 역시 크게 부각되지 않았다.

그렇다고 하더라도 오늘날 한국 정치에서 이념 변수의 중요성을 간과할 수는 없을 것이다. 그렇다면 2012년 대선에서 이념 변수는 과연 유권자들이 후보를 평가하는 데 어떤 영향을 미쳤고, 궁극적으로 투표하는 데 어느 정도의 영향을 미쳤을까 하는 것이 이 장에서 규명하고자 하는 문제의식이다. 여기서 사용하는 자료는 총선 전부터 대선 이후까지 모두 일곱 차례 조사한 동아시아연구원의 패널 데이터이며, 시간의 흐름에 따른 이념적 특성 변화를 추적하며 분석할 것이다.[1]

2. 이념과 후보자 평가

이념이 후보자 선택에 미친 영향을 살펴보기 위해 우선 대선에서 지지한 후보별 투표자의 주관적 이념 성향을 살펴보았다. 〈그림 9-1〉에는 2012년 총선에서 새누리당이나 자유선진당과 같은 보수 정당과 민주통합당, 통합진보당, 진보신당 등 진보 정당에 정당 투표를 한 유권자들의 이념 성향의 추이와, 대선에서 박근혜, 문재인을 지지한 유권자의 이념 성향의 추이가 정리되어 있다. 몇 가지 주목할 만한 특성이 확인된다. 첫째, 역시 박근혜와 문재인 지지자 간 매우 분명한 이념적 입장의 차이를 보이고 있다는 점이다. 5가 이념적 중간 지점인데

1. 1차 조사: 2012년 3월 30일~4월 1일. 2차 조사: 2012년 4월 12~15일(총선 직후 조사). 3차 조사: 2012년 8월 20~23일. 4차 조사: 2012년 10월 11~14일. 5차 조사: 2012년 10월 11~14일. 6차 조사: 2012년 12월 11~13일. 7차 조사: 2012년 12월 20~22일(대선 직후 조사).

박근혜 지지자들의 이념 평균은 예외 없이 5 보다 큰 값, 곧 보수적 위치에 놓여 있고, 문재인 지지자들은 5보다 작은 값, 즉 진보적 지점에 위치해 있다. 즉 2012년 대선에서도 유권자의 이념에 따라 후보자 선택이 달라졌다는 사실을 알 수 있다.

둘째, 두 후보의 지지자들을 비교할 때 박근혜 지지자들의 보수성이 문재인 후보 지지자의 진보성보다 더욱 강하게 나타났다는 점이다. 특히 대선에 가까워질수록 박근혜 지지자들의 보수 성향은 점차 강화되는 특성을 보이고 있다. 2012년 총선 전 조사에서 5.98이었던 박 후보 지지자의 이념 평균은 그 이후 6.18, 6.26으로 증가했고, 대선 후 조사에서는 6.62까지 높아졌다. 이에 비해 문재인 지지자들의 이념 평균은 4.45→4.72→4.55→4.44로 상대적으로 큰 변화가 없었던 것으로 나타났다.

셋째, 2012년 총선에서 새누리당이나 자유선진당과 같은 보수 정당에 정당투표한 이들의 이념 성향은 대선 과정에서도 일관된 형태로 보수적이며, 반대로 민주통합당이나 통합진보당 그리고 진보신당에 정당 투표한 이들은 역시 일

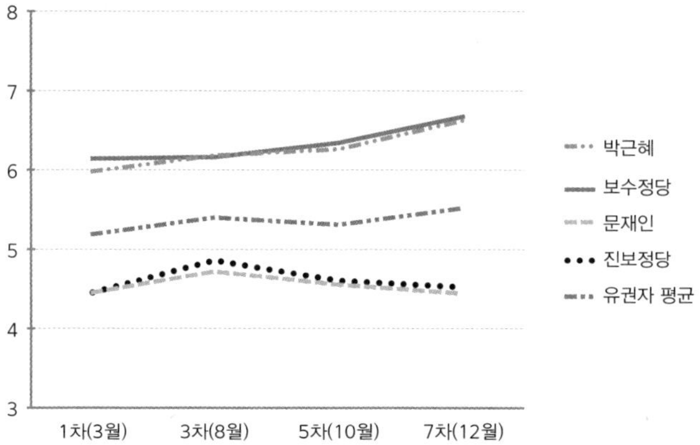

〈그림 9-1〉 총선 이후 대선까지 유권자의 주관적 이념의 변화

– 보수 정당: 총선 때 새누리당, 자유선진당 정당투표자
– 진보 정당: 총선 때 민주통합당, 통합진보당, 진보신당 정당투표자
– 박근혜: 대선 때 박근혜 투표자
– 문재인: 대선 때 문재인 투표자

관되게 진보적 성향을 취했다는 점이다. 다만 대선에 가까워질수록 새누리/자유선진당 투표자들의 이념 성향은 보다 보수화되어 가는 반면, 진보 정당들에 투표한 이들에게서는 그런 특성이 나타나지 않았다. 이는 2012년 총선에서의 투표 선택이 이념적으로 볼 때 대선과 크게 다르지 않았다는 것을 잘 보여 준다. 2012년 총선에서 이명박 정부에 대한 커다란 불만에도 불구하고 새누리당이 승리한 원인이 대선을 염두에 둔 후보자들의 선택과 연관이 있다는 이 책의 제2장의 주장의 타당성을 여기서 확인해 볼 수 있다.

넷째, 총선 정당 투표자와 대선 후보 지지자 두 집단 간의 이념적 차이에 대한 것이다. 총선 전 조사 때와 대선 후 조사 때를 비교할 때 박근혜, 문재인 후보 지지자들 각각 이념 성향이 유사해지는 경향을 보이지만, 총선 때 보수 정당에 정당 투표한 이들의 이념 성향은 대선 때 박근혜 후보에게 투표한 이들보다 다소 보수적인 것으로 나타났다. 이는 박근혜 후보가 총선 때 비해 대선에서 이념적으로 보다 확대된 지지를 얻었다는 사실을 말해 준다. 반면 문재인 후보의 경우에 총선 이전과 대선 이후 조사 결과를 비교해 보면, 총선 무렵에는 두 집단 간 큰 이념적 차이가 없었는데 대선에서의 문재인 투표 집단의 이념성은 오히려 더 진보적으로 나타났다. 즉 문재인 후보의 경우에는 지지층이 총선 때보다 이념적으로 보다 진보적인 집단으로 축소되었다는 것이다. 이러한 차이는 박근혜 후보가 대선에서 잠재적인 보수 성향의 유권자들을 효과적으로 동원해 내었다는 추정을 가능하게 한다.

마지막으로 지적할 수 있는 점은 2012년 대선에서는 전반적으로 유권자들이 보수화된 것으로 나타났다는 점이다. 〈그림 9-1〉에서 보듯이 총선 전부터 유권자의 이념 평균은 5.19로 보수 쪽으로 치우쳐져 있었고 대선이 가까워질수록 보다 더 보수성이 강화되는 경향을 보였다. 대선 후 조사에서 유권자 평균은 5.52로 나타났다. 이전과 비교하면 2007년 동아시아연구원의 대선후 조사에서 유권자의 평균은 5.53으로 2012년과 큰 차이가 없었다. 그러나 2002년 대선에는 4.55로 진보 쪽으로 편향되어 있었고, 1997년 대선에서는 5.1로 거의 중도 지점에 놓여 있었다.[2] 흥미롭게도 2007년과 2012년 대선에서 유권자의 이념적 평균이 보수 편향 되었고 선거 결과에서도 두 번 모두 보수 후보가 당선되었다.

그렇다면 어떤 유권자가 보수적이고 진보적일까? 이념별 유권자의 사회경제적 특성에 대해서 알아보기 위해 거주 지역, 성별, 연령, 학력과 주관적 계층 의식 등 다섯 가지 사회경제적 변수를 포함하여 선형 회귀분석을 실시했다. 그 결과가 〈표 9-1〉에 정리되어 있다. 연령은 주관적 이념 성향과의 관계가 통계적으로 유의미하게 나타났는데 이전 여러 연구에서 확인된 것처럼 나이가 들수록 보수적인 태도를 갖는 것으로 나타났다. 학력 역시 고학력일수록 진보적인 성향이 강한 것으로 확인되었다. 〈표 9-1〉에서 흥미로운 점은 지역이다. 민주화 이후 한국 선거에서 지역주의 투표의 대상이 되었던 충청, 호남, 경북, 경남의

〈표 9-1〉 주관적 이념 성향과 사회경제적 배경: 선형 회귀분석

	B	표준화계수(β)
성별	0.07	0.02
연령	0.04*	0.24
학력	−0.29*	−0.15
소득	0.07	0.05
충청 거주	0.22	0.03
호남 거주	−1.12*	−0.15
경북 거주	0.34	0.05
경남 거주	0.03	0.01
상수	4.42*	
$F=16.8$ $p<0.01$ $R^2=0.13$		

*p<0.01
종속변수: 주관적 이념(7차) 0−가장 진보, 10−가장 보수
성별: 남성 1 여성 0
학력: 1. 중졸 이하, 2. 고졸, 3. 대재, 4. 대졸 이상
소득: 1: 199만 원 이하, 2: 200만~299만 원, 3: 300만~399만 원, 4: 400만~499만 원, 5: 500만~599만 원, 6: 600만 원 이상
지역 변수: 해당 지역 거주자 1, 기타 지역 거주자 0

2. 1997년 자료는 강원택(2003: 34), 2002년 자료는 강원택(2003: 294). 원래 자료에서는 두 경우 모두 가장 진보 1, 가장 보수 5의 5점 척도로 되어 있는 것을 0~10의 11점 척도로 변환하였음.

네 지역 가운데 호남 지역에서만 주관적 이념 성향이 다른 지역과 구분되는 차이를 보였다. 예상대로 호남 지역 거주자일수록 진보 성향이 강한 것으로 나타난 데 비해 나머지 세 지역에서는 다른 지역과의 이념 성향의 차이가 확인되지 않았다. 그리고 서구에서 정치 이념에 중요한 영향을 미치는 소득 변수는 여기서는 유의미하지 않은 것으로 나타났다. 결국 젊고 고학력, 호남 거주자가 상대적으로 진보적인 성향을 많이 갖는 것으로 요약해 볼 수 있다.

한국 선거에서 이념은 후보 선택에 중요한 영향을 미쳐왔다. 그렇다면 2012년 선거에서도 이념 성향은 투표 선택에 영향을 미쳤을까? 이념 집단별로 후보 선택의 비율을 살펴본 결과 이념 성향에 따른 차이가 확연하게 구분되었다. 〈표 9-2〉에서 보는 대로, 진보 집단의 90.7%가 문재인 후보를 지지했고 박근혜 후보 지지는 불과 9.3%에 불과했다. 반대로 보수 집단에서는 78.1%가 박근혜를 지지했고 21.9%가 문재인을 지지했다. 중도 이념 집단에서는 문재인 지지가 56.4%로 박근혜 지지 43.6%보다 높았다. 이념 집단별 지지 후보가 극명하게 달라졌다는 것을 알 수 있다. 특히 2010년 대선에서는 보수, 진보 두 이념 진영을 대표하는 두 후보만이 출마했기 때문에 각 이념 진영의 결집이 더욱 강하게 나타난 것으로 보인다.

이제 보다 구체적으로 2012년 대선에서 후보 선택에 미친 여러 변수들 가운데 이념의 영향을 확인해 보기로 한다. 정당, 이념, 지역, 후보자 및 세대 등 모두 다섯 가지 범주를 고려했는데 이 변수들은 그 동안 기존 연구에서 유권자의 투표 결정에 영향을 미친 것으로 확인된 것들이다. 정당 요인의 영향력을 측정

〈표 9-2〉 이념 집단별 후보 선택

	박근혜	문재인	합계 (n)
진보	9.3	90.7	100.0 (193)
중도	43.6	56.4	100.0 (303)
보수	78.1	21.9	100.0 (360)
Pearson χ^2=246.0 $p<0.01$			

하기 위해 새누리당과 민주통합당의 정당 일체감을 포함했고, 이념 요인의 영향력 측정을 위해서는 두 후보와 유권자 간의 이념 거리와 유권자 본인의 주관적 이념 위치를 포함했다. 지역 변수로는 지역주의 정당 정치의 기반이 되어 온 호남, 경북, 경남 지역을 포함했으며 해당 지역인 경우 1, 아닌 경우 0으로 코딩했다. 후보자 요인으로는 국정운영 능력, 도덕성, 소통 능력 세 가지 내용에 대한 평가의 평균을 활용했다. 그리고 세대 요인으로는 연령 변수를 포함했다. 이들 변수를 대상으로 이항 로지스틱 모델을 실시했다. 그 결과가 〈표 9-3〉에 정리되어 있다.

분석 결과 정당 일체감은 투표 후보 선택에 상당한 영향을 미친 것으로 나타났으며 이는 새누리당, 민주통합당 양당 지지자들 모두에게서 그 영향력이 확

〈표 9-3〉 이항 로지스틱 모델: 투표 결정 요인

범주	변수	B	Exp(B)
정당	새누리당에 정당 일체감	1.43*	4.18
이념	민주통합당에 정당 일체감	−0.94*	0.39
	박근혜와의 이념 거리	0.00	1.00
	문재인과의 이념 거리	0.25*	1.29
	본인의 주관적 이념	0.37*	1.44
지역	호남 거주	−1.15**	0.32
	경북 거주	1.02**	2.78
	경남 거주	−0.18	0.84
후보자	박근혜 역량 평가	1.24*	3.47
	문재인 역량 평가	−0.96*	0.38
세대	연령	−0.01	0.99
상수		−3.67*	
−2LogLikelihood=385.1 Cox & Snell's R^2=0.61 분류정확 91.5%			

$^{*}p<0.01$, $^{**}p<0.05$.

종속변수: 0−문재인, 1−박근혜

정당 일체감: 0−다른 정당/지지 정당 없음, 1−새누리당, 민주통합당(1차 조사)

이념: 0−가장 진보, 10−가장 보수

지역: 0−다른 지역 거주, 1−해당 지역 거주

후보자 역량: (국정운영 능력+도덕성+소통 능력)/3

인되었다. 새누리당에 정당 일체감을 가지면 박근혜, 민주통합당에 정당 일체감을 가지면 문재인 후보를 지지할 확률이 높아지는 것으로 나타났다. 이념 범주는 매우 흥미로운 결과가 나타났다. 본인의 주관적 이념은 후보 지지에 영향을 미치는 것으로 확인되었다. 스스로 보수적이라고 생각할수록 박근혜 후보에 대한 지지가 높아지는 것으로 나타났다. 앞에서 본 〈표 9-2〉에서 본 지지패턴을 감안할 때 당연한 결과이다. 그런데 후보와 유권자 간의 이념 거리에서는 두 후보 간 상이한 결과가 나타났다. 문재인 후보와 이념 거리가 짧을수록 문재인 후보를 지지할 확률이 높아지고 그 거리가 멀어질수록 문 후보 지지확률이 낮아지는 것으로 나타났는데, 이에 비해 박근혜 후보의 경우에는 이념 거리의 효과가 거의 없었으며 통계적으로도 입증되지 않았다. 박근혜 후보 지지의 경우에는 박 후보와의 이념 거리가 별로 중요치 않았음을 보여 주는 것이라고 할 수 있다.

거주 지역별로는 호남 거주자일수록 박근혜 지지가 낮아지고 경북 거주자일수록 그 지지가 높아졌다. 지역주의 효과를 고려할 때 당연해 보이는 결과이다. 다만 전통적으로 새누리당 등 보수 정당 지지가 높았던 경남 지역에서 이번 대선에서는 두 후보 지지 확률이 통계적으로 유의미하게 나타나지 않았다는 점은 지적할 만하다. 부산, 경남, 울산 지역에서 문재인 후보의 실제 득표율이 2002년 노무현 후보 때 비해 10% 가까이 상승했고, 2010년 지방선거에서 경남에서 김두관 후보의 당선, 부산에서 김정길 후보의 선전 등을 감안하면, 이러한 결과는 향후 선거에서 경남 지역의 지역주의 투표 행태의 변화와 관련하여 주목할 만한 부분이다. 후보자의 역량 평가는 두 후보 모두 비교적 큰 계숫값이 나타났으며 통계적으로도 유의미하게 확인되었다. 박근혜 후보의 경우에 문재인에 비해 보다 큰 영향을 미친 것으로 나타났다. 그러나 이전 몇 차례 선거에서 큰 영향을 보였던 연령의 효과는 여기서는 통계적인 유의미성이 확인되지 않았다. 전체적으로 볼 때, 2012년 대선에서 박근혜와 문재인 두 후보에 대한 지지에는 정당 일체감, 지역, 후보자 요인, 본인의 주관적 이념 등이 영향을 미친 것으로 나타났지만, 연령, 경남 거주 여부, 박근혜 후보와의 이념 거리는 통계적으로 그 영향이 입증되지 않았다. 이 장에서 관심을 갖는 이념의 요인을 고려할 때 이념 거리의 근접성이 박근혜의 경우 영향이 거의 없는 것으로 나타난 점은 주목할 만하다. 그것은 보수적일수록 박근혜 지지가 높아지지만 반드시 박 후보와 지지자의 이념 거리가 가까울 필요는 없음을 의미하는 것이다. 이렇게 된 한 가지 원인으로는 2012년 대선이 보수, 진보를 대표하는 후보자 간의 일대일 대결이었기 때문에 이념 거리보다 보수, 진보의 이념 진영이 중요하게 간주된 탓으로 볼 수도 있다. 다만 문재인의 경우에는 이념 거리가 중요하게 나타난 데 비해 유독 박근혜 지지의 경우 그것이 중요하지 않게 나타난 것은 보수적인 유권자들의 이념적 결집이 진보 유권자들에 비해 더 강했다는 점을 시사해 주는 것으로 보인다.

그렇다고 해도 이론적으로 볼 때 박근혜와 투표자들 간 이념 거리가 중요하지 않게 나타난 것은 흥미롭다. 그 특성에 대해 보다 살펴보기 위해 이번에는 유권자들이 주요 두 후보의 이념적 입장을 어떻게 인식하고 있었는지에 대해서 알아보았다. 이를 위해서 대선 투표자들과 두 후보, 그리고 새누리당과 민주통합당과의 이념 거리를 측정했다. 〈표 9-4〉는 박근혜, 문재인 두 후보의 지지자들이 각 후보와 소속 정당의 이념적 위치에 대한 인식, 그리고 지지자들의 이념 위치와 각 후보 및 정당 간 평균적 이념 거리의 절대값을 정리한 것이다. 지지자들이 인식하는 박근혜 후보의 이념적 위치는 매우 보수적이며 더욱이 시간이 갈수록 더욱 보수적으로 간주하는 것으로 나타났다. 〈그림 9-1〉에서 본 박근혜 지지자의 이념 성향과 박근혜 후보의 이념 성향을 비교하면 박근혜의 이념적 위치가 훨씬 보수적이라는 것을 알 수 있다. 박근혜의 이념적 위치는 새누리당에 대한 이념 위치보다도 더 보수적인 지점에 놓여 있다고 인식되고 있다. 실제로 박근혜 지지자와 후보자 간의 이념 거리는 1.72~2.18로 그 차이가 매우 큰 편이다. 박근혜와 지지자 간의 이념 거리는 선거가 가까워질수록 조금씩 줄어들고 있지만, 여전히 그 차이는 크다고 할 수 있다. 이에 비해 문재인의 경우

〈표 9-4〉 박근혜, 문재인, 새누리당, 민주통합당에 대한 지지자의 이념 인식

		2차	5차	7차
박근혜 투표자	박근혜	7.27	7.29	7.64
	박근혜와 이념 거리	2.18a	1.87	1.72
	새누리당	7.04	7.06	
	새누리당과 이념 거리	2.18a	1.78	
문재인 투표자	문재인	4.05	4.84	4.34
	문재인과 이념 거리	1.82a	1.61	1.36
	민주통합당	4.64	4.92	
	민주통합당과 이념 거리	1.87a	1.56	

이념 성향: 0-가장 진보, …, 10-가장 보수
a 지지자의 이념 성향은 1차 조사 자료

는 일관된 변화의 추이를 보이지는 않지만 시간이 갈수록 5에 가까워진다는 점에서 중도 성향이 강해진다고 인식하는 것으로 나타났다. 한편 민주통합당은 문재인보다는 덜 진보적인 것으로 인식되었는데 거의 중도에 가까운 입장을 갖는 것으로 인식되었다. 박근혜 후보 지지자들과 마찬가지로 대선이 가까워질수록 문재인 후보와의 이념적 거리는 가까워지는 것으로 나타났다. 그러나 박 후보 측에 비해서 문 후보자와 지지자 간의 이념 거리는 상대적으로 그 차이가 크지 않았다.

다운즈적 관점에서 볼 때 흥미로운 점은 박근혜의 이념 위치와 문재인의 이념 위치를 비교해 볼 때 선거에서 패배한 문재인이 보다 중위수 유권자의 지점에 가까워 보인다는 점이다. 응답자와 후보자에 대한 이념 성향을 모두 물은 5차, 7차 조사 자료를 분석하면, 박근혜의 이념 위치에 대한 전체 평균은 7.06(5차), 7.58(7차)이며 문재인의 경우에는 4.52(5차), 4.40(7차)였다. 전체 유권자의 이념 평균이 5.31(5차), 5.52(7차)라는 점을 감안할 때, 박근혜와의 차이는 1.75(5차), 2.06(7차)이며 문재인과의 차이는 0.79(5차), 1.12(7차)이다. 〈표 9-4〉에서 본 것과 같이 지지자의 경우이든 혹은 여기서 언급한 대로 전체 응답자를 대상으로 하는 경우이든, 문재인에 비해 박근혜와의 이념 거리가 더 크다는 것을 알

수 있다. 그렇다면 어떤 이유에서 박근혜는 강한 이념적 편향성과 상대적으로 먼 이념 거리에도 불구하고 승리할 수 있었을까? 앞서 본 〈표 9-3〉에서는 박근혜의 경우 이념 거리가 투표 결정에 미치는 영향은 거의 없는 것으로 나타났다.

두 후보와의 이념 거리를 느끼게 해 주는 요인은 무엇일까? 이를 알아보기 위해 박근혜, 문재인 두 후보와의 이념 거리에 미치는 변수를 분석해 보았다. 세 가지 범주를 고려했는데 후보자 범주, 이념 범주, 그리고 정당 범주 등이다. 후보자 범주에는 두 후보의 도덕성, 국정운영 능력, 그리고 소통능력에 대한 평가를 포함했고, 이와 함께 후보에 대한 호감도를 포함했다. 이념 범주에는 응답자 본인의 주관적 이념 성향, 그리고 정당 범주에는 정당 일체감, 정당에 대한 호감도를 고려했다. 각 후보에 대한 지지자들을 대상으로 이러한 변인들이 각 후보와의 이념 거리에 미치는 영향을 회귀분석을 통해 살펴보았다. 그 결과가 〈표 9-5〉에 정리되어 있다.

〈표 9-5〉 선형 회귀분석: 두 후보에 대한 이념 거리에 미치는 변인 분석

		박근혜 투표자의 박근혜와의 이념 거리		문재인 투표자의 문재인과의 이념 거리	
		B	β	B	β
후보	도덕성	0.09	0.09	−0.07	−0.09
	국정운영 능력	0.10	0.08	0.06	0.06
	소통 능력	−0.03	−0.03	0.05	0.06
	호감도	−0.09	−0.09	0.00	0.00
이념, 정책	본인 이념 성향	−0.48*	−0.53	−0.02	−0.02
정당	정당 일체감	0.15	0.04	0.18	0.06
	정당 호감도	0.13*	0.17	−0.01	−0.01
	상수	3.40*		1.17*	
		$F=21.4$ $p<0.01$ $R^2=0.26$		$F=31.5$ $p<0.01$ $R^2=0.30$	

*p<0.01
역량 평가: 0 미흡, …, 10 충분 (7차 조사)
주관이념: 0 가장 진보, …, 10 가장 보수 (본인 이념, 후보와의 이념 거리 7차 조사)
정당 일체감(1차 조사): 새누리당(민주통합당) 1, 기타 정당 및 없음/모름(무응답) 0
후보 및 정당 호감도: 0 매우 싫다, …, 10 매우 좋다 박근혜 후보와의 이념 거리에는 본인 이념 성향과 새누리당에 대한 호오도가 통계적으로 유의미하게 나타난 반면, 문재인 후보와의 이념 거리에는 모든 변인들의 통계적 유의미성이 확인되지 않았다. 이는 박근혜에 대한 이념 거리에는 보수 이념, 그리고 새누리당에 대한 호감 등 정파적인 요인이 큰 영향을 미친 반면 박근혜의 개인적 요소는 그다지 중요하게 영향을 미치지 않음을 보여 주는 것이라고 할 수 있다. 특히 본인의 이념 성향이 박근혜와의 이념 거리에 미치는 정도는 계수의 크기로 볼 때 비교적 큰 것이라고 할 수 있다. 즉 보수적 유권자들에게 이념적으로 박근혜에게 가깝고 멀게 느껴지는 것은 후보자 박근혜의 개인적 요인보다 정파적인 속성이 강하다는 것을 말해 주고 있다. 박근혜의 이념적 입장과 무관하게 보수적 유권자들이 박 후보를 중심으로 결집했다는 사실을 시사해 주고 있다. 앞의 〈표 9-3〉에서 본 것과 같이 박근혜 지지 여부에 이념 거리가 별다른 영향을 미치지 않은 것도 이런 이유에서 설명될 수 있을 것이다.

박근혜의 이념적 위치에 대한 인식과 관련해서 또 하나 생각해 볼 점은 〈그림 9-1〉에서 본 대로 유권자의 이념이 전반적으로 대선에 가까워질수록 보수화되었다는 점이다. 이런 경향은 특히 박근혜 지지자들, 그리고 2012년 총선에서

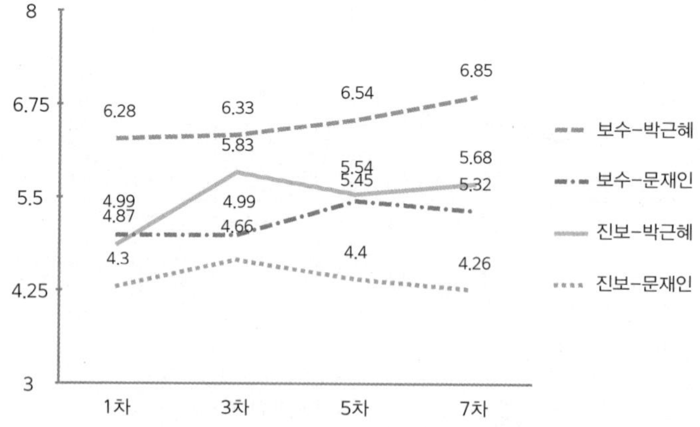

〈그림 9-2〉 총선과 대선에서 지지 정파별 이념 성향의 변화

보수 정당에 정당 투표한 유권자들에게서 매우 두드러지게 나타났다. 이런 특성을 다른 측면에서 다시 확인하기 위해서 총선에서 진보 정당에 정당 투표하고 대선에서 박근혜를 지지한 유권자와 총선에서 보수 정당을 지지하고 대선에서 문재인을 지지한 유권자들의 이념 변화 추이를 살펴보았다. 이 결과가 〈그림 9-2〉에 정리되어 있다.

〈그림 9-2〉에서 보는 대로 네 집단별로 적지 않은 차이가 나타났다. 우선 총선에서 보수 정당을 지지하고 대선에서 박근혜를 지지한 핵심 보수 지지 세력의 경우에는 총선 이전에 비해 대선 무렵에는 이념적 보수성이 크게 강화되었다. 이들은 총선 이전 조사에서 6.28이었지만 대선 후 조사에서는 6.85로 크게 평균이 치솟았다. 이에 비해 총선에서 진보 정당에 정당 투표를 하고 대선에서 문재인을 선택한 핵심 진보지지 세력의 경우에는 이와 같은 이념성의 변화가 발견되지 않는다. 이들은 총선 이전 4.3에서 대선 이후 조사에서는 4.26으로 큰 차이를 보이지 않았지만 진보성이 강화되었다. 흥미로운 것은 총선과 대선에서의 지지 정파가 달라진 집단인데, 정도의 차이는 있지만 모두 시간이 흐르면서 보수성이 강화되는 것으로 나타났다. 특히 총선에서 진보 정당에 정당 투표했지만 대선에서 박근혜에게 표를 던진 이들의 경우 총선 전에는 4.87로 5 이하의 진보적 입장을 표명했지만 대선 후 조사에서는 5.68로 크게 보수화되는 모습을 보였다. 한편, 총선 때 보수 정당에 투표했지만 대선에서 문재인 후보를 지지한 집단도 4.99의 중도적 입장에서 5.32로 다소 보수성이 강화되었지만 그 차이는 상대적으로 크지 않았다.

이상의 논의에서 추정해 볼 수 있는 것은 지지자들이 인식하는 박근혜의 이념적 입장이 대선에 가까울수록 〈표 9-4〉에서 본 대로 보수성이 강화되었지만, 지지자들 스스로도 보수성이 강화되었다는 점이다. 더욱이 보수 대 진보의 구도로 대선이 진행되면서 이념적 거리의 가깝고 먼 것보다 이념적으로 '내 편이냐 아니냐'는 방향성이 더욱 중요하게 된 것이다. 언론에서 말하는 보수 대 진보의 이념적 '진영(陣營) 싸움'이 유권자의 이념적 인식에 영향을 준 것이다. 따라서 박근혜와 새누리당의 대선 전략이 잠재적 지지자의 보수성을 자극하거나 강화시켰고 박근혜가 강한 보수로 인식되더라도 그것은 지지자들 입장에서는 '보수적인 선명성'을 드러내는 것으로 간주되었을 것이다. 그러나 진보의 경우에는 그런 경향이 그다지 강하지 않게 나타났다.

이런 차이를 보인 것은 '보수 진영'의 경우 2012년 총선을 승리로 이끌면서 박근혜 후보가 당 경선과 무관하게 이미 새누리당 후보로서 확고한 입장을 확립했기 때문으로 보인다. 더욱이 예전 선거와 달리 보수 진영에서 경쟁력 있는 제3의 후보가 등장하지도 않았다. 1992년 정주영, 1997년 이인제, 2002년 정몽준, 2007년 이회창 모두 그 이념적 입장에서 원래 보수 성향을 나타냈던 후보들이었고 보수 유권자들의 지지를 일정하게 분산시키는 결과를 초래했지만, 이번에는 박근혜가 명실상부 보수 진영의 유일한 주자였다. 박근혜가 보수 유권자들이 높게 평가하는 박정희 전 대통령의 딸이라는 점도 그녀를 보수 세력의 아이콘으로 지지자들 사이에 수용되도록 하는 데 도움을 주었을 것이다.[3] 이에 비해서 진보 진영의 경우에는 선거 막판까지 문재인과 안철수 두 후보를 두고 지지가 분열되어 있었고 후보 단일화를 두고 두 후보 지지층 간에 상당한 의견의 차이를 보였으며, 단일화 이후에도 적지 않은 후유증을 경험했다. 실제로 총선 이후 실시한 2차 조사를 보면, 진보 이념 집단에서 인식한 문재인의 이념 위치는 3.74이며 안철수의 이념 위치는 3.77로 나타나 사실상 두 후보 사이에 별다른 차이를 보이지 않았다. 그런 점에서 '진보 진영'의 단일 후보로서 문재인의 존재감은 박근혜와 비교할 때는 상대적으로 취약할 수밖에 없었다. 그런 점에

3. 이념 집단별 박정희 평가는 아래의 표와 같다(박정희: 2차 조사, 이념집단: 7차 조사).

	진보	중도	보수
호감	43.5	63.8	83.8
비호감	56.5	36.2	16.2
합계	100.0 (191)	100.0 (293)	100.0 (351)
Pearson χ^2=94.5 p<0.01			

서 보수 정파의 경우 이념적 보수성을 강화하면서 '이념 진영'의 결집을 강화해 나간 반면, 진보 정파의 경우에는 이념적 정체성의 강화보다는 두 후보 간의 단일화 문제가 보다 중요했던 것이다.

그렇다면 어떤 이유로 대선이 가까워질수록 주관적 이념 성향이 특히 박근혜 지지자의 경우 보수화되었을까? 이에 대해서 살펴보기 위해서 2012년 대선의 주요 이슈와 TV 토론의 영향, 그리고 대중매체의 영향을 분석했다. 대선 주요 이슈를 포함한 것은 선거 이슈에 대한 두 후보 간의 정치적 공방 속에서 유권자의 이념적 인식이 변화될 수 있을 것이기 때문인데, 여기에는 박근혜 후보 측이 강조한 '여성 대통령론', 그리고 문재인 측에서 강조한 '정권교체 위해 단일후보지지'와 '이명박 정부 실정 심판론', 그리고 상황적인 요인으로 부상한 이정희 변수/노무현 대통령 북방한계선(NLL)논란/북한로켓 발사 실험에 영향을 받았는지의 여부를 포함했다. TV 토론은 세 차례 실시되었는데 두 차례는 이정희 후보와 삼자 대결로 이뤄졌고 마지막 3차는 박근혜–문재인 양자 대결로 이뤄졌다. 여기서는 박근혜, 문재인 두 후보만을 두고 1,2차 토론에서 가장 잘 한 후보, 3차 토론에서 잘 한 후보, 그리고 당선되어서는 안 될 후보로 이정희 후보를 꼽은 경우를 포함했다. 대중매체 역시 이념 성향에 따라 보도 내용이나 논지에서 상당한 차이를 보였다. 여기서는 즐겨보는 신문 매체를 조선, 중앙, 동아 등 보수 신문과 한겨레, 경향, 한국, 오마이뉴스 등 진보 신문으로 대별하였다. 즐겨 본 방송은 기존의 KBS, SBS, MBC 등 지상파 3사를 즐겨보는 경우와 2012년 대선에 처음 등장한 jTBC, TV조선, 채널 A, MBN 등 종합편성방송(종편)을 즐겨보는 경우로 구분했다. 종속변수인 이념 평균의 차이는, 원래 이념 값이 0이 가장 진보, 10이 가장 보수이므로, 양의 값은 총선 이전에 비해 대선 무렵에 보수화되었음을 의미하는 것이다.[4]

---

4. 시간에 따른 이념 성향 변화의 차이의 범위는 각 변수의 하위 집단별로 상이하게 나타날 수 있다. 연령 변수를 본다면 60대 이상 집단은 원래 매우 보수적이어서 가장 보수적인 9나 10으로 스스로를 규정한 이들이 많다면, 시간에 따라 변화하더라도 더욱 보수화될 수 있는 값은 1이거나 0에 불

〈표 9-6〉 주관적 이념의 차이에 영향을 준 요인: 이슈, TV 토론, 매체 효과

	항목	태도	이념 변화 수치
선거 이슈	여성 대통령	동의	0.58
		동의 않음	0.03
	정권교체 위해 단일후보 지지	동의	0.21
		동의 않음	0.47
	영향 준 이슈: 이정희, NLL,북한 로켓	영향	0.44
		다른 이슈 영향	0.29
	MB 실정 심판	동의	0.27
		동의 않음	0.33
TV 토론	토론회 1, 2차 승자	박근혜	0.69
		문재인	-0.07
	토론회 3차 승자	박근혜	1.01
		문재인	0.27
	당선 안 되어야 할 후보	이정희	0.55
		기타 후보	0.16
매체	즐겨 읽는 신문	조중동	0.38
		진보 매체	0.09
	즐겨 본 방송	종편	0.44
		지상파	0.29

여기서 평균은 7차 조사 때 주관적 이념 위치에서 1차 조사 때 주관적 이념 위치의 차이임. 즉 대선 이후 조사에서의 결과와 총선 전 조사 때의 결과의 차이임

대체로 모두 양의 값으로 나타나 전반적으로 선거가 가까워질수록 보수성이 강화되는 것으로 나타났지만, 특히 박근혜나 보수 정파와 관련된 항목에서는 예외 없이 보수성이 크게 강화되는 것으로 나타났다. 박근혜 측이 선거운동 과정에서 주장한 여성 대통령론에 동의하는 이들은 동의하지 않는 이들에 비해 이념적 보수성이 강화된 이들로 나타났다. 뿐만 아니라 정권교체 위한 단일 후보에 동의하지 않는 이들, 이정희, NLL, 북한 로켓처럼 보수 유권자에게 예민한

과할 것이다. 이에 비해 같은 보수 집단이라도 6, 7의 값을 처음에 가진 이들이 많은 집단이라면 3, 4 정도로 변화할 수 있는 여지가 있다. 이런 점을 고려하여 〈표 9-5〉, 〈표 9-6〉에서는 분산분석 같은 통계분석은 행하지 않았다.

이슈에 영향 받은 이들 모두 보수성이 강화되었다. 이명박 정부 실정 심판 주장에 대해서도 동의하는 이들과 동의하지 않은 이들 간 변화 정도의 차이가 존재했지만 그 크기는 크지 않았다. 1, 2차 토론회와 3차 토론회 승자를 박근혜라고 여기는 이들 역시 이전에 비해 보수적 입장이 강화된 이들이었다. 당선되어서는 안 되는 후보를 이정희로 선택한 이들의 이른바 '이정희 효과'도 보수적인 입장이 강화된 이들에게서 뚜렷하게 나타났다. 조중동과 같은 보수 신문 즐겨 읽는 이들, 진보 진영에서 출연하지 않았던 종편을 즐겨 본 이들 역시 보수성이 더욱 강화되었다.

이러한 결과가 선거 이슈, TV 토론, 대중 매체로 인해 유권자의 이념적 보수성을 강화시킨 것을 인과적으로 입증하는 것은 아니지만, 적어도 총선 전에 비해 대선 무렵 보수적인 입장을 강화한 유권자들이 이와 같은 선거 운동 과정에서 보다 큰 영향을 받고 있다고는 말할 수 있을 것이다. 이런 사건이나 선거운동을 경험하면서 자신의 보수적 입장의 정당성을 확인하고 그 경향성을 더욱 강화시켰다고도 볼 수 있을 것이다.

마지막으로 이념적 보수성이 강화된 유권자들이 어떤 사회경제적 속성을 지니고 있는지에 대해서 살펴보았다. 〈표 9-7〉에는 성별, 소득, 학력, 연령, 지역 등 다섯 가지 범주에 따라서 총선 이전과 대선 이후의 이념 성향의 변화의 평균값을 정리한 것이다. 다섯 가지 범주 모두 통계적으로 평균의 차이가 유의미한 것으로 확인되지는 않았다. 그러나 그동안의 연구를 보면 특히 소득, 학력, 연령, 지역 등의 변인에 따라 각 하위집단별 이념 성향의 차이가 뚜렷이 구분된 경우가 많았다. 〈표 9-2〉에서도 학력, 연령, 지역 변수의 이념 성향 차이가 나타났다. 성별은 여성의 변화 값이 조금 더 크게 나타났지만 큰 차이를 보이지는 않았다. 이에 비해 소득은 하위 소득으로 갈수록 보수 성향의 강화가 비교적 뚜렷한 패턴으로 나타났다. 학력 역시 저학력으로 갈수록 보수 성향의 강화 추이가 확인되었다. 연령은 흥미롭게도 60대, 40대, 20대에서 보수 성향의 강화가 나타난 반면, 30대의 변화가 가장 작았다. 지역적으로는 역시 경북, 경남의 보수

〈표 9-7〉 사회경제적 구분에 따른 이념 성향의 변화

범주	구분	이념 성향의 변화	검증
성별	남성	0.29	t=-0.48 p=0.63
	여성	0.36	
소득	하	0.41	F=0.94 p=0.39
	중	0.29	
	상	0.16	
학력	고졸 이하	0.56	F=0.63 p=0.60
	고졸	0.40	
	대재	0.23	
	대졸 이상	0.23	
연령	19~29	0.39	F=0.33 p=0.86
	30~39	0.19	
	40~49	0.39	
	50~59	0.27	
	60+	0.41	
지역	서울	0.44	F=1.21 p=0.30
	경기/인천	0.27	
	충청	0.31	
	호남	-0.19	
	경북	0.58	
	경남	0.50	
	제주/강원	0.05	

성 강화가 뚜렷했고 서울도 비교적 보수적인 성향으로 변화가 큰 값으로 나타났다. 이에 비해 호남은 총선 이전에 비해 오히려 진보성이 강화되는 모습을 보였다. 통계적으로 평균의 차이가 입증되지는 않았지만, 〈표 9-7〉에서 제시된 변화의 추이는 20대의 보수화 강화, 서울 유권자의 보수성 강화라는 흥미로운 현상도 보여 주고 있지만, 저소득층, 저학력층, 고연령층, 영남이라는 전통적인 보수 정파의 지지 세력(강원택 2003; 박찬욱 2009; 박원호 2012)이 대선이 가까워지면서 보수라는 이념적 정체성을 보다 강화해 가고 있는 경향을 잘 보여 주고 있다. 이념적인 측면에서 볼 때, 2012년 대선에서는 박근혜 후보가 '보수 진영'

의 지지자들과 잠재적 지지자들에게 보수적 선명성을 강조함으로써 이념적 정체성을 강화시켜 준 것이 대선 승리에 중요한 요인이 되었다는 사실을 알게 해준다.

3. 결론

지금까지 2012년 대선에서 이념 변수가 미친 영향에 대해서 살펴보았다. 최근 한국 선거에서 나타난 것과 유사한 패턴으로 이념의 큰 영향력이 확인되었다. 스스로를 보수라고 생각한 유권자는 박근혜 후보를 선택했고 진보라고 규정한 유권자는 문재인 후보를 지지했다. 그 지지의 패턴은 너무도 분명하고 뚜렷했다.

그러나 후보 지지와 이념 거리 간의 관계는 근접성을 강조한 다운즈의 이론과는 다소 다른 모습을 보였다. 특히 대선에서 승리한 박근혜 후보의 경우에는 박 후보자의 인식된 이념 위치와 지지자들의 이념 위치 간의 거리가 제법 큰 것으로 나타났으며 문재인 후보와 그 지지자들 간의 이념 거리의 차이보다도 컸다.

또 한 가지 지적할 점은 2012년 총선 이전부터 대선 이후까지의 유권자의 이념 성향의 패턴을 분석한 결과 적지 않은 유권자들의 이념 성향이 보수화되었다는 점이다. 특히 박근혜를 지지한 유권자들의 보수 성향의 강화가 두드러졌으며 이들은 박근혜 후보의 이념 위치도 점차 보수적인 방향으로 옮겨가는 것으로 인식했다. 이런 발견은 방법론적으로 유권자들이 스스로의 이념적 입장을 제시하는 주관적인 이념(subjective ideological placement)이 과연 안정적이고 의존할 수 있는 이념 측정의 방법인지에 대한 의구심을 주는 것이 사실이다. 그러나 일단 그 변화의 폭이 그다지 크지는 않다는 점에서 그 유용성은 여전히 유지될 수 있다고 생각한다. 이와 동시에 이러한 주관적 이념의 변화는 대선 선거운동이 가열되고 이슈나 사건 등이 터져 나오게 될 때 그에 대한 유권자들의 반응을 살펴보게 해 준다는 긍정적인 측면도 존재한다. 앞에서 분석한 대로 이념 성향의 변화는 대선 이슈나 구호, TV 토론, 이른바 '이정희 효과' 같은 사건 등과 관련이 있는 것으로 나타났다. 즉 유권자의 이념의 변화는 대선 운동 과정의 상황과 맥락을 반영하고 있는 것이다.

박근혜 지지자들의 보수 성향의 강화는 '박정희의 딸'이기도 한 박근혜라는 보수 정파의 유일한 후보를 중심으로 한 이념적 정체성의 강화 결과라고 할 수 있다. 2012년 대선에서 보수와 진보를 대표하는 후보 간의 일대일 대결이 되면서 '보수 진영'이 이념적으로 견고하게 결집하는 과정에서 보수 이념의 강화가 나타난다는 것이다. 이에 비해 진보 정파 쪽에서는 문재인, 안철수 간의 후보 단일화가 대선 마지막까지 이어졌고 이와 같은 '진보 진영'의 이념적 정체성의 강화가 이뤄질 수 없었다.

이 장에서 확인한 보수 성향의 강화는 '진영 대결'로 대선이 진행되고 투표 결정에 영향을 주는 사건과 이슈의 발생을 경험하면서 '보수 진영'의 자기 정체성, 이념적 자기 합리화의 강화를 의미하는 것으로 보아야 할 것이다.

제10장

2017년 대통령 선거에서의 보수 정치: 몰락 혹은 분화?

1. 서론

2017년 대통령 선거는 그 한 해 전 발생한 촛불집회와 박근혜 대통령에 대한 탄핵의 여파 속에 치러진 선거였다. 선거 일정 역시 탄핵으로 인해 원래 예정되어 있던 12월이 아니라 5월에 실시되었다. 그만큼 촛불집회와 탄핵의 영향이 선거에 미친 영향이 클 수밖에 없었다. 선거 결과 더불어민주당의 문재인 후보가 41.1%를 득표하여 대통령에 당선되었다. 2007년 이후 10년 만에 다시 진보 정부가 들어서게 된 것이다. 정의당의 심상정 후보도 6.2%를 득표하여 역대 선거에서 노동계급 정당 후보 중 가장 높은 득표를 했다.

이에 비해 보수 정파는 어려움을 겪었다. 보수 정치를 대표했던 새누리당은 대통령 탄핵 과정에서 자유한국당과 바른정당으로 분열했다. 분열뿐만 아니라 보수 정당들은 선거에서 사실상 참패했다. 자유한국당 홍준표 후보는 24%를 득표했고, 바른정당의 유승민 후보는 6.7%를 득표했다. 보수 정당 두 후보의 득표율의 합은 30.7%에 불과했다. 이는 1987년 민주화 이후 대통령 선거에서 보수 정당 후보들이 얻은 역대 득표율 가운데 가장 낮은 수치이다.

이 장은 이런 사실에 주목하여 2017년 대통령 선거에서 나타난 보수 정치의 변화의 양상과 특성에 대해서 분석하고자 한다. 보수 정치라고 명명하는 까닭은 2017년 선거에서는 보수 정당의 분열, 복수의 보수 후보, 그리고 보수 유권자의 분열과 축소 등이 모두 발견되었기 때문이다. 여기서의 관심은 크게 세 가지이다. 하나는 분열과 참패를 볼 때 2017년 대통령 선거에서 보수 정치는 몰락했다고 할 수 있을까 하는 것이다. 보수 정파 출신의 대통령이었던 박근혜의 탄핵과 정치적 추락이 보수 정치에 대한 유권자의 신뢰와 지지에 매우 부정적인 영향을 미쳤느냐는 것이다.

둘째, 2017년 대선에서 나타난 보수 정당 지지자들의 특성에 어떤 변화가 발생했느냐는 것이다. 이런 점은 일차적으로 보수 정당의 분열과 관련이 있다. 보수 후보를 표방하는 홍준표, 유승민 두 후보가 출마했고 또 그에 따라 보수 유권자의 지지 역시 분열되었다. 두 후보로 나뉘어진 보수 유권자들의 특성은 각기 어떻게 다른지 살펴볼 것이다. 특히 탄핵 과정에서 이에 대한 찬반이 세대 간 큰 갈등을 빚었고 그것이 이른바 '박정희 세대' 혹은 '박정희 패러다임'과 관련이 있다는 점을 감안하여, 보수 이념의 정책적, 내용적인 분화가 일어났는지에 대해 분석할 것이다. 이러한 분석은 자유한국당과 바른정당 등 보수 정당 정치의 미래와 관련해서도 의미 있는 시사점을 줄 것으로 기대한다. 이와 함께 선거 운동 기간 국민의당 안철수 후보 역시 보수 유권자로부터 적지 않은 관심을 끌었다는 점에서 보수 이념 유권자의 안철수 지지의 특성에 대해서도 살펴볼 것이다.

셋째, 2017년 대선에서 보수 유권자의 변화에 주목하는 또 다른 이유는 보수 후보에 대한 지지가 크게 위축된 상황에서 여전히 보수 후보에 투표한 유권자들은 정치적 충성도가 강한 보수 유권자들이라고 볼 수 있기 때문이다. 따라서 이들에 대한 분석은 한국의 보수 정치의 특성을 파악하는 데 큰 도움을 줄 수 있을 것이다. 보수 유권자들은 어떤 특성을 지니고 있는지 살펴볼 것인데, 특히 계층적인 측면에 주목하여 살펴볼 것이다. 여기서 사용되는 데이터는 동아시아연구원(EAI)이 한국리서치에 의뢰해 실시한 패널 조사 결과이다.[1]

2. 한국 정치에서의 보수 이념

한국 선거에서 이념의 영향이 가시적으로 부상한 것은 2002년 대통령 선거 때부터이다.[2] '반미가 뭐가 나쁘냐'고까지 말했던 새천년민주당 노무현 후보의 진보 성향은 한나라당 이회창 후보의 강한 보수 성향과 대립되면서 2002년 대통령 선거에서는 이념적 요인이 투표 결정에 큰 영향을 미쳤다(이내영 2009; 김주찬, 윤성이 2003; 강원택 2003: 287-312).

그런데 대체로 계급정치적 속성이 강한 서구 정치와 비교할 때, 한국 정치에서 사용되는 이념적 의미는 다양하고 복잡하다. 예컨대, 우리사회에서 사용되는 좌파와 우파는 냉전이데올로기에 대한 입장을 나타내는 의미와 시장에 대한 국가 개입에 대한 태도를 구분하는 의미가 혼재되어 사용 되고 있다. 전자의 경우에 좌파라는 용어는 탈냉전주의와 북한에 대한 관용적 태도를 담고 있다. 한편 후자에서 사용되는 좌파는 시장에 대한 국가의 적극적 개입을 찬성하면서 신자유주의 경제를 거부하는 입장이다(윤성이·이민규 2011: 66).

보수 정치 이념을 중심으로 살펴보면, 한국 정치에서의 "전통적" 보수 이념은 대체로 다음과 같은 몇 가지 특성으로 정리해 볼 수 있다. 첫째, 대북, 안보 이슈의 중요성이다. 대미 관계를 중시하고 대북 지원에 반대하며 북한과 관련하여 매우 적대적인 태도를 보인다. 국가보안법을 중요하게 생각하며 개성공단이나 금강산 관광과 같은 대북 협력 사업에 반대하는 모습을 보인다. 한국의 보수는 반공이데올로기에 대한 수용성이 강한 특성을 보였다(김무경, 이갑윤 2005). 둘째, 지역주의와 이념이 어느 정도 연계된 모습을 보이는데(문우진 2009; 최영진 2001), 영남, 특히 대구-경북 지역에서 강한 보수적 특성을 나타내며, 이와 대

1. 1차 조사는 대통령 선거 전인 2017년 4월 18~20일 1,500명을 대상으로 실시했고, 2차 조사는 선기 직후인 2017년 5월 11~14일 실시했으며 1차 응답자의 77.1%인 1,157명을 대상으로 했다. 전화면접조사 방식이며 지역별, 성별, 연령별 가중치를 부여한 방식으로 조사했다.
2. 2002년 이전인 1997년 대통령 선거에서도 이념에 따른 투표 행태는 확인된다. 예컨대, 강원택(2003: 25-61) 참조

조적으로 호남에서는 상대적으로 진보적인 특성을 보인다. 셋째, 이념은 세대와도 연계되는데, 장년, 노년층 유권자들이 보수적인데 비해, 20대, 30대 젊은 유권자들 사이에서는 진보적인 성향이 강하다(Kang 2008). 그런데 내용적으로 반공 이데올로기, 지역적으로 대구–경북, 그리고 세대적으로 노년층이라는 이념의 특성은 과거 권위주의 냉전기 보다 구체적으로는 박정희 집권기에 그 기원을 찾을 수 있다.

그러나 이에 비해 경제적인 영역에서 이념 집단 간 시각의 차이는 상대적으로 크지 않거나, 재벌 개혁 등 일부 사안에 국한된 차이를 보였다. 더욱이 계층별 투표 행태를 보면, 가구 소득을 기준으로 볼 때, 저소득층에서 오히려 보수적인 성향을 보이고 선거에서도 보수 정파의 후보를 보다 많이 선택하는 특성을 보였다. 이른바 '계급 배반 투표'가 이뤄졌던 것이다. 2012년 대통령 선거에서 저소득층은 정당 일체감, 주관적 이념 성향, 그리고 선거에서의 지지 후보 등 모든 측면에서 보수적인 경향을 보였다. 제6장에서 본 대로, 그런데 계급 배반 투표가 발생하는 주된 원인 중 하나는 세대와 연관되어 있다. 저소득층 유권자 가운데 적지 않은 비율이 60대 이상의 고령층 유권자들이었고 이들의 강한 보수성이 저소득층 유권자의 '계급 배반적' 특성을 나타내는 데 영향을 주었다. 다시 말해, 경제적인 측면에서 계층적 특성이 확인되지 않는 것 역시 결국 '전통적 보수주의'를 지닌 세대적 요인 때문으로 볼 수 있다.

그런 점에서 볼 때 2017년 대통령 선거에서는 보수 이념의 변화를 예상해 볼 수 있다. 최순실 사건 이후 박근혜 대통령 탄핵까지의 과정을 거치면서 '전통적 보수'에 대한 실망감이나 거부감이 커졌고, 이와 관련하여 박정희 전 대통령에 대한 평가도 크게 달라졌다. 〈그림 10–1〉과 〈그림 10–2〉는 박정희, 노무현 두 전직 대통령을 '가장 잘한 대통령'으로 꼽은 응답을 정리한 것이다. 두 차례의 조사 가운데 첫 번째는 2012년 국회의원 선거 직후에 동아시아연구원에서 조사한 결과이며, 두 번째 것은 촛불집회와 탄핵 소추 이후인 2016년 12월 말에 한국정치학회–KBS가 조사한 결과이다. 두 조사의 결과가 크게 다르다는 것을

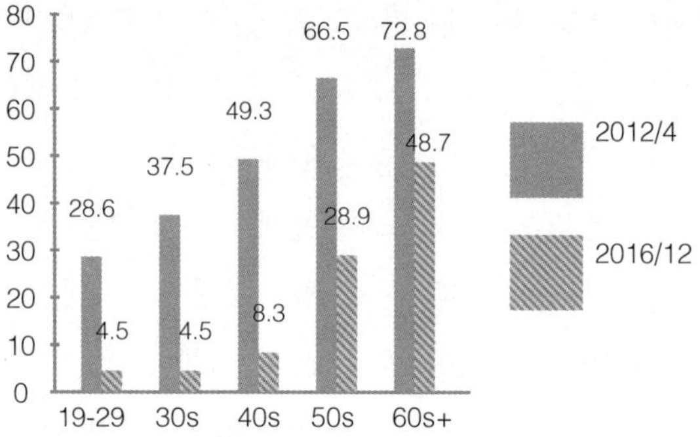

〈그림 10-1〉 역대 대통령 중 가장 잘한 대통령: 박정희

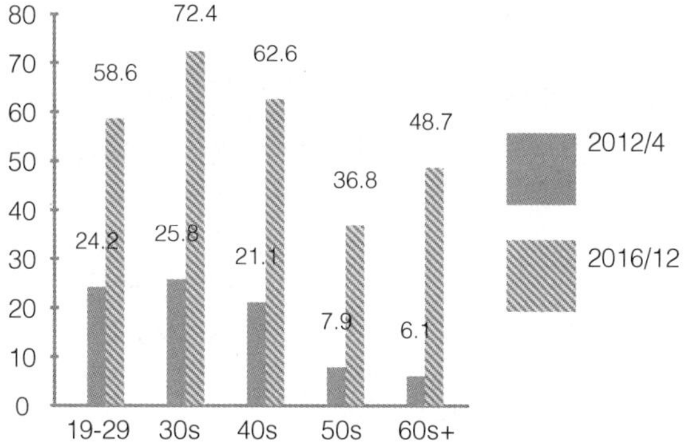

〈그림 10-2〉 역대 대통령 중 가장 잘한 대통령: 노무현

알 수 있다.

2012년 조사에서는 박정희를 가장 잘한 대통령으로 꼽은 응답이 매우 높다는 것을 알 수 있다. 세대 별로 응답의 차이가 있어서 연령대가 높아질수록 응답의 비율이 높았다. 60대 이상에서는 무려 72.8%, 50대에서도 66.5%로 매우 높았다. 한편, 20대에서 28.6%, 30대에서는 37.5%, 40대에서는 49.3%로 나타났다. 그러나 2016년 말 조사에서 박정희에 대한 응답율은 〈그림 10-1〉에서 보듯이 크게 줄어들었다. 19~49세 집단에서는 응답율이 10%에도 크게 미치지 못했으며, 50대에서도 28.9%, 그리고 60대 이상에서도 절반에 못 미치는 48.7%로 나타났다.

한편, 노무현을 가장 잘한 대통령으로 꼽은 응답은 박정희와 완전히 대조되는 모습을 보이고 있다. 〈그림 10-2〉에서 보듯이, 2012년 조사에서는 19~49세 층에서 대략 20%를 넘는 비율, 그리고 50대 이상에서는 한 자리 수의 지지에 머물렀지만, 2016년 말 조사에서 노무현을 가장 잘한 대통령으로 꼽은 응답은 크게 높아졌다. 30대에서 그 비율은 72.4%로 가장 높았으며, 40대에서 62.6%, 그리고 19~29세 집단에서 58.6%로 나타났다. 상대적으로 50대에서 그 비율이 가장 낮았지만, 〈그림 10-1〉과 비교하면 박정희보다 그 비율이 높다는 사실을 알 수 있다. 60대 이상 층에서도 거의 절반에 육박했으며, 박정희, 노무현의 비율이 동일하게 나타났다. 즉 촛불집회와 탄핵을 거치면서, 박근혜뿐만 아니라 박정희를 바라보는 우리 사회의 시각에 변화가 발생한 것이다. 한국 보수 정치의 상징적 존재라고 할 수 있는 박정희에 대한 변화된 평가는 불가피하게 보수 이념에도 적지 않은 영향을 미칠 수밖에 없을 것이다.

이와 함께 2017년 대통령 선거에서는 거주 지역에 따른 투표 행태의 차이가 나타났다. 아래의 두 신문 기사에서 보듯이, 소위 '부자 동네'와 그렇지 않은 동네 간 지지하는 후보가 다르게 나타났다.

> '강남 3구' 서울 강남, 서초, 송파에서도 문재인 대통령에게 준 표가 많았지만 초고가 주택지역이 몰려있는 강남구 압구정동, 청담동 등은 사정이 달랐다. 10일 중앙선거관리위원회 선거통계시스템에 따르면, 강남구 압구정동, 청담동, 삼성1동, 대치1동, 도곡 2동, 서초구 서초2동, 반포2동, 송파구 잠실7동 에서는 홍준표 자유한국당 후보가 더 많은 표를 받았다. 특히 압구정동에서 홍 후보의 득표 수는 문 대통령의 득표 수보다 2배가량 많았다. 문 대통령이 3,234표, 홍 후보는 6,449표를 얻었다. 청담동은 문 대통령이 4,877표, 홍 후보가 5,452표를 얻었다. 대치1동은 문 대통령이 3,839표, 홍 후보가 4,305표를 득표했다.[3]

3. 경향신문, 2017.5.10., 서울에서 홍준표가 문재인보다 2배 많은 표를 얻은 동네는?, http://news.khan.co.kr/kh_news/khan_art_view.html?artid=201705100813001#csidxc46aa61bbc35d

서울은 아파트 가격과 후보별 득표율의 상관관계가 뚜렷했다. 아파트 가격이 높은 지역에서는 자유한국당 후보였던 홍준표 전 경남도지사의 득표율이, 반대 지역에선 더불어민주당의 후보였던 문재인 대통령의 득표율이 높았다. 특히 도드라진 지역은 강남 3구(서초·강남·송파)였다. 문 대통령과 홍 전 지사는 이들 지역에서 각각 38%, 25%를 득표했다. 문 대통령의 득표율은 서울 평균(42%)보다 낮았고, 홍 전 지사는 그보다(21%) 높았다. 특히 강남구에선 문 대통령은 서울 내 가장 낮은 득표율(25%)을, 홍 전 지사는 가장 높은 득표율(27%)을 기록했다.[4]

이러한 특성은 물론 2017년 선거에서 처음 나타난 현상이라고 보기는 어렵다. 그러나 2017년 대통령 선거에서는 탄핵 정국으로 인해 보수 정파가 선거 전부터 수세적이었고 지지율에서도 어려움을 겪었다. 이런 정치적 분위기에서도 특정 지역에서 보수 정당 후보에 대한 지지가 높게 나타난 것은 보수 정치와 계층 간의 관련성을 생각해 보게 한다. 이는 특히 그동안 한국 선거에서 나타났던 '계급 배반 투표'를 부정하는 사례가 된다는 점에서 주목할 필요가 있다.

이러한 점을 고려하여 2017년 대통령 선거에서 보수 정파 후보들에게 투표한 유권자들을 중심으로 보수 이념의 변화 여부와 보수 정치와 계층 요인과의 관련성에 대해 분석하기로 한다.

25b70d96b03ef2b303 (검색일: 2017.5.22.)

4. 중앙일보, 2017.5.18., '1㎡당 650만 원' 아파트 값 따라 갈린 19대 대선, http://news.joins.com/article/21582584 (검색일: 2017.5.25)

3. 분석

1) 두 개의 보수?

2017년 대통령 선거는 사실상 양자 대결이었던 2012년과 달리 5명의 주요 후보들이 경쟁을 벌였다. 이 가운데 두 명의 보수 정당 후보들이 존재했다. 새누리당이 탄핵을 거치면서 자유한국당과 바른정당으로 분열되었고, 두 정당이 모두 후보를 내면서 두 명의 보수 후보가 생겨난 것이다. 따라서 보수적 유권자 입장에서 2017년 대통령 선거는 보수와 진보 정치 간의 경쟁뿐만 아니라, 보수와 보수 간의 경쟁이라는 이중적 의미를 지녔던 셈이다. 그렇다면 보수 이념을 갖는 유권자들은 5명의 후보 가운데 누구를 선택했을까? 〈표 10-1〉은 주관적 이념에 따라 보수, 중도, 진보의 세 집단으로 구분하고,[5] 각 이념 집단별 후보 지지의 패턴을 정리한 것이다.

〈표 10-1〉에서는 유권자의 이념에 따른 후보 지지율의 분명한 차이를 확인할 수 있다. 진보 정파의 후보인 더불어민주당의 문재인, 정의당의 심상정은 보수에서 진보 집단으로 갈수록 지지도가 상승하는 패턴을 보인다. 자유한국당의 홍준표, 바른정당의 유승민은 그와 반대로 진보 집단에서 보수 집단으로 갈수록 지지도가 상승하는 패턴을 보였다. 이 가운데 문재인과 홍준표 두 후보는

〈표 10-1〉 주관적 이념 집단과 후보 지지

	문재인	홍준표	안철수	유승민	심상정	N
진보	74.8	1.7	11.2	4.2	8.0	401
중도	52.3	14.8	17.9	8.5	6.5	413
보수	27.5	39.9	21.0	9.4	2.2	276

Pearson chisquare=242.3 p<0.000

5. 조사에서 주관적 이념의 측정은 0(가장 진보)-5(중도)-10(가장보수) 중 자신의 이념 위치를 정하도록 했는데, 여기서는 0~4까지를 진보로, 6~10을 보수로, 그리고 5를 중도로 간주했다.

매우 대조적인 모습을 보였는데 두 후보 모두 이념 집단 간 지지의 격차가 매우 컸다. 문재인은 진보 집단에서 74.8%, 중도 집단에서 52.3%, 그리고 보수 집단에서는 27.5%를 득표한 것으로 나타났다. 문재인에 대한 보수와 진보 집단의 지지의 격차가 무려 47.3%에 달했다. 홍준표는 보수 이념 집단에서는 39.9%의 지지를 얻었지만, 중도에서는 14.8%, 그리고 진보 집단에서는 1.7%를 얻었다. 홍준표에 대한 보수와 진보 집단의 지지의 격차는 38.2%였다. 흥미롭게도 진보 정파라고 간주되는 국민의당의 안철수 후보에 대한 지지 패턴은 홍준표, 유승민 등 보수 후보들의 득표 패턴과 비슷한 모습을 보였다. 안철수 역시 진보 집단에서 가장 낮고, 보수 집단에서 가장 높은 득표를 했다. 유력한 보수 후보가 없는 상황에서 적지 않은 보수 성향의 유권자들이 안철수 후보를 선택했음을 알 수 있다. 이념 집단별로 지지 후보가 뚜렷하게 구분되는 패턴을 보인 〈표 10-1〉의 결과는 한국 선거에서 이념의 커다란 영향을 다시 확인시켜 주는 것으로 볼 수 있다.

이러한 특성을 보다 상세히 살펴보기 위해서 각 후보를 지지한 유권자들의 주관적 이념의 평균값을 구해 보았다. 〈표 10-2〉에서 보듯이, 각 후보별로 이념 평균값의 차이가 뚜렷하게 구분된다는 것을 알 수 있다. 홍준표 지지자들의 평균은 6.88로 나타나 이들이 매우 강한 보수적 이념 성향을 갖고 있음을 알 수 있다. 유승민 지지자들 역시 5.62로 나타나 이들이 보수 이념을 가진 유권자들이라는 것을 알게 해 준다. 그러나 유승민 지지자들은 홍준표 지지자들에 비해 상대적으로 온건한 보수 성향을 가진 이들로 나타났다. 즉 두 보수 후보에게 표를 던진 보수 유권자들이 서로 다르다는 것을 알 수 있다. 보수 정치가 두 후보 간 분화된 것이다. 안철수 후보의 지지자들 역시 5.10으로 보수적인 것으로 나타났다. 문재인, 심상정 두 진보 후보의 지지자들과 안철수 후보 지지자들 사이에는 이념 평균의 격차가 매우 크고, 또 이번 조사에서의 주관적 이념의 전체 평균이 4.78이라는 점을 감안할 때, 안철수 지지자들이 중도 성향에 가까운 보수 이념을 가진 이들이라는 것을 알 수 있다. 〈표 10-1〉과 〈표 10-2〉의 결과를 종

〈표 10-2〉 각 후보 지지자의 주관적 이념 평균

	지지 후보	이념 평균	ANOVA
2017년 대선	홍준표	6.88	F=291.8 p<0.000
	유승민	5.62	
	안철수	5.10	
	심상정	4.11	
	문재인	4.01	
	전체 평균	4.78	

합해 볼 때, 2017년 대통령 선거에서 보수 이념 성향의 유권자들은 홍준표, 유승민 두 보수 정당 후보들뿐만 아니라 안철수 후보까지 포함하는 3명의 후보 사이에서 지지가 갈렸다.

이러한 보수 후보 지지층의 이념 평균이 갖는 의미를 알아보기 위해서 이전 선거에서 보수 후보, 보수 정당을 선택했던 유권자들의 이념 평균과 비교해 보았다. 2012년 대통령 선거에서 박근혜를 지지했던 유권자의 이념 평균은 5.93이었다. 당시는 박근혜-문재인의 양자 대결이었기 때문에 중도적 유권자를 지지자로 끌어들이는 것이 중요했고, 실제로 박근혜 후보는 진보적 공약인 경제민주화와 복지 확대를 내세웠다. 보다 보수 정파에 충성심이 강한 이들의 이념 성향을 보기 위해서, 이번에는 2012년 대통령 선거에서 박근혜에게 투표하고, 2016년 국회의원 선거의 정당투표에서 새누리당에게 표를 던진 이들만을 대상으로 이념 평균을 살펴보았다. 그 이념 평균값은 6.47이었다. 2016년 국회의원 선거 결과가 여소야대였고, 새누리당은 제1당도 되지 못했다는 점을 감안할 때, 2012년, 2016년 두 차례 선거에서 모두 보수 정파를 선택한 이들은 매우 충성심이 강한 보수 이념 집단임을 예상할 수 있다. 그런데 주관적 이념 성향의 평균값에서 볼 때, 홍준표 지지층의 이념 평균이 보다 큰 값으로 나타났다는 것은 홍 후보의 지지층이 매우 강한 보수 성향을 지니고 있는 이들이라는 것을 알 수 있다. 보수 유권자들 가운데 매우 강한 보수 성향을 갖는 이들은 홍준표에게, 상대적으로 온건 보수 성향의 유권자들은 유승민에게, 그리고 중도에 가까운 보

〈표 10-3〉 이전 선거에서의 보수 지지자들의 2017년 투표 선택

	문재인	홍준표	안철수	유승민	심상정	N
2012 박근혜-2016 새누리	15.2	56.1	16.5	8.4	3.8	237
2016년 총선 새누리당	16.5	51.6	17.9	9.9	4.0	273

수층은 안철수에게 투표했던 것이다. 보수 유권자들은 2017년 대통령 선거에서 이렇게 분열했다. 그렇다면 보수 유권자들의 분열은 보수 정치 혹은 보수 세력에 대한 불신과 실망을 드러내는 것일까? 즉 보수 정치는 2017년 대통령 선거에서 '몰락'했다고 봐야할 것인가?

〈표 10-3〉은 이전 선거에서 보수 정파에 투표한 이들이 2017년 대통령 선거에서 선택한 후보 별 비율을 정리한 것이다. 2016년 국회의원 선거에서 새누리당에게 투표한 이들의 51.6%는 홍준표를 선택했고, 9.9%는 유승민을 선택했다. 두 후보를 지지한 비율을 합하면 61.5%에 달한다. 그런데 앞의 표에서 본 대로, 안철수 역시 2017년 대선에서 보수 유권자들의 지지를 받았기 때문에, 안철수에게 표를 던진 17.9%를 합하면, 2012년 박근혜 투표자의 79.4%가 '보수 성향 후보'에게 표를 던진 셈이다. 이러한 비율은 2012년 박근혜 지지자 중 2016년 총선에서 새누리당을 선택한 이들을 대상으로 해도 비슷한 결과가 나타난다. 두 선거에서 잇달아 보수 정파를 선택한 유권자의 56.1%가 홍준표를 선택했고, 8.4%는 유승민을 선택했다. 또한 16.5%는 안철수를 선택했다. 이 세 후보에 대한 지지를 합하면 81%에 달한다.

2017년 대통령 선거에서 보수의 열세, 진보의 강세라는 정치적 상황을 감안할 때, 안철수 지지층의 다소 애매함을 고려하더라도, 과거 보수 지지층의 70-80%가 여전히 '보수 후보' 중 한 명을 선택했다는 사실은 주목할 만하다. 즉, 보수 유권자의 대다수는 여전히 보수 후보에 대한 지지를 유지했고 이탈자의 비율은 매우 낮았다. 이는 보수 유권자 층이 여전히 견고한 세력으로 남아 있음을

〈표 10-4〉 보수의 세대 분화

	홍준표	안철수	유승민	N
19~29	19.4	30.6	50.0	36
30대	16.4	45.9	37.7	61
40대	21.3	62.3	16.4	61
50대	47.0	41.0	12.0	117
60대	53.3	37.0	9.8	92
70대 이상	65.0	28.8	6.2	80
평균 연령	60.3	52.3	42.9	54.0

보여 준다. 2017년 대선에서 보수 정파가 정치적으로 어려움을 겪은 것은 분열되었기 때문이지 보수 지지자들이 이탈했거나 다른 정파로 전향했기 때문은 아닌 것이다.

그렇다면 보수 정치는 왜 분열했을까? 물론 외형적인 이유는 박근혜 전 대통령에 대한 탄핵의 찬반 여부였다. 여기서 궁금한 것은 보수 지지자의 어떤 특성에 따라 각각 홍준표, 유승민, 안철수의 지지로 나뉘었을까 하는 점이다.

〈표 10-4〉는 연령별로 각 보수 후보에 대한 지지율을 정리한 것이다. 세대 변수는 2002년 이후 한국 정치에서 중요한 영향을 미쳤고, 특히 박근혜 전 대통령에 대한 탄핵 과정에서 젊은 세대와 노령 세대 간에는 뚜렷한 입장의 차이를 보였다.[6] 그런 점에서 세대별 후보 선택의 패턴을 살펴보는 것은 필요하다. 〈표 10-4〉에서는 매우 흥미로운 패턴이 확인되었다. 세 명의 '보수 후보'를 선택한 이들 가운데, 홍준표 지지자의 경우에는 젊은 층에서 노령층으로 갈수록 지지율이 높아지는 추세를 보였다. 19~39세 젊은 유권자층에서 홍준표에 대한 지지도는 20% 미만의 수준에 머물렀지만, 60대 이상에서는 53.3%, 그리고 70대 이상에서는 65%에 달했다. 이에 비해 유승민에 대한 지지는 홍준표와 정 반대

6. 한국갤럽이 헌법재판소의 탄핵 판결 직전인 2017년 3월 3일 발표한 여론조사 결과에 의하면, 19~29세층은 92%, 30대는 95%, 40대는 89%, 50대는 67%, 그리고 60대 이상은 50%가 탄핵에 찬성하는 것으로 나타났다. (한국갤럽 데일리 오피니언 제248호. 2017년 3월 1주)

의 패턴을 보였다. 유승민 지지는 노령층에서 가장 낮아 10%에도 미치지 못했지만, 연령이 낮아질수록 지지도가 높아지는 추세를 보였다. 안철수는 40대에서 가장 높은 지지를 얻었고, 이를 정점으로 양 쪽으로 갈수록 낮아지는 모습을 보였다. 세 후보 지지자의 연령 평균을 보면, 홍준표 지지자들이 가장 나이가 많아 60.3세로 나타났고, 안철수가 52.3세, 그리고 유승민 지지자들의 평균 연령이 42.9세로 가장 젊었다. 이상의 논의를 요약해 보면, 60대 이상 고령 유권자층은 홍준표, 30대 젊은 층은 유승민, 그리고 40대는 안철수 지지로 보수 지지가 분열되었다는 것을 알 수 있다.

이번에는 보수 후보를 지지한 유권자들의 보수 정치의 정체성 측면에서 차이를 살펴보았다. 역대 대통령 중에서 가장 좋아하는 대통령에 대한 응답을 분석했다.

〈표 10-5〉에서 보듯이, 세 명의 후보 지지자들 간 좋아하는 역대 대통령은 매우 큰 차이를 보였다. 홍준표 지지자들의 71.3%는 박정희를 가장 좋아하는 대통령으로 선택했다. 다른 역대 대통령들은 모두 10% 미만의 낮은 비율을 보였다. 홍준표 지지층에서 박정희에 대한 강한 애정과 선호를 확인할 수 있다. 그러나 유승민 지지층에서 박정희에 대한 응답은 15.6%에 그쳤으며, 진보적인 노

〈표 10-5〉 후보 지지별 좋아하는 역대 대통령

	홍준표	안철수	유승민
이승만	3.4	3.7	0
박정희	71.3	29.3	15.6
전두환	5.7	1.2	0
노태우	1.1	0	1.6
김영삼	3.4	4.3	6.2
김대중	0.6	19.5	7.8
노무현	7.5	39.6	51.6
이명박	3.4	2.4	9.4
박근혜	3.4	0	1.6
계	100.0	100.0	100.0
Pearson chi square=149.6 p<0.000			

<표 10-6> 박근혜 선호도 및 탄핵 찬반

		홍준표	안철수	유승민	
박근혜 선호도[7]		3.89	1.40	1.04	ANOVA $F=16.2$ $p<0.000$
탄핵 찬반	탄핵 찬성	36.7	90.9	94.8	chi square 358.5 $p<0.000$
	탄핵 반대	63.3	9.1	5.2	

무현 대통령에 대한 응답이 51.6%로 가장 높게 나타났다. 홍준표와 유승민 지지자들 간 박정희에 대한 평가가 극명한 차이를 보였다. 안철수 지지층에서는 노무현에 대한 평가가 39.6%로 가장 높기는 했지만, 박정희를 선택한 경우도 29.3%, 그리고 김대중을 선택한 경우도 19.5%로 나타나 대체로 전임 대통령에 대한 뚜렷하게 선호도가 확인되지는 않았다.

<표 10-5>에서 본 대로, 후보 지지자에 따라 박정희에 대한 평가가 달라진다는 점에서 이번에는 박근혜 대통령에 대한 선호도, 그리고 탄핵에 대한 태도에 대해 살펴보았다. <표 10-6>에 정리한 대로, 여기에서도 세 후보 지지자들 간의 차이를 확인할 수 있다. 박근혜에 대한 선호도는 홍준표 지지층에서 3.89로 나타났다. 그러나 유승민 지지자들의 평균은 1.04로 매우 낮았다. 안철수 지지자들도 1.40으로 비교적 낮게 나타났다. 홍준표 지지층과 유승민, 안철수 지지층 간에 박근혜 선호도에서 큰 차이를 보인 것이다.

이러한 태도는 탄핵에 대한 입장에서도 유사한 형태로 확인된다. 홍준표 지지층에서 탄핵에 대한 찬성은 36.7%, 반대는 63.3%로 나타났다. 홍준표 지지자들 중 세 명 중 두 명은 탄핵에 반대하는 입장인 것이다. 그러나 유승민 지지자들 중 탄핵에 찬성한다고 응답한 비율은 5.2%에 불과했다. 94.8%가 탄핵 찬성의 태도를 보였다. 안철수 지지층에서도 탄핵 찬성이 90.9%로 나타났다.

<표 10-5>와 <표 10-6>에서 나타난 결과는 매우 주목할 만하다. 한국 보수

7. 선호도는 0(가장 낮은 선호)~10(가장 높은 선호)의 평균값이다.

정치에서 박정희 전 대통령이 지닌 상징적 의미와 정치적 비중을 감안할 때, 홍준표 지지층과 유승민 지지층 간에 박정희에 대한 평가가 극명하게 갈리는 것은 오늘날 한국 보수 정치가 실질적으로 분화되었음을 극적으로 보여 주는 것이기 때문이다. 박정희의 딸 박근혜에 대한 선호도나 그녀에 대한 탄핵을 바라보는 태도의 차이 역시 이와 마찬가지의 연장선에서 살펴볼 수 있다. 박정희에 대한 강한 선호를 드러낸 홍준표의 지지층이 '전통적 보수'를 대표하고 있다면, 오히려 노무현을 선호한 유승민의 지지층은 이들 '전통적 보수'들과 구분되는 상이한 정체성을 갖는 '새로운 보수'의 등장을 보여 주는 것이라고 할 수 있다.

보수 지지층의 정체성의 분화를 다시 확인해 보기 위해서 이번에는 몇 가지 쟁점 정책 사안에 대한 각 후보 지지자들의 태도를 분석했다. 〈표 10-7〉를 통해서는 논란이 되었던 사드, 즉 고고도미사일방어체계(THAAD: Terminal High Altitude Area Defense) 배치, 그리고 문재인 후보가 내세웠던 적폐청산, 그리고 오랫동안 정치적 갈등의 대상이었던 대북정책, 복지 대 성장 등 네 가지 쟁점에 대한 태도의 차이를 보았다. 네 가지 쟁점에서 모두 후보 지지자들 간 태도의 차이가 확인되었다. 문재인 지지자들과 나머지 '보수 후보들' 지지자들 사이에 입장 차이가 우선 뚜렷하게 나타났다. 흥미로운 점은 보수 후보 지지자들 사이에서도 상당한 시각의 차이가 확인된다는 점이다. 사드 배치에 대해서는 홍준표 지지자들의 경우 95.1%가 찬성한 반면, 유승민 지지자들 사이에서 그 비율은 72.7%로 낮아졌다. 안철수 지지자들은 유승민 지지층과 대체로 비

〈표 10-7〉 후보 지지별 정책 태도

	사드 배치		적폐 청산 대 국민통합		대북정책		복지 대 성장	
	반대	찬성	청산	통합	대화	대립	복지	성장
문재인	57.3	42.7	57.9	42.1	71.9	28.1	64.2	35.8
홍준표	4.9	95.1	20.4	79.6	19.4	80.6	22.4	77.6
안철수	24.4	75.6	26.7	73.3	43.2	56.8	39.2	60.8
유승민	27.3	72.7	35.9	64.1	29.1	70.9	48.7	51.3
χ^2 검정	31.9 $p<0.000$		6.9 $p<0.05$		23.7 $p<0.000$		20.5 $p<0.000$	

슷한 비율을 보였다. 적폐청산 대 국민통합 이슈에 대해서는 홍준표, 안철수 지지층이 비슷한 응답 패턴을 보였는데, 적폐청산보다 국민통합이 중요하다는 응답이 79.6%, 73.3%로 나타났다. 이에 비해 유승민 지지자들 가운데 그 비율은 64.1%로 상대적으로 낮았다. 대북정책에서 보면, 홍준표 지지자들은 적대적 대북 정책을 선호하는 비율이 80.6%였는 데 비해, 유승민 지지층에서 그 비율은 70.9%로 다소 낮았다. 그러나 큰 틀에서 보면, 두 보수 후보 지지층 사이에 대북정책의 방향에 대한 공감대는 존재하는 것으로 볼 수 있다. 이에 비해 안철수 지지층은 대화정책 대 강경정책 간의 비율이 43.2% 대 56.8%로 홍준표, 유승민의 지지층의 응답과는 상이한 결과를 보였다. 한편, 복지 대 성장에서는 홍준표와 유승민 지지자들 간 시각의 차이가 가장 확연하게 나타났다. 홍준표 지지층의 77.6%가 성장을 중시한 반면, 유승민 지지층에서 그 비율은 51.3%로 크게 낮아졌고 대신 복지가 중요하다는 응답이 48.7%에 달했다. 안철수 지지층의 응답은 두 후보의 중간 정도에 놓였다.

〈표 10-7〉의 결과는 의미심장해 보인다. 세 후보 지지자들 간 입장의 차이가 정책적인 측면에서도 뚜렷하게 나타났기 때문이다. 홍준표 지지층은 '전통적 보수'의 태도를 보였다. 이들은 과거 2012년 대선에서 박근혜를 지지했고, 그리고 2016년 총선에서 새누리당을 지지했던 충성스러운 이들 가운데서도 강경한 입장의 보수층이라고 할 수 있다.[8] 이에 비해 유승민의 지지층은 이들과 상당히 다른 속성을 가진 보수 유권자들이라고 할 수 있다. 과거와 같은 성장의 중

8. 아래의 표와 비교할 때, 홍준표 지지자들 사이에서 보수적인 응답의 비율이 보다 높다는 것을 알 수 있다.

2012대선/2016총선	사드 배치		적폐 정산 대 국민통합		대북정책		복지 대 성장	
	반대	찬성	청산	통합	대화	대립	복지	성장
박근혜/새누리	9.0	91.0	24.0	76.0	25.2	74.8	30.8	69.2
기타	49.4	50.6	50.3	49.7	61.3	38.7	78.3	21.7
χ^2	128.8 p<0.000		53.4 p<0.000		99.4 p<0.000		56.6 p<0.000	

시와는 다른 복지를 강조하는 태도를 보였고, 사드 배치나 적폐청산과 같은 현안에 대해서도 홍준표 지지자들과는 다른 입장을 뚜렷하게 보였다. 대북정책에 대해서는 큰 틀에서 전통적 보수와 같은 흐름이었지만 상대적으로 유연한 태도를 보였다. 이에 비해 안철수 지지층은 하나의 틀로 설명되기 어려운 응답 패턴을 보였다. 홍준표, 유승민의 지지층이 나름대로 구분될 수 있는, 그러나 상이한 보수의 정체성을 갖고 있는 데 비해 안철수 지지층은 그런 점에서 애매함을 보였다.

지금까지 논의한 대로, 스스로 보수로 자리매김을 하거나 혹은 '보수 후보'를 지지했다고 해도 홍준표, 유승민 두 후보 지지층 간에는 매우 뚜렷한 차이가 존재한다. 홍준표 지지층이 '전통적' 보수를 대표한다면, 유승민 지지층은 그와 다른 새로운 정체성을 지녔다. 한국 보수의 상징성이 큰 박정희에 대한 평가의 차이나, 혹은 그와 관련된 성장주의에 대한 시각의 차이 등은 두 후보의 지지자들이 보수 이념의 내용적 측면에서 서로 다른 입장을 갖고 있음을 보여 주고 있다. 이런 점에서 볼 때 2017년 대통령 선거에서의 보수의 분열은 단순히 자유한국당과 바른정당 간, 혹은 홍준표와 유승민 간의 분열이 아니라, 보수주의 내부에서의 이념적, 정책적 분화가 반영된 결과인 것이다.

2) 계급 배반 혹은 부자 보수?

앞 절에서 보수의 분화를 확인했다. 그렇다면 이번에는 보수의 분화가 단지 정체성 및 정책의 분화에 그치지 않고 계층적 속성까지 반영하고 있는지에 대해 살펴보고자 한다. 서구에서는 주로 직업적 측면을 고려한 계급적 특성에 따른 투표 행태의 차이에 주목해 왔다. 특히 1970년대 이전까지는 계급이 투표 행태에 강한 영향을 미치고 있다는 연구가 적지 않았다(예컨대, Rose and Urwin 1970; Rose 1974; Crewe 1986; Bartolini and Mair 1990 등). 그러나 최근에는 전통적인 노동계급이 축소되었고 소득의 불평등이 커졌기 때문에 직업보다 소득이 정치적 선택에서 더 중요해졌다는 연구 결과도 제시되었다(Clark 2001).

한국 선거를 분석한 기존 연구에서는 이념적 태도와 계층적 요인 간 연계가 잘 드러나지 않았다.

그런데 앞에서 인용한 신문기사처럼, 2017년 대통령 선거에서 아파트 값에 따라 투표 패턴이 다르게 나타났다는 것은 단지 가구소득보다 부동산 등 자산이 보다 중요한 것이 아닌가 하는 추정을 가능하게 한다. 부유한 이들이 많이 모여 사는 서울 '강남'의 의미 역시 부동산 가격 등 자산과 보다 관련이 크다고 볼 수 있기 때문이다. 그런 점에서 여기에서는 가구소득과 함께 자산에 따른 후보별 지지에 대해 살펴보았다.

〈표 10-8〉에서는 가구 소득별로 다섯 명의 주요 후보에 대한 지지의 비율을 살펴본 것과, 동산, 부동산 등을 모두 포함한 자산을 기준으로 한 후보 지지의 비율을 비교해 보았다. 두 가지 기준에 따라 서로 대조적인 결과가 나타났다. 월 가구 소득을 기준으로 볼 때, 홍준표-유승민-안철수 등 보수 유권자들이 선호한 후보자의 지지율은 소득이 낮은 층에서 가장 높고 소득이 올라갈수록 낮아지는 패턴을 보인다. 즉 월 가구 소득을 기준으로 낮은 소득부터 높은 소득까지 비교해 보면, 세 후보의 지지율의 합은 52.8%→41.2%→38.8%→31.3%→39.7% 로 변화한다. 700만 원 이상 소득층에서 다시 지지가 높아지지만 대체적인 경향은 '계급 배반 투표'로 간주할 수 있다. 소득이 낮은 유권자들이 보수 후보를 보다 선호하는 경향은 2017년 대통령 선거에서도 이전과 마찬가지로 확인되었다.

그런데 자산을 기준으로 하면 그 결과가 다소 다르게 나타난다. 홍준표-유승민-안철수 세 후보에 대한 지지율의 합은 자산이 적은 층에서 낮고 자산이 많아질수록 지지율이 상승하는 패턴을 보인다. 즉 자산에 따라 세 후보의 지지의 합계는 40.1%→31.9%→35.2%→39.6 %→57.1%로 변화한다. 즉, 계급 배반이 아니라, 부유한 이들일수록 보수 후보에게 표를 많이 던지는 "부자 보수"의 특성이 나타나는 것이다. 특히 5억 원 이상 가장 많은 자산을 가진 집단에서 보

〈표 10-8〉 가구소득 및 자산별 후보지지

		문재인	홍준표	안철수	유승민	심상정	N	x2 검정
월 가구소득	200만 원 미만	44.9	28.1	21.3	3.4	2.2	178	60.1 p<0.00
	200만~300만 원 미만	49.3	20.9	14.2	6.1	9.5	148	
	300만~500만 원 미만	57.2	15.2	15.2	8.4	4.1	369	
	500만~700만 원 미만	63.5	10.9	15.2	5.2	5.2	230	
	700만 원 이상	50.9	11.1	17.0	11.7	9.4	171	
자산	1억 원 미만	52.7	12.7	19.6	7.8	7.3	245	45.5 p<0.00
	1억~2억 원 미만	62.7	15.1	13.0	3.8	5.4	185	
	2억~3억 원 미만	59.6	16.0	13.3	5.9	5.3	188	
	3억~5억 원 미만	54.3	18.8	15.7	5.1	6.1	197	
	5억 원 이상	39.3	24.2	20.1	12.8	3.7	219	

수 후보들에 대한 지지율이 크게 상승하는 모습을 보였다. 한국 선거에서도 소득이 아닌 자산을 기준으로 할 때 계층의 이해관계에 부합하는 계층 투표의 양상이 확인되는 것이다.

이런 특성을 다시 확인하기 위해서 이번에는 주택 소유 여부와 후보 지지의 관계에 대해서 살펴보았다. 자산을 구성하는 데에는 여러 가지 요인이 있을 수 있지만, 한국의 상황에서 부동산, 특히 주택의 소유는 일반적으로 가구의 자산 구성에 매우 커다란 비중을 차지한다. 그런 점에서 주택 소유에 따른 정치 행태의 차이는 경제적 계층에 따른 상이한 투표 선택, 곧 '부자 보수'의 특성을 보여주는 것으로 간주할 수 있다. 지역별 부동산 가격의 차이에 따라 주거 유형이 유권자의 정치의식과 투표 선택에 영향을 미칠 수 있는 것이다(손낙구 2010). 〈표 10-9〉에 주택 소유에 따른 후보 지지의 패턴을 정리해 두었다.

분석 결과, 주택 소유별로 지지 후보의 차이가 분명하게 구분되었다. 홍준표, 유승민 두 보수 후보에 대한 지지율은 두 채 이상 > 한 채 > 무주택의 순으로 나타났으며, 이에 비해 문재인, 심상정 두 진보 후보에 대한 지지율은 보수 후보들과는 반대로 무주택 > 한 채 > 두 채 이상으로 나타났다. 특히 진보, 보수 진영의 유력 후보였던 문재인, 홍준표에 대한 지지의 패턴은 매우 뚜렷하게 구분되며

<표 10-9> 주택 소유 여부와 후보 지지

	문재인	홍준표	안철수	유승민	심상정	N	x^2 검정
2주택 이상	45.3	23.8	18.8	8.5	3.6	223	28.7 p<0.00
한 주택	55.1	17.1	14.9	6.9	6.0	666	
무주택	60.2	8.2	18.2	5.6	7.8	231	

상호 대조적이었다.

<표 10-8>과 <표 10-9>에서 나타난 결과는 한국 선거에서도 이제 계층이 중요하다는 점을 알려준다. 그런데 주목할 점은 한국 사회에서의 계층은 월 소득에 의한 것보다 재산이 중요하다는 사실이다. 일반적으로 월 가계소득의 경우 당사자의 경제적 역량과 관련이 깊다면, 재산, 자산의 경우에는 본인의 역량 이외에도 부모나 조부모 등의 경제적 역량, 그리고 재산 상속과도 관련이 있을 것이다. 가구소득보다 자산이 '계층의 정치'에 영향을 미치고 있다는 것은 한국 사회에서 이른바 "있는 집 대 없는 집" 간의 정치적 시각의 차이, 정치적 이해관계의 차이가 부상하고 있음을 보여 주는 것이다.

제7장의 논의에서는 가구 소득에 의한 계층 구분과는 달리, 주관적으로 자신이 소속되어 있다고 생각하는 주관적 평가에 의한 계층 구분에서 '계급 정합적인' 태도가 확인되었다고 분석했다. 가구소득에서 나타나지 않은 계급 정합적 태도가 주관적인 계층의식에서는 나타나는 까닭은 그것이 아마도 자산과 관련이 있기 때문일 수 있다. 즉 나의 개인적 소득이나 가구소득은 낮더라도 '우리 집은 잘 살기 때문에', 혹은 '우리 부모님이나 조부모님은 재산이 많기 때문에' '나는 상위 계층'이라고 판단하는 이들이 있을 수 있기 때문이다. 그런 점에서 주관적 계층 의식과 후보 지지의 관계에 대해서도 살펴보았다.[9]

<표 10-10>에서 보듯이, 주관적 계층 의식에서도 <표 10-9>와 대체로 유사한 패턴이 나타났다. 문재인 지지의 경우, 지지의 패턴이 매우 일관된 경향을 보

9. 조사에서는 상위, 중상위, 중간 정도, 중하위, 하위 등 5개 범주로 구분했다. 여기서는 상위와 중상위를 합쳐 상층으로, 중간 정도를 중층으로, 그리고 중하위와 하위를 하층으로 재분류했다.

〈표 10-10〉 주관적 계층의식과 후보 지지

주관적 계층의식	문재인	홍준표	안철수	유승민	심상정	N	x^2 검정
상층	40.0	20.0	21.8	15.5	2.7	110	26.3 P<0.01
중층	57.6	16.9	13.0	6.4	6.2	455	
하층	54.2	15.6	17.8	6.0	6.4	550	

이는 것은 아니지만, 적어도 상위 계층에서의 낮은 지지율과 중층, 하층에서의 높은 지지율 간에는 뚜렷한 대조가 확인된다. 심상정에 대한 지지 역시 주관적 상층 유권자의 지지가 상대적으로 낮고 중층, 하층에서 높았다. 홍준표, 유승민, 두 보수 정당 후보에 대한 지지는 이와 반대되는 모습을 보였다. 두 후보에게 모두 주관적으로 상층으로 속한다고 생각할수록 지지가 높아졌다. 특히 상층 유권자의 지지의 비율이 중층, 하층과 구분되게 높았다. 안철수에 대한 지지는 여기서도 분명한 패턴이 나타나지는 않았지만, 홍준표, 유승민과 마찬가지로 상층에서 높은 지지를 받았다. 〈표 10-10〉에서도 계층소속감과 정당 지지 혹은 이념 입장이 중첩되는 경향이 확인되었다.

〈표 10-8〉, 〈표 10-9〉, 〈표 10-10〉의 분석을 종합할 때, 계층에 따른 투표 행태가 확인되었다. 특히 상층, 부유층 유권자의 보수 정치에 대한 뚜렷한 선호가 확인되었다. 더 이상 계급 배반이 아니라, 계급 정합적인 '부자 보수'의 특성이 나타난 것이다. 그렇다면 이러한 특성이 주요 정책 쟁점에 대한 태도에서도 나타나고 있는지 살펴볼 필요가 있다. 〈표 10-11〉과 〈표 10-12〉는 앞에서 계층정합적 투표의 경향이 확인된 자산의 정도와 주택소유 여부에 따른 주요 쟁점에 대한 태도를 비교 분석한 것이다.

우선 자산의 정도에 따른 차이를 보면, 사드 배치나 적폐청산과 같은 정치적 현안에 대해서는 명확한 차이가 확인되지 않았다. 그런데 '복지 대 성장'에 대해서는 재산 정도에 따른 정치적 태도의 차이가 뚜렷하게 나타났다. 재산이 적은 쪽일수록 복지를 강조하고, 재산이 많을수록 성장을 강조하는 경향이 확인되었

〈표 10-11〉 자산에 따른 주요 쟁점에 대한 태도

	사드 배치		적폐 정산 대 국민통합		대북정책		복지 대 성장	
	반대	찬성	청산	통합	대화	대립	복지	성장
1억 미만	31.1	68.9	27.4	72.6	45.3	54.7	57.8	42.2
1억-2억 미만	19.6	80.4	29.8	70.2	44.7	55.3	43.5	56.5
2억-3억 미만	24.4	75.6	30.0	70.0	26.2	73.8	36.6	63.4
3억-5억 미만	9.3	90.7	32.6	67.4	31.0	69.0	38.1	61.9
5억 이상	22.5	77.5	28.2	71.8	26.2	73.8	24.1	75.9
χ^2 검정	7.3 p=0.12		0.4 p=0.98		9.4 p=0.052		17.4 p<0.01	

다. 특히 5억 원 이상 자산가 층에서 복지에 대한 매우 낮은 선호를 볼 수 있다. 90% 유의수준에서 본다면, 대북 정책도 어느 정도의 차이가 확인되었다. 응답의 패턴도 대체로 일정했는데 1억 미만이나 1억-2억 미만의 자산층에서는 대화에 대한 선호가 높았던 반면, 그 이상의 자산층에서는 보다 강경한 정책을 선호하는 것으로 나타났다.

주택 소유 여부에 따른 분석에서도 자산에 따른 응답 패턴과 대체로 비슷한 모습이었다. 여기서도 '복지 대 성장'에서 가장 뚜렷한 태도의 차이가 확인되었다. 무주택자의 경우 복지에 대한 선호가 높았던 반면, 2주택 이상 층에서는 성장의 비율이 높았다. 1주택 소유에서도 성장에 대한 선호가 높았다. 즉 주택을 소유하고 있느냐의 여부에 따라 복지와 성장의 강조점이 서로 달라지고 있는 것이다. 통계적으로 유의미한 것으로 입증되지는 않았지만, 사드배치나 대북정책 등 '전통적인' 이념 갈등의 대상에서도 무주택자의 경우 보다 진보적인, 그리고 한 주택 소유, 2 주택 이상 소유의 순으로 점차 보수적인 정책에 대한 선호가 높아져 갔다. 〈표 10-11〉과 〈표 10-12〉의 결과는 대북정책 등 전통적인 보수의 이슈보다 세금, 복지 등과 관련된 경제영역에서 각 계층별 시각의 차이 분명해지고 있음을 알게 한다. 예전의 보수 대 진보의 갈등이 대북정책 등 냉전적 과

<표 10-12> 주택 소유 여부에 따른 주요 쟁점에 대한 태도

	사드 배치		적폐 정산 대 국민통합		대북정책		복지 대 성장	
	반대	찬성	청산	통합	대화	대립	복지	성장
2주택 이상	15.9	84.1	31.1	68.9	28.6	71.4	32.8	67.2
1 주택 소유	22.5	77.5	26.8	73.2	33.9	66.1	36.5	63.5
무주택	28.6	71.4	40.0	60.0	43.2	56.8	63.6	36.4
χ^2 검정	2.5 p=0.29		3.1 p=0.22		2.5 p=0.29		12.5 p<0.01	

거에 기반을 두고 있다면 향후 보수-진보의 갈등은 경제 정책을 둘러싸고 보다 계급정합적인 형태로 전개될 것으로 보인다.

여기서 한 가지 던져볼 수 있는 질문은 왜 이제야 계층에 따른 이념적 차이가 드러나게 되었을까 하는 점이다. 앞에서 언급한 이갑윤, 이지호, 김세걸의 2013년 논문에서는 재산에 따라 계급의식은 갖게 되었지만 그것이 정당 지지, 투표 선택으로 이어지지는 않았다고 밝혔다. 그런 특성을 보인 이유는 그간의 '전통적 보수'를 구성하는 핵심은 역시 반공주의, 성장주의를 비롯한 비계급적인 박정희 시대의 가치였기 때문일 것이다. 노령층 유권자의 '계급 배반 투표' 역시 이런 차원에서 이해할 수 있다. 그러나 박근혜 전 대통령 탄핵을 거치면서 '전통적 보수'의 가치로부터 이탈하게 된 보수 유권자들이 등장하게 되었고, 바로 그런 점 때문에 그동안 제대로 부각되지 않았던 보수 정치의 계급적 특성이 드러나게 되었다고 볼 수 있다.

3) 종합 논의

이상에서의 논의를 토대로 홍준표, 유승민 두 보수 후보 간 지지의 차이에 대해서 종합적으로 살펴보기로 한다. 이를 위해서 이항 로지스틱 분석을 행했다. 종속변수는 홍준표와 유승민에 대한 지지이다. 독립변수로는 앞에서의 논의에 따라 다섯 부류의 독립변수를 설정했다. 첫째, 연령이다. 보수의 세대적 분화의 측면을 살펴보기 위함이다. 둘째, 가계소득과 자산이다. 앞에서 본 대로, 자산이 많을수록 보수 후보에 대한 지지가 높아졌기 때문에 두 후보 간 지지의 차별성이 나타나지 않을 것으로 생각할 수도 있겠지만, 복지 대 성장과 같은 측면에서 시각의 차이가 확인되었고, 또 '계급 배반 투표'가 빈곤한 노령 유권자의 보수 성향과 어느 정도 관련되어 있다는 점에서 홍준표 지지자와 유승민 지지자 간의 차이가 확인될 수도 있을 것으로 보았다. 셋째, 정치 이념이다. 같은 보수 정파의 후보들이라고 하더라도 나름대로의 이념적인 차별성을 갖는지 보고자 했다. 정치 이념 변수는 자기의 주관적 이념 위치(self-placement)뿐만 아니라, 홍준표, 유승민 두 후보와의 이념 거리도 고려했다. 네 번째는 이념적 특성을 보다 구체적으로 살펴보기 위해 구체적인 정책에 대한 입장을 포함했다. 앞에서 논의했던, 사드 배치 찬반, 적폐청산 대 국민통합, 대북정책, 그리고 복지 대 성장의 네 항목을 포함했다. 다섯 번째는 박근혜 전 대통령과 관련된 항목이다. 2017년 대통령 선거를 둘러싼 상황적 요인에 대한 것이라고 할 수 있다. 박근혜 전 대통령에 대한 호감도, 탄핵 찬반 여부, 그리고 선거 때 고려한 주된 이슈가 탄핵인지 아니면 다른 것인지 등 세 가지를 포함했다. 분석 결과가 〈표 10-13〉에 정리되어 있다.

우선 연령은 통계적으로 유의미한 차이가 확인되었다. 젊은 유권자들일수록 홍준표보다 유승민을 선호하는 것으로 나타났다. 이념에서는 주관적 자기 이념에 대해서는 두 집단 간 통계적으로 유의미한 차이도 확인되지 않았고 계수 B 값도 0에 가까운 값으로 나타났다. 두 집단 간 주관적 이념의 차이는 거의 없다고 볼 수 있는 것이다. 이에 비해 홍준표 후보와의 이념적 거리의 영향은 두 집단 간 차이를 만들어 냈다. 홍준표와의 이념 거리가 멀다고 느낄수록 유승민에 대한 지지의 확률이 높아졌다. 주목할 만한 점은 정책에 대한 시각의 차이에 대한 것이다. 사드 배치 건과 복지-성장 건에 대해서 두 보수 후보의 지지자들 사이에 입장이 차이가 존재하는 것으로 나타났다. 유승민의 지지자들이 이들 사

〈표 10-13〉 이항 로지스틱 모델: 홍준표(0)와 유승민(1)에 대한 지지

	독립변수	B	Exp(B)
연령	연령	-0.05**	0.95
재산	소득	0.10	1.10
	자산	0.15***	1.16
이념	주관적 자기 이념	0.00	1.00
	이념 거리_홍준표	0.34**	1.40
	이념 거리_유승민	-0.20	0.82
정책	사드 배치 반대(1) 찬성(0)	1.59**	4.92
	적폐청산(1), 국민통합(0)	-0.62	0.58
	대북화해(1) 대립(0)	-0.79	0.45
	복지(1) 성장(0)	0.88***	2.42
탄핵	박근혜 호감도	-0.08	0.92
	탄핵 찬성(1) 반대(0)	2.55*	12.75
	투표 영향 이슈. 탄핵(1), 기타(0)	1.13**	3.10
상수		-2.10	
-2Log우도=127.1 Nagelkerke R^2=0.63 분류정확도 88.6%			

*p<0.01, **p<0.05, ***p<0.1

안에 대해 보다 진보적인 입장을 취할 확률이 높은 것으로 확인되었다. 단순한 연령의 차이뿐만 아니라 정책적 선호도에서도 두 후보 지지자들 간 시각의 차이가 존재한다는 것을 확인할 수 있다.

그런데 역시 가장 큰 차이를 보인 것은 탄핵의 찬반 여부였다. 탄핵에 찬성하는 경우 홍준표보다 유승민을 지지할 확률이 12.75배나 높은 것으로 나타났다. 투표 결정에 영향을 미친 이슈가 박근혜 전 대통령 탄핵이라고 응답한 이들 역시 유승민을 선택할 확률이 3배 이상 높았다. 〈표 10-13〉에서 한 가지 흥미로운 점은 자산이 높을수록 유승민 지지의 확률이 다소 높게 나타난 것이다. 이는 홍준표의 지지층이 '전통적 보수층'이어서 계층적 특성보다 세대적 특성을 강하게 갖고 있기 때문일 것으로 추정된다. 이에 비해 유승민의 지지층은 이와 같은 기존 보수층의 특성에서 다소 벗어나면서 계층적 속성이 상대적으로 드러나게 된 것으로 볼 수 있다.

4. 결론

지금까지 2017년 대통령 선거에서 보수 정치를 둘러싸고 나타난 현상에 대해 분석했다. 분석을 토대로 모두(冒頭)에서 제시한 질문에 대한 답을 정리해 보고자 한다. 2017년 대선에서 홍준표, 유승민 두 보수 정당의 후보는 30%를 겨우 넘는 득표에 그쳤다. 보수 후보들이 거둔 역대 최악의 성적이다. 그러나 이 장에서의 분석 결과, 그것을 보수의 몰락, 약화로 보기는 어렵다. 보수적인 유권자들이 대규모로 진보로 '전향'하거나 혹은 보수 정파로부터 완전히 '이탈'했다고 보기는 어렵다. 그보다는 홍준표, 유승민, 그리고 국민의당의 안철수까지 세 후보 사이에서 보수 유권자들의 지지는 나뉘었다.

이 세 후보에 대한 지지는 단순히 각 후보의 공약이나 리더십, 역량에 대한 판단뿐만 아니라, 보다 근원적으로 상이한 보수의 정체성에 영향을 받았다. 홍준표는 '전통적' 보수 유권자의 지지를 받았지만, 유승민은 보수라고 해도 이들과는 전혀 다른 가치관과 정체성을 갖는 유권자들의 지지를 받았다. 여기에는 세대적 차이가 반영되었다. 그러나 세대적 차이는 단지 연령의 높고 낮음이 아니라 전통적 보수 가치를 유지하려는 이들과 보수 가치의 변화를 요구하는 이들 간 보수 정치의 정체성에 대한 요구를 담고 있다. 그런 점에서 보수는 2017년 대선에서 분화했다고 할 수 있다. 물론 두 보수 후보의 지지율에는 상당한 격차가 있어서 이러한 차이를 강조하는 데는 조심할 필요가 있다.

그러나 중요한 점은 2017년의 대통령 선거가 과거의 선거, 과거의 보수 정치와 달랐던 점은 바로 이와 같은 새로운 보수의 가치가 부상했다는 점이다. 그것은 현실적으로 탄핵으로까지 간 박근혜 전 대통령의 무능과 실정에 대한 반응에서 비롯된 것이지만, 보다 본질적으로는 이제 시대적으로 "전통적 보수 가치"의 약화, "박정희 세대의 보수"의 한계가 드러난 것으로 볼 수 있다. 박정희에 대한 평가가 홍준표 지지자와 유승민 지지자 간에 극명한 차이를 보인 것이 이런 의미를 잘 보여 주고 있다. 이러한 차이가 시대적, 세대적 변화를 담고 있다는 점에서 이러한 보수의 분화와 보수 정당들 간의 경쟁은 앞으로도 상당 기간 지속될 것으로 보인다.

이와 함께 2017년 대통령 선거에서는 경제적 계층에 따른 보수성이 분명하게 확인되었다. 본인의 경제적 역량에 보다 영향을 받는 가구 소득보다 '물려줄 수 있는 재산'에 의한 차이, 혹은 자산에 따라 정치적 태도의 차이가 보다 분명하게 나타났다. 서구에서의 계급투표가 산업사회의 중산층과 노동자 간의 갈등 속에서 나타난 것이라면, 우리 사회에서의 계층 투표는 자산의 소유 여부 즉, '있는 집안과 없는 집안' 간의 대립에서 보다 두드러진 특성을 보인다. 즉 자산의 유무("haves vs have-nots")에 따른 정치 갈등은 이제 한국 정치에서도 본격적으로 나타나기 시작했다. 더욱이 기존의 계급 배반 투표가 빈곤한 '박정희 세대의 노령 유권자'의 존재와 관련이 있었던 만큼, 2016~2017년의 정치적 격변을 통해 박정희에 대한 재평가가 내려진 만큼 향후 계층 정치는 향후 더욱 두드러질 것으로 예상해 볼 수도 있다. 그러나 서구에서와 같이 노동자 정당이나 계급 정당을 중심으로 계층 정치가 펼쳐지기보다는 기존의 정당 정치의 틀 속에서 전개될 가능성이 커 보인다. 이처럼 계층갈등이 이념 갈등과 중첩되는 모습을 보이면, 향후 세금, 국가 개입, 시장, 대기업 등 경제정책을 둘러싼 갈등이 정치적으로 보다 큰 중요성을 갖게 될 것으로 보인다.

제11장

2017년 대통령 선거에서 이념과 세대: 보수 성향 유권자를 중심으로[1]

1. 서론

2002년 대통령 선거 이래 한국 정치에서 발견되는 현상 중 하나는 이념과 세대의 결합이다. 2002년 선거 당시 한국의 정치 맥락에서 강한 진보성을 표출한 노무현 후보가 등장했고 이에 대해 젊은 시절 진보 이념으로 무장하여 반권위주의 투쟁에 나섰던 이른바 386 세대가 호응하면서 이념과 세대는 한국 정치에서 만나게 되었다. 이러한 움직임에 대해 50대 이상 유권자들이 강한 보수성을 보였던 이회창 후보의 지지로 결집하면서, 이념과 세대가 선거에서 정파적으로 결합하는 특성을 보이게 되었다. 이와 같은 세대와 이념 간 결합의 특성은 뒤이은 선거에서 계속해서 이어져 오고 있고, 젊은 세대의 진보성과 나이 든 세대의 보수성이라는 차별성은 여전히 뚜렷하게 나타나고 있다. 2012년 대통령 선거에서도 연령대별로 보수적인 박근혜 후보 지지와 진보적인 문재인 후보 지지의 비율은 상당한 차이를 보였다. 20대에서 박근혜와 문재인의 득표율은 34.9%

1. 이 장의 연구는 서울대학교 정치외교학부 대학원 박사과정의 성예진과 공동으로 행한 것이다.

대 65.1%, 30대에서는 48.1% 대 51.9%였지만, 40대에서는 51.0% 대 49.0%, 그리고 50대에서는 65.3% 대 34.7%, 그리고 60대 이상에서는 72.3% 대 27.5%로 나타났다(노환희·송정민 2013: 152). 연령이 높아질수록 보수적인 박근혜 후보에 투표하는 비율이 높아지고 있음을 알 수 있다.

이러한 현상은 2017년 대통령 선거를 전후해서도 마찬가지로 확인된다. 2016년 후반 박근혜 대통령 퇴진을 요구하는 촛불집회의 참석자와 이에 반대하는 이른바 '태극기 집회'의 참가자의 연령대는 뚜렷한 차이를 보였다. 전자의 경우 다양한 연령층이 참가한 가운데 젊은이들이 다수를 차지한 반면, 후자의 경우에는 나이 든 세대가 집회 참가자의 대다수를 차지했다. 이런 점을 고려할 때 박근혜 대통령의 탄핵이 핵심적 이슈였던 2017년 대통령 선거에서도 세대별 후보 지지는 분명한 차이를 보였을 것으로 예상할 수 있다.

2017년 대선에서 나타난 또 다른 주목할 특징은 보수의 분열이다. 박근혜 대통령 탄핵을 둘러싸고 새누리당은 분열했다. 탄핵에 찬성한 의원들이 탈당하여 바른정당을 창당했고 잔류한 새누리당 의원들은 자유한국당으로 당명을 개칭했다. 그 결과 2017년 대통령 선거에서는 보수와 진보 정파 간의 경쟁뿐만 아니라, 보수 정파 내부의 경쟁이 함께 이뤄졌다. 선거 결과 새누리당의 홍준표 후보는 24.0%, 그리고 바른정당 유승민 후보는 6.8%를 얻었다. 두 후보 간 득표율에 다소 격차가 있지만, 앞 장에서 본 대로 보수 유권자의 표가 갈렸다는 것이다. 말하자면 속성에 있어서 '서로 다른' 보수가 확인되었다는 것이다. 세대별로 볼 때도, 홍준표 후보는 나이 든 보수 유권자로부터 많은 지지를 받은 반면, 젊은 보수 유권자들은 유승민 후보에게 많은 지지를 보냈다.

이 장에서는 이처럼 2017년 대통령 선거에서 나타난 보수의 분화에 유의하여 보수 이념 집단 내에서 확인되는 세대적 차이의 특성을 찾아보고자 한다. 예컨대, 20~30대의 젊은 보수와 60대 이상의 고연령층 보수가 정책 태도, 지역주의, 정파적 지지와 같은 이념 성향의 구체적 속성을 고려했을 때 '같은 보수'라고 할 수 있는지, 그렇지 않다면 어떤 점에서 차이를 보이는지에 대해 살펴보고자 한다. 이런 점에 주목하는 것은 2017년 대선에서 나타난 보수의 분열이 단순한 후보 선호의 차이인지 아니면 보수 이념 내부의 정체성의 분화를 의미하는 것인지 확인해 볼 필요가 있기 때문이다. 여기서 사용되는 데이터는 서울대학교 사회발전연구소에서 2017년 대통령 선거 이후 실시한 조사 자료이다.[2]

2. 기존 연구에 대한 검토

과거 한국 정치는 보수 이념이 지배하는 이념적 협애성을 문제로 삼았지만(최장집 2010), 오늘날 선거나 정당 정치에서 이념 요인의 영향은 매우 두드러지게 나타나고 있다. 지역주의 영향에 놓여 있던 한국 선거에서 이념의 영향에 관심을 갖기 시작한 것은 1997년 대통령 선거 때부터라고 할 수 있다(강원택 1998). 그러나 본격적으로 이념에 주목하기 시작한 것은 2002년 대선이 계기가 되었고 그 이후 유권자의 투표 선택 결정 요인으로서 이념의 중요성이 지속적으로 확인되었다(이갑윤·이현우 2008; 김성연 2017 등).

그런데 좌-우이든 진보-보수이든 이념이 의미하는 바는 시공간적, 역사적 맥락에 따라 서로 다를 수 있으며, 그 속성 또한 변화할 수 있다. 예컨대, 서구 정치에서는 경제적 가치에 따른 계급 정치적 속성을 갖는 좌우 이념(Lipset and Rokkan 1967)이 오랜 시간 동안 지배적이었지만, 1970년대에 들어서면서 탈물질주의(Inglehart 1977)와 같은 새로운 가치가 부상했고 또한 자유지상주의-권위주의 간의 대립도 등장했다(Middendorp 1992). 최근에는 특히 유럽을 중심으로 이민 이슈가 이념 갈등에 더해지고 있다(De Vries, Hakhverdian and Lancee 2013). 미국에서도 경제 쟁점뿐만 아니라 인종, 성 문제 등의 문화적 쟁점이 새

2. 이 연구에서 사용된 자료 「정치와 민주주의에 관한 의식 조사」는 서울대학교 사회발전연구소가 조사기관인 칸타 퍼블릭에 의뢰하여, 2017년 8월 22일부터 9월 3일까지 전국 19세 이상 유권자 중 1,200명을 대상으로 대인면접방식으로 실시한 것이다.

로운 이념 차원을 구성하는 것으로 나타났다(Shafer and Claggett 1995; Treier and Hillygus 2009). 이러한 사실은 이념을 구성하는 주된 요인이 시간적으로 변화할 뿐만 아니라 그 속성 역시 다차원적(multi-dimensional)이라는 것을 잘 보여 준다.

한국 정치에서의 이념 역시 다차원적이며 시간의 흐름에 따라 이슈의 현저성(salience)이나 영향력이 조금씩 변화해 가고 있다. 그동안 한국 정치에서 나타난 이념과 관련된 이슈들은 대미, 대북 정책을 둘러싼 안보 및 반공이데올로기 차원, 국가 개입, 재벌개혁, 복지 확대 등의 경제적 차원, 사형제, 대체복무제 등 사회적 차원 등 다차원적인 특성을 보여왔다(강원택 2003; 2005; 김주찬·윤성이 2003; 이현출 2005; 박원호 2012; 조성대 2015).

그 중에서도 한국 정치에 가장 큰 영향력을 미친 것은 역시 안보정책영역이었다. 북한 이슈나 대미 관계는 선거 경쟁을 비롯한 현실 정치에서 중요한 쟁점이 되어 왔지만, 동시에 유권자 개인의 이념적 태도와의 연관성도 매우 높았다(김무경·이갑윤 2005; 윤성이 2006; 박경미, 한정택·이지호 2012). 이는 한국의 이념 갈등이 분단, 냉전, 권위주의 지배와 반공이데올로기 등 한국 정치의 역사적인 경험에 기초해 있고, 민주화 이후 대북 정책 이슈가 정치 쟁점화되면서 이른바 '남남 갈등'의 형태로 나타난 것과 관련을 갖는다. 여기에 천안함 사건, 연평도 포격, 북한 핵 개발 등 대북 이슈가 끊이지 않으면서 그 갈등의 영향력이 지속되고 있기 때문이라고 볼 수 있다.

한편 복지논쟁이나 신자유주의를 둘러싼 경제적 논쟁이 이념 갈등에서 중요해지기 시작한 것은 경제위기, 불평등 문제가 심화된 2010년 전후의 일이다(이갑윤·이현우 2008; 이내영 2011). 그 이전까지는 한국에서 나타나는 이념 갈등 속에서 경제적 차원을 둘러싼 대립은 서구에서처럼 뚜렷하고 일관된 형태로 나타나지 않았다(강원택 2003; 이현출 2005; 박경미·한경택·이지호 2012). 그러나 1997년·2008년 경제위기 이후 청년실업의 증가나 계층 간 격차 증대가 사회적으로 커다란 관심사가 되었고, 2010년 지방선거에서는 무상급식논쟁이, 그리고 2012년 대선에서는 경제민주화 이슈가 선거에서 가장 주목 받는 이슈가 되었다(고원 2012). 이처럼 이념 갈등은 안보정책을 둘러싼 일차원적 대립을 넘어 경제 정책으로까지 확대되는 다차원적인 양상을 보이고 있다(박원호 2012; 조성대 2015). 또한 최근에 들어서는 경제적 양극화의 확대와 함께 부, 재산에 따른 이념적 태도의 차이도 확인되기 시작했다(강원택 2017).

이처럼 이념의 속성에 대해 논의한 것은 한국 정치에서 나타나는 이념과 세대 간의 관계와 그 변화에 대해 살펴보기 위함이다. 사실 이념과 세대가 결합한다는 것은 비교정치적으로 일반적인 현상은 아니다. 물론 생물학적 연령이 높아짐에 따라 현상유지적이고 보수적인 성향이 강해지는 연령효과(aging effect)는 존재한다. 한국 유권자들 사이에서도 높은 연령 집단이 낮은 연령 집단에 비해 더 보수적 성향을 보이는 데에는 이러한 연령효과의 영향이 존재할 것이다(박명호 2009; 박찬욱·김경미·이승민 2008). 하지만 2002년 대통령 선거와 2004년 국회의원 선거에서 이념과 세대가 만나게 된 것은 '386 세대'라는 특수한 세대적 요인의 영향이 컸다. 세대효과(generation effect)는 정치사회화가 주로 이루어지는 청년 시기에 유권자들이 특정 역사적 경험을 공유하면서 유사한 정치적 정향을 형성하고 그 독특성이 유지되는 현상을 의미한다(Mannheim 1952; Jennings & Niemi 1981). 386 세대 역시 그들이 청년기에 겪은 반권위주의 투쟁이라는 세대 공통의 경험을 통해 유사한 정치적 성향을 갖게 된 것이다. 더욱이 시기적으로 2002년 대선은 '3김'의 정치적 퇴장으로 인해 지역주의로부터의 변화에 대한 기대감이 높았던 시점이었고, 이런 상황에서 이념이 새로운 정치적 균열로 부상하게 되었다(강원택 2003; 최준영·조진만 2005). 이념적 내용으로 볼 때 세대 간 태도의 차이는 역시 무엇보다 대북, 대미 관계, 반공이데올로기와 같은 안보 정책 차원에서 크게 나타났다. 최근 들어서는 386 세대가 나이를 들어가며 보수화되었다는 분석(박원호 2012)도 나오고 있고, 여전히 386세대의 상대적 진보성이 지속되고 있다는 주장도 존재한다(노환희, 송정민 2013).

이처럼 세대와 이념 간의 관계에 대해서는 이미 많은 학술적 논의가 이뤄져 왔다. 그런데 이 연구에서 관심을 갖는 것은 보수 이념 내부에서의 세대 간 차이이다. 그런 점에서 예전에 나타난 세대와 이념 간의 결합의 특성과는 다소 다른 시각에서 살펴볼 필요가 있다. 예컨대, 2002년처럼 반공이데올로기를 둘러싼 20~30대 젊은 세대와 이념적 진보성의 결합, 50대 이상의 고령 세대와 보수성의 결합과 같은 단순화된 이분법으로는 2017년 대통령 선거에서의 보수의 분열을 분석하기는 쉽지 않다. 만약 2017년 대선에서의 보수의 분열이 이전에 이념-세대 결합 속에서 나타난 이념 갈등과 다른 특성을 보인다면, 그것은 한국 정치에서 이념적 속성과 관련된 새로운 변화가 나타나게 되었음을 의미할 것이다. 이 장에서의 연구는 바로 그런 점에 주목하고 있다.

3. 분석

1) 이념, 세대와 후보 선택

이념과 세대 간의 관계에 대해 본격적으로 살펴보기 전에, 우선 2017년 대통령 선거에서 유권자의 이념이 후보 지지에 미친 영향에 대해서 분석했다. 이를 위해 유권자의 주관적 이념 성향(self-placement)을 진보-보수 두 집단으로 분류한 뒤, 이념 성향에 따른 후보 선택의 패턴에 대해 살펴보았다. 〈표 11-1〉은 이념적 태도에 따라 유권자의 선택이 달라진다는 사실을 매우 잘 보여 주고 있다. 문재인과 홍준표 두 거대 정당 후보에 대해서는 이념에 따른 지지의 차이가 매우 뚜렷하게 나타났다. 문재인의 경우 보수에서 진보로 갈수록, 홍준표의 경우에는 진보에서 보수로 갈수록 지지의 비율이 일관되고 뚜렷하게 높아졌다. 진보 성향 유권자의 67.4%, 온건-진보 유권자의 55.1%가 문재인에게 표를 던졌다. 반면 보수 성향 유권자의 50.5%, 그리고 온건 보수 유권자의 35.9%가 홍준표에게 투표했다. 유승민의 경우에도, 그 비율은 낮지만, 보수, 온건-보수 유권자로부터의 지지가 진보 성향 유권자보다 높았고, 심상정의 경우에는 그 반대의 패턴이 확인되었다. 즉 〈표 11-1〉의 결과는 2017년 대통령 선거에서도 이념적 태도는 후보 선택에 중요한 영향을 미쳐, 유권자들이 자신의 이념 성향에 따라 투표했음을 보여 주고 있다.[3]

그러나 진보-보수의 두 유권자 집단을 비교했을 때, 보수 유권자들의 투표 선택은 진보 유권자들의 선택에 비해 홍준표, 안철수, 유승민 후보 간에 분산되는 모습을 보이고 있다. 특히 온건-보수 유권자들의 경우, 홍준표 35.9%, 안철수 10.9%, 유승민 7.0% 등 '보수 성향' 후보들(강원택 2017) 이외에도 문재인에게 32.0%의 지지를 보인 것을 고려하면 보수 유권자들의 선택은 매우 분산되었다는 것을 알 수 있다. 이는 다당제적인 경쟁 구도라는 점을 고려하더라도, 지

〈표 11-1〉 유권자 이념 성향과 투표선택

	문재인	홍준표	안철수	유승민	심상정	기권	n	이념 비중(%)	
진보	**67.4**	3.6	8.9	3.8	3.8	12.5	528	44.0	62.8
온건-진보	**55.1**	3.6	12.0	3.6	6.7	19.1	225	18.8	
온건-보수	32.0	**35.9**	10.9	7.0	0.0	14.1	128	10.7	37.3
보수	20.4	**50.5**	11.3	6.9	0.3	10.7	319	26.6	
총합	48.8	19.5	10.3	4.9	3.0	13.4	1,200	100	

Pearson chi2(15)=410.14, Pr<0.00

• 주관적 이념 측정 방식으로 0(가장 진보)~10(가장 보수)의 11 단위 중 0~4까지의 응답을 진보로, 6~10까지의 응답을 보수로 보았다. 그리고 중도 값인 5로 응답한 이들에 대해 재차 보수, 진보 중 어디에 더 가깝다고 생각하느냐에 대한 질문에 의해 보수나 진보로 입장을 밝힌 이들을 온건-진보, 온건-보수라고 칭했다.

3. 다음은 설문 응답자들의 각 정당과 대선 후보자의 이념 성향에 대한 인식을 보여 주고 있다. 유권자들은 더불어민주당-문재인, 정의당-심상정을 진보로 인식하고 있었고, 자유한국당-홍준표, 바른정당-유승민을 보수로 인식하고 있었다. 국민의당-안철수의 경우 중도인 5점에 가까웠다.

더불어민주당	자유한국당	국민의당	바른정당	정의당	유권자
3.04	7.79	4.88	5.85	2.92	4.72
문재인	홍준표	안철수	유승민	심상정	
3.02	7.97	4.94	5.89	2.79	

〈표 11-2〉 이념, 세대와 투표선택

이념	세대	문재인	홍준표	안철수	유승민	심상정	기권	
진보	20~30대	**62.7**	1.8	7.6	5.0	**5.5**	17.5	100
	40~50대	**61.5**	4.4	13.0	3.0	**5.0**	13.0	100
	60대 이상	**76.4**	7.6	8.5	1.9	**0.9**	4.7	100
	총합	64.2	3.6	9.9	3.7	4.68	13.9	100
보수	20~30대	23.7	**29.0**	11.8	**11.8**	1.3	22.4	100
	40~50대	23.1	**38.7**	15.6	**9.1**	0.0	13.4	100
	60대 이상	24.3	**61.1**	6.5	**2.7**	0.0	5.4	100
	총합	23.7	46.3	11.2	6.9	0.2	11.6	100

난 2012년 대통령 선거에서 보여 주었던 '보수의 결집' 현상과는(오현주·길정아 2012), 상이한 특징이라고 할 수 있다.

그렇다면 이러한 보수의 분화에 세대가 중요한 변수였는지 살펴볼 필요가 있다. 이 연구에서는 세대분류를 연령에 따라 20~30세대, 40~50세대, 60대 이상 세대의 세 집단으로 나누었다. 세대의 구분은 연구의 목적이나 연구자의 기준에 따라 크게 달라질 수 있다(박명호 2009; 이내영·정한울 2013; 노환희·송정민 2013). 하지만 여기에서의 관심은 2017년 대통령 선거에서 보수 이념 유권자의 세대 간 차이이다. 2016~2017년 이어진 탄핵 정국을 거치면서 보수가 분열했고, 그러한 분열은 특히 20~30대의 젊은 세대와 60대 이상의 고연령대에서 크게 부각되었다. 이 연구에서는 이와 같은 20~30대와 60대 이상의 세대 간 시각 차이에 주목하고자 하며, 이런 이유로 세대 구분을 20~30대, 40~50대, 60대 이상의 세 집단으로 구분하였다.

이러한 세대 구분하에 이념과 후보 지지의 관계에 대해 살펴보았다. 〈표 11-2〉에서는 진보와 보수 간 비교적 뚜렷한 차이가 확인된다. 진보 집단에서는 세대와 무관하게 문재인에 대한 지지가 압도적으로 나타났다. 60대 이상에서 가장 높은 76.4%의 지지를 보인 것이 특이해 보이지만, 다른 세대에서도 '압도적'이라고 할 만한 높은 지지를 나타냈다. 계급정치를 대표하는 심상정의 경우 60

대 이상에서 지지 비율이 상대적으로 낮은 것도 흥미롭다. 반면 보수 집단에서는 홍준표의 지지가 세대별로 매우 큰 폭의 차이를 보이고 있다. 60대 이상 고령 연령층에서는 61.1%의 높은 지지율을 보였지만, 40~50대에서는 38.7%로 뚝 떨어지고 20~30대에서는 29.0%로 더 낮아졌다. 또 다른 보수 후보인 유승민의 경우에는 이와 반대로 60대 이상에서는 2.7%의 지지에 그쳤지만, 40~50대에서는 9.1%, 그리고 20~30대에서는 11.8%로 높아졌다. '보수 유권자'라고 하더라도 세대 별로 두 보수 후보에 대한 선호의 정도가 뚜렷이 다르다는 것을 알 수 있다.

〈표 11-1〉과 〈표 11-2〉는 2017년 대통령 선거에서 이념이 후보 선택에 중요한 영향을 미쳤음을 보여 주고 있다. 그리고 이와 동시에 보수 유권자의 경우 동일한 이념 집단 내에서 세대 별로 정치적 선택의 차이가 있었음을 시사하고 있다. 그렇다면 보수 이념 집단에서 세대 별로 정치적 선택의 차이를 만들어 낸 것은 무엇 때문인지 살펴볼 필요가 있다.

2) 세대, 이념과 거주 지역: 영남-보수, 호남-진보?

이 연구에서의 관심이 세대와 이념인 만큼 우선 세대 별 이념 성향의 차이에 대해 분석했다. 〈표 11-3〉은 전체 조사 집단을 대상으로 20~30대, 40~50대, 60대 이상의 세 집단별 주관적 이념 성향의 평균과 진보-보수 성향의 비율을 정리한 것이다. 우선 주관적 이념 성향의 평균을 볼 때, 연령별 세 집단 간 흥미로운 차이가 확인되었다. 응답자 전체 이념 성향의 평균인 4.72점과 가장 가까운 세대는 평균값이 4.75인 40~50대였다. 이들보다 젊은 20~30대의 경우 4.05로 뚜렷한 진보 성향을 나타낸 반면, 60대 이상의 유권자들의 평균은 5.63으로 매우 강한 보수성을 보여 주었다. 세대별 이념 구성의 비율에서도 20~30대에서는 보수가 17.9%에 불과한 반면, 40~50대에서는 38.4%로 그 비율이 높아지고 60대 이상에서는 63.6%로 절반을 넘는 높은 비율을 보여 주고 있다. 즉, 세

〈표 11-3〉 세대 별 이념 평균과 진보-보수 집단의 비율

	20~30대	40~50대	60대 이상	응답자 전체
이념 평균	4.05	4.75	5.63	4.72
진보 보수	82.1 17.9	61.1 38.4	36.4 63.6	62.8(%) 37.3(%)
n	424	485	291	1,200

대별로 진보-보수 이념의 차이가 뚜렷하게 나타나고 있음을 알 수 있다. 특히 20~30대의 이념 평균과 60대 이상의 이념 평균은 1.58로 그 차이가 매우 크다는 것을 알 수 있다.

이번에는 세대, 이념 성향의 관계를 거주 지역별로 나눠 살펴보았다. 거주 지역을 함께 고려한 것은 한국의 진보-보수 간의 이념 대립이 세대뿐 아니라 지역 균열과 중첩되는지 여부를 살펴보기 위함이다. 기존의 연구에서는 진보와 보수 간 이념 대립이 세대뿐만 아니라 지역과도 중첩되고 있어서, 진보-저연령층-호남과 보수-고연령층-영남의 양극적 형태로 대립이 심화되어 갔다는 주장이 제기되고 있기 때문이다(지병근 2015; 문우진 2017). 또한 언론의 보도나 일상의 대화에서도 호남의 진보성, 영남의 보수성에 대한 언급이 종종 이뤄져 왔는데, 이것이 사실이라면 이념은, 앞에서 살펴본 대로 세대뿐만 아니라, 지역과도 긴밀하게 연결되어 있을 것이다. 하지만 세대에 주목하는 이 장에서 제기하는 궁금증은 어떻게 지역이 이념적으로 하나로 뭉쳐질 수 있을까 하는 점이다. 즉 지역과 이념이 만나려면, 예컨대, 호남의 60대 이상 고연령층 유권자도 진보적이어야 하고, 영남은 20~30대 젊은 유권자들은 보수적이어야 할 것이다. 하지만 이는 앞에서 살펴본 〈표 11-3〉의 결과와 배치되는 것이다.

이러한 점을 감안하여 세대, 이념의 관계를 지역별로 나눠 〈표 11-4〉에서와 같이 분석했다. 〈표 11-4〉의 분석 결과는 매우 흥미롭다. 지역별로 상대적으로 강한 이념적 특성이 존재하지만 그럼에도 불구하고 세대별로 이념적 구성은 매우 상이하게 나타났다. 다시 말해 호남의 진보성, 영남의 보수성이 대체로 나타

난다고 할지라도 한 지역 내에서 세대별로 상당한 이념적 차이를 갖는 것으로 나타났다. 20~30대의 경우 경북 지역에서 진보 성향이라고 답한 비율이 71.8%였으며 경남에서 이 비율은 무려 85.9%였다. 영남권에서 진보적인 20~30대의 비율은 다른 지역과 통계적으로 유의미한 차이를 보이지 않았다. 호남 지역 20~30대에서 진보 성향의 비율이 조금 더 높게 나타났지만, 그렇다고 해서 영남 지역 젊은 유권자들이 보수적이라고 결코 말할 수 없는 것이다. 즉 20~30대는 거주 지역과 무관하게 진보 성향이라는 응답이 압도적으로 높게 나타났고, 이는 영남에서도 역시 마찬가지였다. 경북보다 경남에서 이러한 경향이 더욱 강하게 나타난 것도 주목할 만한 특성이다.

40~50대 유권자의 경우 거주 지역에 따른 이념 성향의 차이가 세 세대 집단 중 가장 뚜렷이 구분되었다. 호남에서는 진보 성향으로 답한 응답이 93.6%로 압도적이었지만, 다른 지역에서는 대체로 보수, 진보 이념이 혼재하는 모습을 보였다. 경북 지역에서는 보수라는 응답이 69.4%로 다른 지역에 비해 제일 높게 나타났지만, 진보라는 응답도 30.6%였다. 가장 흥미로운 곳은 경남인데, 진보와 보수가 각각 거의 절반에 가까운 비율을 나타냈다. 보수라는 응답이 50.6%, 그리고 진보라는 응답이 49.4%였다. 다시 말해 40~50대의 경우, 호남이 진보적이라고 말할 수는 있겠지만 영남이 보수적이라고 말할 수는 없는 것이다. 이 세대에서 영남의 경우에도 진보적 성향의 유권자들이 적지 않게 존재한다는 것을 알 수 있다. 그리고 충청의 경우 진보 성향 비율이 76%로 다소 높았고, 수도권에서는 69.1%, 그리고 서울은 52.2%로 나타났다. 다른 지역에서도 진보 성향의 비율이 다소 높기는 하지만, 지역별로 어느 한 쪽의 이념 성향이 일방적이라고 보기는 어려웠다.

60대 이상의 경우 경북 지역의 강한 보수성이 확인되었다. 경북 지역의 60대 이상의 94.1%가 보수 성향이었다. 경남 역시 74.5%로 높은 편이었다. 즉 60대 이상에서 영남은 대체로 보수적이라고 할 수 있다. 이런 점에서 흥미로운 지역은 호남이다. 호남의 60대 이상에서 자신을 보수적이라고 응답한 비율은

〈표 11-4〉 세대 별 이념 성향과 거주 지역의 관계

세대	이념	서울	수도권*	충청	호남	경북	경남	n	카이 제곱
20~30대	진보	76.7	82.8	88.6	92.1	**71.8**	**85.9**	346	p=0.10
	보수	23.3	17.2	11.4	7.9	28.2	14.1	74	
40~50대	진보	52.2	69.1	76.0	93.6	30.6	**49.4**	296	p<0.00
	보수	47.8	30.9	24.0	6.4	**69.4**	50.6	182	
60대 이상	진보	38.2	46.4	41.9	47.2	5.9	25.5	104	p<0.01
	보수	61.8	53.6	58.1	**52.8**	94.1	74.5	183	

* 수도권은 경기, 인천, 강원

52.8%였다. 이는 진보 성향이라는 응답 47.2%보다 높은 것이다. 즉 호남에서도 나이 든 세대의 강한 보수성이 확인되는 것이다. 영남 보수, 호남 진보의 구분은 60대 이상 유권자 층에서도 잘 맞지 않는다는 것을 알 수 있다. 다른 지역에서는 지역별로 차이를 보였는데, 서울과 충청의 경우에는 보수, 진보의 비율이 6 대 4 정도로 보수가 다소 높게 나타났고, 수도권에서는 5.4 대 4.6으로 그 차이가 더 작았다.

이상에서 살펴본 대로, 〈표 11-4〉의 결과는 매우 흥미롭다. 영남-보수, 호남-진보라는 단순한 이분법은 세대를 고려할 때 적합하지 않다는 사실이 확인되었다. 즉 영남에서 20~30대에서는 압도적인 다수가 진보적이라고 답했고, 40~50대에서도 상당한 수가 진보적으로 자신의 이념 성향을 평가했다. 한편, 호남에서는 60대 이상에서 절반 이상의 응답자가 자신을 보수라고 평가했다. 이러한 결과에 따르면, 영남-보수, 호남-진보의 구분처럼 지역과 이념을 중첩해서 바라보는 시각은 세대별 차이를 비롯한 지역 내부의 다양성을 고려하지 않은 결과라고 할 수 있다. 60대 이상 영남 거주자들은 압도적으로 다수가 보수적이라고 할 수 있지만 20~30대 보수의 경우에는 거주 지역과 큰 관련이 있다고 보기 어렵다. 〈표 11-4〉에서는 지역보다 세대가 이념적 차이를 살펴보는데 중요하다는 사실도 보여 주고 있다.

3) 세대, 이념과 정파적 태도

지역에 이어 이번에는 세대별 이념에 따른 정파적 태도에 대해 분석했다. 이는 박근혜 대통령 탄핵 과정을 거치면서 보수 정치에 대한 신뢰가 크게 추락했고 또 대통령 선거를 앞두고 보수 정당이 분열했기 때문에, 특히 보수 이념 집단에서 세대 별 정파적 태도의 차이를 살펴보기 위함이다.

정파적 태도에 관해 크게 세 가지 변수들을 고려했다. 첫 번째는 전직 대통령에 대한 업무 수행 평가이다. 각 대통령이 남긴 업적에 대한 객관적 평가와 무관하게 최근 들어서 이념적 입장에 따른 평가의 차이가 비교적 분명해지고 있다. 그런 점을 고려하여 노무현, 이명박, 박근혜 세 대통령의 업무 수행에 대한 평가와 박근혜 대통령 탄핵에 대한 태도의 세대별 이념 집단 간의 차이를 살펴보았다. 두 번째는 각 정당에 대한 호감도의 평균을 분석했다. 가장 싫은 경우를 0으로 하고, 가장 좋은 경우를 100으로 하는 감정온도계(feeling thermometer) 평가 방식을 활용했다. 세 번째는 보다 직접적으로 어느 정당을 지지하는지를 물어 지지 정당별 각 집단의 비율을 살펴보았다. 각각의 결과가 〈표 11-5〉, 〈표 11-6〉, 〈표 11-7〉에 정리되어 있다.

〈표 11-5〉는 역대 대통령의 국정운영과 박근혜 전 대통령 탄핵 이슈에 대한 응답자들의 평가를 분석한 것이다. 역시 각 대통령에 대한 평가는 이념 집단별로 매우 뚜렷한 차이를 나타냈다. 20~30대를 비롯한 모든 세대 내에서 각 대통령의 업무 수행에 대한 평가의 차이가 확인되었다. 그러나 40대 이상에 비해 20~30대의 경우 박근혜 대통령의 국정운영에 대한 평가가 상당히 낮았고, 탄핵이 정당하다고 보는 경향이 상대적으로 높았다. 국정운영평가와 탄핵 이슈에 관해 세 세대 별 이념 집단 중 가장 큰 차이를 보인 세대는 40~50대였다.

정당 선호와 관련해서도 이념집단 별로 뚜렷한 차이가 있었다. 〈표 11-6〉에 정리한 대로, 모든 세대에서 그 차이가 확인된 것은 더불어민주당, 자유한국당과 정의당이었다. 특히 더불어민주당과 자유한국당 등 두 거대 정당에 대한 호

〈표 11-5〉 세대 별 이념 성향에 따른 전직 대통령 평가

		박근혜 국정	이명박 국정	노무현 국정	박근혜 탄핵*
20~30대	진보	1.73	2.61	5.50	7.93
	보수	2.63	3.53	4.96	6.57
	t-test	p<0.00	p<0.00	p<0.05	p<0.00
40~50대	진보	1.92	2.79	5.47	7.82
	보수	3.25	3.95	4.36	5.97
	t-test	p<0.00	p<0.00	p<0.00	p<0.00
60대 이상	진보	2.29	3.26	5.57	7.52
	보수	3.41	3.94	4.58	5.52
	t-test	p<0.00	p<0.05	p<0.00	p<0.00

• 국정평가 0: 매우 못했다---10: 매우 잘 했다
• 박근혜 탄핵 이슈의 경우, 0-매우 부당, 불공정---10: 매우 정당, 공정

감도에서 진보-보수 집단 간 차이가 크게 나타났다. 흥미로운 것은 여기서도 40~50대의 경우이다. 이 세대에서는 정당의 크기와 무관하게 모든 정당에 대해 이념 성향 별로 정당 호감도의 유의미한 격차가 존재했고, 그 차이의 정도도 다른 세대와 비교했을 때 큰 편이었다. 한편, 60대 이상의 경우 이념 성향이 뚜렷한 더불어민주당, 자유한국당, 정의당 3당에 관해서는 이념집단 별로 호감도의 차이가 크게 나타났으나, 국민의당과 바른정당에 관해서는 호감도의 정도에 통계적으로 유의미한 차이가 나타나지 않았다. 20~30대에서는 바른정당에 대한 호감도에 차이가 나지 않았다. 대체로 20~30대와 60대 이상의 세대는 중도에 가까운 정당에 대해 이념적으로 뚜렷한 시각의 차이를 보이지 않았다.세대 별 보수 집단끼리 비교했을 때, 20~30대 보수의 경우 더불어민주당에 대한 평균 호감도가 자유한국당에 대한 호감도보다 더 높게 나타났다. 그러나 20~30대 보수가 바른 정당에 대해 높은 호감을 보이고 있다고 보기는 어렵다. 다른 세대보다 20~30대의 경우, 보수 정당에 대한 정서적 지지가 호의적이지 않았다. 60대 이상 보수유권자의 경우 자유한국당을 선호하는 데 반해 바른정당에 대한 호감도가 상당히 낮았다.

세 번째로 세대 별 이념 성향에 따른 정당 지지의 비율에 대해 살펴보았다. 〈

표 11-7〉에서 보듯이 모든 세대에서 이념 성향에 따라 지지하는 정당이 뚜렷이 구분되었다. 특히 양대 정당인 더불어민주당과 진보 이념, 자유한국당과 보수 이념의 정파적 연계가 강하게 나타났다. 그러나 이념 성향에 따른 지지의 비율은 세대별로 상대적인 차이가 있었다. 같은 보수라고 해도, 자유한국당에 대한 20~30대 보수의 지지는 40~50대, 60대의 지지와 비교했을 때 현저히 낮았다. 이와는 반대로 더불어민주당에 대한 진보 집단의 지지는 연령이 올라갈수록 그 비율이 더욱 높아지는 경향을 보였다. 전체적으로 볼 때, 고연령층일

〈표 11-6〉 세대 별 이념 성향과 정당 호감도

		더불어민주당	자유한국당	국민의당	바른정당	정의당
20~30대	진보	65.6	27.7	41.4	41.9	43.3
	보수	54.3	46.4	46.9	44.1	34.5
	t-test	p<0.00	p<0.00	p<0.05	p=0.33	p<0.00
40~50대	진보	65.4	26.7	41.8	38.7	41.1
	보수	46.2	53.0	46.9	47.5	33.3
	t-test	p<0.00	p<0.00	p<0.01	p<0.00	p<0.00
60대 이상	진보	69.2	33.1	43.6	40.5	40.5
	보수	47.3	57.2	44.2	42.5	31.1
	t-test	p<0.00	p<0.00	p=0.71	p=0.34	p<0.00

t-test *p<0.01, **p<0.05, ***p<0.001

• 0점-대단히 부정적인 느낌, 50점-호의적이지도 부정적이지도 않음, 100점-대단히 호의적인 느낌

〈표 11-7〉 세대 별 이념 성향과 지지 정당

		더불어민주당	자유한국당	국민의당	바른정당	정의당	없다	
20~30대	진보	**53.2**	0.6	4.0	4.0	5.7	32.5	100.0
	보수	22.4	**19.7**	5.3	6.6	0.0	46.1	100.0
40~50대	진보	**55.9**	2.0	7.4	1.0	3.7	30.1	100.0
	보수	16.1	**40.3**	9.7	8.6	0.5	24.7	100.0
60대 이상	진보	**67.0**	4.7	6.6	1.9	0.0	19.8	100.0
	보수	16.8	**53.0**	4.3	4.3	0.0	21.6	100.0

• 어느 정당을 지지하는지 질문한 후, "선호하는 정당이 없다"고 질문한 응답자에게 조금이라도 더 선호하는 정당이 있는지 질문함. 이 표의 수치는 두 질문에서의 지지 정당 응답의 합

수록 기존 정당과의 연계가 강하게 나타났으며 '지지 정당 없음'이라는 응답이 20~30대에서 높게 나타났다. 사실 이런 경향은 다른 민주주의 국가에서도 나타나는 일반적인 현상이라고 할 수 있다. 그런데 여기서 주목할 점은 유독 '젊은 보수' 유권자들의 경우, 기존의 보수 정당에 대한 지지가 상당히 낮을 뿐 아니라, 지지 정당이 없다는 비율이 다른 집단에 비해 상대적으로 크게 높았다는 점이다. 20~30대 보수의 경우 거의 절반에 육박하는 46.1%가 지지 정당이 없다고 응답했다. 20~30대 진보 집단의 경우 그 비율은 10% 이상 낮은 32.5%였다. 이러한 사실은 자유한국당이든 바른정당이든 기존의 보수 정당이 20~30대의 젊은 보수를 정치적으로 제대로 끌어들이지 못하고 있음을 보여 주는 것이다.

정리하면, 세대와 무관하게 이념과 정파적 태도 간의 강한 관련성이 확인되었다. 그러한 연계는 특히 40~50대에서 상대적으로 강하게 드러났다. 반면 20~30대의 경우 상대적으로 정파적 연계가 약하며, 특히 보수 성향 유권자의 상당수가 지지할 만한 정당을 찾지 못하고 있는 것으로 나타났다. 2017년 대통령 선거에서 나타난 보수의 분열, 보수 집단 내 세대의 분열은 기존 보수 정당이 젊은 보수들로부터 외면 받았다는 사실과도 관련이 있는 것으로 보인다.

4) 세대, 이념과 정책 태도

앞에서의 논의를 토대로 여기서는 본격적으로 각 세대별로 이념 집단이 중시하는 구체적인 내용에 대해서 살펴보고자 한다. 지금까지 분석한 이념 태도는 모두 응답자가 스스로 평가한 주관적 이념 성향에 의한 것이었다. 응답자가 주관적으로 평가한 이념 위치가 갖는 한계를 고려하여(이갑윤·이현우 2008), 이번에는 구체적인 정책 영역에서의 태도를 고려하여 세대별 이념 성향의 특성을 분석하고자 한다. 앞에서 이념 성향의 다차원적인 특성에 대해 언급한 대로, 외교안보 차원, 경제 차원, 사회 차원의 세 영역에서 세대별 이념 성향의 차이에 대해 살펴보았다. 이 연구에서 사용한 정책 문항은 총 10개이며 그 내용에 따라 안보(외교안보/대북), 경제(개입/복지), 사회(개인/권위)정책영역을 구분하여 정책 이념의 지표를 만들었다.[4]

분석 결과, 세대 별로 진보와 보수 집단 간 유의미한 태도차이가 나타나는 정책 영역이 서로 달랐다. 모든 세대에서 보수-진보 간의 이념 대립을 대표하는 정책영역은 안보 정책으로서, 각 세대에서 이념 집단 간 태도의 차이가 가장 크고 또한 유의미한 정책 영역으로 나타났다. 그동안 한국 정치에서 이념적 대립을 촉발해 온 외교, 안보 정책에 대한 진보-보수 간 시각의 차이는 여기에서도 모든 세대에서 유사한 형태로 확인되었다.

경제에 대한 국가 개입, 복지 확대 등의 이슈를 포함하는 경제 정책의 경우 20~30대와 40~50대에서 이념 집단 별 정책 이견이 확인되었다. 상대적으로 20~30대에서 경제적 차원에서의 진보-보수 간 시각의 차이가 컸다. 그러나 60대 이상에서는 진보-보수 집단 사이에서 경제 정책 태도는 통계적으로 유의미한 차이를 보이지 않았다(p=0.80). 사회정책의 경우에는 40~50대와 60대 이상 집단에서 진보와 보수의 차이가 나타났으나, 20~30대에서는 이 정책 영역에서는 진보-보수 집단 사이의 의견 차이는 거의 없었다.

〈표 11-8〉의 결과로 보았을 때 우선 한국 정치에서 외교안보정책은 여전히 이념 갈등을 격화시킬 수 있는 요인으로 남아 있음을 알 수 있다. 세 세대 집단 모두에서 진보-보수집단 간 정책태도의 차이가 유의미했고, 그 차이도 다른 정책영역과 비교했을 때 크게 나타났다. 이 정책 차원에서 이념 집단 간 태도의 차이가 가장 큰 세대는 40~50대였다. 더욱이 40~50대의 경우에는 안보 차원, 경제 차원, 사회 차원의 세 정책 영역 모두에서 이념 집단 간 태도의 차이가 확인되었다. 즉 이념 갈등과 관련해서 40~50대 내에서 이념 집단 갈등과 대립이 발생할 가능성이 높아 보인다고 할 수 있다.

이와 함께 흥미로운 또 다른 점은 20~30대의 경우이다. 젊은 세대에서 이념

4. 각 정책 별 구체적 설문 문항은 부록을 참고할 것. 안보·경제·사회 정책이념의 세 개 범주의 구성은, 구체적 정책 설문을 내용에 따라 분류한 후 평균값을 구하여 측정하였다.

〈표 11-8〉 세대 별 이념 성향과 정책 태도

		안보_외교안보/북한	경제_개입/복지	사회_개인/권위
20~30대	진보	2.59	2.18	2.60
	보수	2.77	2.36	2.56
	t-test	p<0.01	p<0.01	p=0.51
40~50대	진보	2.61	2.28	2.60
	보수	2.86	2.39	2.70
	t-test	p<0.00	p<0.01	p<0.1
60대 이상	진보	2.56	2.29	2.57
	보수	2.74	2.28	2.74
	t-test	p<0.01	p=0.80	p<0.01

(1-가장 진보적, 4-가장 보수적)

- 정치_외교안보/북한: 한미동맹 유지, 국가보안법 유지, 개성공단 운영재개
- 경제_개입/복지: 비정규직 자율화, 복지 또는 성장, 공기업 민영화, 고소득자 증세
- 사회_개인/권위: 학교체벌 유지, 대체복무 허용, 사형제 폐지

적 태도의 차이는 안보 분야뿐만 아니라 경제 영역에서도 확인되었다. 이 점은 특히 기존의 연구 결과를 고려할 때 주목할 만하다. 즉 20~30대의 경우에는 대북 정책과 같은 안보 분야뿐만 아니라, 분배, 복지 등 경제 분야에서도 진보와 보수 간의 이념적 차이가 확인된다는 것이다. 이는 다른 세대와도 구분되는 특성이다. 60대의 경우 경제 정책에서의 이념집단 간 이견이 거의 없는 것으로 나타났으며, 40~50대의 경우 유의미한 차이는 있지만 20~30대보다 그 차이는 크지 않았다. 즉, 20~30대의 진보-보수의 시각 차이에는 경제적 차원의 이슈가 중요하게 작용하고 있었다.

20~30대의 젊은 세대에서 나타난 경제 정책 영역에서의 이념 차이를 구체적으로 확인해 보기 위해서 이번에는 각 정책 별 정부 지출 증감에 대한 찬반의 태도를 살펴보았다. 정부 지출의 증가는 국가 개입의 정도와 긴밀한 관계를 갖기 때문에, 정부 지출에 대한 시각은 곧 경제정책에 대한 이념적 인식과 맞닿아있다고 할 수 있다. 〈표 11-9〉에는 모두 10개의 정책에 대한 정부 지출의 필요성에 관한 세대별 응답의 평균값을 분석했다.

〈표 11-9〉에서도 〈표 11-8〉에서와 유사한 경향이 확인된다. 60대 이상에서는 10개 정책 모두에서 진보와 보수 간 유의미한 차이를 보이는 항목이 없었다. 40~50대에서는 이념집단 간 태도 차이가 복지 지출에 대해서만 유의미하게 나타났다. 그러나 20~30대에서는 진보-보수 집단 간 정부지출과 관련된 태도의 차이가 다수 항목에서 나타났다. 통계적으로 그 차이가 확인된 항목은 교육, 실업 급여, 국방, 경찰 및 치안, 복지, 청년 고용, 안정 등 무려 일곱 개에 달했다.

〈표 11-9〉 세대 별 이념 성향에 따른 정부지출에 대한 태도

정부 지출 늘려야 하나	이념	20-30	40-50	60대 이상
보건/의료비	진보	2.87	2.87	2.72
	보수	2.96	2.96	2.66
교육	진보	**2.58******	2.58	2.56
	보수	**2.83**	2.83	2.74
실업 급여	진보	**2.82*****	2.82	3.06
	보수	**3.09**	3.09	2.95
국방	진보	**2.90******	2.90	2.77
	보수	**2.66**	2.66	2.76
노인 연금	진보	2.87	2.87	2.72
	보수	2.96	2.96	2.66
기업과 산업	진보	2.97	2.97	3.10
	보수	3.01	3.01	2.94
경찰 및 치안	진보	**2.58******	2.58	2.56
	보수	**2.83**	2.83	2.74
복지	진보	**2.46*****	**2.46******	2.58
	보수	**2.78**	**2.78**	2.60
청년 고용	진보	**2.35***	2.35	2.56
	보수	**2.77**	2.77	2.59
안전	진보	**2.35******	2.35	2.43
	보수	**2.60**	2.60	2.47
10개 정책 합	진보	26.69**	26.69	27.43
	보수	28.41	28.41	27.31

t-test *p<0.01, **p<0.05, ***p<0.001

• 1: 지금보다 매우 더 많이 지출해야 한다. -- 5: 지금보다 매우 더 적게 지출해야 한다.

10개 항목을 합한 태도의 평균에서도 20~30대에서만 통계적으로 유의미한 차이가 나타났다. 이는 〈표 11-8〉에서 경제 정책과 관련하여 20~30대와 40~50대 모두 이념집단 간 차이를 보이고 있다 하더라도, 각 세대가 주목하고 있는 이슈는 다를 수 있음을 보여 준다. 이러한 결과는 향후 정치적 상황의 전개에 따라서는 정부 지출과 관련된 경제정책, 분배정책, 조세정책 등에서 특히 젊은 세대 간 이념적 대립이 발생할 가능성이 높다는 점을 시사한다.

이번에는 〈표 11-9〉에서 조금 더 나아가 근본적인 경제적 가치관에 대한 태도의 이념 집단 간 차이에 대해 분석해 보았다. 〈표 11-10〉은 자본주의 시장경제 체제의 운영 방식과 작동 원리와 관련된 질문 항목에 대한 응답자들의 태도를 세대, 이념 별로 분석한 결과이다. 여기서도 40~50대, 그리고 60대 이상에서는 이념 집단 간 통계적으로 유의미한 차이가 나타나지 않았다. 그러나 20~30대의 경우에는 두 항목에서 그 차이가 확인되었다.

20~30대의 진보와 보수가 임금 차등, 사적 소유, 경쟁이라는 자본주의 경제 운영 방식의 근원적 가치에 대한 차이를 보이는 것은 아니었다. 차이가 드러난

〈표 11-10〉 세대 별 이념 성향에 따른 경제적 가치 차이

	이념	20-30	40-50	60대 이상
임금 수준 평등 vs 능력에 따른 차등	진보	6.50	6.58	6.55
	보수	6.78	6.58	6.70
기업과 산업의 사적 소유 확대 vs 정부 소유 확대	진보	5.51	5.32	5.30
	보수	5.43	5.33	5.50
정부가 국민 복지 위해 책임vs 국민이 스스로 책임	진보	**4.93**	4.99	4.93
	보수	**5.38+**	5.28	5.09
경쟁은 좋은 것이다 vs 경쟁은 나쁜 것이다	진보	4.64	4.36	4.50
	보수	4.70	4.54	4.49
열심히 일하면 삶이 윤택해진다 vs 꼭 성공하는 것은 아니다	진보	**5.42**	5.03	4.81
	보수	**4.99+**	5.14	4.89

t-test + $p<0.1$

• 각 입장을 양 극으로 하는 10점 척도. 0에 가까울수록 각 항목의 전자에, 10에 가까울수록 후자의 입장에 강하게 찬성함.

영역은 국가의 복지 확대 여부와 노동의 성취와 관련된 것이었다. 복지 정책에 대한 시각의 차이는 앞의 〈표 11-8〉, 〈표 11-9〉에서도 유사한 형태로 확인되었다. 젊은 보수는 다른 세대보다 더 뚜렷하게 복지에 대한 개인적 책임을 지지하고 있으며, 이로 인해 20~30대 사이에서 국가 지출의 확대, 복지 정책이 진보, 보수를 구분하는 중요한 갈등의 축이 되고 있음을 알 수 있다. 여기서 주목해야 할 또 다른 점은 '열심히 일했을 때 삶의 윤택이나 성공 여부'에 대한 것이다. 이는 양극화와 계층 상향 이동성의 문제를 의미한다. 20~30대에서 진보 집단의 경우에는 열심히 일해도 성공할 가능성을 보수 집단보다 낮게 보고 있었다. 즉 젊은 진보 집단에서 양극화의 심화, 계층의 고착화에 대한 우려감이 보다 강하게 드러나고 있는 것으로 보이며, 이는 결국 국가의 복지 확대에 대한 태도의 차이로 이어지게 될 것이다.

이상에서 살펴본 대로 젊은 유권자들은, 특히 60대 이상 고연령층 유권자들과 비교했을 때 경제 영역에서 이념적 차이를 뚜렷하게 보이고 있다. 안보 영역에서의 차이도 확인되지만, 분배, 국가 개입, 복지 등 경제 정책에서 이 세대의 뚜렷한 이념적 차이는 매우 주목할 만한 변화라고 할 수 있다. 이런 사실은 2017년 대통령 선거에서 보수 정치가 분열했고 두 보수 정당에 대한 지지 역시 세대적으로 차이를 보였다는 점과 관련해서 생각할 때 중요한 의미를 갖는다.

4. 종합 분석

지금까지 세대 별 이념집단에 따라 지역, 정파적 이슈와 정당지지, 정책 태도 간의 관계에 대해 분석해 보았다. 이제까지의 논의를 토대로 종합적으로 이들 간의 관계에 대해 분석하고자 한다. 종합분석은 20~30대, 40~50대, 60대 이상 세 세대 집단별로 나눠 실시했으며 각각 네 가지 모델을 설정하여 로지스틱 회귀분석을 행했다. 종속변수는 응답자의 이념 성향으로, 진보인 경우 0, 보수인 경우를 1로 간주했다. 첫 번째 모델은 〈표 11-8〉에서 논의한 열 가지의 정책변수의 영향을 분석한 것이다. 두 번째 모델은 여기에 가계소득 수준과 주택소유 여부와, 지역주의 영향이 강한 경북, 경남, 호남 거주 여부, 그리고 사회경제적 변인을 추가하였다. 가계소득과 주택소유 변인은 계층적 측면의 영향을 살펴보기 위해 포함했다. 세 번째, 네 번째 모델은 정당 지지 변수를 추가한 것이다. 세 번째 모델에서는 기존 양대 정당인 더불어민주당, 자유한국당 만을 추가한 것이고, 네 번째 모델에서는 국민의당, 바른정당, 정의당까지 모두 포함하여 최종 모델을 구성하였다.

〈표 11-11〉, 〈표 11-12〉, 〈표 11-13〉은 각 세대 별 종합분석의 결과이다. 〈표 11-11〉은 20~30대의 이념 성향의 결정요인을 보여 주고 있다. 열 가지 정책변수만을 포함한 모델 1에서, 20~30대의 진보-보수 성향을 가르는 요인으로는 국가보안법, 복지정책, 고소득자 증세에 대한 태도가 통계적으로 유의미한 것으로 나타났다. 즉, 국가보안법 유지에 찬성할수록, 복지 확대보다 경제 성장을 추구할수록, 고소득자 증세에 반대할수록 보수적인 태도가 높게 나타났

〈표 11-11〉 20-30대의 이념 성향 결정요인 분석

	모델1	dy/dx	모델2	dy/dx	모델3	dy/dx	모델4	dy/dx
한미동맹 강화	0.29 (1.24)	0.04	0.36 (1.49)	0.05	0.46+ (1.75)	0.05	**0.48+** **(1.78)**	**0.06**
국가보안법 유지	**0.47**** **(2.62)**	**0.06**	**0.36+** **(1.94)**	**0.05**	**0.35+** **(1.73)**	**0.04**	0.22 (1.03)	0.03
개성공단 폐쇄	0.11 (0.62)	0.01	0.08 (0.41)	0.01	0.09 (0.43)	0.01	0.12 (0.60)	0.01
비정규직문제 기업 자율	−0.03 (0.17)	0.00	−0.03 −(0.17)	0.00	0.01 (0.05)	0.00	0.01 (0.05)	0.00
공기업 민영화	0.24 (1.30)	0.03	0.26 (1.38)	0.03	0.30 (1.46)	0.03	0.29 (1.41)	0.03
복지보다는 경제성장	**0.41*** **(2.16)**	**0.05**	**0.46*** **(2.31)**	**0.06**	**0.48*** **(2.23)**	**0.05**	**0.48*** **(2.22)**	**0.05**
고소득자 증세	**0.54**** **(3.07)**	**0.07**	**0.54**** **(2.92)**	**0.07**	**0.40+** **(1.94)**	**0.04**	**0.40+** **(1.91)**	**0.05**

학교체벌 유지	−0.03	0.00	−0.04	0.00	0.04	0.00	−0.01	0.00
	(0.13)		−(0.18)		(0.19)		−(0.05)	
대체복무제	−0.27	−0.04	−0.30	−0.04	−0.34	−0.04	−0.41+	−0.05
	(1.46)		−(1.52)		−(1.62)		−(1.82)	
사형제	−0.16	−0.02	−0.16	−0.02	−0.21	−0.02	−0.18	−0.02
	(0.94)		−(0.91)		−(1.10)		−(0.92)	
여성			0.02	0.003	−0.01	0.00	0.00	0.00
			(0.09)		−(0.04)		(0.01)	
가계소득			−0.18	−0.02	−0.27+	−0.03	−0.29*	−0.03
			(1.38)		−(1.92)		−(2.06)	
주택 소유			−0.12	−0.01	−0.15	−0.02	−0.20	−0.02
			(0.36)		−(0.43)		−(0.57)	
학력			0.11	0.01	0.04	0.00	0.03	0.00
			(0.38)		(0.13)		(0.09)	
연령			0.04+	0.00	0.04	0.00	0.03	0.00
			(1.76)		(1.39)		(1.31)	
TK 거주			0.28	0.04	0.01	0.000	−0.12	−0.010
			(0.62)		(0.03)		−(0.23)	
PK 거주			−0.48	−0.05	−0.76	−0.07	−0.97+	−0.09
			(1.10)		−(1.56)		−(1.90)	
호남 거주			−0.67	−0.06	−0.47	−0.05	−0.60	−0.06
			(1.02)		−(0.70)		−(0.88)	
더불어민주당 지지					−1.03**	−0.12	−1.16***	−0.14
					(3.18)		−(3.41)	
자유한국당 지지					3.37***	0.68	3.29***	0.67
					(4.02)		(3.89)	
국민의당 지지							−0.12	−0.01
							(0.17)	
바른정당 지지							0.01	0.00
							(0.02)	
정의당 지지							0.00	
							.	
상수	−5.11***		−5.53**		−4.61*		−3.75+	
	(3.95)		−(2.95)		−(2.28)		−(1.77)	
N	424		418		418		399	
pseudo R^2	0.074		0.093		0.209		0.215	

+ $p<0.1$, *$p<0.05$, **$p<0.01$, ***$p<0.001$
dy/dx는 각 독립변수의 평균값(mean)에서의 한계효과

다. 국가보안법뿐만 아니라 경제정책에 대한 시각의 차이가 이념적 태도에 영향을 미친다는 점에 주목할 만하다.

사회경제적 변수를 추가한 모델 2에서도 세 정책에 대한 진보-보수의 이념적 차이는 통계적으로 유의미한 것으로 나타났다. 그런데 모델 2에서 흥미로운 점은 20~30대의 이념적 태도의 차이에 거주지역은 의미 있는 변인이 아니라는 것이다. 경남, 경북, 호남 거주 모두 통계적인 유의미성이 없는 것으로 나타났다. 이는 세대 별 이념 성향과 거주지역의 관계를 다룬 〈표 11-4〉에서 본대로, 젊은 세대의 경우 지역과 이념이 중첩되지 않는다는 것을 보여 주는 결과라고 할 수 있다. 다시 말해, 20~30대의 경우 영남이나 호남에 거주한다고 해서 특별히 지역별로 진보적이거나 보수적인 성향을 보이지 않는다는 것이다.

모델 3과 모델 4에서 정당 지지 변수를 추가하자 역시 두 거대 정당인 더불어민주당과 자유한국당 변수의 강한 영향력이 확인되었다. 그러나 이에 비해 다른 정당들의 영향은 통계적으로 유의미하게 나타나지 않았다. 정당 변수를 추가했지만 20~30대에서 복지 확대 여부, 고소득자 증세 여부와 같은 경제적 변인의 영향력은 여전히 통계적으로 유의미한 것으로 나타났다.

40~50대는 앞에서 본 20~30대와 다소 상이한 패턴을 보인다. 〈표 11-12〉의 모델 1에서는 국가보안법과 개성공단 이슈가 이 세대의 이념 성향을 구분 짓는 유의미한 요인인 것을 알 수 있었다. 정책변수만을 고려했을 때, 국가보안법 유지에 찬성하고 개성공단의 재개에 반대하는 유권자들이 자신을 보수 집단에 속한다고 응답할 가능성이 높았던 것이다. 이와 함께 고소득자 증세 변수도 통계적으로 유의미한 것으로 나타났다. 사회경제적 변수를 포함한 모델 2에서도 국가보안법이나 개성공단과 같은 안보/외교적 쟁점들이 여전히 중요한 요인으로 확인되었다. 그러나 20~30대와는 달리 경제적 변수들은 모델 2부터는 하나도 통계적으로 유의미한 것으로 나타나지 않았다. 즉 40~50대에서 이념에 영향을 주는 요인은 외교 안보 변수와 같은 정치적 요인일 뿐 경제적 요인은 별다른 영향력을 갖지 못하는 것으로 나타났다.

또한 정파적 지지가 포함되지 않은 모델 2에서는 특히 거주지역 변수가 이념 성향의 차이에 영향을 미치는 것으로 나타났다. 경남과 경북에 거주하는 유권자들은 더욱 보수적이었으며 호남 거주자들은 더욱 진보적이었고 그 영향력의 강도도 상당히 강했다. 이 역시 20~30대와는 상이한 결과이다.

그러나 모델 3과 모델 4에서 지지 정당 변수를 추가하자 경남과 경북 거주지역 변수는 유의미성을 상실했으며, 호남 거주 변수만이 통계적으로 유의미하게 나타났다. 경남과 경북의 경우 자유한국당 지지라는 정파적 영향에 흡수되는 모습을 보이는 데 비해, 호남에서는 더불어민주당의 지지로부터 독립적일 수 있는 강한 진보성이 40~50대 집단에서 확인된 셈이다. 10가지 정책 변수 역시 정당지지 변수가 포함되자 통계적 유의성이 사라졌다. 또 한 가지 흥미로운 점은 모델 4에서 보듯이, 정의당을 제외한 더불어민주당, 자유한국당, 국민의당, 바른정당 등 네 정당에 대한 지지 변수가 모두 통계적으로 유의미하게 나타났다는 것이다. 40~50대에서 이념과 정파성이 매우 강하게 연계되고 있음을 보여 주고 있다.

〈표 11-13〉은 60세 이상의 고연령층 세대에 대한 분석 결과를 보여 주고 있다. 정책변수만을 포함한 모델 1의 경우, 국가보안법과 사형제, 그리고 공기업 민영화 등에 대한 태도에서 통계적으로 유의미한 차이가 확인되었다. 반공이데올로기와 권위-자유주의 쟁점이 60대 이상 세대들에게 중요함을 보여 준다고 할 수도 있지만, 이슈별로 일관된 패턴을 나타낸다고 보기는 어렵다. 그리고 정파적 지지가 포함된 〈모델 3〉, 〈모델 4〉에서는 10가지 정책 변수의 통계적 유의미성이 사라져 버렸다. 60대 이상에서 진보-보수를 가르는 요인으로 구체적 정책 변수의 영향은 그리 크다고 보기 어렵다.

모델 2에서는 거주 지역 변수의 영향이 확인되었다. 경남과 경북 거주 변수의 영향력이 확인되었다. 흥미로운 점은 모델 2에서는 호남 거주 변수의 영향력이 확인되지 않았다는 것이다. 이는 60대 이상 세대에서 호남에 거주한다는 것이 다른 지역 거주자들과 비교했을 때 특별히 진보적임을 의미하지 않는다는 것이

〈표 11-12〉 40-50대의 이념 성향 결정요인 분석

	모델1	dy/dx	모델2	dy/dx	모델3	dy/dx	모델4	dy/dx
한미동맹 강화	0.28 (1.59)	0.07	0.28 (1.42)	0.06	0.13 (0.59)	0.03	0.13 (0.55)	0.03
국가보안법 유지	**0.30*** **(2.19)**	**0.07**	**0.26+** **(1.72)**	**0.06**	0.10 (0.58)	0.02	0.14 (0.80)	0.03
개성공단 폐쇄	**0.28*** **(2.21)**	**0.07**	**0.25+** **(1.75)**	**0.06**	0.24 (1.46)	0.05	0.19 (1.11)	0.04
비정규직문제 기업 자율	0.12 (0.87)	0.03	−0.14 −(0.83)	−0.03	−0.03 (−0.15)	0.00	0.03 (0.16)	0.01
공기업 민영화	0.04 (0.31)	0.01	−0.02 −(0.12)	0.00	0.05 (0.30)	0.01	0.03 (0.15)	0.01
복지보다는 경제성장	0.01 (0.05)	0.00	0.19 (1.25)	0.04	0.07 (0.41)	0.02	0.18 (1.01)	0.04
고소득자 증세	**0.23+** **(1.80)**	**0.05**	0.16 (1.16)	0.04	0.14 (0.88)	0.03	0.09 (0.57)	0.02
학교체벌 유지	0.10 (0.72)	0.02	0.18 (1.28)	0.04	0.19 (1.14)	0.04	0.07 (0.39)	0.02
대체복무제	−0.13 (0.97)	−0.03	−0.15 (−1.02)	−0.03	−0.19 (−1.13)	−0.04	−0.19 (−1.09)	−0.04
사형제	0.18 (1.37)	0.04	0.08 (0.56)	0.02	0.23 (1.41)	0.05	0.18 (1.07)	0.04
여성			**−0.38+** **(−1.72)**	**−0.08**	**−0.41+** **(−1.65)**	−0.09	−0.37 (−1.43)	−0.08
가계소득			**−0.15+** **(1.69)**	−0.03	−0.16 (−1.61)	−0.04	**−0.19+** **(−1.82)**	**−0.04**
주택 소유			0.39 (1.30)	0.09	0.23 (0.71)	0.05	0.23 (0.67)	0.05
학력			−0.36 (1.63)	−0.09	−0.29 (−1.19)	−0.07	**−0.46+** **(−1.81)**	−0.10
연령			**0.07***** **(3.40)**	**0.02**	**0.04+** **(1.76)**	0.01	0.04 (1.64)	0.01
TK 거주			**1.30***** **(3.58)**	**0.31**	0.67 (1.59)	0.16	0.45 (1.02)	0.11
PK 거주			**0.65*** **(2.20)**	**0.14**	0.15 (0.43)	0.05	−0.03 (−0.09)	0.00
호남 거주			**−2.19***** **(3.41)**	**−0.33**	**−1.54*** **−(2.36)**	**−0.27**	**−1.49*** **(−2.25)**	**−0.26**

더불어민주당 지지					−1.15***	−0.25 (4.31)	−0.82**	−0.18 (−2.72)
자유한국당 지지					2.62***	0.56 (5.57)	2.98***	0.62 (6.10)
국민의당 지지							0.72+	0.17
바른정당 지지							2.49***	0.53
정의당 지지							−1.06	−0.20
상수	−3.88*** (4.34)		−5.79*** (−3.42)		−3.61+ (−1.86)		−3.12 (−1.56)	
N	485		478		478		478	
pseudo R^2	0.057		0.169		0.315		0.347	

+ $p<0.1$, * $p<0.05$, ** $p<0.01$, *** $p<0.001$
dy/dx는 각 독립변수의 평균값(mean)에서의 한계효과

다. 60대 이상에서 호남 거주 변수의 부호는 양(+)으로 나타났다. 앞에서 논의한 대로, '호남−진보'라는 지역과 이념의 연결을 강조하는 것은 세대 요인을 고려하지 않은 지나친 단순화의 문제를 낳을 수 있는 것이다. 다시 말해 호남에서도 이념적 요인을 고려할 때 세대의 영향이 존재하는 것이다. 이러한 호남 노년층 유권자들의 '비 진보성' 은 모델 3과 모델 4를 볼 때 더욱 흥미로운 결과를 보여 준다. 지지하는 정당 변수를 포함한 모델 3과 모델 4에서 오히려 호남 유권자들이 다른 지역 유권자들보다 더 보수 성향일 수 있음이 발견되는 것이다. 또한 정당 지지변수를 포함했음에도 불구하고 호남 거주 변수가 통계적으로 유의미하게 나타난 것도 주목할 만하다. 이러한 결과는 적어도 호남 지역의 60대 이상의 유권자들 사이에서 정당 지지로 흡수되지 않는 이념적 요소가 존재한다는 것으로, 현재 지역 독점적 정당체제에 만족하지 못하는 상당수의 유권자들이 존재할 것이라는 추론도 가능해 보인다.

지금까지 살펴본 〈표 11−11〉, 〈표 11−12〉, 〈표 11−13〉의 결과를 정리하면 다음과 같다. 첫째, 정책 영역에서의 차이이다. 그동안 이념 갈등에서 지배적이

었던 안보정책 가운데 국가보안법 이슈는 세 세대집단에서 모두 유의미한 차이를 보였다. 이외에 사형제, 개성공단 등의 이슈도 세대별로 차이를 나타냈다. 그러나 40~50대와 60대 이상의 경우 정당지지 변수를 포함하면 이러한 안보 이슈의 통계적 유의미성은 사라졌다. 즉 안보 이슈와 정당지지 간의 연계가 이들 세대에서는 확인되는 것이다. 이에 비해 20~30대의 경우에는 정당 지지를 포함하더라도 국가보안법 또는 한미동맹 이슈의 영향력이 확인되었다. 즉 20~30 세대의 안보정책 태도는 40~50대, 60대 이상과 달리, 정파적 연계를 고려하더라도 이념 성향에 독립적으로 영향을 미치고 있었다. 이는 또한 20~30대의 이념 성향에 안보이슈가 중요하지 않다는 기존 논의와도 다른 발견이다(윤성이, 이민규 2014: 280).

정책과 관련하여 보다 흥미로운 점은 경제 정책에 대한 세대별 차이에서 찾을 수 있다. 20~30대에서는 복지정책과 고소득자 증세 이슈가 이념 성향의 결정에 유의미한 영향을 미쳤지만, 40~50대와 60대 이상 세대에서는 그러한 차이가 확인되지 않았다. 보다 중요한 점은 다른 세대들의 경우 정파적 지지 변수가 포함되면 경제 정책에 대한 태도의 차이가 사라지게 되지만, 20~30대의 경우에는 여전히 그 영향이 확인된다는 점이다. 다시 말해 20~30대의 경제적 이슈에 대한 시각 차이는 거주 지역이나 정당 지지를 넘어 이념적 태도에 강한 영향을 미치는 것이다.

즉, 최근 들어 정치적으로 부상하고 있는 복지문제나 증세 쟁점은 젊은 세대에서는 이미 이념적 차이를 낳는 요소로 작용하고 있지만, 이러한 이념적 차이가 아직 정당 정치를 통해서 발현되고 있다고 보기는 어렵다. 그러나 향후 이러한 경향이 계속된다면 경제 정책을 둘러싼 이념의 차이가 한국사회의 주요한 갈등으로 부각할 가능성이 높다고 볼 수 있다.

둘째, 지역주의의 문제이다. 전체적으로 볼 때, 호남-진보, 영남-보수라는 지역과 이념 중첩의 이분법적인 설명은 유효하지 않다고 할 수 있다. 40~50대와 60대 이상에서는 여전히 지역 변수의 영향이 크게 나타났지만, 20~30대 젊

〈표 11-13〉 60대 이상 세대의 이념 성향 결정요인 분석

	모델1	dy/dx	모델2	dy/dx	모델3	dy/dx	모델4	dy/dx
한미동맹 강화	0.02	0.01	0.04	0.01	0.09	0.01	0.04	0.01
	(0.10)		(0.16)		(0.28)		(0.13)	
국가보안법 유지	0.35*	0.08	0.33+	0.07	0.35	0.07	0.35	0.07
	(2.15)		(1.73)		(1.51)		(1.51)	
개성공단 폐쇄	0.19	0.04	0.15	0.03	0.22	0.05	0.27	0.05
	(1.13)		(0.87)		(1.05)		(1.23)	
비정규직문제 기업 자율	−0.12	−0.03	−0.12	−0.03	0.08	0.02	0.1	0.02
	(0.68)		(−0.57)		(0.33)		(0.37)	
공기업 민영화	−0.45*	−0.10	−0.35+	−0.07	−0.32	−0.07	−0.35	−0.07
	(2.38)		(−1.69)		(−1.29)		(−1.40)	
복지보다는 경제성장	0.09	0.02	0.12	0.03	−0.01	0.00	0.01	0.00
	(0.50)		(0.57)		(−0.04)		(0.04)	
고소득자 증세	0.22	0.05	0.25	0.05	0.21	0.04	0.22	0.04
	(1.21)		(1.16)		(0.82)		(0.84)	
학교체벌 유지	0.14	0.03	0.31	0.07	0.15	0.04	0.20	0.04
	(0.77)		(1.50)		(0.62)		(0.80)	
대체복무제	0.02	0.00	0.17	0.04	0.18	0.05	0.27	0.05
	(0.09)		(0.78)		(0.71)		(1.00)	
사형제	0.33+	0.07	0.21	0.04	0.38+	0.07	0.34	0.07
	(1.94)		(1.07)		(1.65)		(1.43)	
여성			0.22	0.05	0.21	0.04	0.2	0.04
			(0.78)		(0.61)		(0.57)	
가계소득			−0.03	0.00	−0.20	−0.04	−0.21	−0.04
			(0.25)		(−1.50)		(−1.56)	
주택 소유			−0.5	−0.11	−0.17	−0.03	−0.13	−0.03
			(1.11)		(−0.28)		(−0.22)	
학력			−0.39	−0.08	−0.23	−0.06	−0.29	−0.06
			(1.44)		(−0.70)		(−0.89)	
연령			0.07*	0.02	0.04	0.01	0.03	0.01
			(2.08)		(0.99)		(0.81)	
TK 거주			1.85*	0.28	−0.41	−0.13	−0.61	−0.13
			(2.31)		(−0.46)		(−0.66)	
PK 거주			0.78+	0.15	0.26	0.04	0.23	0.04
			(1.84)		(0.47)		(0.39)	
호남 거주			−0.23	−0.05	1.12+	0.17	1.15+	0.17
			(0.47)		(1.93)		(1.95)	

더불어민주당 지지					−2.12***	−0.47 (5.12)	−2.29***	−0.47 (−4.91)
자유한국당 지지					1.98***	0.31 (3.42)	1.90**	0.31 (3.03)
국민의당 지지						−0.21 −0.21	−0.96	−0.21
바른정당 지지						0.11 0.11	0.70	0.11
정의당 지지							0.00	
상수	−1.35 1.04		−5.91+ −(1.89)		−4.12 −(1.06)		−3.64 −(0.93)	
N	291		273		273		273	
pseudo R^2	0.068		0.145		0.354		0.363	

+ $p<0.1$, * $p<0.05$, ** $p<0.01$, *** $p<0.001$
dy/dx는 각 독립변수의 평균값(mean)에서의 한계효과

은 유권자들에게서 거주 지역 변수의 영향이 통계적으로 유의미하지 않게 나타났고 일관된 패턴도 보이지 않았다. 20~30대의 경우 지역주의와 이념의 중첩 현상은 확인되지 않았던 것이다. 60대 이상에서 흥미로운 변수는 호남 거주였다. 정당 정치 변수를 포함할 때, 호남 지역 거주는 보수 이념의 확률을 높이는 것으로 나타났다. 즉 60대 이상 호남 거주 유권자의 보수성이 기존의 지역독점 정당체제에 대표되지 못한 채 독립적인 요인으로 존재함을 알 수 있다. 호남-진보, 영남-보수의 '전통적' 인식을 적용해 볼 수 있는 것은 40~50대였지만, 정파적 지지의 영향에 지역 변수가 흡수되는 것으로 나타났다. 다만 호남 40~50대의 진보성은 뚜렷하게 확인되었다.

셋째, 이념적 갈등과 정파적 지지의 연계는 각 세대마다 비교적 뚜렷하게 확인되었지만, 그 연계의 정도와 일관성이 가장 크게 나타난 세대는 40~50대였다. 다른 세대와 비교했을 때 40~50대의 이념 갈등은 정책적 가치관의 대립보다 정파적 대립 성격이 강했다. 그리고 더불어민주당, 자유한국당뿐만 아니라 국민의당과 바른정당에 대한 지지 여부도 이념적 태도에 영향을 미쳤다.

5. 결론

이 연구는 2017년 대통령 선거에서 나타난 보수의 분열과 보수 후보에 대한 세대별 지지의 차이가 어떤 정치적 의미를 갖는지에 대해 살펴보고자 했다. 보다 구체적으로 '같은 보수'라고 해도 20~30대의 젊은 보수와 60대 이상의 나이 든 보수 간에 보수 이념과 관련된 속성의 차이가 존재하는지에 대해 분석했다.

분석 결과, 20~30대와 60대 이상 집단 사이에서는 단지 홍준표, 유승민 간의 투표 선택의 차이뿐만 아니라 보다 본질적인 차이가 나타났다. 그동안 한국 정치에서 나타난 이념 갈등의 축이 외교, 안보 이슈에 대한 것이었다면, 이제는 그러한 이념적 차이가 경제적 영역으로까지 확대되고 있다는 사실이 확인되었다. 기성세대의 경우 진보-보수의 이념을 구분하는 데 외교, 안보 이슈의 강한 영향력이 확인되었지만, 20~30대의 경우에는 여기에 더해 복지 정책, 증세 문제 등 구체적인 경제 사안에 대한 이념적 차이가 나타났다. 더욱이 이러한 경제 정책을 둘러싼 이념적 태도의 차이는 정파적 지지와 무관하게 일관된 특성을 보였다. 특히 젊은 보수의 경우 기존 보수 정당과의 연계가 가장 낮은 것을 알 수 있었다. 이러한 점은 기존의 정당들이 그동안 유권자를 동원해 온 주요 이슈가 대북, 안보 정책 등에 치중되어 있었고, 새로이 젊은 세대들이 관심을 갖는 경제 이슈에 대해서는 소홀히 해 왔다는 사실과도 관련이 있을 것으로 보인다. 보수 세력의 분화와 함께 경제 이슈를 둘러싼 이념적 차이가 젊은 세대를 중심으로 부상하면서 향후 한국 정치의 새로운 갈등 구조를 형성해 갈 것으로 보인다.

이와 함께 지역주의와 관련된 기존의 편견에 대한 문제점도 확인되었다. 즉 영남-보수, 호남-진보라는 이분법적 통념은 지역주의 정당 정치와 맞물려 그동안 일반적으로 수용되어 왔다. 그러나 지역 내의 진보-보수 집단을 세대별로 나눠 분석해 본 결과 이러한 통념은 잘못된 것임이 드러났다. 20~30대의 경우 지역과 무관하게 강한 진보 성향을 나타냈으며 지역주의 정당과의 연계도 매우 약했다. 60대 이상의 보수 유권자와 비교하면, 젊은 보수와 영남 지역주의와의 연계가 상당히 약했다. 호남 지역에서도 60대 이상 고연령층 유권자들의 경우 상당한 비율로 보수 성향 유권자가 확인되었으며, 이들은 호남 지배 정당의 정치적 동원에서 벗어나 있거나 이탈해 있는 것으로 나타났다. 이러한 결과는 지역주의가 외형상 여전히 강고해 보이지만 그 내부에서는 이미 상당한 분화와 변화가 일어났음을 보여 주는 것이라고 할 수 있다.

2017년 대통령 선거는 선거 시기, 이슈, 선거 경쟁의 구도 등 많은 점에서 이전의 선거와 커다란 차이를 보였다. 이 연구에서의 분석 결과에 따르면 2017년 대선은 여러 가지 외형적 차이뿐만 아니라 한국 정치 내부에서 일어나고 있는 의미심장한 정당 정치의 재편 과정을 보여 주는 기회이기도 했다.

제4부

정치적 균열의 변화와 선거

제12장

정파적 지지와 인지적 동원: 2012년 국회의원 선거를 중심으로

1. 서론

2010년경부터 이른바 '정치의 위기', 혹은 '정당의 위기'에 대한 논의가 활발했다. 2011년 서울시장 보궐선거에서 시민운동가 출신의 박원순 후보가 주요 정당 후보를 누르고 당선되었고, 2012년 대통령 선거를 앞두고는 정치에 간여한 적이 없는 안철수라는 인물이 각광을 받았기 때문이다. 더욱이 어느 정당에도 가깝게 느끼지 않는다는 이른바 무당파 유권자의 비율도 높아졌다. 아산정책연구원의 조사 결과에 따르면, 2011년 서울시장 보궐선거 직후인 2011년 11월 지지 정당이 없다는 무당파 유권자의 비율은 33.9%였는데, 이 비율은 12월이 되면 53%로 급증하고, 2012년 1월에도 41%로 나타났다.[1] 이후 다소 그 비율이 줄어들지만, 이러한 높은 비율은 당시 기존 정당과 지지자들 간의 정치적 연계가 상당히 약화되었다는 사실을 보여 주는 것이다. 이러한 정당 일체감의 약화는 특정한 정파에 얽매이지 않는 독립적인 유권자들의 수를 증대시키고 이

1. http://www.asaninst.org/01_research/public_detail.php?key=112 (검색일: 2012.9.20).

는 정치적 유동성의 증대로 이어지고 있다.[2]

또 한편으로 정치의 위기, 정당의 위기는 정보화의 진전과 함께 나타나고 있다. 이제 많은 시민들이 정당이라는 대의제 기구가 아니라 인터넷을 통해 직접 서로 정치적 의사소통을 하고 정보와 지식을 교환하며, 집단을 형성하고, 여러 차례의 촛불집회에서 본 것과 같은 거대한 항의 조직을 규합해 내고 있다. 정당을 우회한 정치 참여가 활성화되고 있는 것이다. 즉 소셜 네트워크의 활성화를 포함한 정보화의 진전과 함께 의무적 시민(dutiful citizen)에서 자기실현적 시민(self-actualizing citizen)으로 변화하고 있으며 이로 인해 대표 중심의 위계적 권력구조를 기반으로 하는 대의민주주의 제도는 커다란 도전에 직면해 있다는 것이다(윤성이 2012).

그런데 이와 같이 기존 정당에 대한 거리감의 증대와 정당을 우회한 참여라는 두 현상은 시민의 정치 행위가 이전과는 다른 형태로 변화되어 가고 있음을 말해 준다. 과거라면 정당과의 연계가 약화된 시민이라면 정치적 관심이 낮거나 정치 참여에 소극적인 경우가 많았다. 투표에 참여하지 않거나 정치 뉴스를 외면, 혹은 정당에서 탈당하거나 당비 납부를 거부하는 것 등이 그 예가 될 수 있다. 그러나 최근에는 기존 정당과의 연계는 약화되거나 단절되었지만 정치적 관심이 높고 정치 참여에도 적극적인 시민이 등장했다. 이 장에서는 이러한 '정당의 위기'를 둘러싼 두 가지 특성을 감안하여, 기존 정당과의 일체감은 약하지만 정치 참여에 적극적이고 정치적 관심이 높은 유권자들이 선거에서 어떤 선택을 하고 어떤 태도를 갖고 있는지 살펴보려고 한다. 이를 위해 달톤(Dalton 1984)이 제시한 인지적 동원(cognitive mobilization)이라는 개념을 빌려 2012년 국회의원 선거를 분석하고자 한다. 여기서 사용되는 데이터는 서울대 한국정치

2. 이에 대해 박원호, 송정민(2012)은 평소와는 달리 최소한 선거 국면에서 무당파층이 증가하고 있다는 증거는 없다고 주장한다. 그러나 민주화 이후의 한국 대선에서 언제나 제3 후보가 주목을 받고 또 실제로 적지 않은 비율로 득표한 것은 최소한 '기존 정당들'에 대한 거부감이 적지 않음을 보여 주는 것으로 볼 수 있을 것이다.

연구소가 실시한 총선 후 직접 면접 조사의 결과로 표본의 크기는 2,047이다.

2. 이론적 논의

선거에서 유권자들이 후보를 선택하는 기준은 여러 가지가 있을 수 있다. 그러나 많은 민주주의 국가에서 공통으로 나타나는 중요한 요인 중 하나는 정당이다. 유권자들은 자기의 이해관계를 대표한다고 생각되는 정당을 지지하고 동일시할 뿐만 아니라 장기간 지속되는 정파적 결속감을 지니게 된다. 이러한 정당 일체감은 선거나 정치에 대해 충분한 정보나 지식을 갖지 못한 유권자들에게 적은 비용으로 분명한 투표 선택의 단서(cues)를 제공한다(Campbell 1960). 선거 기간 중 논의되는 이슈나 사건에 대한 해석도 이러한 정당 일체감에 기반하여 해석하고 이해하게 되는 것이 일반적이다. 그런 점에서 정파성(partisanship)은 이슈와 인물을 평가하는 단서의 기반이 되는 참조집단(reference-group)의 역할을 수행한다(Dalton 1984: 264-265).

그러나 시대적 환경의 변화와 함께 유권자들이 선거나 정치, 후보자에 대한 정보 획득의 비용이 크게 줄어들었다. 매스 미디어의 등장, 의무교육의 확대, 그리고 오늘날에는 인터넷을 통한 정보의 획득, 공유, 확산이 그 원인이라고 할 수 있다. 따라서 예전만큼 정당에 의존하지 않고도 유권자들은 정보 획득의 비용에 대한 부담 없이 선거 때 제기되는 이슈나 출마한 인물을 이해하고 판단할 수 있게 되었다. 또 한편으로 서구의 경우 제2차 세계대전 이후 발생한 사회경제적 구조의 변화로 인해 정당의 역할은 이전에 비해 약화되었다. 전후 경제성장과 함께 복지국가가 이뤄지면서 과거 근대 산업사회에 나타난 계급적 대립, 갈등이 크게 약화되었다. 산업구조에서도 계급정치의 기반이 되었던 2차 산업이 쇠퇴하고, 금융, 서비스, 통신 등 3차 산업 중심으로 산업구조가 바뀌면서 블루칼라 노동자로부터 화이트칼라, 전문직, 여성, 파트타임, 비정규직 등 고용구

조도 크게 변화했다. 사회경제적 변화와 함께 그동안 정당이 기반해 온 산업사회의 균열 구조가 다른 형태로 변모하게 된 것이다. 키르크하이머(Kirchheimer 1966)가 말하는 포괄정당(catch-all party)이나 파네비안코(Panebianco 1988)가 말하는 선거-전문가 정당(electoral-professional party) 모두 이러한 사회경제적 변화로 인한 정당 정치 환경의 변화와 그에 대한 정당의 대응을 지적하고 있다. 또한 기존 정당의 당원 수가 감소하기 시작했고, 정당 일체감도 약화되었으며 당비나 기부금을 내는 열렬 지지자들의 수도 급감했다. 이러한 정치 환경의 변화는 기존 정당과 지지자들 간의 정치적 연계를 약화시켰고 그에 따라 사회적, 정치적 통합의 매개체로서 정당의 전통적 역할도 위축되었다. 따라서 계급과 같은 집단적 정체성이나 계급적 소속감에 의해 투표하는 것이 아니라 선거 이슈나 후보자 요인 등과 같은 단기적 요인에 의해 투표하는 이들이 늘어나게 되었다. 선거마다 지지율의 변화가 커지는 선거 변동성(volatility)의 증대는 바로 이러한 변화와 함께 나타나기 시작한 것이다(Scarrow, Webb, and Farrell 2000, 129). 즉 유권자들이 이제는 집단의식이나 정당과의 연계에 의존해서가 아니라 스스로 독립적으로 투표 결정을 내리기 시작한 것이다(*Voters began to choose*. Rose and McAllister 1986).

이런 정치적 환경의 변화는 유권자들이 정당에 의존한 정보의 획득과 그에 따른 투표 결정을 내리는 것이 아니라 스스로 정보를 얻고 판단하는 경우가 증대하였음을 의미하는 것이다. 경제성장과 복지국가로 인한 교육 기회의 확대와 정보 수준의 상승으로, 그리고 매스 매디어와 정보화의 발전으로 인지적 동원이 가능해진 개인은 더 이상 사회적 집단과의 연계를 통하지 않고도 스스로 정치적 판단을 할 수 있게 된 것이다. 이러한 점에 유의하여 달톤(1984; 2012)은 시민들이 정치 과정에 참여하고 동원되는 두 가지 일반적 방식을 구분했다. 정당 일체감에 의한 참여 동원을 정파적 동원(partisan mobilization)이라고 불렀고, 유권자들이 스스로의 정보나 지식에 의해 정치를 해석하고 참여하는 경우를 인지적 동원(cognitive mobilization)이라고 불렀다. 인지적 동원은 시민들이 정당과 같은 외부적 단서(cues)에 거의 의존함 없이 정치에 참여하는 데 필요한 기술과 자원(skills and resources)을 스스로 갖추고 있다는 것을 의미한다(Dalton 1984: 267). 인지적 동원의 개념은 기존 정당 지지로부터의 이탈, 소속감이나 충성심이 약화된 상황에서 정치 지식의 역할에 주목한 것이다.

이와 같은 정파적 동원과 인지적 동원의 강도라는 두 가지 개념을 중심으로 〈표 12-1〉에서 보는 것과 같이 네 가지의 유권자 범주를 제시했다. 인지적 동원이 높고 정파적으로 독립적인 유권자들은 인지적 무정파(apartisan)로, 인지적 동원이 높고 특정 정당에 일체감을 갖는 유권자들은 인지적 정파(cognitive partisan)로, 인지적 동원이 낮고 정파적으로 독립적인 유권자들은 정치 외면(apolitical) 집단으로, 그리고 마지막으로 인지적 동원이 낮고 정당 일체감을 갖는 유권자들은 습관적 정파(ritual partisan)로 구분했다. 이러한 구분은 *The American Voter*에서 캠벨과 그의 동료들(Campbell et.al. 1960)이 제시한 정당 일체감(party identification)을 갖는 유권자와 독립적인 유권자 집단이라는 두 가지 종류의 구분을 인지적 동원이라는 개념을 통해 더욱 분화시킨 것이라고 할 수 있다. 달톤은 이러한 구분이 유권자 집단의 정치 행태, 투표 선택의 상이함을 보다 분명하게 보여 줄 수 있을 것으로 보았다(Dalton 2010: 22-23).

달톤은 그의 연구에서 인지적 동원-정파적 동원 모델을 경험적으로 조작화하기 위해 정당 일체감과 교육수준, 학력 등의 변인을 사용했다. 우선 정당 일체

〈표 12-1〉 달톤의 인지적 동원 모델

		정파적 동원 party mobilization	
		독립적 *independent*	*정당 일체감* *weak/strong PID*
인지적 동원 cognitive mobilization	높음 high	*인지적 무정파*[3] *apartisan*	*인지적 정파* *cognitive partisan*
	낮음 low	*정치 외면* *apolitical*	*습관적 정파* *ritual partisan*

자료: Dalton(2012: 38) Table 1

감에 대해서는 '어느 정당에 가장 가깝게 느끼시나요?"라는 질문을 이용했다. 이에 대한 네 가지 응답, 곧 '매우 가깝게 느낀다.(very close)', '제법 가깝게 느낀다.(fairly close)', '그리 가깝게 느끼지 않는다.(not very close)', 그리고 '가깝게 느끼는 정당이 없다'는 응답 가운데 앞의 두 개를 정파적 동원(partisan mobilization)이 존재하는 것으로, 그리고 뒤의 두 개를 정파적 동원에 해당하지 않는 것으로 간주했다. 또한 인지적 동원과 관련해서는 교육 수준과 정치적 관심을 합쳐 계산했다. 학력으로는 (1) 대학(college), (2) 고교 졸업(completed secondary), (3) 고교 중퇴(some secondary), (4) 초등 혹은 이하(primary or less) 등 네 개의 응답을 고려했고, 정치적 관심 정도는 (1) 매우 관심이 많다, (2) 다소 관심이 있다, (3) 그다지 관심이 없다, (4) 전혀 관심이 없다는 네 가지 응답을 고려했는데, 이 두 가지 응답의 합, 즉 2점에서 8점까지의 범위 중 5 이하의 값을 인지적 동원으로 고려했다(Dalton 1984: 267).

이 장에서는 이와 같은 달톤의 조작화 개념을 활용하지만 적용하는 질문 항목은 우리 현실에 맞게 다소 변화시켰다. 이 장에서 정파적 동원 여부는 '평소에 다음 중 어느 정당을 지지하십니까'라는 질문을 이용했고, 어느 정당이든 지지 정당을 밝힌 경우는 정파적 동원에 해당하는 것으로, '지지하는 정당이 없다'는 응답은 그렇지 않은 것으로 간주했다. 한편, 인지적 동원의 조작화를 위해서는 학력이나 정치 관심에 대한 질문 항목을 이용하지 않고, 구체적으로 정치적 지식에 대한 세 가지 질문, 그리고 '일반적으로 선거나 정치적 사안에 대해 주위 사람들과 얼마나 자주 이야기 하십니까'라는 질문 항목을 이용하였다.[4] 달톤과 달리 선거 관심도를 사용하지 않은 것은 '선거에 관심이 있느냐'는 질문이 때로는 당위적인 시민의 의무로 간주해서 응답하는 경우가 있을 것으로 판단되었기

3. 달톤의 용어는 apartisan이지만 우리 표현으로 무정파는 다양한 의미로 해석될 수 있어 이 글에서는 인지적 무정파로 표현하기로 한다.
4. 직접 선거에 얼마나 관심이 있었느냐는 질문과 정치적 이야기를 얼마나 자주 나눴느냐는 질문 간의 상관관계는 −0.44(p<0.00)이다.

〈표 12-2〉 인지적 동원의 정파적 동원에 따른 표본 비율

		정파적 동원	
		지지 정당 없음	지지 정당 있음
인지적 동원	높음	15.8	27.0
	낮음	84.2	73.0
합계 (n)		100.0 (732)	100.0 (1304)
평균		36.0	64.0

때문에, 이보다는 정치적 대화 여부와 같은 보다 구체적인 관심 표명을 지표로 삼았다. 정치적 지식에 대한 질문은, 우리나라 대통령의 임기, 현 국무총리 이름, 현 기획재정부 장관 이름을 묻는 것이었는데, (1) 세 문항에 대해 모두 정답을 제시한 경우, (2) 두 개만 정답인 경우, (3) 하나만 정답인 경우, (4) 모두 틀린 경우로 정리했다. 정치 관심도는 (1) 거의 매일, (2) 일주일에 서너 번, (3) 일주일에 한두 번, (4) 일주일에 한 번 미만, (5) 전혀 하지 않는다로 분류된 설문지의 질문 항목을 그대로 이용했다. 이 두 질문을 합산하면 최소 2에서 최대 9의 범위가 발생하는데, 이 중에서 2~5의 범위를 인지적 동원이 높은 경우로, 6~9의 수치를 인지적 동원이 낮은 경우로 각각 간주하였다.

이에 따라 네 가지 범주로 분류한 결과, 각 범주별 비율은 〈표 12-2〉와 같다. 지지 정당이 없다고 응답한 비율은 36%였고, 지지 정당을 선택한 비율은 64%였다. 이러한 정파적 동원을 기준으로 인지적 동원 여부에 따른 비율을 보면, 지지 정당이 없는 경우 인지적 동원이 높은 경우 15.8%, 낮은 경우는 84.2%였으며, 정파적 지지를 갖는 경우 인지적 동원이 높은 경우는 27.0%로 지지 정당이 없는 경우보다 10% 이상 높게 나타났다. 이러한 분류를 토대로 각 범주별 특성을 특히 인지적 무정파 집단을 중심으로 살펴보기로 한다.

3. 분석 1: 정당 정치 평가

인지적 동원은 정파적 소속감을 갖지는 않지만 그렇다고 해서 정당에 무관심하거나 소극적임을 의미하는 것은 아니다. 즉 정파적 소속감은 없지만 그렇다고 해서 정치를 외면하거나 참여를 거부하는 이들은 아니라는 것이다. 이를 알아보기 위해서 어느 정도나 투표에 참여했는지 〈표 12-2〉에서 살펴보았다.

투표 참여율은 인지적 정파 범주에서 가장 높게 나타났다. 그 집단의 91.5%가 투표에 참여해다고 응답했다. 두 번째로 높은 집단은 습관적 정파 범주로 83.3%가 투표했다고 밝혔다. 정파성을 갖는 유권자들의 투표 참여가 상대적으로 높다는 사실을 알 수 있다. 인지적 무정파 집단은, 정파를 가진 유권자들에 비해서는 낮지만, 투표율이 거의 70%에 육박한다는 점에서 비교적 투표 참여가 높았다고 할 수 있다. 인지적 무정파의 이러한 투표 참여율은 이들과 마찬가지로 정파적 소속감이 없는 정치 외면 집단의 투표 참여율 39.4%와 뚜렷이 구분된다. 〈표 12-2〉의 결과는 당파성은 없지만 정치적 관심이 높고 정치 참여의 의사가 강하다는 인지적 무정파의 정의에 잘 부합한다고 볼 수 있다.

이번에는 인지적 무정파 집단의 정파성에 대해 살펴보도록 한다. 우선 〈표 12-4〉는 언제 투표할 후보를 결정했는지 그 시기를 네 범주별로 나눠 보았다. 투표 한 달 전에 이미 지지 후보를 결정한 집단은 역시 절반 이상이 정파적 동원에 해당하는 범주들이었다. 인지적 정파 집단은 59.9%, 습관적 정파는 52.6%였다. 이에 비해 정치 외면 집단에서 한 달 전 결정했다는 응답은 30.7%로 정파

〈표 12-3〉 범주별 투표 참여 비율

	인지적 무정파	인지적 정파	정치 외면	습관적 정파
투표했다	69.8	91.5	39.4	83.3
투표 안 했다	30.2	8.5	60.6	16.7
합계	100.0 (116)	100.0 (352)	100.0 (616)	100.0 (952)
Pearson 카이제곱 475.7 p<0.00				

적 동원 대상 범주에 대해 매우 낮았고, 인지적 무정파는 43.2%로 그 중간 정도의 응답률을 보였다. 이에 비해 투표 당일 혹은 1~3일 전과 같이 투표일에 근접해서 결정한 비율은 정치 외면 집단의 경우 26.1%였고, 인지적 무정파는 23.4%였다. 정파적 동원이 이뤄지는 집단에 비해서는 명백하게 투표 결정이 늦어지는 경향을 보이지만, 정치 외면 집단에 비해서는 그 정도가 덜한 모습을 보이고 있다. 투표 결정이 늦다는 것은 그만큼 기존 정당에 대한 충성심, 연계가 약하다는 것을 의미하는 것이지만, 인지적 무정파 집단이 정치적 관심과 지식이 높다는 점에서 정치 외면 집단과는 다소 상이한 패턴이 나타나는 것으로 볼 수 있다.

이번에는 후보나 정당에 투표하기로 결정한 요인에 대해서 살펴보았다. 정파적 소속감이 강한 인지적 정파, 습관적 정파 집단에서는 역시 소속 정당이라는 응답이 40% 정도로 가장 높았다. 그런데 인지적 무정파 집단의 경우 그 비율은 19.8%로 가장 낮았다. 이는 정치 외면 집단의 27.3%보다도 더욱 낮은 것이다. 인지적 무정파 집단에서는 소속 정당 대신 후보자의 도덕성을 중시하는 태도를 보였는데, 이 역시 기존 정치권에 대한 불신, 혐오와 관련된 반응으로 볼 수 있을 것 같다. 정치 외면 집단에서도 후보의 도덕성 요인에 대한 응답은 22.7%로 유사했다. 후보의 도덕성에 후보의 능력/경력, 그리고 지연/학연 등 개인연고 등을 합하면 인지적 무정파 집단의 62.9%가 '후보자 개인' 요인을 중시했다고 할 수 있다. 이 세 항목을 합친 비율은 인지적 정파의 경우 48.1%, 정치 외면 집

〈표 12-4〉 투표 결정 시기

	투표 당일	투표 1~3일 전	투표 일주일 전	투표 2~4주 전	투표 한 달 전	합계
인지적 무정파	8.6	14.8	12.3	21.0	43.2	100.0 (81)
인지적 정파	3.4	7.8	16.8	12.1	59.9	100.0 (322)
정치 외면	13.7	12.4	22.0	21.2	30.7	100.0 (241)
습관적 정파	6.6	8.3	17.3	15.2	52.6	100.0 (791)
Pearson 카이제곱 66.9 p<0.00						

〈표 12-5〉 투표 결정 요인

	소속 정당	후보의 도덕성	후보의 능력/경력	정책/공약	지연/학연 등 개인 연고	기타	합계
인지적 무정파	19.8	24.7	33.3	16.0	4.9	1.2	100.0 (81)
인지적 정파	40.7	14.3	32.9	11.2	0.9	0	100.0 (322)
정치 외면	27.3	22.7	29.8	16.1	1.7	2.5	100.0 (242)
습관적 정파	39.0	16.6	30.7	13.6	1.8	1.0	100.0 (1438)
Pearson 카이제곱 43.8 p<0.00							

〈표 12-6〉 정당 호감도

	구분	호감도 평균	ANOVA
(새누리당+민주통합당+통합진보당+자유선진당)/4	인지적 무정파	39.6	F=16.5 p<0.00
	인지적 정파	42.2	
	정치 외면	41.1	
	습관적 정파	45.7	
(새누리당+민주통합당)/2	인지적 무정파	45.3	F=56.0 p<0.00
	인지적 정파	52.8	
	정치 외면	45.1	
	습관적 정파	54.9	

호감도: 0(대단히 낮다)~100(대단히 높다)

단의 경우 54.2%, 습관적 정파의 경우 49.1%로 나타나, 인지적 무정파 집단에 비해 그 비율이 모두 낮았다. 기존 정당에 대한 거부감이 인지적 무정파 집단에서 매우 강하다는 것을 시사해 주는 것으로 보인다.

각 범주별 기존 정당에 대한 거부감, 불신의 정도를 알아보기 위해서 〈표 12-6〉에서는 새누리당, 민주통합당, 통합진보당, 자유선진당 등 2012년 총선에서 의석을 획득한 네 정당의 호감도의 평균과, 새누리당, 민주통합당의 두 주요 정당에 대한 호감도의 평균을 각각 조사했다. 네 정당에 대한 호감도는 인지적 무정파 범주에서 39.6점으로 가장 낮았고, 정치 외면 집단에서 41.1%로 그

뒤를 이었다. 인지적 정파 범주에서 42.2점으로 큰 차이는 아니지만 가장 높게 나타났다. 한편, 새누리당과 민주통합당 주요 두 정당에 대한 호감도에서는 정치 외면 집단과 인지적 무정파 집단이 각각 45.1점, 45.3점의 낮은 값을 나타냈다. 그러나 정당 일체감을 갖는 습관적 정파 집단은 54.9점, 인지적 정파 집단은 52.8점으로 상대적으로 높은 값이 확인되었다. 정파성을 갖는 이들의 정당 일체감이 대체로 주요 두 정당을 중심으로 연계되어 있으며, 인지적 무정파 집단이 정치 외면 집단과 비슷하게 낮은 정당 호감도를 보인다는 사실을 확인할 수 있다.

이번에는 보다 직접적으로 2012년 총선에서 실제로 어느 정당에 투표했는지 네 범주별로 분석했다. 〈표 12-7〉은 지역구 투표에서 각 범주별 투표 비율이다. 여기서 매우 뚜렷한 투표 행태의 차이가 확인된다. 지역구 투표의 경우 지지 정당이 있는 유권자 집단에서는 새누리당과 민주통합당 등 거대 정당에 대한 투표가 많았던 반면, 인지적 무당파와 정치적 무관심층에서는 소수 정당과 무소속에 대한 투표가 상대적으로 많았다. 습관적 정파 집단에서 두 거대 정당에 대한 투표율은 91.0%로 매우 높게 나타났다. 인지적 정파 집단의 경우에도 그 비율은 86.9%였다. 이에 비해 인지적 무정파 집단의 경우 그 비율은 77.0%로 정치 외면 집단의 74.5%와 함께 상대적으로 낮았다. 즉 인지적 정파에 속한 유권자들은 기존 거대 정당에 대한 거부감이 적지 않다는 사실을 알 수 있다.

이러한 투표 행태는 정당투표에서도 마찬가지로 확인된다. 〈표 12-8〉에서 볼 수 있듯이, 습관적 정파 집단에서는 89.3%가 새누리당과 민주통합당에 표를 던졌고, 인지적 정파 집단에서도 86.6%가 이 두 거대 정당에 표를 던졌다. 일반적으로 1인2표제를 채택한 나라에서는 지역구 투표에서 거대 정당에 표를 던지고 정당투표에서는 소수 정당을 지지하는 분할투표가 적지 않게 발생한다는 점을 고려할 때(박찬욱 2005; 김영태 2002), 지역구 투표와 정당투표에서 거대정당에 대한 지지 비율에 별다른 차이를 보이지 않는 정파성을 갖는 이들 두 집단의 투표 행태는 흥미롭다. 〈표 12-7〉과 〈표 12-8〉의 결과는 정당 일체감을 갖는 유권자들의 정치적 충성심과 연계의 정도를 보여 주는 것으로 볼 수 있다. 이에 비해 인지적 무정파 집단은 거대 정당에 대한 불만을 보여 주고 있는데, 정당투표의 경우 두 거대 정당에 대한 투표 비율이 72.8%로 나타나 정치 외면 집단의 77.7%보다 더 낮게 나타났다. 정당투표의 경우 사표(死票) 회피를 위한 전략적 투표를 행할 필요가 없는 만큼 기존 정당 정치를 바라보는 유권자의 시각이 보다 분명하게 드러난다고 한다면, 인지적 무정파 집단에서 새누리당, 민주통합당 등 두 주요 정당에 대한 지지의 비율이 가장 낮게 나타난 것은 의미하는 바가 적지 않다고 생각된다.

그렇다면 주요 정치인에 대한 호감도는 어떻게 나타날까? 〈표 12-9〉에는 박근혜, 문재인, 안철수 세 명에 대한 네 집단의 호감도 평균을 정리해 두었다. 박근혜의 경우 습관적 정파에서 61.6으로 가장 높게 나타난 반면, 인지적 무정파는 정치 외면 집단과 비슷하게 50점을 조금 넘는 낮은 호감도를 보였다. 〈표

〈표 12-7〉 지역구 투표

	새누리당	민주통합당	통합진보당	자유선진당	기타정당	무소속	합계
인지적 무정파	38.5	38.5	7.7	6.4	5.1	3.8	100.0 (78)
인지적 정파	45.0	41.9	5.0	2.2	0.6	5.3	100.0 (320)
정치 외면	36.6	37.9	7.0	3.5	2.6	12.3	100.0 (227)
습관적 정파	53.6	37.4	4.4	2.1	0.6	1.9	100.0 (780)
Pearson 카이제곱 84.3 p<0.00							

〈표 12-8〉 정당 투표

	새누리당	민주통합당	통합진보당	자유선진당	기타정당	합계
인지적 무정파	35.1	37.7	14.3	3.9	9.1	100.0 (77)
인지적 정파	47.5	39.1	8.7	2.5	2.2	100.0 (322)
정치 외면	39.9	37.8	8.6	3.9	9.9	100.0 (233)
습관적 정파	53.7	35.6	5.5	2.3	2.9	100.0 (787)
Pearson 카이제곱 52.3 p<0.00						

12-10〉에서 볼 수 있듯이, LSD 사후 분석 결과, 박근혜 평가의 경우에는 습관적 정파 집단과 다른 모든 집단 간 차이가 확인되었으며, 인지적 정당 지지와 정파적 무관심 집단 사이에도 평균의 차이가 존재했다. 문재인의 경우에는 전반적으로 다 낮은 호감도를 보이고 집단별 차이가 그리 크지 않았는데, 분산분석 결과 통계적인 차이가 확인되지 않았으며, 사후분석에서도 집단 간 평균 차이가 나타나지 않았다. 안철수에 대한 분산분석 결과에서는 통계적으로 유의미한 차이가 나타나지 않았지만, 인지적 무정파와 습관적 정당지지 집단 간에는 평균의 차이가 존재했다. 〈표 12-9〉에서 보듯이, 인지적 무정파 집단에서 안철수에 대해 가장 높은 호감이 표출되었고 습관적 정당지지 집단과 차이를 나타낸다는 것은, 앞서 살펴본 대로 이들이 기성 정치에 대한 강한 불만을 지니고 있는 유권자들이라는 점을 고려할 때 이해할 만한 점이다.

따라서 전체적으로 볼 때 인지적 무정파는 새누리당과 민주통합당으로 대표되는 기성 정당 정치에 대한 상당한 불만과 회의를 갖고 있는 이들이라는 것을 알 수 있다.

〈표 12-9〉 박근혜, 문재인, 안철수에 대한 호감도

	구분	호감도 평균	ANOVA
박근혜	인지적 무정파	50.6	F=30.5 p<0.00
	인지적 정파	55.4	
	정치 외면	50.2	
	습관적 정파	61.6	
문재인	인지적 무정파	48.4	F=1.0 p=0.39
	인지적 정파	48.1	
	정치 외면	46.1	
	습관적 정파	47.8	
안철수	인지적 무정파	56.4	F=1.9 p=0.13
	인지적 정파	51.8	
	정치 외면	52.6	
	습관적 정파	51.0	

0: 대단히 부정적, 100: 대단히 호의적

〈표 12-10〉 박근혜, 안철수 호감도 평균 차이에 대한 LSD 사후 분석 결과

		인지적 무당파	인지적 정당 지지	정치적 무관심
박근혜	정치적 무관심	-	5.18*	-
	습관적 정당 지지	11.0*	6.18*	11.4*
안철수	습관적 정당 지지	5.42**	-	-

*$p<0.01$, **$p<0.05$. 통계적으로 유의미하지 않은 항목은 모두 제외했음.

4. 분석 2: 정치적 만족감

앞 절에서 정당 정치 전반에 대한 태도를 살펴보았다면, 이번에는 현실 정치에 대한 태도에 대해서 살펴보기로 한다. 현실 정치에 대한 태도를 분석할 때 아무래도 가장 먼저 들 수 있는 것은 현 대통령에 대한 평가일 것이다. 이를 위해 이명박 대통령에 대한 호감도와 이명박 정부 국정운영 평가에 대해 분석했다. 〈표 12-11〉에서 볼 수 있는 것처럼 이명박 대통령에 대한 호감도는 인지적 무정파 집단에서 35.5로 가장 낮았는데, 정치 외면 집단의 37.5보다 더 낮았다. 반면 습관적 정파에서 47.7로 이 대통령에 대한 호감이 가장 높게 나타났다. 이런 특성은 〈표 12-12〉에서 더욱 뚜렷하게 확인된다. 네 범주 가운데 인지적 무정파에서 이명박 정부가 국정운영을 잘했다는 응답은 겨우 19%에 불과했다. 이번에도 정치 외면 집단보다 인지적 무정파에서 이명박 정부에 대한 부정적 평가가 가장 높게 나타났다. 습관적 정파에서 35.2%로 가장 높은 긍정의 비율이 나타난 것도 〈표 12-11〉의 결과와 유사하다. 이상에서 볼 때 인지적 무정파는 현 정부의 국정운영에 대한 불만이 매우 큰 집단이라는 사실을 알게 한다.

현 정부 국정운영에 부정적이라면 경제 상황에 대해서는 어떤 태도를 갖고 있을까? 〈표 12-13〉은 지난 4년간의 가계 경제, 국가 경제 상황에 대한 회고적 평가와 함께, 4년 후의 상황에 대한 전망적 평가를 각 집단별로 분석한 것이다. 회고적 평가이든 전망적 평가이든 무관하게 네 항목에서 모두 인지적 무정파

〈표 12-11〉 이명박 대통령에 대한 호감도

	구분	호감도 평균	ANOVA
이명박 대통령에 대한 호감도	인지적 무정파	35.5	F=24.6 p<0.00
	인지적 정파	40.5	
	정치 외면	37.5	
	습관적 정파	47.7	

〈표 12-12〉 이명박 정부 국정운영 평가

이명박 정부 국정운영 평가	잘했다	잘못했다	합계 (n)
인지적 무정파	19.0	81.0	100.0 (116)
인지적 정파	27.6	72.4	100.0 (352)
정치 외면	22.2	77.8	100.0 (613)
습관적 정파	35.2	64.8	100.0 (952)
Pearson 카이제곱 37.5 p<0.00			

〈표 12-13〉 가계 경제, 국가 경제에 대한 회고적, 전망적 평가

	구분	평균	ANOVA
지난 4년간 가계 경제 형편 평가	인지적 무정파	3.78	F=5.2 p<0.01
	인지적 정파	3.59	
	정치 외면	3.59	
	습관적 정파	3.50	
지난 4년간 국가경제 평가	인지적 무정파	3.50	F=5.0 p<0.01
	인지적 정파	3.24	
	정치 외면	3.20	
	습관적 정파	3.25	
4년 후 가계 경제 형편 전망	인지적 무정파	2.79	F=3.2 p<0.05
	인지적 정파	2.63	
	정치 외면	2.77	
	습관적 정파	2.69	
4년 후 국가경제 전망	인지적 무정파	2.90	F=4.1 p<0.01
	인지적 정파	2.70	
	정치 외면	2.85	
	습관적 정파	2.75	

1-매우 좋아졌다, 2-다소 좋아졌다, 3-특별히 좋아지거나 나빠지지 않았다, 4-다소 나빠졌다, 5-매우 나빠졌다

는 가장 부정적인 응답을 보이고 있다. 지난 4년 간의 가계 경제에 대한 평가는 3.78, 국가 경제에 대한 평가는 3.50으로, 4년 후 가계 경제 전망은 2.79, 그리고 국가 경제 전망은 2.90으로 모두 가장 높았다. 〈표 12-13〉의 결과는 인지적 무정파가 단순히 현 정부의 통치 방식에 대해 불만과 실망을 가지고 있는 것이 아니라 향후의 전망에 대해서도 매우 비관적인 태도를 취하고 있음을 알게 한다. 정치 외면 집단은 향후 전망에 대해서는 부정적이었지만 지난 4년 간의 국가 경제에 대해서는 가장 긍정적 평가를 내리고 있다는 점에서 인지적 무정파의 태도와는 구분된다.

이번에는 정치적 효능감에 대해서 어떤 태도를 보이는지 살펴보았다. 〈표 12-14〉에서 보듯이 정치적 효능감에 대해서도 집단별로 흥미로운 차이를 보이고 있다. 네 가지 항목 가운데 하나를 제외한 세 항목에서 통계적 유의미성이

〈표 12-14〉 정치적 효능감

	구분	평균	ANOVA
나 같은 사람들은 정부가 하는 일에 대해 어떤 영향도 주기 어렵다.	인지적 무정파	2.47	F=0.2 p=0.92
	인지적 정파	2.46	
	정치 외면	2.43	
	습관적 정파	2.46	
정부는 나 같은 사람들의 의견에 관심이 없다.	인지적 무정파	2.17	F=3.9 p<0.01
	인지적 정파	2.41	
	정치 외면	2.26	
	습관적 정파	2.39	
나는 한국이 당면하고 있는 중요한 정치 문제를 잘 이해하고 있다.	인지적 무정파	2.74	F=25.5 p<0.00
	인지적 정파	2.65	
	정치 외면	3.15	
	습관적 정파	3.02	
대부분의 한국 사람은 정치나 행정에 대해 나보다 잘 알고 있다.	인지적 무정파	2.90	F=3.1 p<0.05
	인지적 정파	2.94	
	정치 외면	2.84	
	습관적 정파	2.79	

1-매우 그렇다, 2-다소 그렇다, 3-보통이다, 4-다소 그렇지 않다, 5-매우 그렇지 않다

확인되었다. 우선 정치적 지식과 관련된 외적 효능감은 인지적 동원에 해당되는 만큼 긍정적 평가가 높았다. 정치적 지식과 정보가 많은 이들인 만큼 '한국이 당면한 중요한 정치 문제를 잘 이해'하고 있고, 다른 사람 못지않게 '정치나 행정에 대해 잘 알고 있다'는 태도를 보였다. 그러나 '정부는 나 같은 사람들의 의견에 관심이 없다'는 내적 효능감에 대해서는 인지적 무정파 집단에서 2.17로 가장 강한 불만이 표출되었다. 이번에도 역시 정치 외면 집단의 2.26보다 상당히 낮은 수치를 보였다. 이에 비해 지지하는 정파가 있는 유권자들의 경우에는 상대적으로 부정적 태도가 약하게 표출되었다.

정치 현실에 대한 불신이 크고 정치적 효능감에 대한 불만이 높다면 한국의 민주주의 발전 수준에 대해서는 어떤 태도를 취하고 있을까? 〈표 12-15〉에서는 한국 민주주의에 대한 네 집단별 평가를 보여 주고 있다. 여기서도 습관적 정파 집단에서 한국 민주주의에 대한 평가가 5.48로 가장 긍정적이었으며 인지적 무정파 집단에서 평가가 4.91로 가장 낮았다. 이번에도 정치 외면 집단보다 인지적 무정파 집단에서 민주주의에 대한 만족도가 가장 낮았다. 정파적 동원에 해당하는 두 집단에서 민주주의에 대한 긍정적 평가가 상대적으로 높다는 점도 다시 지적할 만하다.

이번에는 인지적 무정파 집단은 과연 어떤 사람들인지 살펴보았다. 거주 지역별로 네 집단의 상대적 분포에 대해 살펴볼 때, 습관적 정파의 비율은 서울이 54.2%로 가장 높았고 그다음으로 경북/대구 지역으로 52.4%였다. 습관적 정파가 가장 낮은 곳은 호남 지역으로 39.4%로 나타났다. 호남 지역에서는 인

〈표 12-15〉 한국 민주주의에 대한 평가

	구분	호감도 평균	ANOVA
한국 민주주의 평가	인지적 무정파	4.91	F=7.8 p<0.00
	인지적 정파	5.12	
	정치 외면	5.03	
	습관적 정파	5.48	

0-거의 실현되고 있지 않다, 10-매우 잘 실현되고 있다

〈표 12-16〉 지역별 분포

	인지적 무정파	인지적 정파	정치 외면	습관적 정파	합계 (n)
서울	4.5	13.5	27.8	54.2	100.0 (421)
인천/경기	6.7	17.8	30.8	44.8	100.0 (585)
대전/충남/충북	5.4	18.7	33.0	42.9	100.0 (203)
광주/전남/전북	9.4	23.2	28.1	39.4	100.0 (203)
경북/대구	3.4	17.8	26.4	52.4	100.0 (208)
부산/울산/경남	5.5	13.8	35.1	45.5	100.0 (325)
강원/제주	3.3	26.4	28.6	41.8	100.0 (91)

지적 정파가 23.2%로 비교적 높게 나타났고 인지적 무정파도 9.4%로 다른 지역에 비해서 높았다. 이는 호남 지역의 상대적으로 높은 정치적 관심과 지식을 보여 주고 있는 것으로 볼 수 있다. 한편 정치 외면 범주는 부산/울산/경남에서 35.1%로 대전/충남/충북이 33.0%로 그다음으로 높았다. 거주 지역별로 볼 때 매우 뚜렷한 지역별 패턴이 드러난다고 보기는 어렵지만, 호남 지역에서 인지적 무정파의 비율이 높은 반면, 경북 지역에서 습관적 정파의 비율이 높다는 점은 주목할 만하다. 또한 경남권과 충청권에서 정치 외면의 비율이 높다는 점도 지역주의 정당 구도의 변화와 관련하여 관심을 끌 만한 사실이다.

이번에는 인지적 무정파 집단의 인구학적, 사회경제적 속성이 어떤 것인지 다항 로지스틱 모델을 통해 살펴보기로 한다. 연령, 성별, 소득, 학력,[5] 주관적 이념 등 다섯 가지 변수를 고려했다. 참조범주는 습관적 정파이다. 〈표 12-17〉에서 보듯이, 습관적 정파와 비교할 때, 고학력층, 남성일수록 인지적 무정파에 속할 확률이 높았다. 인지적 정파의 경우에는 연령, 학력, 성별에서 통계적으로 유의미하게 나타났는데, 학력이 높을수록, 나이가 많을수록, 남성일수록 습관적 정파에 비해 인지적 정파에 포함될 확률이 높아지는 것으로 나타났다. 한편 정치 외면 집단에서는 연령과 소득 변수가 통계적으로 유의미하게 나타났는데

5. 네 개의 범주 구분의 한 변인이었던 정치지식과 학력 간의 상관관계는 −0.18(p<0.00)로 낮게 나타나 여기에 포함시켰다.

〈표 12-17〉 다항 로지스틱 모형

	변수	B	Exp(B)
인지적 무정파	연령	-0.01	0.99
	소득	0.05	1.05
	학력	0.32[1]	1.38
	성별(남성)	0.571	1.77
	이념	0.05	1.05
	절편	-3.56[1]	
인지적 정파	연령	0.02[1]	1.02
	소득	-0.05	0.95
	학력	0.24[1]	1.23
	성별(남성)	1.23[1]	3.55
	이념	-0.04	0.96
	절편	-3.18[1]	
정치 외면	연령	-0.05[1]	0.96
	소득	-0.09[2]	0.92
	학력	0.03	1.03
	성별(남성)	-0.16	0.85
	이념	-0.00	1.00
	절편	1.86	
-2 Loglikelihood=4545.9 Nagelkerke pseudo R square=0.18			

참조범주: 습관적 정파

1-p<0.01, 2-p<0.05

이념: 0-매우 진보, 10-매우 보수

소득: 1-100만 원 미만, 2-100만~199만 원, 3-200만~299만 원, …, 9-800만 원 이상

학력: 0-무학, 1-초등학교, 2-중학교, 3-고등학교, 4-전문대, 5-대학, 6-석사과정, 7-박사과정

연령이 낮을수록, 소득이 낮을수록 습관적 정파보다 정치 외면 집단에 속할 확률이 높은 것으로 나타났다. 연령, 학력, 소득, 성별 변수에 비해 이념은 통계적인 유의미성이 확인되지 않았다.

지금까지 살펴본 대로, 인지적 무정파 집단의 경우에는 현실정치에 대한 불만이 가장 크고 정치적 효능감이나 한국 민주주의 진전에 대한 평가에서도 가장 부정적 응답이 높았다. 정치 외면 집단도 정당 일체감을 갖지 않지만 인지적 무정파 집단은 이들보다도 더 부정적인 태도를 보이고 있다. 이에 비해 정파적

소속감을 갖는 다른 두 집단은 정치적 만족도, 민주주의 평가, 정치 효능감에서 상대적으로 불만의 정도가 낮게 나타났다. 이는 정치적 안정과 만족을 높이기 위해서는 정당 정치의 역할이 중요하다는 사실을 일깨워 주는 것이라고 할 수 있다.

5. 결론

지금까지 인지적 동원과 정파적 동원이라는 두 가지 기준에 의한 인지적 무정파, 인지적 정파, 정치 외면, 습관적 정파라는 네 가지 집단의 정치적 속성에 대해서 살펴보았다. 이 장에서 특히 주목한 인지적 무정파는 한국 정치에서 그동안 크게 주목 받지 못했던 새로운 유형의 유권자임이 분명한 것 같다. 이들은 기존 정당에 대한 불만과 불신이 크고 따라서 이들과의 연계가 약하고 정당 일체감도 갖고 있지 않은 이들이다. 그럼에도 불구하고 정치적 관심이 높고 정치적 정보나 지식도 높으며 정치 참여에도 적극적인 이들이다. 따라서 이들의 정치적 속성을 제대로 이해하는 것은 현재 한국 정당 정치를 둘러싼 '위기'의 본질을 이해하는 데도 큰 도움을 준다고 할 수 있다.

이들은 무엇보다 정치 현실에 대한 불만이 유독 크게 나타나고 있다. 기존 거대 정당에 대한 불신도 현실정치에 대한 강한 불만도 확인된다. 정당 일체감을 갖지 않는 또 다른 범주인 정치 외면 집단과도 유사한 패턴을 보이지만 정치적 불만은 인지적 무정파 집단에서 더욱 크게 나타난다. 왜 이들은 이렇게 현실정치에 대해 비판적, 부정적일까?

〈표 12-17〉에서 본 대로 인지적 무정파 집단에서 이념적 요인 특이성은 발견되지 않았지만, 현 정부에 대한 평가나 박근혜 평가, 지역적 분포 등을 고려한다면 적어도 부분적으로는 민주통합당으로 대표되는 진보 진영에 대한 불만감이 보다 강하게 반영되고 있는 것으로 보인다. 그런 점에서 본다면 민주통합당

이 과감한 혁신으로 새롭고 개혁적인 정당의 모습으로 변모할 수 있다면, 즉 보다 수용 가능한 형태로 새롭게 진보 진영의 정당 재편이 이뤄진다면 어느 정도 인지적 무정파를 흡수해 낼 수도 있을 것이다.

그러나 인지적 무정파와 같은 새로운 유권자 집단이 등장하게 된 것은 시대적 변화에 따른 정당 정치 환경의 변화를 반영하고 있다고 볼 수 있다. 시대적 변화와 함께 정당 정치가 유권자들의 요구를 충분히 반영하지 못하는 데 대한 불만감이 노정된 것이다. 서구라면 근대 계급 정치, 우리나라라면 권위주의 체제 그리고 강한 지역주의의 영향하에 놓였던 이른바 '3김 시대'와는 확연히 다른 형태로 정당 정치의 환경이 변모했다. 인터넷이라는 새로운 정치 소통, 참여 매체의 활성화, 세계화와 다원화, 그로 인한 개인주의 성향의 확산, 거대 담론의 상실 등으로 인해 이전과 같이 집단적 정체성에 기반한 강한 정당 일체감을 만들어 내기 어려운 조건이 되었다. 다시 말해 정보화 시대에 스스로 정치적 정보와 지식을 찾고, 다양한 이해관계에 따른 온라인 내부의 조직을 결성하고 참여하고, 이를 토대로 여러 차례의 촛불집회에서 본 것처럼 정당 정치를 우회한 거대한 정치적 저항까지 조직해 낼 수 있는 세상에서는 정파적 동원보다는 인지적 동원이 점차로 강화될 수 있는 여지는 얼마든지 존재한다고 할 수 있다. 그런 점에서 볼 때 인지적 동원의 개념은 한국 정당 정치를 둘러싼 새로운 변화를 이해하도록 하는 데 유용한 하나의 분석틀이 될 수 있다고 볼 수 있을 것이다.

이 장에서의 가장 중요한 발견은 무엇보다 정치적 안정을 위해서는 정당 정치가 중요하다는 사실을 새삼스럽게 확인시켜 준다는 점이다. 민주주의 만족감, 현실 정치에 대한 만족감, 기존 정치체계와의 연계 모두 정파적 동원에 해당하는 집단에서 상대적으로 높게 나타났다. 정보화로 무장한 시민의 직접 참여가 활성화되고 또 긍정적 의미를 지니는 것이기는 하지만 결국 정당과 같이 제도적 기구와의 강한 연계가 정치 안정에 도움을 주는 것이다. 오늘날 논의되는 정치의 위기는 결국 정당을 통해서만 해결될 수 있을 것으로 보인다.

제13장

'안철수 현상'과 2012년 대통령 선거

1. 서론

민주화 이후 한국 정당 정치는 1990년 1월 3당 합당으로 양당 체제로 재편되었지만, 대통령 선거 때에는 언제나 상당한 득표력을 가진 제3후보가 등장하곤 했다. 1992년 대선에서는 현대그룹 정주영 회장이 통일국민당을 창당하여 대선에 출마했다. 그는 그 해 초 총선에서 돌풍을 일으켰고 12월의 대선에서도 16.3%를 득표했다. 1997년 대선에서는 이인제 후보가 신한국당 경선 결과에 불복하여 독자 출마를 했고 무려 19.2%를 득표했다. 2002년에는 정몽준 후보가 노무현, 이회창 후보와 각축을 벌였지만 선거 막판에 노무현 후보와 단일화했다. 2007년 대선에서는 이회창 후보가 무소속으로 출마하여 15.1%를 득표했다.

이런 현상은 2012년 대선에서도 마찬가지로 나타났다. 2011년 10월 실시된 서울시장 보궐선거와 함께 이른바 '안철수 현상'이 나타나기 시작했고, 이에 힘입어 안철수가 2012년 대선에서 무소속 후보로 출마하면서 대선 경쟁은 박근혜, 문재인과 함께 3파전으로 진행되었다. 이전 선거와 비교해 보면 유력한 제

3후보의 등장이라는 점에서 이 역시 크게 다를 바 없지만, 정치적 경험이 전무(全無)한 벤처 기업가, 교수 출신이 대중적 인기를 기반으로 정치에 뛰어들었고 상당한 지지를 받았다는 점에서는 흥미로운 사례라고 할 수 있다. 비록 선거 막판 야권 후보 단일화를 명분으로 후보직 사퇴를 결정했지만 안철수의 부상은 2012년 대선을 통해 드러난 한국 유권자들의 주목할 만한 정치적 태도의 변화를 반영하고 있다고 할 수 있다.

이 장은 2012년 대선에서 나타난 무소속 안철수 후보에 대한 지지의 특성과 원인을 파악하고자 한다. 이 장에서는 특히 그가 무책임한 포퓰리즘이라는 비판을 들을 만큼 현실 정치권을 비판하고 정치개혁을 내세웠다는 점과 그에 대한 지지가 특히 젊은 층과 호남 지역에서 높았다는 점에 주목하고자 한다. 또한 안철수를 지지했던 유권자들이 대선에서 어떤 선택을 했고 그러한 선택이 최종 결과에 어떤 영향을 미쳤는지에 대해서도 살펴볼 것이다. 그러나 이 장에서 가장 염두에 두고 있는 것은 이른바 '안철수 현상'이 내포하고 있는 한국 정치의 특성이 무엇인지를 파악하고자 하는 것이다. 무엇보다 안철수에 대한 지지가 기존 정당으로부터의 일시적 지지의 이전인지 아니면 보다 근본적인 정당 지지의 재편에 대한 소망을 담고 있는 것인지에 주목한다. 전자의 경우라면 한 때의 해프닝으로 끝이 날 수 있는 것이지만, 후자의 경우라면 한국 정당 정치의 재편(realignment)의 가능성을 시사한다는 점에서 그 의미가 크기 때문이다.

안철수가 후보 등록 이전 사임했기 때문에 이 글에서 사용한 박근혜, 문재인, 안철수 세 후보에 대한 지지는 대선 직전인 2012년 12월 13~18일 사이에 실시한 6차 조사에서의 '안철수 사퇴 이전 지지한 후보가 누구였느냐'는 질문에 기초하고 있다. 대선에 미친 안철수 변수의 의미를 살펴보기 위해 대선에 가장 근접해서 실시한 조사의 질문 항목을 사용했음을 밝힌다.

2. 한국 선거에서의 제3후보와 안철수

앞서 살펴본 대로, 사실 민주화 이후 한국 대통령 선거에서 양자 대결은 오히려 드문 현상이었다. 네 지역을 기반으로 정당 지지를 갈라놓은 1987년 대통령 선거는 말할 것도 없고, 1990년 3당 합당으로 정당 정치가 양당제적인 형태로 재편된 이후에도 선거 결과에 영향을 미칠 수 있는 유력한 제3후보는 언제나 존재했다. 2002년과 2012년 대통령 선거처럼 후보 단일화로 인해 최종 선거 경쟁이 실질적으로 두 개의 주요 정당 후보 간으로 압축되기도 했지만, 이처럼 두 후보 간의 '강요된 선택' 이전에는 적지 않은 수의 유권자들은 기존의 주요 정당 후보가 아닌 제3후보에 대한 지지 의사를 표명해 왔다.

단순 다수제 선거제도하에서 영향력 있는 제3후보의 등장은 단순 다수제 선거제도가 양당제로 이끄는 경향이 있다고 하는 이른바 '뒤베르제의 법칙'과 관련해서 볼 때도 흥미로운 현상이다. 다시 말해 당선 확률이 상대적으로 낮아 보이는 후보를 지지함으로써 자신의 표가 사표(死票)로 변하는 것을 피하려는 유권자의 심리적 요인(psychological factor)이 존재함에도 불구하고 매 선거 때마다 적지 않은 지지를 확보하는 제3후보의 등장은 주목할 만하다(Duverger 1954). 이 밖에도 선거에서 자신의 한 표의 정치적 효용을 극대화하려 한다는 합리적 유권자의 가설(Downs 1957)을 생각할 때도 상대적으로 당선 가능성이 낮은 제3후보를 지지하는 유권자의 존재는 흥미롭다.

이처럼 제3후보가 대선 때마다 등장하게 된 것은 무엇보다 기존의 주요 정당에 대한 불만과 불신과 관련이 있을 것이다. 맥캔, 래포드와 스톤(McCann, Rapport and Stone 1999)은 로스 페로에 대한 지지가 미국 정치 전반에 대한 냉소와 정당 후보나 정치제도 전반에 대한 부정적 태도와 관련이 있다고 보았다. 그러나 사실 불만을 가진 유권자들은 굳이 제3후보에 대한 지지로 옮겨가지 않고, 특정 정당이나 후보에 대한 지지 자체를 거부할 수도 있다. 그런 점에서 볼 때 제3후보에 대한 지지나 기권 모두 기존 정치권에 대한 유권자의 정치적 불만의 상이한 표현으로 볼 수 있다(강원택 2010, 332). 이전 선거에서 등장한 제3후보의 출현은 영남과 호남 간의 정치적 경쟁에 기초한 지역주의 정치와 관련이 있다. 즉, 제3후보의 등장은 지역주의 정당 정치로 인해 강요된 양극화된 경쟁과 정당 지지의 고정성 때문에 주요 정당 간 지지의 전이가 어렵고 따라서 대안이 부재한 상황에서 기존 정치에 불만을 가진 유권자들을 흡수하려는 정치적 사업가(political entrepreneur)의 출현이 제3후보의 등장과 관련이 있다고 할 수 있다(강원택 2003, 139-224). 예컨대, 새누리당과 오랜 연계를 가진 영남 유권자라면 새누리당에 불만을 갖게 되는 경우라도, 지역주의 경쟁 정당인 민주통합당 을 대안으로 선택하기란 쉽지 않기 때문에 결국 남은 선택은 기권하거나 제3후보에 대한 지지로 옮겨가게 되는 것이다. 1992년 대선과 1997년 대선에서 정주영과 이인제에 대한 지지에는 민자당-신한국당 지지자들이 처했던 이와 같은 상황과 관련이 있었다(강원택 2010, 339-349). 2012년 대선에서도 지역주의는 외형적으로 볼 때 여전히 강고한 영향력을 보였다는 점에서 제3후보 등장의 이러한 배경 요인은 근본적으로 크게 달라지지 않았을 것으로 보인다.

그러나 지역주의가 외형적으로 여전히 강한 영향력을 행사하는 것으로 보이더라도 이른바 '3김 시대'와 비교한다면 주요 정당의 지역 유권자에 대한 '장악력'은 약화되었다고 볼 수 있다. 2007년 대선에서는 출신 지역이 아니라 거주 지역별 지역주의 정치의 특성이 확인되었고(강원택 2010, 49-74), 2012년 총선에서 본 대로 이제 충청권을 기반으로 한 독자적 정당도 사라졌다. 그런 점에서 볼 때 2012년 대선에서 제3후보인 안철수 지지의 부상은 단순한 지역주의 정치의 틀에서만 설명할 수는 없어 보인다. 오히려 적어도 유권자 수준에서 지역주의의 퇴조와 그로 인한 기존 정당과의 전반적인 연계의 약화라는 특성으로부터 제3후보 지지 상승의 원인을 고려해 볼 수 있을 것 같다. 최근 들어 특정 정당에 연계의식을 갖지 않는 유권자의 수가 늘어나는 경향이 확인되고 있으며, 실제로 '한국 선거 및 정당 정치에서 최대 정파는 유권자의 절반에 이르는 무당파'이며 이들은 '정당 정치에 대한 불만 혹은 불신을 갖는 유권자들'(류재성 2012, 258)

이라는 연구 결과도 있다. 따라서 2012년 대선 과정에서 나타난 안철수 지지를 이해하기 위해서는 이와 같이 지역주의 정치의 영향과 함께 동시에 정당 정치 전반에 대한 불만이라는 두 가지 요인을 함께 고려해야 할 필요가 있다.

3. 분석: 누가 왜 안철수를 지지했나?

안철수 지지에 대해 분석하기 위해 우선 누가 안철수 후보에 대해 기대감을 갖고 있는지 그 특성을 개략적으로 살펴보기로 한다. 이를 위해 지역, 이념, 연령, 학력, 성별, 소득 변인별로 박근혜, 문재인, 안철수에 대한 지지율을 분석했다. 분석결과, 모든 변인에 대해서 그 차이가 통계적으로 유의미한 것으로 나타났다.

안철수는 전 지역에서 민주통합당의 문재인보다 높은 지지를 보였다. 지역별로 볼 때 안철수 지지는 호남과 서울에서 세 후보 중 제일 높게 나타났다. 흥미로운 점은 민주통합당의 강세 지역인 호남에서 안철수에 대한 지지율이 문재인보다 더 높았다는 사실이다. 전통적으로 진보 정당에 대한 지지가 강한 편인 서울에서도 안철수는 세 후보 중에서 근소하게나마 제일 높은 지지를 보였다. 한편, 박근혜에 대한 대구/경북, 부산/울산/경남 지역 등 영남에서의 지지율은 역시 매우 높게 나타났다.

이념적으로 볼 때도 매우 뚜렷한 차이가 확인된다. 박근혜는 진보에서 보수로 갈수록 지지율이 높아지고 있는 반면, 문재인 후보는 그 반대로 나타났다. 두 후보가 각각 보수, 진보를 대표하는 만큼 당연한 결과로 보인다. 흥미로운 것은 안철수의 경우인데, 이념 집단별 지지가 문재인과 비슷한 모습을 보이고 있으며, 중도 유권자 층으로부터 적지 않은 지지를 받고 있는 것으로 나타났다. 학력별로는 박근혜 후보가 대체로 학력이 낮은 집단에서 높은 지지를 얻고 있는 데 비해 문재인과 안철수는 상대적으로 학력이 높은 층에서 지지가 높아지는 경향

〈표 13-1〉 인구사회학적 특성별 대선후보에 대한 지지(단위: %)

범주	구분	박근혜	문재인	안철수	합계 (n)	χ^2검정
지역	서울	38.0	22.3	39.7	100 (305)	χ^2=85.4*
	경기/인천	39.7	27.1	33.2	100 (325)	
	충청	45.9	21.4	32.7	100 (98)	
	호남	18.4	36.8	44.9	100 (136)	
	대구/경북	64.9	12.8	22.3	100 (148)	
	부산/울산/경남	55.9	18.8	25.3	100 (186)	
	강원/제주	48.8	19.5	31.7	100 (41)	
이념	진보	18.7	37.9	43.4	100 (343)	χ^2=182.4*
	중도	38.2	22.4	39.4	100 (424)	
	보수	65.1	13.5	21.3	100 (436)	
학력	중졸 이하	68.6	18.1	13.3	100 (271)	χ^2=162.9*
	고졸	51.7	19.3	29.0	100 (683)	
	대재	26.2	27.3	46.4	100 (183)	
	대졸 이상	34.0	26.8	39.2	100 (1237)	
성별	남성	40.4	24.2	35.4	100 (1382)	χ^2=6.2**
	여성	45.4	23.0	31.6	100 (997)	
연령	19~29	23.4	32.1	44.5	100 (137)	χ^2=170.4*
	30대	21.8	32.1	46.2	100 (234)	
	40대	35.0	26.8	38.2	100 (280)	
	50대	49.7	20.7	29.7	100 (300)	
	60대 이상	71.2	11.5	17.4	100 (288)	
소득	하	57.1	19.1	23.7	100 (518)	χ^2=71.0*
	중	41.0	25.3	33.7	100 (876)	
	상	34.6	25.8	39.6	100 (873)	

*p<.01, **p<.05, 이념 1차 조사. 0~4-진보, 5-중도, 6~10-보수, 소득: 하. 200만 원 이하, 2. 201만~400만 원, 3. 401만 원 이상

을 보였다. 학력 변인에서도 문재인과 안철수는 이념 변인의 경우와 유사한 모습을 보이고 있다.

성별로 볼 때 문재인의 경우에는 큰 차이가 나타나지 않지만, 박근혜의 경우에는 여성, 안철수의 경우에는 남성 유권자 층에서 지지가 다소 높게 나타났다. 연령별로 볼 때 박근혜는 나이가 든 유권자, 특히 50대 이상에서 높은 지지를

받는 반면, 문재인과 안철수는 젊은 유권자들로부터 보다 높은 지지를 받고 있음을 알 수 있다. 20대, 30대 유권자 층에서 안철수는 다른 두 후보보다 월등히 높은 지지를 받고 있다. 소득별로 볼 때 박근혜는 소득이 낮아질수록 높은 지지를 받은 반면, 안철수는 소득이 높아질수록 높은 지지를 받았다. 문재인 역시, 안철수와 비슷한 패턴이지만 중위 소득층과 상위 소득층 간의 차이는 그다지 크지 않았다.

전체적으로 〈표 13-1〉은 안철수 지지의 흥미로운 특성을 잘 보여 주고 있다. 무엇보다 안철수 지지자들은 호남, 이념적 진보, 젊은 세대, 고학력 유권자들과 같은 전통적인 민주통합당 지지층(강원택 2003, 33-42) 혹은 문재인 후보의 잠재적 지지층과 유사한 성향의 유권자들이라는 것을 알 수 있다. 그러나 안철수는 동시에 이념적 중도, 서울과 같이 이전의 지역주의 정치나 이념적 경쟁의 구도를 벗어난 영역에서도 높은 지지를 얻고 있었다. 앞서 지적한 대로 이른바 '안철수 현상'은 지역주의나 전통적 정파적 경쟁의 영향을 받고 있으면서도 동시에 이를 넘어서는 새로운 요인도 포함하고 있다는 것을 알 수 있다.

이런 점을 고려하여 이번에는 기존 정당 정치의 정파성과 안철수 지지의 관계에 대해 분석해 보았다. 〈표 13-2〉는 2007년 대선에서 투표한 후보에 따라 2012년 대선에서의 지지 후보가 어떻게 달라졌는지를 살펴본 것이다.

이명박 지지자들의 경우, 2012년 대선에서 박근혜를 지지한다고 밝힌 비율은 67.8%였으며 문재인을 지지한다는 비율은 9.3%에 불과했다. 정동영 투표자들 중 박근혜 지지는 7.3%에 불과했으며, 문재인 지지는 48.2%였다. 지역주의로 인한 지지 전이의 부동성이나 정당 선택의 비유동성(강원택 2010, 334)을 여

〈표 13-2〉 17대 대선투표 후보별 18대 대선후보 지지(단위: %)

17대 대선투표 (2007년)	18대 대선후보 지지			합계 (n)
	박근혜	문재인	안철수	
이명박	67.8	9.3	22.8	100 (600)
정동영	7.3	48.2	44.5	100 (274)

기서 확인할 수 있다. 흥미로운 부분은 안철수 지지인데 안철수는 2007년 대선에서 주요 두 후보의 투표자 모두로부터 지지를 얻고 있는 것으로 나타났다. 이명박 지지자들의 22.8%가 안철수 지지 의사를 밝혔다. 그러나 안철수는 2007년 정동영을 지지한 이들로부터 더 큰 지지를 받았는데, 그 비율은 이명박 투표자에 비해 거의 두 배에 가까운 44.5%나 되었다. 이 비율은 정동영 후보와 사실상 동일한 정당의 후보인 문재인에 대한 지지 비율 48.2%와 별 차이가 없는 수치다. 즉 2007년 정동영 투표자의 대다수는 5년 뒤 문재인과 안철수 지지자로 나뉘어진 것이다.

이러한 사실은 2012년 대선 8개월 전 실시된 국회의원 선거 결과에서도 유사하게 확인된다. 〈표 13-3〉에서 보듯이, 2012년 총선에서 새누리당에 정당 투표한 이들 가운데 84.9%가 박근혜를 지지했고, 12.9%가 안철수 지지 의사를 밝혔다. 이에 비해 민주통합당 정당 투표자들 가운데 42.5%는 문재인을 지지했지만 44.9%는 안철수 지지의사를 밝혔다. 통합진보당 정당 투표자 가운데서 안철수 지지는 52.3%로 절반이 넘었고 문재인 후보 지지는 44.6%에 그쳤다. 〈표 13-2〉와 〈표 13-3〉의 결과에서 알 수 있듯이, 대선 후보 안철수의 부상은 이전의 진보 정파 지지자들의 다수와 이전의 보수 정파 지지자들 일부의 지지가 합쳐져 나타난 것임을 알 수 있다. 그러면 왜 이들은 기존의 지지 정당 후보 대신 안철수를 지지하게 되었을까?

이러한 궁금증을 풀기 위해 우선 유권자의 정당 일체감 여부 및 강도와 안철수 지지의 관계에 대해 살펴보았다. 〈표 13-4〉에서 볼 수 있듯이 주목할 만한

〈표 13-3〉 19대 총선 정당투표별 대선후보 지지(단위: %)

19대 총선 정당투표	대선후보 지지			합계 (n)
	박근혜	문재인	안철수	
새누리당	84.9	2.2	12.9	100 (489)
민주통합당	12.6	42.5	44.9	100 (374)
통합진보당	3.1	44.6	52.3	100 (193)

결과가 나타났다. 정당 일체감의 강도에 따라 매우 분명한 지지의 경향성이 확인되었다. 우선 새누리당에 정당 일체감을 갖는 이들은 압도적으로 박근혜 후보를 지지하는 것으로 나타났다. 새누리당에 강한 일체감을 갖는 경우에는 그 비율이 무려 95.4%에 달했으며 약한 일체감을 갖는 경우에도 85.5%로 매우 높았다. 이에 비해 민주통합당 지지자들의 경우에는 새누리당에 비해서는 문재인 후보에 대한 결집력이 상대적으로 약하게 나타났다. 민주통합당에 강한 일체감을 갖는 이들 가운데 60.6%가 문재인 후보를 지지하는 것으로 나타났으며 약한 일체감을 갖는 이들 가운데 그 비율은 절반이 채 되지 않는 47.2%였다. 여기서 흥미로운 점은 안철수 지지와의 관계이다. '새누리당 강한 일체감 → 새누리당 약한 일체감 → 민주통합당 강한 일체감 → 민주통합당 약한 일체감 → 지지 정당 없다'의 순서로 안철수 지지가 점차 높아지고 있음을 알 수 있다. 지지 정당이 없다고 밝힌 이들 가운데 52%가 안철수를 지지한다고 밝혔으며, 민주통합당에 정당 일체감을 갖는 이들 가운데도 상당수가 안철수 지지로 돌아선 것으로 나타났다. 민주통합당에 약한 일체감을 갖는 이들 중에는 문재인 후보보다 오히려 더 높은 49%가 안철수 지지를 표명했으며 강한 일체감을 갖는 이들 가운데서도 36.2%가 안철수를 지지한다고 밝혔다. 이에 비해 새누리당에 정당 일체감을 갖는 이들 중 안철수 지지의 비율은 그다지 높지 않았다. 정당 일체감과 관련해서 볼 때 안철수 지지는 정파적으로 어디에도 결속되어 있지 않은 유권자들과 민주통합당에 정당 일체감을 갖는 이들에게 의존하고 있음을 알 수 있다. 정당 일체감을 갖게 되는 경우 그 특정 정당과의 정파적 연계는 항시적으로 유지된다는 점을 고려할 때(Campbell et al. 1960, 128-136), 민주통합당에 정당 일체감을 갖고 있으면서 안철수 후보에 대한 지지의사를 표명한 유권자들의 선택은 매우 흥미롭다. 그 원인을 이해하기 위해서는 안철수의 두 부류의 지지 집단의 특성과 지지 원인을 비교해서 살펴봐야 할 것이다. 특히, 기존 정당에 정당 일체감을 갖는 이들이 그 정당의 후보가 아닌 안철수 후보에게 지지를 보내는 이유를 찾아봐야 할 것이다.

〈표 13-4〉 정당 일체감과 대선후보 지지(단위: %)

정당 일체감	대선후보 지지			합계 (n)
	박근혜	문재인	안철수	
새누리당 강한 일체감	95.4	1.0	3.6	100 (195)
새누리당 약한 일체감	85.5	2.6	11.9	100 (455)
민주통합당 강한 일체감	3.2	60.6	36.2	100 (94)
민주통합당 약한 일체감	3.8	47.2	49.0	100 (392)
지지 정당 없다	27.0	21.0	52.0	100 (525)

χ^2=995.3, p<.01, 정당 일체감 4차 조사

1) 민주통합당에 정당 일체감을 갖는 유권자

우선 민주통합당에 정당 일체감을 갖는 유권자들이 어떤 이유로 민주통합당 후보인 문재인이 아니라 안철수를 지지하게 되었는지 그 원인을 찾아보기로 한다. 이를 위해 이념적인 측면에서 민주통합당에 정당 일체감을 갖는 유권자들이 문재인과 안철수의 이념적 위치를 어떻게 평가하고 있는지 살펴보았다. 〈표 13-5〉에는 본인의 이념 성향, 민주통합당, 문재인, 안철수의 이념 위치, 민주통합당, 문재인, 안철수와 자신의 이념 거리의 평균이 정리되어 있다. 문재인, 안철수 두 후보 지지에 따라 입장의 차이가 나타나기는 하지만 그 차이는 0.2 보다 작은 매우 미세한 것이었다. t검정에서도 모두 통계적인 차이가 유의미하게 확인되지 않았다. 따라서 민주통합당에 정당 일체감을 갖는 이들이 문재인이 아니라 안철수를 지지하게 된 것이 당이나 후보자의 이념적 입장 때문에 그런 결정을 내린 것으로 보기는 어렵다는 사실을 알 수 있다.

그렇다면 이번에는 민주통합당에 대한 평가, 두 후보자에 대한 평가, 경쟁 정파에 대한 평가 등이 문재인이 아니라 안철수 지지로 이어지게 되었는지 살펴보았다. 민주통합당을 긍정적으로 혹은 부정적으로 평가하느냐에 따라 문재인, 안철수 지지는 나뉠 수 있을 것이며, 또한 문재인과 안철수의 개인적 자질에 대한 평가, 호감도에 따라서도 지지 후보가 달라질 수 있을 것이기 때문이다. 한

〈표 13-5〉 대선 지지 후보별 이념 평가: 민주통합당에 정당 일체감을 갖는 유권자

지지 후보	본인 이념 위치	문재인 이념 위치	안철수 이념 위치	민주당 이념 위치	문재인 이념 거리	안철수 이념 거리	민주당 이념 거리
문재인	4.11	4.18	4.22	4.76	1.36	1.63	1.82
안철수	4.14	4.33	4.35	4.57	1.54	1.54	1.62
t 검정	t=-0.11 p=0.91	t=-0.75 p=0.45	t=-0.63 p=0.53	t=0.88 p=0.38	t=-1.12 p=0.26	t=0.62 p=0.54	t=0.98 p=0.33

본인이념, 민주당 이념 위치, 이념 거리(1차 조사), 문재인, 안철수 이념 위치, 이념 거리(4차 조사)

편, 정파적 경쟁자인 박근혜 후보에 대한 평가와 이명박 대통령에 대한 평가는 민주통합당 지지자들을 당 중심으로 결속하게 하는 요인이 될 수도 있다는 점에서 이 변수들도 고려할 필요가 있을 것이다. 이러한 요인들에 더하여 그간 한국 선거에 영향을 미쳐 온 연령, 학력, 소득, 지역 변수를 포함하여 이항 로지스틱 회귀분석을 실시했다. 지역은 민주통합당 지지자들이라는 점에서 호남 지역과, 문재인, 안철수의 출신지인 부산/울산/경남 지역, 그리고 서울을 포함하였는데, 해당 지역 거주인 경우 1, 기타 지역 거주인 경우 0으로 코딩하였다.

분석결과는 〈표 13-6〉에 정리되어 있다. 민주통합당에 정당 일체감을 가진 이들 가운데 당의 공식 후보인 문재인보다 안철수를 선호한 이들은 민주통합당에 대한 불만이 높은 이들이라는 사실을 알 수 있다. 민주통합당에 대한 호감도가 낮을수록 안철수에 대한 선호가 높아지는 것으로 확인되었다. 민주통합당에 정당 일체감을 갖더라도 당에 대한 실망감이 당 외부의 후보에게 관심을 갖도록 했다는 사실을 알 수 있다. 〈표 13-6〉에서 확인할 수 있는 가장 뚜렷한 사실은 후보자에 대한 평가가 문재인, 안철수 지지에 매우 큰 영향을 미치고 있다는 점이다. 안철수에 대한 호감도가 크고, 국정운영 능력을 높게 평가하고, 도덕성을 긍정적으로 평가할수록, 그리고 문재인에 대한 호감도가 낮고 그의 국정운영 능력을 낮게 평가할수록 안철수에 대한 지지가 높아지는 것으로 나타났다. 그런데 정치적 경험이 아주 없는 안철수의 국정운영 능력에 대한 평가는 사실 매우 주관적인 판단에 근거했다고 볼 수밖에 없기 때문에, 이는 사실상 후보

자 개인에 대한 호감도의 또 다른 표현으로 간주할 수 있을 것 같다. 즉, 안철수라는 인물에 대한 호감이 지지에 큰 영향을 미치고 있음을 알 수 있다. 한편, 정파적 경쟁자인 박근혜에 대한 호감도 역시 통계적으로 유의미하게 나타났는데, 박근혜에 대해서 상대적으로 부정적으로 평가할수록 문재인 지지확률이 높아지는 것으로 나타났다. 이는 박근혜 후보에 대해 적대감이나 비우호적인 태도가 강한 민주통합당 지지자들일수록 안철수보다 문재인을 선호하고 있음을 의미하는 것이다. 이명박 정부 평가는 통계적으로 유의미하게 나타나지 않았다. 지역 변수로는 민주통합당의 전통적 지지기반인 호남보다 상대적으로 지역주의 정치에서 벗어나 있는 서울 지역에서 차이가 확인되었다. 다른 지역에 비해 서울 지역의 민주통합당에 정당 일체감을 갖는 이들 중에서 안철수에 대한 지지가 문재인보다 높아지는 것으로 나타났다. 사회경제적지위 변인에서는 통계적으로 유의미한 값이 확인되지 않았다.

이상에서의 논의를 정리하면, 우선 민주통합당에 정당 일체감을 갖는 이들 중 당 공천 후보인 문재인보다 안철수를 지지하는 현상을 이념적인 요인에서 찾을 수는 없다. 문재인이 아니라 안철수를 지지하는 이들은 무엇보다 현재의 민주통합당의 모습에 부정적인 태도를 취하고 있는 이들이라는 것을 알 수 있다. 즉 안철수 지지의 중요한 배출 요인(push factor)은 현재의 민주통합당의 모습에 대한 실망감이나 불만인 것이다. 또한 이들은 정파적 경쟁자이며 한국의 '전통적 보수의 아이콘'이라고 할 수 있는 박근혜에 대한 거부감이 상대적으로 약하며 민주통합당의 아성인 호남 외부에 거주하는 이들이다. 그런 점에서 이들은 전통적인 민주통합당의 지지자 중 지역적으로나 정치 성향에 있어서 일종의 '약한 고리'를 가지고 있다고 볼 수 있을 것 같다. 앞의 표에서 본 대로 민주통합당에 대해 약한 정당 일체감을 갖는 이들 중 안철수 지지가 거의 절반에 가까웠던 것도 이런 특성을 뒷받침해 준다. 이들 중 안철수의 참신함이라는 흡인 요인(pull factor)에 이끌린 경우 당 후보인 문재인보다 안철수 지지로 옮겨가게 된 것이다.

〈표 13-6〉 로지스틱 모델: 민주통합당에 정당 일체감을 가진 이들 중 문재인과 안철수 지지

범주	변수	B	Exp(B)
정당	민주통합당 호감도	−0.08***	0.92
후보자	문재인 호감도	−0.22**	0.80
	안철수 호감도	0.36*	1.44
	문재인 국정운영 능력 평가	−0.51**	0.60
	안철수 국정운영 능력 평가	0.61*	1.84
	문재인 도덕성 평가	−0.37	0.69
	안철수 도덕성 평가	0.58*	1.79
경쟁 정파	박근혜 호감도	0.15**	1.17
	이명박 정부 평가	−0.09	0.91
거주 지역	서울	0.74**	2.10
	호남	−0.12	0.88
	부산/울산/경남	0.25	1.28
사회경제적 지위 변인	연령	0.02	1.02
	학력	0.31	1.36
	소득	0.09	1.09
상수		−3.18	
−2LogLikelihood=251.6 Nagelkerke R^2=0.36 분류정확 73.7%			

종속변수: 문재인 0, 안철수 1. *p<.01, **p<.05, ***p<.10
문재인, 안철수, 박근혜 호감도 2차 조사; 문재인, 안철수 국정운영, 도덕성 평가 4차 조사; 민주통합당 호감도 2, 3, 5차 조사의 합; 이명박 정부 평가 3차 조사. 이념: 0−가장 진보, 10−가장 보수; 소득: 1. 100만 원 이하, 2. 101만~200만 원, 3. 201만~300만 원, 4. 301만~400만 원, 5. 401만~500만 원, 6. 601만 원 이상. 호감도: 0 −매우 싫다, 10−매우 좋다. 학력: 1−중졸 이하, 2−고졸 이하, 3−대재, 4. 대졸 이상. 국정운영, 도덕성: 1−전혀 그렇지 않다, 2−별로 그렇지 않다, 3−보통이다, 4−대체로 그렇다, 5−매우 그렇다. 이명박 정부 평가: 1−매우 잘했다, 2−대체로 잘했다, 3−대체로 잘 못했다, 4−매우 잘 못했다

2) 정당 일체감이 없는 유권자

정당 일체감은 유권자들에게 장기적으로 정파적인 결속의식을 제공해 줄 뿐만 아니라 선거 때는 주요 이슈나 사건, 후보자를 평가하고 판단하는 정보를 제공하기도 한다. 당파성(partisanship)은 이슈와 인물을 평가하는 단서의 기반이 되는 참조 집단(reference group)의 역할을 하는 것이다(Dalton 1984, 264−265).

이런 점을 고려할 때 정당 일체감을 갖지 않은 유권자들의 정치적 선택의 기준은 정당 일체감을 갖는 유권자 집단과는 크게 달라질 수밖에 없다. 앞 장에서의 논의처럼, 이런 유권자들은 정당 일체감과 같이 정당과의 연계에 의한 정치적 참여를 의미하는 정파적 동원(partisan mobilization)에 의해서라기보다 유권자 스스로의 정치적 정보와 지식에 의존하여 이슈와 사건을 평가하고 해석함으로써 정치에 참여하는 인지적 동원(cognitive mobilization)에 의존하게 될 수 있다(Dalton 1984). 이 경우 유권자의 정치적 관심도나 정치 지식 등에 따라 정치적 선택이 달라질 수 있을 것이다.[1]

무엇보다 정당 일체감을 갖지 않는 유권자는 기존 정당과 안정적이고 지속적인 형태의 연계를 갖지 않는다. 그러나 이들이 특정한 정파적 정향에서 완전히 벗어난 탈정파적이고 독립적인 유권자라고 보기는 어려울 것이다. 경우에 따라서는 전통적으로 지지해 오던 정당에 대해 실망하고 불만을 갖게 되어 일시적으로 이탈한 유권자들도 있을 수 있을 것이다. 즉, 외형적 이탈에도 불구하고 기존 정당과의 연계가 완전히 끊어지지 않은, 혹은 복귀의 가능성을 남겨둔 유권자들일 수도 있다. 강원택(2010, 332-339)은, 허쉬만(Hirschman 1970)의 개념을 빌려서, 이처럼 정당 일체감을 갖지 않는 유권자들은 기존 지지 정당에 대한 정치적 불만으로 인해 이탈하기 때문에 외형적으로 탈퇴(exit)의 모습을 보이지만, 완전 이탈이 아니라 정파적 정향을 유지한 채 이전 지지 정당이 '질적 회복을 이뤄내기만 한다면' 다시 그 정당을 지지할 준비가 되어 있다는 점에서 항의(voice)의 속성도 지닐 수 있다고 보았다. 이런 경우라면 정당 일체감이 없다고 응답한 경우라고 해도 실제로는 정파적 동원의 특성을 보일 수도 있을 것이다.

한편, 정당 일체감을 갖지 않는 유권자는 기존 정당 정치에 대한 불만, 실망을 넘어서 대의정치 과정에서 자신의 정치효능감(political efficacy)을 낮게 간주하거나 혹은 정당 정치를 넘어선 전반적인 정치 환경에 대해 불만을 표출한 결과

1. 정파적 동원과 인지적 동원의 개념으로 한국 선거를 분석한 연구로는 강원택(2012) 참조

일 수도 있을 것이다.

이런 점을 고려하여 2012년 대선에서 정당 일체감을 갖고 있지 않다고 한 유권자들이 어떤 이유에서 정당 소속 후보자가 아닌 무소속 안철수를 지지하게 되었는지 다항 로지스틱 분석을 통해 살펴보기로 했다. 첫째, 정당 일체감을 갖는 유권자들은 정파적 정향에서 벗어나 있는지 알아보기 위해 기존의 두 주요 정당에 대한 태도, 정파성을 보여 줄 변수들을 포함했다. 새누리당, 민주통합당에 대한 호감도, 본인이 생각하는 주관적 이념 위치, 새누리당 및 민주통합당과 자신의 이념 거리, 새누리당과 민주통합당의 이념 위치, 이명박 정부에 대한 평가 등을 분석에 포함했다. 둘째, 인지적 동원의 의존 여부를 알아보기 위해서 선거에 대한 관심 정도, 정치에 대한 지식 정도, 학력 변수를 포함했다. 셋째, 정당 일체감의 부재가 전반적인 정치 환경에 대한 불만을 표현하는 것인지 알아보기 위해 정치효능감과 한국 민주주의 발전에 대한 만족도 변수를 포함했다.

이에 따른 분석 결과가 〈표 13-7〉에 정리되어 있다. 이 분석에서 몇 가지 주

〈표 13-7〉 다항 로지스틱 모델: 정당 일체감이 없는 유권자의 대선후보 지지 요인

후보자	범주	변수	B	Exp(B)
박근혜	정파적 동원	새누리당 호감도	0.28*	1.33
		민주통합당 호감도	−0.24*	0.79
		새누리당과 이념 거리	0.07	1.07
		민주통합당과 이념 거리	0.06	1.06
		새누리당 이념 위치	−0.11	0.90
		민주통합당 이념 위치	−0.24**	0.79
		본인 이념 위치	0.19***	1.21
		이명박 정부 평가	−0.62**	0.54
	인지적 동원	선거 관심도	0.13	1.14
		정치 지식	0.20	1.22
		학력	−0.17	0.84
	정치 환경 평가	정치 효능감	−0.19	0.83
		한국 민주주의 만족도	−0.11	0.89
	상수		2.06	

안철수	정파적 동원	새누리당 호감도	0.02	1.02
		민주통합당 호감도	−0.13*	0.88
		새누리당과 이념 거리	0.01	1.01
		민주통합당과 이념 거리	0.06	0.95
		새누리당 이념 위치	0.00	1.00
		민주통합당 이념 위치	−0.11	0.90
		본인 이념 위치	0.01	1.01
		이명박 정부 평가	−0.50**	0.60
	인지적 동원	선거 관심도	0.07	1.07
		정치 지식	0.18	1.20
		학력	−0.02	0.99
	정치 환경 평가	정치 효능감	−0.10	0.90
		한국 민주주의 만족도	−0.02	0.98
	상수		3.97**	
−2LogLikelihood=622.2 Nagelkerke R^2=0.48				

참조 범주: 문재인 *p<.01, **p<.05, ***p<.10
호감도: 0−매우 싫다, 10−매우 좋다. 이념 위치: 0−가장 진보, 10−가장 보수. 이명박 정부 평가: 1− 매우 잘했다, 2−대체로 잘했다, 3−대체로 잘 못했다, 4−매우 잘 못했다. 한국민주주의 만족도: 0−매우 불만족, 10−매우 만족. 정치효능감: (정치는 소수가 좌우한다, 나 같은 사람은 정부 일에 말할 자격이 없다, 투표해 봐야 소용없다 등 3 문항의 합) 1−매우 그렇다, 2−대체로 그렇다, 3−대체로 그렇지 않다, 4−매우 그렇지 않다. 정치 지식: 5개의 질문문항의 합. (5−모두 정답, 10−모두 오답). 선거 관심도: 1, 3, 4, 5, 6차 조사 문항의 합. 1차는 총선, 나머지는 대선. 1−매우 관심이 많다, 2−대체로 관심이 있다, 3−별로 관심이 없다, 4−전혀 관심이 없다. 학력: 1−중졸 이하, 2−고졸 이하, 3−대재, 4−대졸 이상

목할 만한 특성을 파악할 수 있다. 첫째, 문재인에 대비한 박근혜 지지의 특성을 보면, 여기서 분석 대상이 정당 일체감이 없다고 한 유권자들임에도 불구하고, 매우 분명하고 일관적인 정파적 정향이 발견되고 있다는 점이다. 새누리당에 호감이 큰 유권자, 그리고 민주통합당에 호감도가 낮은 유권자는 문재인보다 박근혜를 지지할 확률이 높아지는 것으로 나타났다. 또한 보수 정파인 이명박 정부에 대한 평가가 긍정적일수록 박근혜 지지의 확률이 높아졌다. 민주통합당의 이념 위치를 진보적 경향이 강한 것으로 볼수록 박근혜 지지 가능성이 커졌다. 이상에서 알 수 있는 것처럼 정당 일체감이 없는 유권자들이라고 해도 박근혜, 문재인 두 경쟁 정파의 후보에 대한 선택에서는 정파적 정향이 강하게

영향을 미치는 것으로 확인되었다, 이 이외의 변수는 통계적으로 유의미하게 확인되지 않았다. 따라서 정당 일체감이 없다고 응답한 유권자들이라고 해도 이들 중 다수는 정파적 정향에서 벗어나 있거나 기존 정당 정치에서 완전히 이탈한 이들이라고 보기는 어렵다. 〈표 13-7〉의 결과는 박근혜와 문재인 선택 중에서는 인지적 동원보다 정파적 동원에 의존하고 있다는 사실을 명백하게 보여 주고 있기 때문이다. 오히려 기존 정당들이 그동안 보여 준 성과나 역할, 기능에 대한 실망, 분노로 인해 이들 정당과의 연계를 일시적으로 거부한 이들일 가능성이 커 보이며, 전통적 지지 정당에 대한 항의(voice)가 긍정적 변화를 이끌어 내고 있다고 한다면 다시 복귀할 가능성도 존재한다.

둘째, 문재인이 아니라 안철수를 지지한 정당 일체감이 부재한 유권자들의 경우에는 박근혜의 경우와는 매우 다른 특성을 보이고 있다. 전반적으로 문재인 지지와 안철수 지지 간에는 커다란 차이가 나타나지 않았다. 민주통합당에 대한 호감도가 낮은 경우에 문재인보다 안철수를 선호하는 확률이 높게 나타났다. 그러나 새누리당과 관련된 변수에 있어서는 계숫값도 모두 낮았고 통계적인 유의미성도 확인되지 않았다. 기본적으로 문재인 지지와 안철수 지지는 정당 일체감이 없다고 밝힌 이들의 경우에도, 민주통합당이라는 특정 정당과 유독 강하게 연계되어 있음을 알 수 있다. 이명박 정부에 대한 평가가 상대적으로 긍정적인 이들 중에서 문재인에 비해 안철수에 대한 지지의 확률이 높았는데, 이 역시 민주통합당의 입장과는 거리가 있는 이들이라는 사실을 알게 해 준다.

결국 〈표 13-7〉은 정당 일체감이 없다고 응답한 이들 역시 정파적 동원에 의존하고 있음을 알 수 있다. 박근혜와 문재인의 경우에는 정파적 태도가 대단히 분명하게 나타났고 안철수와 문재인의 경우에는 민주통합당에 대한 호감도가 선택에 중요한 영향을 미친 것으로 확인되었다. 그런 점에서 볼 때 연계의식을 갖는 지지 정당이 없다고 한 이들 중 다수는 진심을 드러내지 않았거나 혹은 그 정당 지지로부터의 일시적인 이탈로 보인다. 안철수에 대한 지지 역시 정파적 요인이 중요하게 작용했다. 실제로 2012년 총선 때 정당 투표한 정당과 박근혜, 문재인, 안철수 세 후보에 대한 지지를 분석한 결과는 이러한 추론을 뒷받침해 준다. 〈표 13-8〉에서 보듯이, 정당 일체감이 없다고 한 이들 가운데 2012년 총선 때 새누리당이나 자유선진당 등 보수 정당에 정당 투표한 이들의 2/3가량은 박근혜를 지지했고, 문재인 지지는 5%에 그쳤다. 민주통합당이나 통합진보당에 정당 투표한 이들 중 56.4%는 안철수를 선택했으며 문재인은 36.5%였다. 그러나 정파적 경쟁자인 박근혜에 대한 지지는 7.1%에 불과했다. 이런 사실은 정당 일체감이 없다고 한 유권자들의 대다수가 사실상 특정 정파와 어떤 형태로든 연계를 가지고 있는 이들이라는 점을 알게 한다.

지금까지 살펴본 대로 안철수에 대한 지지는 새누리당과 민주통합당으로 크게 구분되었던 기존의 정당 구도에서 벗어난 새로운 제3의 대안에 대한 열망으로 간주하기는 어려울 것 같다. 〈표 13-6〉, 〈표 13-7〉, 〈표 13-8〉 등에서 본 대로, 안철수 지지는 민주통합당 지지자들, 이념적으로 진보적인 유권자들의 민주통합당에 대한 불만, 실망과 긴밀하게 관련되어 있는 것으로 나타났다. 그러한 불만은 안철수의 후보 사퇴와 문재인 지지 선언 이후에도 효과적으로 해소되지 않은 것으로 보인다. 그리고 이는 최종적인 선거 결과에도 반영되었다. 〈표 13-9〉는 안철수 사퇴 이전지지 후보별로 실제 대선에서 누구에게 투표했는지를 분석한 것이다. 안철수 지지자들의 73.3%는 문재인 지지로 돌아섰지만 박근혜 지지 역시 26.7%였다. 문재인 지지가 많기는 하지만 박근혜에 대한 지지도 그다지 적었다고 보기는 어렵다. 안철수 지지자들이 일방적으로 문재인 후보 쪽으로만 편향되게 투표했다고 볼 수는 없는 것이다.

〈표 13-8〉 총선 정당 투표별 대선후보 지지: 정당 일체감이 없는 유권자(단위: %)

		대선후보 지지			합계 (n)
		박근혜	문재인	안철수	
정당투표	새누리+자유선진	65.2	5.0	29.8	100 (161)
	민주통합+통합진보	7.1	36.5	56.4	100 (312)

χ^2=190.7, p<.01

〈표 13-9〉 선거 전 지지와 실제 대선후보 선택(단위: %)

지지 후보(6차 조사)	대선후보 선택(7차 조사)		
	박근혜	문재인	합계 (n)
박근혜	97.3	2.7	100 (862)
문재인	5.4	94.6	100 (442)
안철수	26.7	73.3	100 (652)

χ^2=1262.9, p<.01

한편, 안철수가 후보직에서 사퇴한 이후 일부 지지자들은 투표에 참여하지 않은 것으로 나타났다. 〈표 13-10〉에서 보듯이, 전반적으로 투표 했다는 응답의 비율이 높게 나타나 지지 후보 간 차별성이 크지는 않지만 그래도 안철수 지지자들 가운데 투표를 하지 않은 응답자의 비율이 상대적으로 높게 나타났다는 점은 주목해 볼 필요가 있다. 강원택(2010, 336-339)은 원래 지지하던 후보나 정당에 대한 지지에서 벗어나게 될 때 대안의 존재 여부와 대안에 대한 긍정적 평가 여부가 기권과 투표 선택에 영향을 미친다고 보았는데, 안철수의 사퇴 이후에도 여전히 문재인이나 민주통합당을 긍정적으로 평가할 수 없는 진보 유권자의 선택은 기권이 될 수밖에 없었을 것이다.

이런 특성은 투표 후보 결정 시기에서도 유사하게 확인된다. 안철수가 후보 등록 직전에 사퇴했지만 그 이후에도 안철수를 지지했던 유권자들의 투표 결정은 선거 막판까지 유동적이었음을 알 수 있다. 선거 운동 막바지에 마음을 정했다는 안철수 지지자는 18.9%에 달했으며, 투표 당일에 투표 후보를 결정했다는 응답도 9.3%나 되었다. 거의 30%에 가까운 안철수 지지자들이 선거 막판이 되어서야 지지 후보를 결정했다는 것을 알 수 있다.

이상에서의 분석을 고려할 때, 안철수 지지자들은 민주통합당이나 문재인 후보에 대한 호감도가 낮은 이들이었고, 선거 후반에 안철수가 후보직을 사퇴했지만 그럼에도 그들 중 적지 않은 이들은 대선에서 문재인 후보에게 투표하기를 거부하고 박근혜 후보에게 표를 던지거나 기권을 선택한 것으로 나타났다. 그런 점에서 볼 때 문재인 후보가 대선에서 박근혜 후보에게 근소한 차이로 패

〈표 13-10〉 선거 전 지지와 대선 투표 여부(단위: %)

지지 후보 (6차 조사)	대선투표 여부(7차 조사)		
	투표 했다	투표 안 했다	합계 (n)
박근혜	98.3	1.7	100 (879)
문재인	97.8	2.2	100 (457)
안철수	95.3	4.7	100 (701)

χ^2=13.6, p<.01

〈표 13-11〉 선거 전 지지 후보와 투표 후보 결정 시기(단위: %)

선호후보 (6차조사)	투표 후보 결정 시기(7차 조사)					
	대선 후보 확정 전	후보 최종 등록 이전	선거운동 시작 무렵	선거운동 막바지	투표 당일	합계 (n)
박근혜	62.4	19.8	11.1	5.2	1.5	100 (864)
문재인	39.6	34.7	17.0	6.5	2.2	100 (447)
안철수	15.7	29.5	26.5	18.9	9.3	100 (667)

χ^2=263.9, p<.01

배한 것은 애당초부터 야권 후보 단일화가 지녔던 근본적인 통합의 한계를 노정한 것으로 봐야 할 것 같다.

4. 결론

지금까지 2012년 대선 과정에서 나타난 또 다른 제3후보에 대한 지지의 부상, 이른바 '안철수 현상'에 대해 살펴보았다. 분석 결과, 안철수 지지자들은 일차적으로 민주통합당에 불만을 가진 이들의 정치적 선택과 깊은 관련을 가진 것으로 나타났다. 민주통합당에 정당 일체감을 가졌거나 이전 선거에서 민주통합당과 소속 후보에게 투표한 이들 중 다수가 안철수 지지로 옮겨간 것으로 나타났다. 그런 점에서 볼 때 안철수 후보는 정책적으로나 이념적으로 제3의 새로운 정치 세력을 대표하고 있기보다는 정치적 신뢰를 크게 잃은 기존 민주통합당 지지자들로부터 이를 대신할 대안으로 간주되었다. 2010년 지방선거 이후 '정당의 위기'에 대한 언급이 사회적으로 자주 제기되었지만 이 글에서의 분석을 고려할 때 그것은 정당 정치 전반의 위기라기보다 민주통합당의 위기로 보인다. 전통적인 보수 정파 지지자들은 제3후보에 대한 이탈보다는 박근혜 후보를 중심으로 결속되어 있는 모습을 보였기 때문이다.

안철수라는 제3후보에 대한 지지는 보수적, 영남 지역 유권자의 지지를 받은 1992년 정주영, 1997년 이인제에 대한 지지와는 대조적으로 진보 진영, 호남 유권자들의 정치적 불만을 반영하고 있다고 할 수 있다. 그러나 지지의 논리가 그 때와 크게 다르다고 보기는 어렵다. 2012년 대선에서의 안철수 지지 역시 정파 간 지지의 전이가 쉽지 않은 상황에서 기존 지지 정당에 불만을 가진 유권자들이 대안적 선택을 한 결과이기 때문이다.

이전 선거에서 나타난 제3후보의 지지는 허시만(Hirschman)이 말한 일종의 항의(voice) 메시지를 담고 있는 것으로 정당의 변화와 개선을 촉구하는 의미를 담고 있는 것이었다(강원택 2010, 323-351). 2012년 대선에서 안철수에 대한 지지 역시 그런 의미가 포함되어 있을 것이다. 그러나 안철수에 대한 지지는 1992년이나 1997년 선거에서의 제3후보에 대한 지지보다 광범위하고 강력해 보인다. 그만큼 민주통합당, 혹은 진보 정치 진영에 대한 지지자들의 불만이 매우 컸다는 사실을 말해 준다. 그런 점에서 '안철수 현상'이 계속 이어질 것인지 아니면 사라질 것인지는 안철수 본인보다는 일차적으로 민주통합당의 변화 정도에 달려 있을 것으로 보인다.

마지막으로 한 가지 덧붙일 점은 정당 일체감을 갖고 있지 않다고 밝힌 유권자들 가운데 적지 않은 이들이 인지적 동원보다는 정파적으로 동원되었다는 점이다. 기존 정당들에 대한 유권자들의 정치적 불만과 불신의 결과 때문에 정당과의 연계를 부인하고 있지만 이들이 대통령 선거에서와 같은 중요한 투표 결정을 내릴 때는 정파적 고려에서 자유롭지 못하다는 사실을 보여 주었다는 점에서 흥미로운 결과로 보인다.

제14장

영남 지역주의의 변화: 2018년 지방선거 분석

1. 서론

민주화 이후 선거 정치는 지역주의에 의해 크게 영향을 받아 왔다. 특히 1990년 1월 대구, 경북 지역을 지지 기반으로 한 민정당과 부산, 경남 지역을 지지 기반으로 하는 통일민주당이 민주자유당으로 합당한 이래 경남과 경북 지역의 유권자들은 그 이후 선거 때마다 매우 유사한 정치적 선택을 해 왔다. 그리고 이러한 기반 위에 영남과 호남을 대표하는 한나라당 계열 정당과 민주당 계열 정당이 양당적 구도를 형성해 왔다. 종종 제3당들이 등장하곤 했지만, 이들 두 정당의 정치적 우위는 매 선거마다 지속되어 왔다. 그런 점에서 1990년 이후 한국의 정당체계는, 정당들의 잦은 명칭 변경에도 불구하고, 대체로 큰 변화 없이 안정적으로 유지되어 왔다.

이런 관점에서 볼 때 2018년 지방선거 결과는 매우 흥미롭다. 선거는 더불어민주당의 압승으로 끝이 났다. 더불어민주당은 대구와 경북, 제주를 제외한 14개 전 지역의 광역 단체장을 당선시켰고, 전국 226개 기초단체장 가운데 151석을 차지했다. 광역의원 선거나 기초의원 선거에서도 압승을 기록했다. 민주당 계열 정당이 지방선거에서 이와 같은 압도적 승리를 차지한 것은 2018년 지방선거가 처음이다. 이런 결과가 나타난 것은 시기적으로 문재인 정부가 출범한 지 1년 정도의 시간이 지난 '정치적 밀월기(honeymoon period)'에 실시되었다는 사실과 관련이 있다. 더욱이 선거 무렵 문재인 대통령에 대한 여론의 긍정적 평가는 75~80%를 기록하고 있었다.[1] 이와 함께 박근혜 전 대통령의 탄핵 이후 보수 정당이 분열했고 또 한편으로는 그 사건과 함께 전반적으로 보수의 지지세가 약화되었다는 점도 영향을 미쳤을 것이다.

그런데 이 장에서 보다 주목하는 사실은 영남 지역의 정치적 분화이다. 2018년 지방선거에서 대구, 경북 지역에서는 자유한국당이 선전했지만, 부산, 울산, 경남 지역에서는 더불어민주당이 자유한국당에 크게 앞서는 결과가 나타났다. 부산과 경남, 울산에서는 1995년 민선 단체장 선거 이후 처음으로 민주당이 광역 단체장을 당선시켰다. 부산에서는 오거돈 후보가 55.2%를, 경남에서는 김경수 후보가 52.8%를, 그리고 울산에서는 송철호 후보가 52.9%를 얻어 각각 광역 단체장에 당선되었다.[2] 이에 비해 경북에서는 자유한국당 소속인 이철우 후보가 52.1%를, 대구에서는 권영진 후보가 53.7%를 얻어 당선되었다. 이와 같이 경북과 경남에서의 상이한 선거 결과는 광역 단체장 선거 이외에도 광역의회, 기초단체장, 기초의회 선거에서도 유사한 형태로 나타났다. 1990년 이후 경북 지역과 경남 지역이 한나라당 계열 정당의 굳건한 지지 기반으로 유지되어 왔던 사실과 비교할 때, 2018년 지방선거의 결과는 매우 흥미롭다.

이 글은 이른바 TK(대구, 경북)와 PK(부산, 울산, 경남) 지역 유권자의 상이한 정치적 선택에 주목하면서 이러한 결과가 경남 지역 유권자의 기존 정당 지지로부터의 이탈(dealignment)을 의미하는 것인지에 대해 살펴보고자 한다. 2018년

1. 한국갤럽여론조사 자료, https://panel.gallup.co.kr/Contents/GallupKoreaDaily/GallupKoreaDailyOpinion_310(20180615).pdf
2. 민주당 계라고 할 수 있는 김두관 후보가 2010년 지방선거에서 경남 도지사에 당선되었지만 당시 무소속으로 출마했다.

지방선거 결과가 PK 지역 유권자들이 기존 정당지지 패턴으로부터의 이탈이라고 한다면, 이는 1990년 이래 이어져 온 정당 정치의 구도로부터 상당한 변화가 생겨날 수 있음을 의미하는 것이다. 이를 위해 2018년 지방선거 후 조사 데이터[3]를 활용하여, TK와 PK 두 지역을 대상으로 하여 지역 유권자의 정치적 선호의 변화 유무, 정치적 선택의 이유 등에 대해 분석하고자 한다.

2. 2018년 지방선거에서 영남 지역 선거 결과

2018년 지방선거에서 '영남' 지역의 선거 결과는 이전과는 뚜렷한 대비를 보인다. 광역 단체장의 경우에는 2010년 지방선거에서 무소속으로 당선된 김두관의 경우를 제외하면 경북이든 경남이든 영남권 전체에서 한나라당 계 정당 소속이 아닌 후보가 당선된 적이 없었다. 하지만 2018년 지방선거에서는 부산, 울산, 경남 세 지역에서 모두 더불어민주당 후보가 당선되었다. 〈표 14-1〉, 〈표 14-2〉, 〈표 14-3〉은 역대 지방선거에서 영남 지역에서 광역 단체장을 제외한 단위에서 민주당 계 정당의 당선자 분포를 정리한 것이다. 한 눈에 봐도 2018년 지방선거에서의 커다란 변화를 확인할 수 있다.

〈표 14-1〉에 정리한 기초단체장의 경우를 보면, 부산, 울산, 경남에서 민주당 계 정당은 1995년 이후 대체로 한 명의 당선자도 배출하지 못했거나 한 명 정도의 당선자를 배출했다. 그러나 2018년 지방선거에서는 부산의 16개 구청장 중 13명을, 울산은 5개 기초단체장 전원을, 그리고 경남에서는 18개 지역 중 7개 지역의 기초단체장을 배출했다. 이에 비해 대구에서는 지방선거가 실시된 이후 민주당 계 정당은 단 한 명의 당선자도 배출하지 못했다. 경북 지역에서도 한 명만이 당선되거나 혹은 한 명도 당선되지 못하는 패턴이 2018년 지방선거

---

3. 이 데이터는 서울대학교 한국정치연구소가 한국리서치에 의뢰하여 2018년 7월 20일부터 26일까지 전국적으로 3,006명을 대상으로 웹 조사 방식으로 실시한 조사 결과이다.

〈표 14-1〉 영남권 지역에서 민주당 계 정당 기초단체장 당선자 수

	1995	1998	2002	2006	2010	2014	2018
부산	0/16	0/16	0/16	0/16	0/16	0/16	13/16
울산	-	0/5	0/5	0/5	0/5	0/5	5/5
경남	0/21	0/20	0/20	0/20	1/18	1/18	7/18
대구	0/8	0/8	0/8	0/8	0/8	0/8	0/8
경북	1/23	1/23	0/23	0/23	0/23	0/23	1/23

분모는 전체 의석

〈표 14-2〉 영남권 지역 민주당 계 광역의회 당선자 수

	1995	1998	2002	2006	2010	2014	2018
부산	2/61	2/49	0/44	0/47	2/47	2/47	41/47
울산	-	1/17	0/19	0/19	0/22	1/22	17/22
경남	3/94	2/51	1/50	0/53	3/54	3/55	34/58
대구	1/41	0/29	0/27	0/29	0/29	1/30	5/30
경북	3/92	1/60	1/57	0/55	1/58	2/60	9/60

비례대표 포함

에서도 계속되었다.

기처단체장 선거 결과에서 나타난 이러한 영남권의 분화는 광역의회 선거에서도 마찬가지로 확인된다. 부산에서는 2018년 이전까지 민주당 계 정당은 한 명의 당선자도 내지 못하거나 2명 당선시키는 데 그쳤지만 2018년 선거에서는 47석 중 무려 41석을 차지했다. 울산 역시 이전에는 한 명을 당선시켰거나 당선자를 내지 못했지만 2018년 선거에서는 22개 의석 가운데 17개 의석을 차지했다. 경남에서도 과거에는 많아야 세 석 정도 얻었지만 2018년 선거에서는 58개 의석 중 34개의 의석을 차지했다. 이에 비해 대구와 경북에서는 더불어민주당이 이전 선거에서 비해서는 당선자 숫자가 늘어났지만, 전반적으로 이전과 비슷한 패턴이 이어졌다.

〈표 14-3〉에서 보듯이 이러한 특성은 기초의회에서도 마찬가지로 확인된다. 정당 공천이 실시된 2006년 이후를 대상으로 살펴보면, 부산에서 민주당 계 후

보의 기초의회 당선은 26→36→66으로 계속 증가해 왔는데 2018년에는 182석 중 절반이 넘는 103석을 차지했다. 울산에서도 민주당 계 정당 당선자는 과거에는 많아야 4석 정도였는데 2018년 선거에서는 50석 중 과반인 27석을 차지했다. 경남에서도 이전 선거에서는 17석이나 34석 규모였는데 2018년에는 264석 중 104석을 얻었다. 이에 비해 대구와 경북에서는 이전에 비해서는 크게 늘어난 숫자이지만, 2018년 지방선거에서도 더불어민주당 후보의 당선자는 자유한국당 후보에 비해 상당한 차이를 보였다. 〈표 14-3〉에서는 또한 기초의회 의원의 경우 부산, 경남, 울산에서 시간이 흐를수록 점차 민주당 계 당선자의 수가 증가되고 있다는 점도 주목할 만하다.

이처럼 2018년 지방선거에서는 '영남' 유권자의 선택이 분화했다. 대구, 경북 지역은 과거와 유사하게 자유한국당에 대한 강한 지지를 보낸 반면, 부산, 울산, 경남의 경우에는 전례 없이 더불어민주당에 많은 지지를 보냈다. 이러한 점은 광역의회 정당투표에서도 잘 나타난다. 부산에서 더불어민주당은 48.8%를 얻어 36.7%를 얻은 자유한국당에 크게 득표율에서 앞섰다. 울산에서도 더불어민주당 47.0%, 자유한국당 33.3%로 나타났고, 경남에서도 이와 유사하게 더불어민주당 45.3%, 자유한국당 38.8%로 나타났다. PK 지역에서는 대체로 더불어민주당이 45~49% 정도, 그리고 자유한국당이 33~39% 정도 득표한 것으로 나타났다. 대구, 경북 지역에서는 부산, 울산, 경남과 다른 결과가 나타났다. 대구에서는 자유한국당이 46.1%를 득표한 반면 더불어민주당은 38.9%를 얻

〈표 14-3〉 영남권 지역 민주당 계 기초의회 당선자 수

	2006	2010	2014	2018
부산	26/182	36/182	66/182	103/182
울산	2/50	0/50	4/50	27/50
경남	17/259	17/259	34/260	104/264
대구	3/116	4/116	13/116	50/116
경북	7/284	5/284	5/284	50/284

비례대표 포함

는 데 그쳤다. 경북에서도 자유한국당은 50.%를 득표한 데 비해 더불어민주당은 34.1%를 얻었다. 즉 광역의회 정당투표 결과를 보아도 영남의 두 지역인 TK 지역과 PK 지역 유권자의 정치적 선호, 정파적 지지의 패턴에 뚜렷한 차이가 2018년 지방선거에서 나타났음을 알 수 있다.

3. 분석

그동안의 선거에서 영남 지역은 보수 정당을 지지해 왔고 유권자들 역시 보수적인 성향을 보였다. 즉, 지역주의와 이념이 어느 정도 결합된 특성을 보였다. 이에 비해 호남 지역은 상대적으로 진보 정당을 지지해 왔고 이념 성향도 진보적인 특성을 보였다. 이런 특성을 고려하여 각 지역 유권자들의 평균적인 주관적 이념 성향에 대해 살펴보았다. 〈표 14-4〉에서 보듯이, 전라 지역은 상대적으로 진보적으로 나타난 반면, 대구, 경북은 가장 보수적으로 나타났다. 지역과 이념이 결합된 특성이 여기서도 확인된다. 그런데 부산, 울산, 경남 지역 유권자들 역시 보수적인 것으로 나타났지만, 대구, 경북 지역과는 다소 차이를 보인다. 그러나 TK, PK 두 지역의 평균의 차이는 통계적으로 유의미한 것으로 나타나지 않았다(t=1.03 p=0.30). 다시 말해 TK, PK 두 지역 간 유권자의 이념적

〈표 14-4〉 각 지역별 이념 성향

지역	주관적 이념	분산분석
서울	4.56	F=13.2 p<0.00
경기 인천	4.32	
충청	4.26	
호남	3.57	
대구 경북	**4.85**	
부산 울산 경남	**4.68**	
평균	4.40	

0–가장 진보, 5–중도, 10–가장 보수

차이가 존재한다고 말할 수 없으며, 두 지역 모두 다른 지역에 비해 보수성이 상대적으로 강했다.

그렇다면 이번에는 정치지도자 및 주요 정당과의 이념적 거리에 대해 살펴보았다. TK, PK 두 지역이 모두 보수적이면서도 지방선거에서의 정치적 선택이 다르게 나타났기 때문에 정치지도자, 정당과의 이념적 거리에 주목했다. 〈표 14-5〉에서 보듯이, 전 지역에서 문재인 대통령에 대한 이념 거리가 자유한국당 홍준표 대표와의 이념 거리보다 가깝게 나타났고, 마찬가지로 모든 지역에서 더불어민주당에 대한 이념 거리가 자유한국당에 대한 이념 거리보다 가깝게 나타났다. 이러한 사실은 2018년 지방선거에서 전국적으로 자유한국당이 고전한 이유를 보여 준다. 그러나 지역마다 정치 지도자나 주요 정당의 이념적 위치에 대한 평가는 다르게 나타났다. 호남 지역에서 문재인과 더불어민주당에 대한 이념 거리가 가장 가깝게 나타났고 홍준표와 자유한국당과의 이념 거리는 가장 멀었다. 호남과 반대의 패턴을 보인 지역은 대구, 경북이었다. 홍준표와 자유한국당과 이념 거리가 가장 가깝고 문재인 및 더불어민주당과 가장 멀었다. 여기서 흥미로운 지역은 부산, 울산, 경남 지역이다. 전반적인 패턴은 TK 지역과 유사하게 나타났지만, PK 지역은 TK 지역과도 상당한 차이를 보였기 때

〈표 14-5〉 지역별 정치지도자 및 정당과의 이념적 거리

지역	문재인	홍준표	더불어민주당	자유한국당
서울	2.24	4.27	2.31	4.05
인천,경기	2.32	4.49	2.40	4.32
충청	2.36	4.61	2.25	4.37
호남	1.63	5.46	1.65	5.21
대구, 경북	**2.85**	**3.88**	**3.02**	**3.76**
부산, 울산, 경남	**2.50**	**4.26**	**2.50**	**4.02**
평균	2.32	4.46	2.37	4.26
분산분석(F=)	8.10*	11.11*	9.53*	9.67*

*p<0.01

문이다.

TK, PK 두 지역 간 두 정치인과 양당에 대한 거리의 차이를 분석한 결과, 문재인 대통령과의 이념 거리(t=1.80 p<0.1), 홍준표 대표와의 이념 거리(t=−1.81, p<0.1), 그리고 더불어민주당과의 이념 거리(t=2.63, p<0.01) 등에서 통계적으로 유의미한 차이가 확인되었다. 자유한국당에 대해서는 두 지역 간 통계적으로 유의미한 차이가 확인되지 않았다. 부산, 울산, 경남 지역의 평균이 다른 지역과 비교할 때는 대구, 경북 지역과 유사한 특성을 보였지만, 동시에 두 지역 간 주요 정치 지도자나 정당을 인식하는데 적지 않은 차이를 보인다는 사실을 알 수 있다. 즉 TK, PK 지역 유권자들이 이념적으로 유사한 정치적 성향을 보이면서도, 서로 간 정당이나 정치 지도자에 대한 평가에서는 차이를 보이고 있다.

〈표 14−6〉에서는 문재인 대통령과 홍준표 대표, 더불어민주당, 자유한국당에 대한 호감도의 지역별 평균을 비교해 보았다. 분석 결과 앞의 〈표 14−5〉와 매우 유사한 결과가 나타났다. 호남과 대구, 경북 간의 뚜렷한 정치적 선호의 차이가 다시 확인되었다. PK 지역과 TK 지역은, 수도권 등 다른 지역과 비교하면 호감도에 있어서 유사한 패턴을 보이지만, 동시에 두 지역 간 상당한 차이도 확인된다. TK 지역과 PK 지역만을 놓고 비교해 보면, 문재인(t=−2.21 p<0.05), 홍

〈표 14−6〉 지역별 정치지도자 및 정당에 대한 호감도

지역	문재인	홍준표	더불어민주당	자유한국당
서울	62.9	14.5	47.9	17.9
인천, 경기	62.3	16.2	47.2	19.4
충청	65.4	15.6	51.6	19.5
호남	71.8	9.2	55.0	11.7
대구, 경북	**55.8**	**22.6**	**43.9**	**26.6**
부산, 울산, 경남	**60.7**	**19.3**	**46.3**	**21.5**
평균	62.8	16.2	48.1	19.4
분산분석(F=)	10.10*	13.57*	7.75*	13.94*

*p<0.01
0−대단히 부정적, 100−대단히 호의적

준표($t=1.88\ p<0.1$), 자유한국당($t=2.88\ p<0.01$) 등에서 통계적으로 유의미한 차이를 보였다. 더불어민주당에 대해서는 통계적으로 유의미한 차이가 나타나지 않았다. 즉, PK 지역은 TK 지역을 제외하면 자유한국당에 대한 호감도가 높지만, TK 지역보다는 분명히 낮은 호감도를 보였다. 과거 정치적 선호도가 유사했다면 이번 선거에서는 두 지역 간 정파적 선호도에서 미묘한 차이를 보였던 것이다.

그런 점에서 이번에는 각 정당에 대한 신뢰도를 지역별로 살펴보았다. 〈표 14-7〉에서 보듯이, 다섯 개 정당 중 더불어민주당과 자유한국당에 대해서는 앞의 표에서 본 것과 유사한 패턴이 다시 확인되었다. 더불어민주당은 TK 지역에서 신뢰도가가장 낮았고 그다음이 PK 지역이었으며 자유한국당은 TK 지역에서 상대적으로 신뢰도가 가장 높았고 그다음이 PK 지역이었다. 정의당의 신뢰도는 두 지역에서 비슷한 정도로 가장 낮게 나타났으며, 바른미래당은 대구, 경북에서 신뢰도가 가장 높았지만, 그다음은 부산이 아니라 서울 및 수도권이었다. 민주평화당은 서울, 부산에서 신뢰도가 낮았고 호남이 가장 높았다. 민주평화당에 대한 대구에서의 평가는 대체로 평균 수준이었다.

그런데 TK 지역과 PK 지역을 두고 비교해 보면, 자유한국당($t=2.43\ p<0.05$), 바른미래당($t=3.16\ p<0.01$) 두 정당에 대한 신뢰도에서 통계적으로 유의미한 차이가 나타났다. 이 차이는 두 정당이 모두 보수 정당들이라는 점에서 PK 지역이 TK 지역과 인식의 차이가 보수 정파에 대한 것이라는 사실을 알게 한다. 앞의 〈표 14-6〉에서도 이 두 지역 간 호감도의 차이가 나타난 것은 자유한국당에 대해서였다. 즉 TK 지역에 비해서 PK 지역에서 자유한국당을 비롯한 보수 정당에 대한 호감도, 신뢰도가 상당히 낮음을 알 수 있다.

오랫동안 부산, 울산, 경남 지역에서 한나라당 계열 정당을 강하게 지지해 왔다는 사실을 고려할 때, 대구, 경북에 비해 자유한국당에 대한 호감도, 신뢰도가 상당히 낮다는 것은 이 지역에서 정당 지지의 패턴에 변화가 발생했다는 것을 시사한다. 즉, 이는 기존 지지 정당이었던 한나라당 계열 정당으로부터의 이탈이 일어났을 가능성이 있는 것이다. 이런 점을 고려하여 지역별로 가깝게 느끼는 정당의 유무의 비율에 대해 살펴보았다. 가깝게 느끼는 정당이 있다는 비율이 가장 낮게 나타난 곳은 예상대로 부산, 울산, 경남 지역으로 나타났는데 그 비율은 31.6%였다. 마찬가지로 지지 정당이 '없다'고 응답한 비율도 PK 지역으로 43.9%로 나타났다. 이에 비해 대구, 경북 지역에서의 응답의 비율은 대체로 전국 평균에 가까웠다.

〈표 14-8〉에서 나타난 부산, 울산, 경남 지역에서 지지 정당이 없다는 데 대한 높은 응답율은 또 다른 흥미로운 질문거리로 이어진다. 앞에서 본 대로, 부

〈표 14-7〉 지역별 각 정당에 대한 신뢰도

지역	더불어민주당	자유한국당	바른미래당	민주평화당	정의당
서울	4.84	2.19	3.19	2.87	3.66
인천, 경기	4.80	2.25	3.18	3.03	4.01
충청	4.86	2.20	3.06	2.93	3.78
호남	5.45	1.58	2.64	3.29	4.38
대구, 경북	**4.45**	**2.88**	**3.53**	**2.97**	**3.57**
부산, 울산, 경남	**4.58**	**2.45**	**3.03**	**2.88**	**3.58**
평균	4.81	2.26	3.13	2.98	3.84
분산분석(F=)	6.82*	1.43*	5.74*	2.04*	5.93*

*p<0.01
0–신뢰가 매우 낮음, 10–신뢰가 매우 높음

〈표 14-8〉 각 지역별 가깝게 느끼는 정당 유무

	있다	없다	모르겠다	n
서울	34.9	42.1	23.1	585
경기, 인천	38.6	37.7	23.7	909
충청	39.2	38.6	22.2	316
전라	52.0	27.3	20.7	300
대구, 경북	**36.1**	**38.7**	**25.2**	**302**
부산, 울산, 경남	**31.6**	**43.9**	**24.5**	**465**
	37.9	38.7	23.4	2877
피어슨카이제곱 39.5 p<0.00				

산, 울산, 경남 지역에서 더불어민주당은 압도적인 승리를 거뒀다. 그렇다면 지지 정당이 없다는 응답이 높았던 PK 지역 유권자들은 어떠한 이유로 오랫동안 지지해 온 자유한국당 대신 더불어민주당에 투표했을까? 이에 대한 답을 찾기 위해 이항 로지스틱 분석을 실시했다.

종속변수는 자유한국당(0)과 더불어민주당(1)에 대한 투표로, 여기서는 광역 지방의회 비례대표 투표를 대상으로 삼았다. 그 이유는 광역 단체장의 경우 모든 정당이 출마자를 다 내지 않기 때문에 경쟁 구도가 서로 다를 수 있고, 또한 광역 단체장 선거에서는 정당 요인뿐만 아니라 후보자의 개인적 요인이 영향을 미칠 수 있기 때문에 광역 지방의회 비례대표 투표를 분석 대상으로 삼았다.

독립변수로는 첫째, 이념 요인을 선정했다. 이념은 지역주의와 함께 투표 선택에 영향을 미치는 매우 중요한 요인이기 때문에 포함했다. 여기서는 응답자 본인과 더불어민주당 및 자유한국당 간의 이념 거리를 변수로 삼았다.[4] 두 번째는 정치 지도자에 대한 평가를 포함했다. 앞서 언급한 대로, 선거 시기가 허니문 기간 중이었고 당시 문재인 대통령에 대한 여론상의 지지도는 매우 높았다. 문재인 대통령에 대한 평가가 선거에 영향을 미치는지에 대해 알아보고자 했다. 또한 박근혜 전 대통령은 보수 정파의 상징이었고 2012년 대통령 선거 당시 보수 성향 유권자로부터 커다란 지지를 받았다. 그런 점에서 2018년 지방선거에서도 부산, 울산, 경남 지역 유권자들에 박근혜 대통령에 대한 선호가 투표에 영향을 미치는지 보고자 했다. 문재인, 박근혜에 대한 평가는 모두 호감도로 측정했다. 세 번째 독립변수로는 선거 이슈를 포함했다. 그런데 사실 2018년 지방선거 당시 선거에 영향을 주는 특별한 이슈가 없었다. 지방선거이기 때문에 전국적인 이슈보다 지역별로 관심을 갖는 이슈가 다를 수 있다는 점도 두드러진 이슈를 찾기 어려운 또 다른 이유이다. 다만 미국 트럼프 대통령과 북한 김정은 위원장의 싱가포르 회담이 6월 12일, 즉 지방선거 하루 전에 열렸고, 그 이전에는

---

4. 유권자의 자기 이념 평가(self-placement)는 두 정당과의 이념 거리와 상관관계가 높아 제외했다.

문재인 대통령과 김정은 위원장이 두 차례 판문점에서 남북정상회담을 가진 바 있다. 따라서 특별한 선거 이슈를 포함시키는 대신, 문재인 정부의 대북 정책에 대한 평가를 선거 이슈로 삼아 변수에 포함했다. 네 번째는 경제사회적 요인으로 연령, 학력, 그리고 가구 재산을 모두 포함했다. 가구 소득 대신에 가구 재산을 포함한 것은, 기존 연구에서 가구 소득을 중심으로 분석한 경우 '계급배반투표' 등 계층적 특성이 제대로 파악되지 않았다(강원택 2013). 이에 비해 2017년 대통령 선거 분석에서 가구 재산이 보수 성향 유권자와 진보 성향 유권자 간 정치적 선택의 차별성을 보여 주었기 때문이다(강원택 2018).

이러한 변인들을 대상으로 한 이항 로지스틱 분석 결과가 〈표 14-9〉에 정리되어 있다. 두 지역을 대상으로 두 개의 모델을 설정했다. 모델 1은 각 정당에 대한 이념 거리와 대북정책에 대한 태도에 중점을 둔 것이고, 모델 2는 여기에 문재인, 박근혜라는 정치 지도자 요인을 포함한 것이다. 이렇게 두 개의 모델을 설정한 것은 지방선거 무렵 문재인 대통령에 대한 지지도가 매우 높았고 또 대구, 경북 지역의 경우 박근혜 전 대통령의 영향력이 크기 때문에, 이들 정치 지도자가 포함되는 경우에도 각 정당 요인이 독립적인 영향을 미칠 수 있는지 살펴보기 위해서이다.

부산, 울산, 경남의 경우 모델 1에서 자유한국당과의 이념 거리가 멀수록, 대북정책에 대한 긍정적 평가가 높을수록 더불어민주당에 대한 지지가 높게 나타났다. 그러나 더불어민주당과의 이념 거리는 통계적으로 유의미하게 나타나지 않았다. 사회경제변수에서는 연령이 젊을수록, 재산이 적을수록 더불어민주당에 대한 지지가 높게 나타났다. 모델 2에서도 유사한 패턴이 확인되었다. 우선 추가된 문재인, 박근혜 변수는 모두 통계적으로 유의미하게 나타났다. 문재인에 대한 호감도가 높을수록, 박근혜에 대한 호감도가 낮을수록 더불어민주당을 지지할 확률이 높아졌다. 그런데 여기서도 더불어민주당과의 이념 거리는 통계적 유의미성이 확인되지 않았다. 자유한국당은 박근혜 변수의 추가에도 불구하고 통계적으로 유의미하게 나타났고, 계수의 크기도 비교적 컸다. 대북정책에 대한 평가도 투표 선택에 영향을 미치는 것으로 나타났다. 모델 2에서 사회경제적 변수는 연령만이 유의미하게 나타났다. 전체적으로 볼 때, 부산, 울산, 경남에서는 더불어민주당과의 이념적 '관계'는 별로 영향을 미치지 못한 것으로 나타난 반면, 문재인 대통령이나 대북정책은 더불어민주당 투표에 긍정적인 영향을 미쳤다. 이에 비해, 자유한국당과 이념적으로 '큰 거리감'은 자유한국당 투표에 부정적 영향을 미친 것으로 나타났다. 박근혜에 대한 부정적 평가 역시 자유한국당 투표에 부정적 영향을 미쳤다.

대구, 경북 지역에서는 PK 지역과 다소 다른 결과가 나타났다. 모델 1에서 더불어민주당, 자유한국당 모두의 이념 거리가 투표 선택에 영향을 미쳤다. 더불어민주당과의 이념 거리가 짧을수록, 자유한국당과의 이념 거리가 멀수록 더불어민주당을 선택할 확률이 높았다. 대북정책 역시 그 평가에 따라서 투표 선택에 영향을 미쳤다. 문재인, 박근혜 변수가 포함된 모델 2에서는 모델 1과 다소 다른 결과가 나타났다. 박근혜, 문재인 변수가 포함되면서 자유한국당, 대북정책에 대한 평가는 통계적 유의미성이 사라졌다. 이렇게 된 것은 자유한국당에 대한 평가는 박근혜에, 그리고 대북정책은 문재인 평가와 관련이 있기 때문으로 보인다. 더불어민주당에 대한 평가만이 유의미하게 나타났다. 즉, 대구, 경북 지역에서는 더불어민주당에 대한 평가와 문재인 대통령에 대한 평가가 모두 선거에 영향을 미쳤으며, 정파성의 상징으로서 박근혜 변수의 영향력이 확인되었다.

전체적으로 볼 때, 부산, 울산, 경남 지역에서의 투표 선택은 더불어민주당의 '유인 요인(pull factor)'보다 자유한국당(그리고 박근혜)의 '배출 요인(push factor)'이 보다 큰 영향을 미쳤다. 이에 비해 대구, 경북에서는 자유한국당과 박근혜의 유인 요인의 영향력, 그리고 문재인, 더불어민주당의 배출 요인이 함께 작용하는 전통적인 정당 지지의 패턴이 반복되었다.

앞에서 본 〈표 14-9〉의 결과는 2018년 지방선거에서 '영남'의 두 지역 유권자 간 투표 선택의 요인에 있어서 차이가 나타났음을 잘 보여 주고 있다. 특히

〈표 14-9〉 이항 로지스틱 분석

		부산/울산/경남				대구/경북			
		모델 1		모델 2		모델 1		모델 2	
		B	Exp(B)	B	Exp(B)	B	Exp(B)	B	Exp(B)
이념 거리	더불어 민주당	−0.15	0.86	−0.12	0.89	−0.43*	0.65	−0.40*	0.67
	자유 한국당	0.68*	1.98	0.57*	1.77	0.55*	1.73	0.22	1.25
이슈	대북 정책	−1.74*	0.18	−1.02**	0.36	−1.18*	0.31	0.31	1.36
인물	문재인	–	–	0.07*	1.07	–	–	0.07*	1.08
	박근혜	–	–	−0.03**	0.97	–	–	−0.03**	0.97
사회 경제 변수	연령	−0.06*	0.94	−0.06**	0.94	−0.01	1.00	0.00	1.00
	가구 재산	−0.23**	0.80	−0.17	0.84	0.02	1.02	0.13	1.14
	학력	−0.60	0.55	−0.59	0.56	0.10	1.10	0.08	1.09
상수		9.87		5.30		2.21		−4.19	
n		240				158			
		−2 Log Likelihood 114.67 분류정확도 90.5% Cox & Snell R^2=0.55		−2 Log Likelihood 84.60 분류정확도 93.3% Cox & Snell R^2=0.60		−2 Log Likelihood 104.67. 분류정확도 86.2% Cox & Snell R^2=0.53		−2 Log Likelihood 83.24 분류정확도 89.5% Cox & Snell R^2=0.59	

자유한국당 0; 더불어민주당 1
대북정책: (1) 매우 긍정적 평가, (2) 다소 긍정적 평가, (3) 다소 부정적 평가, (4) 매우 부정적 평가
인물 호감도: 0−매우 부정적, 100−매우 긍정적
*$p<0.01$, **$p<0.05$

PK 지역에서 자유한국당에 대한 부정적 평가가 높았고 그것이 더불어민주당에 대한 지지로 이어졌다. 그렇다면 영남의 두 지역에서 자유한국당과 더불어민주당에 대한 평가는 어떻게 다른지 보다 구체적으로 살펴볼 필요가 있다. 이를 위해 주요 두 정당에 대한 정당 호감도를 종속변수로 하고 그에 영향을 미친 종속변수들을 몇 가지 범주로 구분했다. 우선 앞의 〈표 14-9〉에서 같이 두 정당에 대한 이념 거리와 문재인, 박근혜 두 정치 지도자를 종속변수로 포함했다. 그리고 사회경제변수로 연령, 가구별 재산, 학력을 포함했다. 한편, 이념적 요인의

보완적 지표로서 정책에 대한 태도를 안보/북한, 경제, 사회 세 범부로 분류하여 포함했다.[5] 이를 토대로 선형회귀분석을 행한 결과가 〈표 14-10〉, 〈표 14-11〉에 정리되어 있다.

〈표 14-10〉과 〈표 14-11〉을 비교해 보면, 두 지역에서 더불어민주당과 자유한국당 두 주요 정당에 대한 호감도에 영향을 미치는 요인이 서로 다르다는 것을 알 수 있다. 대구/경북 지역에서는 더불어민주당, 자유한국당과가 이념 거리가 각 정당의 호감도에 영향을 미쳤다. 더불어민주당과의 이념 거리가 가깝고 먼 것이 그 정당에 대한 호감도에 영향을 미치고 있으며, 이는 자유한국당의 경우에도 마찬가지였다. 표준화 계수 β를 보면, 특히 자유한국당에 대한 이념적 근접성이 정당 호감도에 큰 영향을 미친다는 것을 알 수 있다. 즉, TK 지역에서는 보수, 진보에 대한 이념적 태도가 정당에 대한 평가에 영향을 미치고 있다는 점을 분명하게 보여 준다.

그러나 부산, 울산, 경남 지역에서는 이와는 다른 패턴을 보여 준다. 우선 더불어민주당에 대한 호감도를 보면, 문재인 대통령에 대한 호감도 이외에는 통계적으로 유의미한 변수가 확인되지 않았다. 즉, 부산, 울산, 경남에서 더불어민주당에 대한 호감도는 더불어민주당에 대한 이념적 근접성보다 문재인에 대한 긍정적 평가가 큰 영향을 미쳤다는 사실을 알 수 있다. 이와 대조적으로 자유한국당의 경우에는 정파적 특성이 매우 뚜렷하게 확인된다. 자유한국당과의 이념적 거리, 그리고 박근혜에 대한 선호가 자유한국당 지지에 영향을 미치고 있다.

지금까지의 분석을 통해 2018년 지방선거에서 부산, 울산, 경남 지역에서 더불어민주당이 승리한 것은 그 지역 유권자들의 더불어민주당에 대한 적극적인

---

5. 안보/북한은 (1) 한미동맹, (2) 국가보안법, (3) 북한 지원, (4) 북한과 평화공존에 대한 태도이며, 경제는 (1) 성장 대 복지, (2) 부자 증세, (3) 공기업 민영화, (4) 재벌 규제에 대한 태도이며, 사회는 (1) 집회 시위 자유, (2) 학교 체벌, (3) 대체복무제, (4) 사형제 폐지에 대한 태도에 대한 것이다. 각 질문 항목에 대해 매우 찬성, 비교적 찬성, 비교적 반대, 매우 반대 등 4가지 응답을 각 범주별로 합하여 분석에 포함했다.

〈표 14-10〉 대구/경북 지역에서의 정당 호감도에 대한 선형회귀분석

		더불어민주당		자유한국당	
		B	β	B	β
이념 거리	더불어민주당	-1.18*	-0.12	1.38*	0.15
	자유한국당	1.19*	0.12	-2.71*	-0.30
정책 태도	안보/북한	-0.79	-0.07	0.22	0.02
	경제	-0.29	-0.03	-0.12	-0.01
	사회	-0.22	-0.02	0.01	0.00
인물	문재인	0.56*	0.65	0.02	0.03
	박근혜	0.07	0.07	0.39*	0.44
사회경제 변수	연령	0.15	0.08	-0.07	-0.04
	가구재산	-0.56	-0.06	-0.01	-0.00
	학력	1.47	0.04	-0.40	-0.01
상수		11.38		26.04	
n		302			
		R^2=0.68		R^2=0.48	

*p<0.01, **p<0.05

〈표 14-11〉 부산/경남/울산 지역에서의 정당 호감도에 대한 선형회귀분석

		더불어민주당		자유한국당	
		B	β	B	β
이념 거리	더불어민주당	-0.59	-0.06	0.54	0.06
	자유한국당	0.47	0.05	-2.85*	-0.35
정책 태도	안보/북한	-0.79	-0.07	-0.19	-0.02
	경제	-0.06	-0.01	0.10	0.01
	사회	0.07	0.01	0.29	0.03
인물	문재인	0.63*	0.70	0.01	0.02
	박근혜	0.04	0.04	0.36*	0.41
사회경제 변수	연령	-0.12	-0.06	0.05	0.03
	가구 재산	0.36	0.04	-0.27	-0.03
	학력	0.11	0.00	2.66**	0.08
상수		19.20		7.50	
n		466			
		R^2=0.64		R^2=0.45	

*p<0.01, **p<0.05

지지의 표시, 혹은 더불어민주당으로의 지지의 전환의 결과라고 보기는 어렵다. 그보다는 선거 당시 매우 높은 지지율을 기록하고 있던 문재인 대통령에 대한 지역 유권자들의 호의적 반응, 기대감 등이 더불어민주당에 대한 지지로 이어진 일종의 허니문 효과이거나 혹은 후광효과(coattail effect)라고 할 수 있다. 이에 비해 자유한국당에 대해서는 상당한 지지의 이탈이 확인된다. 자유한국당과의 이념적 거리를 크게 느꼈고 박근혜 전 대통령에 대한 부정적 정서도 강하게 나타났다. 과거 PK 지역이 자유한국당으로 이어지는 한나라당 계 정당에 대해 강한 지지를 보내왔던 것을 생각한다면 2018년 지방선거에서 지역 유권자들의 정치적 성향에 상당한 변화를 확인할 수 있다.

4. 논의

이제 논의해야 할 점은 2018년 지방선거를 통해 부산, 울산, 경남 지역 유권자들에게서 나타난 이러한 정치 성향의 변화를 어떻게 해석해야 할 것인가 하는 것이다. 무엇보다 주목해야 할 점은 2018년 지방선거가 부산, 울산, 경남 지역 유권자의 정당 지지의 재편성(realignment)으로 이어질 것인가 하는 점이다. 현재와 같은 정당 구도가 만들어진 1990년 이후 PK 지역에서의 선거에서 이런 '대규모'의 정치적 변화는 발생한 적이 없기 때문이다.

1990년 이후 거의 30년 가까운 시간 동안 매 선거에서 PK 지역 유권자들은 한나라당 계열 정당들에 대한 정치적 충성심을 보여 왔다. 이와 같은 긴 시간 동안 PK 지역 유권자들과 한나라당 계열 정당들 간 강한 정치적 연계를 가졌다는 것은 지역주의가 정당에 대한 애착심과 관련되어 있고 또 지역주의가 정당 일체감과 일정한 관련성을 지니고 있음을 의미하는 것이다(박원호 2013; 윤광일 2013). 정당 일체감은 특정 정당에 대해 유권자가 장기간에 걸쳐 형성한 심리적 애착이라고 할 수 있다(Campbell et al. 1960: 121). 어린 시절 형성된 정당에 대한 애착이 어른이 된 이후에도 이어져 특정 정당에 대한 충성심이 지속되며, 이러한 정당 일체감을 기반으로 선거 등에서 특정 정당에게 우호적인 방식으로 정치적 정보를 수용하거나 해석함으로써 그 정당에 대한 지지를 강화시킨다는 것이다(Brody and Page 1972). 이후 논의에서는 특정 정당의 국정운영에 대한 종합적 평가(running tally)(Fiorina 1981)라는 수정주의적 관점도 제시되었지만, 이러한 정당 일체감은 미국 양당제의 안정성, 지속성을 설명하는 중요한 이론적 기반이 되어 왔다. 우리나라 선거 정치에서도 지역주의와 관련된 정당 일체감이 30년 가까운 세월 동안의 지역별 정당 지지의 안정성과 지속성을 이끌어 온 주된 요인이었다는 점을 부인하기 어렵다. 그렇다면 2018년 지방선거에서 PK 지역에서의 정당 지지 패턴의 커다란 변화는 기존의 정당 지지로부터의 이탈을 의미하는 것일까?

*The American Voter*에서는 미국 대통령 선거 결과를 세 가지 기본적인 형태로 구분했다(Campbell et al. 1960: 531-538). 그것은 첫째 지속성를 갖는 선거(maintaining election), 둘째, 일탈적 선거(deviating election), 그리고 세 번째는 재편성의 선거(realigning election) 등이다. 지속성을 갖는 선거는 이전부터 강한 영향력을 갖는 정파적 애착심이 지속되며 그것이 투표 결정에 중요한 영향을 미친 선거이다. 일탈적 선거는 정파적 충성심이 심각하게 취약해지는 것은 아니지만, 일시적 지지의 전환(temporary reversal)으로 전통적 지지 정당의 패배를 불러올 수 있다. 그리고 재편성의 선거는 일탈적 선거와 달리 일정한 규모의 유권자들 사이에 기존 지지 정당에 대한 보다 근본적인 정당 충성심의 변화가 발생하는 선거이다. 재편성의 선거는 특정 정당에 대한 충성심이 '어느 정도의 시간 동안 재편이 지속되는(a more or less durable realignment)' 것을 의미한다는 점에서 한 번의 특정한 선거를 지칭하는 것보다 '재편성의 선거 기간(a realigning electoral era)'이라고 부를 수 있다.

앞에서의 분석을 보면, 부산, 울산, 경남 지역 유권자들이 전통적 지지 정당이었던 한나라당 계열 정당에 대한 실망감과 불만은 상당히 큰 것으로 보인다. 〈

표 14-9〉, 〈표 14-10〉, 〈표 14-11〉에서 본 대로, 이 지역 유권자들의 투표 선택에서나 정당 호감도에서 자유한국당으로부터의 커다란 이념적 거리감, 그리고 박근혜 전 대통령에 대한 실망감이 분명하게 드러났다. 그런 점에서 볼 때, 2018년 지방선거에서 나타난 부산, 울산, 경남 지역의 투표 행태의 변화는 이 세 가지 가운데 '재편성의 선거'의 특성을 강하게 보인다. 일탈적 선거로 보기에는 자유한국당이나 박근혜에 대한 부정적 정서의 강도가 매우 강하고 또 일관된 형태로 그러한 이 지역에서의 정치적 태도의 변화가 확인되었다.

그런데 부산 지역을 예로 들면, 2018년 지방선거 이전의 선거에서도 한나라당 계열 정당에 대한 지지의 감소가 나타났다. 2012년 19대 국회의원 선거에서 부산 지역의 정당별 비례대표 투표 결과는 새누리당이 51.3%, 민주통합당이 31.8%를 획득하였으며 18개 지역구 중 2개 의석을 민주통합당이 차지했다. 2008년 18대 국회의원 선거에서의 정당투표에서는 한나라당 43.5%, 친박연대 22.6%로 이들 정당이 66.1%를 얻었고, 통합민주당은 12.7%를 얻는 데 그쳤으며 지역구는 한 석을 차지했다. 이에 비해 2016년 총선에서는 민주당이 약진했으며 한나라당의 지지도는 줄어들었다. 2012년 국회의원 선거에 비해 2016년 국회의원 선거에서 부산 지역 거의 대부분의 선거구에서 새누리당 후보에 대한 지지율이 감소되었다. 이런 지역 지지도의 하락 가능성 때문에 선거를 앞두고 당시 새누리당 비상대책위원장 박근혜가 부산 지역을 다섯 차례나 방문하기도 했다(이동윤 2012: 240-246). 이처럼 2012년 선거에서 벌써 부산 지역에서 전통적 지지 정당인 새누리당에 대한 애착은 약화되기 시작했으며, 2012년 총선은 "부산 지역에 대한 민주당의 도전이 새로운 가능성을 자리매김하게 된 선거"가 되었다(이동윤 2012: 243). 2016년 국회의원 선거에서는 부산의 18개 지역구 가운데 5개 지역구에서 더불어민주당 후보가 당선됐다. 또한 정당 투표에서는 새누리당은 41.2%를 얻는 데 그쳤다. 이에 비해 더불어민주당은 26.1%, 그리고 국민의당은 20.3%를 얻었다. 2017년 5월 9일의 대통령 선거에서도 더불어민주당의 문재인 후보는 부산 지역에서 38.7%를 얻었고 홍준표 자유한국당 후보는

32.0%를 얻었다.

류재성(2010)은 2010년 지방선거에서 대구와 경북 지역, 그리고 부산에서의 선거 결과를 분석하면서, 선거는 한나라당의 우세로 나타났지만 경남도지사 선거를 비롯해 이 지역의 기초자치단체장 및 기초의회 선거에서는 한나라당의 지역 내 영향력이 예전에 비해 상당한 정도로 약화된 징후들이 나타났음을 지적했다. 정재도와 이재묵(2018)은 역대 대통령 선거, 민주화 이후 국회의원 선거, 그리고 2014, 2018년 지방선거에 대한 영남 지역 선거 결과 분석을 토대로, 대구, 경북이 여전히 강한 지역주의 영향하에 있는 것에 비해, 부산, 울산, 경남의 경우 지속적으로 지역주의가 완화되어 왔음을 제시했다. 이처럼 영남 지역 유권자의 분화, 특히 PK 지역에서의 한나라당 계 정당에 대한 정치적 충성심이나 애착의 약화는 이미 오래 전부터 시작되었다. 한나라당 계 정당이 2012년 이후 선거에서 부산 지역에서 '패배'했다고 할 수는 없지만 '일탈적' 선거의 특성은 이전부터 지속적으로 보여온 것이다. 이런 점에서 볼 때, 앞 절에서의 분석 결과는 부산, 울산, 경남 지역에서 전통적 지지 정당에 대한 애착과 충성심의 '강도'에 상당한 변화가 생겨났음을 의미하는 것이다.

그러나 지방선거에서는 많은 의석을 얻었지만, 분석 결과는 더불어민주당이 부산, 울산, 경남 지역 유권자들로부터 강한 이념적, 정파적 지지를 확보하게 되었다는 것을 보여 주지는 못했다. 이 지역 유권자들의 더불어민주당에 대한 투표 결정이나 정당 호감도에 대해 중요한 영향을 미쳤던 변수는 문재인 대통령이었다. 즉, 대구, 경북 지역과 비교할 때 부산, 울산, 경남 지역에서 자유한국당에 대한 정치적 애착감은 분명히 낮아졌지만, 그것이 곧바로 더불어민주당에 대한 애착이나 충성심의 강화로 이어진 것은 아니었다. 그런 점에서 볼 때, 부산, 울산, 경남 지역 유권자들 사이에서는 오랫동안 지역주의 정치가 규정해 온 특정 정당에 대한 유대감(party ties)이 약화되었음을 알 수 있다. 즉, 이미 이 지역 유권자들은 기존의 정파 지지로부터의 이탈(dealignment)이 발생한 것이다(Stanley 1988: 66). 그리고 이러한 현상이 2018년 선거에서 처음 발생한 것이 아닌 만큼, 이 지역은 정당 지지의 재편성(realignment)의 과정에 들어갔다고 볼 수 있을 것 같다. 이런 점에서 앞으로 상당 기간 동안 PK 지역에서의 선거는 유동성이 상당히 클 것으로 예상된다.

5. 결론

2018년 지방선거는 한국 정치의 변화와 관련하여 흥미로운 모습을 보여 주었다. 더불어민주당이 대구, 경북 지역과 제주를 제외한 전 지역의 광역 단체장을 차지했고, 대다수 지역의 기초단체장이나 지방의회 선거에서도 자유한국당 등 다른 정당을 사실상 '압도'했다. 그러나 보다 장기적인 관점에서 볼 때 주목할 만한 변화는 특히 영남 지역주의의 분화이다. 1990년 3당 합당 이후 매우 유사한 정파적 지지 성향을 보여 왔던 TK와 PK 지역의 정치적 선택의 결과가 2018년 지방선거에서는 매우 큰 대조를 보였다. 지역주의 정치와 관련해서 의미심장한 변화가 발생한 것이다.

물론 2018년 지방선거의 결과를 지나치게 확대 해석하는 것은 주의해야 한다. 시기적으로 문재인 대통령에 대한 기대감이 높던 '정치적 밀월기'에 실시되었고 당시 문 대통령에 대한 여론의 지지도는 예외적이라고 할 만큼 높았다. 더욱이 지방선거는 대통령 선거나 국회의원 선거에 비해서는 정치적 무게감이 상대적으로 떨어지는 부차적 중요성을 갖는 선거(second-order election)라고 할 수 있다. 따라서 유권자들로서는 과거 지지 정당에 대한 정치적 불만을 선거 과정에서 정치적 부담을 크게 갖지 않으면서 보다 쉽게 표출할 수 있으며, 그만큼 주요 두 정당 간 승패의 차이가 보다 크게 발생할 수 있다.

그러나, 앞에서 논의한 대로, 이러한 변화는 부산, 울산, 경남 지역에서 나타난 전통적 지지 정당, 곧 한나라당 계 정당으로부터의 지지 이탈(dealignment)의 결과였다. 〈표 14-10〉, 〈표 14-11〉이 보여 주는 대로, 부산, 울산, 경남 지역 유권자들 사이에서 자유한국당과 박근혜 전 대통령에 대한 분명한 실망감과 거부감이 확인되었다. 이러한 정파적 유대감의 약화는 2018년 지방선거에서 처음 시작된 것은 아니며, 그 이전의 선거에서도 한나라당 계 정당에 대한 지지세의 약화는 나타났다. 그러나 2016~2017년 촛불집회와 탄핵 정국을 거치면서 이러한 유대감의 약화는 더욱 커진 것으로 추측해 볼 수 있다. 그런 점에서 향후 정국이 어떤 형태로 전개되든지 자유한국당 등 보수 정당들 예전과 같이 지역 유권자들로부터 '압도적이고 일방적인' 지지를 회복하기는 쉽지 않을 것이다.

한편, 부산, 울산, 경남 지역에서 한나라당 계 정당에 대한 정파적 유대감의 약화가 민주당 계 정당에 대한 공고한 지지로 이어진 것은 아니라는 점에 유의할 필요가 있다. 2018년 지방선거에서 PK 지역에서는 더불어민주당에 대한 유인 요인보다 자유한국당에 대한 배출 요인이 더 큰 영향을 미쳤다. 그런 점에서 볼 때 향후 상당한 기간 동안 PK 지역의 선거에서는 정치적 유동성(volatility)이 클 것으로 예상된다. 어느 한 정당이 지속적이고 안정적인 지지를 확보하기보다 선거 시기의 정치 상황, 이슈 등에 따라 지역의 정치적 지지가 크게 변화는 유동적 상태가 나타날 것으로 보인다.

그렇다고 해도 PK 지역에서 나타난 전통적 지지 정당으로부터의 이탈이 주는 정치적 결과는 결코 과소평가될 수 없다. PK 지역의 이탈로 인해 지역주의 정치 구도는 민주당 계 정당의 지지 기반인 호남과 한나라당 계 정당의 지지 기반인 TK 지역만이 남게 되었다. 그런데 흥미롭게도 이들 두 지역의 인구의 규모는 거의 동일하다. 즉 PK 지역의 이탈로 인해 주요 두 정파의 지역적 기반의 규모는 유사하게 되었다. 과거 한나라당 계 정당이나 소속 대통령 후보가 갖던 선거에서의 유리함이 사라지게 된 것이다. 그런 만큼 향후 두 거대 정당 간 선거 경쟁의 결과는 더욱 예상하기 어렵게 되었고, 지역주의 정치가 선거 경쟁이나 정당 구도에 미치는 영향도 그만큼 줄어들게 되었다. 영남 지역의 2018년 지방선거 결과는 이와 같은 의미심장한 한국 정치의 변화를 잘 보여 주고 있다.

참고문헌

강원택. 2017. "2017년 대통령 선거에서의 보수 정치: 몰락 혹은 분화?" 『한국정당학회보』 16(2), 5-32.

강원택. 2016. "쟁점 부재의 선거에서의 투표 선택: 2016년 국회의원 선거를 중심으로." 『한국정치연구』 25(3), 109-133.

강원택. 2015. "2014년 지방선거에서 이슈의 영향: 세월호 사건을 중심으로." 강원택 편. 『2014년 지방선거 분석』. 나남, 15-36.

강원택. 2014. "사회 계층과 정치적 갈등: 객관적 계층과 주관적 계층." 강원택 · 김병연 · 안상훈 · 이재열 · 최인철. 『당신은 중산층입니까』. 21세기북스, 61-106.

강원택. 2013a. "한국 선거에서의 '계급 배반 투표'와 사회 계층." 『한국정당학회보』 12(3), 5-28.

강원택. 2013b. "사회계층과 투표 선택". 박찬욱, 강원택 편. 『2012년 대통령 선거 분석』. 나남, 111-137.

강원택. 2012a. "왜 회고적 평가가 이뤄지지 않았을까." 『한국정치학회보』 46(4), 129-147.

강원택. 2012b. "정파적 지지와 인지적 동원." 박찬욱, 강원택 편저. 『2012년 국회의원 선거 분석』, 나남, 204-230.

강원택. 2012c. "3당 합당과 한국 정당 정치." 『한국정당학회보』 11(1), 171-194.

강원택. 2011a. "천안함 사건과 지방선거." 이내영, 임성학 편. 『변화하는 한국 유권자 4』. 동아시아연구원, 37-53.

강원택. 2011b. "한국에서 정치 균열 구조의 역사적 기원: 립셋-록칸 모델의 적용." 『한국과 국제정치』 27(3), 99-130.

강원택. 2010. 『한국 선거정치의 변화와 지속: 이념, 이슈, 캠페인과 투표 참여』. 나남.

강원택. 2008. "2007년 대통령 선거와 이슈: 회고적 평가 혹은 전망적 기대." 『의정연구』 14(1), 32-59.

강원택. 2005. "한국의 이념 갈등과 진보 보수의 경계." 『한국정당학회보』 4(2), 193-217.

강원택. 2003. 『한국의 선거정치: 이념, 지역, 세대와 미디어』. 푸른길.
강원택. 1999. "지방선거에 대한 중앙정치의 영향: 지방적 행사 혹은 중앙정치의 대리전?." 조중빈 편, 『한국의 선거 III: 1998년 지방선거를 중심으로』, 푸른길.
강원택. 1998a. "정치적 기대수준과 저항투표: 단순다수제 하에서 제3당에 대한 지지의 논리" 『한국정치학회보』 32(2), 191-210.
강원택. 1998b. "유권자의 이념 성향과 투표 행태." 이남영 편. 『한국의 선거 II: 제15대 대통령 선거를 중심으로』. 푸른길, 45-96.
강원택·성예진. 2018. "2017년 대통령 선거에서 이념과 세대: 보수 성향 유권자를 중심으로." 『한국정치연구』 27(1), 205-240.
고원. 2012. "한국에서 복지의제의 지배적 정치담론화 과정 분석." 『경제와사회』, 95, 12-38.
구갑우·김민영·안병진·장석준·정상호. 2008. "[좌담] 18대 총선평가와 진보의 새길 찾기." 『시민과 세계』 13, 166-204.
권혁용. 2017. 『선거와 복지국가』. 고려대학교 출판문화원.
권혁용. 2008. "2007년 대통령 선거에 나타난 경제투표." 이현우·권혁용 편. 『변화하는 한국 유권자 2: 패널 조사를 통해 본 2007 대선』. EAI, 151-178.
금현섭·백승주. 2015. "경제적 불평등과 정부 신뢰: 불평등에 대한 태도를 중심으로." 『행정논총』 53(1), 1-33.
김무경·이갑윤. 2005. "한국인의 이념정향과 갈등." 『사회과학연구』 13(2), 6-32.
김병로. 2013. "북한에 대한 인식." 서울대학교 통일평화연구원. 『2013 통일의식조사 발표: 박근혜 정부 대북정책에 대한 국민의 평가와 기대』. (2013.9.26) 발표문.
김병조. 2000. "한국인 주관적 계층의식의 특성과 결정요인." 『한국사회학』 34, 241-268.
김상돈. 2011. "불평등인식, 정치 성향, 정당지지가 정치항의에 미치는 영향." 『OUGHTOPIA』 26(1), 141-171.
김상돈. 2007. "사회경제적 지위와 정치적 성향이 국가기관 불신에 미치는 영향." 『한국사회학』 43(2), 25-54.
김성연. 2017. "제18대 대통령 선거에서 이념의 영향: 패널 데이터 분석 결과." 『의정연구』 51, 148-177.
김영태. 2007. "제17대 대통령 선거와 북한 변수." 『정치정보연구』 10(2), 65-77.
김영태. 2002. "1인 2표제의 제도적 효과와 정치적 영향: 독일, 뉴질랜드, 일본의 경험과 시사점." 진영재 편. 『한국의 선거제도 I』, 한국사회과학데이터센터, 205-250.
김욱. 2006. "16대 대선에서 세대, 이념 그리고 가치의 영향력", 어수영 편. 『한국의 선거 IV:

제16대 대통령 선거와 제17대 국회의원 선거』. 오름, 75-108.
김윤태. 2013. "계급 배반 투표'의 오류를 피하려면…"「프레시안」. (2013.1.9.) http://www.pressian.com/article/article.asp?article_num=20130109143124
김주찬·윤성이. 2003. "2002년 대통령선거에서 이념 성향이 투표에 미친 영향."『21세기 정치학회보』 13(2), 1-17.
김지희. 2006. "한국인의 정치제도에 대한 신뢰와 불신: 신뢰 형성에 영향을 미치는 정치경제적, 사회문화적 요인에 대한 연구."『신뢰연구』 16(1), 49-80.
김진하. 2004. "소득 수준에 따른 계급 투표의 부활."『한국정치학회보』, 38(2), 465-493.
김형준. 2007. "제16대 대통령 선거와 북한 변수."『정치정보연구』 10(2), 47-64.
김형준. 2004. "17대 총선과 세대: 정당지지 분석을 중심으로."『사회연구』 2, 47-77.
노환희·송정민. 2013. "세대 균열에 대한 고찰: 세대효과인가, 연령효과인가." 박찬욱·강원택 편.『2012년 대통령 선거 분석』. 나남, 139-184.
류재성. 2012. "부동층은 누구인가?: 지지 후보 결정시점의 요인에 관한 연구." 231-263, 박찬욱·강원택 편저.『2012년 국회의원 선거 분석』. 나남.
류재성. 2010. "제5회 영남지역 지방선거 결과 분석: 지역패권정당체계의 지속과 변화."『의정논총』 5(2), 189-223.
문우진. 2017. "지역주의 투표의 특성과 변화: 이론적 쟁점과 경험분석."『의정연구』 50, 82-111.
문우진. 2009. "지역주의와 이념 성향."『한국정당학회보』 8(1), 87-113.
박경미·한정택·이지호. 2012. "한국 사회 이념 갈등의 구성적 특성."『한국정당학회보』 11(3), 127-154.
박명호. 2009. "2008 총선에서 나타난 세대 효과와 연령 효과에 관한 분석."『한국정당학회보』 8(1), 65-86.
박병진. 2007. "신뢰 형성에 있어 사회참여와 제도의 역할."『한국사회학』 41(3), 65-105.
박원호. 2013a. "세대 균열의 진화: 386 세대의 소멸과 30대 유권자의 부상." 박찬욱·김지윤·우정엽 편.『한국 유권자의 선택 1: 2012 총선』. 아산정책연구원, 183-216.
박원호. 2013b. "정당 일체감의 재구성." 박찬욱, 강원택 편.『2012년 대통령 선거 분석』. 나남, 51-74.
박원호. 2012. "유권자의 정치이념과 정책선호, 그리고 후보자 선택." 박찬욱·강원택 편,『2012년 국회의원선거 분석』. 나남, 35-62.
박원호·신화용. 2014. "정당 선호의 감정적 기반: 세월호 사건과 지방선거를 중심으로."『한국정치학회보』 48(5), 119-142.
박원호·송정민. 2012. "정당은 유권자에게 얼마나 유의미한가?: 한국의 무당파층과 국회의원 총선거." 『한국정치연구』 21(2), 114-143.
박종민·김왕식. 2006. "한국에서 사회 신뢰의 생성." 『한국정치학회보』 40(2), 149-169.
박찬욱. 2013. "2012년 대통령 선거의 특징." 박찬욱·강원택 편. 『2012 년 대통령선거 분석』. 나남, 17-50.
박찬욱. 2009. "Effects of Social and Ideological Cleavages on Vote Choice in the Korean Presidential Election of December 19, 2007." 『현대정치연구』 2(1), 85-121.
박찬욱. 2005. "제17대 총선에서 2표 병립제와 유권자의 분할투표: 선거제도의 미시적 효과 분석." 박찬욱 편. 『제17대 국회의원 총선거 분석』. 푸른길, 103-176.
박찬욱. 2000. "4.13 총선의 정치적 의의." 김용호 외. 『4.13 총선; 캠페인 사례연구와 쟁점 분석』. 문형, 295-315.
박찬욱. 1993. "제14대 국회의원 총선거에서의 정당지지 분석." 이남영 편. 『한국의 선거 I』. 나남, 67-115.
박찬욱·김경미·이승민. 2008. "제17대 대통령 선거에서 유권자의 사회경제적 특성과 이념 정향이 후보 선택에 미친 영향." 박찬욱 편. 『제17대 대통령 선거를 분석한다』. 생각의 나무, 193-250.
박찬표. 2008. "제17대 국회의 정당 경쟁 구도 분석." 『한국정당학회보』 7(2), 5-40.
박찬표. 2002. 『한국의회정치와 민주주의: 비교의회론적 시각』. 오름.
서문기. 2001. "한국 사회의 정부 신뢰 구조." 『한국사회학』 35(5), 119-146.
서복경·한영빈. 2014. "계층의식이 정책 선호 및 투표 선택에 미치는 영향." 이갑윤·이현우 편. 『한국의 정치균열 구조: 지역, 계층, 세대 및 이념』. 오름, 139-170.
서현진. 2008. "17대 대통령 선거의 투표 참여와 세대에 관한 연구." 『의정연구』 14(2), 117-143.
손낙구. 2010. 『대한민국 정치사회 지도: 수도권 편』. 후마니타스.
신광영. 2016. "한국 사회 불평등과 민주주의." 「한국사회학회 심포지움 논문집」, 73-95.
신광영. 2013. 『한국 사회 불평등 연구』. 후마니타스.
신광영. 2004. "한국 진보정치의 존재조건." 『역사비평』 가을호. 68호, 41-64.
오현주·길정아. 2013. "유권자의 이념과 투표선택: 보수의 결집과 진보의 분열." 박찬욱·강원택 편, 『2012년 대통령선거 분석』. 나남, 185-217.
오현주·송진미·길정아·강원택. 2014. "정당 호감도와 회고적 평가: 2014년 지방선거를 중심으로.”『한국정당학회보』 13(3), 69-97.
윤광일. 2013. “지역주의 투표.” 박찬욱·강원택 편. 『2012년 대통령 선거 분석』. 나남, 75-109.
윤광일, 2011. “선거주기에 대한 이론적 고찰: 미국 사례를 중심으로.”『의정연구』 32, 5-31.
윤성이. 2012. “소셜 네트워크의 확산과 민주주의 의식의 변화.”『한국정치연구』 21(2), 145-168.
윤성이. 2006. “한국사회 이념갈등의 실체와 변화.”『국가전략』 12, 163-182.
윤성이·이민규. 2014. “한국사회 이념갈등의 세대 간 특성 비교.”『21세기정치학회보』 24(3), 271-292.
윤성이·이민규. 2011. “한국사회 이념측정의 재구성.”『의정연구』 17(3), 63-82.
윤종빈. 2006. “17대 총선과 탄핵 쟁점.” 어수영 편저. 『한국의 선거 V: 제16대 대통령 선거와 제17대 국회의원 선거』. 오름, 329-351.
이갑윤·이현우. 2008. “이념 투표의 영향력 분석.”『현대정치연구』 1(1), 137-166.
이갑윤·이지호·김세걸. 2013. “재산이 계급의식과 투표에 미치는 영향.”『한국정치연구』 22(2), 1-23.
이내영. 2011. “한국사회 이념갈등의 원인.”『한국정당학회보』 10(2), 251-287.
이내영. 2009. “한국 유권자의 이념 성향의 변화와 이념 투표.”『평화연구』 17(2), 42-72.
이내영. 2002. “세대 정치와 이념.”『계간 사상』 가을호, 53-79.
이동윤. 2012. “제19대 국회의원 선거와 부산 지역 정당 지지도 분석.”『OUGHTOPIA』 27(1), 223-255.
이숙종. 2006. “정부신뢰와 거버넌스.”『국정관리연구』 1(1), 143-172.
이숙종·유희정, 2015. “정부신뢰의 영향요인 연구: 대통령 신뢰의 매개효과를 중심으로.”『한국정치연구』 24(2), 53-81.
이용마. 2014. “2000년대 이후 한국 사회 계층균열 구조의 등장.”『한국정치학회보』 48(4), 249-270.
이용마. 2013. 「한국 사회 계층균열의 등장과 정당재편성: 2000년대 선거를 중심으로」. 서울대학교 정치외교학부 정치학 박사 논문.
이연호. 2013. 『불평등 발전과 민주주의』. 박영사.
이우진. 2016. 「소득불평등의 심화 원인과 재분배 정책에 관한 연구」. 국회예산정책처 연구용역보고서.
이현우. 2015. “2014년 지방선거에 세월호 사건이 미친 영향: 정부책임과 정당대응 평가를 중심으로.” 『한국정치학회보』 49(1), 247-268.
이현우. 2006. “16대 대통령 선거에서 나타난 이슈와 후보자 전략.” 어수영 편. 『한국의 선거 V: 제16대 대통령 선거와 제17대 국회의원 선거』. 오름, 39-73.
이현우. 1998. “한국에서의 경제투표.” 이남영 편. 『한국의 선거 II: 15대 대통령 선거를 중심으로』. 푸른길, 97-150.
이현출. 2005. “한국 국민의 이념 성향.” 『한국정치학회보』 39(2), 321-343.
임수환. 2007. “제14대 대통령 선거와 북한 변수: 민주주의 발전의 관점에서.” 『정치정보연구』 10(2), 1-19.
장승진. 2016. “제20대 총선의 투표선택: 회고적 투표와 세 가지 심판론.” 『한국정치학회보』 50(4), 151-169.
장승진. 2015. “한국 유권자의 정당 일체감과 투표행태: 정당 편향 유권자의 특성과 투표선택을 중심으로.” 『한국정치연구』 24(2), 25-51.
장승진. 2013a. “2012년 양대 선거에서 나타난 계층균열의 가능성과 한계.” 『한국정치학회보』 47(4), 51-70.
장승진. 2013b. “쟁점 투표와 정치지식: 경제 민주화 이슈를 중심으로.” 박찬욱·강원택 편. 『2012년 대통령 선거 분석』. 나남, 219-246.
장용석. 2013. “대북 정책.” 서울대학교 통일평화연구원. 『2013 통일의식조사 발표: 박근혜 정부 대북정책에 대한 국민의 평가와 기대』. (2013.9.26) 발표문.
전병유·신진욱. 2014. “저소득층일수록 보수 정당을 지지하는가? 한국에서 계층별 정당지지와 정책 태도, 2003~2012.” 『동향과 전망』 91, 9-51.
정재도·이재묵. 2018. “영남 지역주의 투표행태의 변화 연구.” 『대한정치학회보』 26(4): 59-92.
정준표. 1998. “북풍의 정치학: 선거와 북한 변수.” 『한국과 국제정치』 14(1), 111-151.
정한울. 2011. “주민투표 이후 복지정국과 계급정치의 부상: 여당지지층의 박근혜 쏠림현상과 문재인 신드롬.” EAI 여론브리핑 103. (8. 29).
조기숙. 2013. “‘정당 지지’에 기초한 선거 예측 종합모형.” 『한국정치학회보』 47(4), 71-92.
조기숙·박혜윤. 2008. “광장의 정치와 문화적 충돌.” 『한국정치학회보』 42(4), 243-268.
조동기. 2006. “중산층의 사회인구학적 특성과 주관적 계층의식.” 『한국인구학』 29(3), 89-109.
조성대. 2015. 『이념의 정치와 한국의 선거: 공간이론으로 본 한국의 대통령선거』. 오름.
주봉호. 2007. “제15대 대통령 선거와 북한 변수.”『정치정보연구』 10(2). 21-44.

지병근. 2015. "민주화 이후 지역감정의 변화와 원인."『한국정당학회보』 14(1), 63–91.
지은주·이양호·권혁용. 2014. "한국의 불평등과 정치 신뢰." 이신화 외. 『불평등과 민주주의』. 고려대학교 출판부, 302–324.
최영진. 2001. "제16대 총선과 한국 지역주의 성격." 『한국정치학회보』 35(2). 149–165.
최장집. 2002. 『민주화 이후의 민주주의』. 후마니타스.
최준영·조진만. 2005. "지역 균열의 변화 가능성에 대한 경험적 고찰: 제17대 국회의원 선거에서 나타난 이념과 세대 균열의 효과를 중심으로." 『한국정치학회보』 39(3), 375–394.
한귀영. 2013. "2012 대선, 가난한 이들은 왜 보수 정당을 지지했는가?" 『동향과 전망』 89, 9–40.
한정훈. 2012. "정당 일체감 형성요인 분석: 정강, 정당지도자 및 정당활동가." 『한국과 국제정치』 28(3), 93–128.
황아란. 2008. "영남 지역주의의 지속성과 변화." 『21세기정치학회보』 18(1), 69–91.
홍두승. 2008. 『한국의 중산층』. 서울대학교출판부.
Abramowitz, Alan. 1995. "It's Abortion, Stupid: Policy Voting in the 1992 Presidential Election." *Journal of Politics* 57(1), 176-186.
Achen, Christopher and Larry Bartels. 2004. "Blind Retrospection Electoral Response to Drought, Flu, and Shark attacks." Estudio/Working Paper 2004/199 (June 2004).
Albright, Jeremy. 2009. "Does political knowledge erode party attachments?: A review of the cognitive mobilization thesis." *Electoral Studies* 28, 248-260.
Aldrich, John, John Sullivan and Eugene Borgida. 1989. "Foreign Afffairs and Issue Voting: Do Presidential Candidates "Waltz Before A Blind Audience?" *American Political Science Review* 83(1), 123-141.
Andersen, Robert and Anthony Heath. 2002. "Class Matters: The Persisting Effects of Contextual Social Class on Individual Voting in Britain, 1964-97," *European Sociological Review*, 18(2), 125-138.
Ansolabehere, Stephen, and Shanto Iyengar. 1994. "Riding the Wave and Claiming Ownership Over Issues: The Joint Effects of Advertising and News Coverage in Campaigns," *Public Opinion Quarterly* 58, 335-357.
Baker, W. D. and Oneal, J. R., 2001. Patriotism or opinion leadership? The nature and

origins of the "rally' round the flag" effect. *Journal of conflict Resolution*, 45(5), 661-687.

Bartolini, Stefano and Peter Mair. 1990. *Identity, Competition, and Electoral Availability: The Stabilization of European Electorates, 1885-1985.* Cambridge: Cambridge University Press.

Bisgaard,Martin. 2015. "Bias will Find a Way: Economic Perceptions, Attributions of Blame, and Partisan-Motivated Reasoning during Crisis." *The Journal of Politics* 77: 3, 849-860.

Brody, Richard and Benjamin Page. 1972. "The Assessment of Policy Voting." *American Political Science Review* 66(2), 450-458.

Budge, Ian, and Dennis J. Farlie. 1983. *Explaining and Predicting Elections: Issue Effectsand Party Strategies in Twenty-Three Democracies*, London: Allen & Unwin.

Campbell, J. E. 1991. "The presidential surge and its midterm decline in congressional elections, 1868-1988." *The Journal of Politics*, 53(2), 477-487.

Campbell, Angus, Philip Converse, Warren E. Miller and Donald E. Stokes. 1960. *The American Voter.* New York: John Wiley & Sons.

Clark, Terry. 2003. "The Breakdown of Class Politics." *The American Sociologist* 34-1/2, 17-32.

Clark, T.N., Lipset, S.M. and Rempel, M., 1993. "The declining political significance of social class." *International Sociology,* 8(3), 293-316.

Conover, Pamela Johnston and Stanley Feldman. 1981. "The Origins and Meaning of Liberal/Conservative Self-Identification." *American Journal of Political Science* 25(4), 617-645.

Converse, Philip. 1964. "The Nature of Belief Systems in Mass Publics." In D. Apter (ed.) *Ideology and Discontent*, New York: Free Press

Crewe Ivor. 1986. "On the death and resurrection of class voting: some comments on how Britain votes." *Political Studies* 34-4, 620-638.

Dalton, Russel. 2012. "Apartisans and the Changing German Electorate." *Electoral Studies* 31, 35-45.

Dalton, Russel. 2002. "Political Cleavages, Issues and Electoral Change," in LeDuc, Niemi, and Norris (eds.) *Comparing Democracies 2: New Challenges in the Study of*

Elections and Voting, 189-209.

Dalton, Russell. 1999. "Political Support in Advanced Industrial Democracies." in Pippa Norris, ed., *Critical Citizens: Global Support for Democratic Government*. Oxford: Oxford University Press, 57-77.

Dalton, Russel. 1984. "Cognitive Mobilization and Partisan Dealignment in Advanced Industrial Democracies." *Journal of Politics* 46: 1, 264-284.

Dalton, Russell and Martin Wattenberg (eds.) 2000. *Parties without Partisans: Political Change in Advanced Industrial Democracies*. Oxford: Oxford University Press.

Damore, David. 2004. "The Dynamics of Issue Ownership in Presidential Campaigns," *Political Research Quarterly* 57: 3, 391-397.

De Vries, C. E., Hakhverdian, A., and Lancee, B. 2013. "The dynamics of voters' left/right identification: The role of economic and cultural attitudes." *Political Science Research and Methods*, 1(2), 223-238.

Downs, Anthony. 1957. *An Economic Theory of Democracy*. New York: Harper.

Druckman, James. 2004. Priming the Vote: Campaign Effects in a US Senate Election." *Political Psychology* 25:4, 577-594.

Dunleavy, Patrick. 1991. *Democracy, Bureaucracy and Public Choice: Economic Explanations in Political Science*. London: Harvester Wheatsheaf.

Duverger, Maurice. 1954. *Political Parties: Their Organization and Activity in the Modern State*, translated by North and North. London: Methuen & Co.

Easton, David. 1998. "A Re-assessment of the Concept of Political Support." British Journal of Political Science 5(4), 435-457.

Easton, David. 1965. *A Systems Analysis of Political Life*. New York: John Wiley and Sons, Inc.

Enelow, James and Melvin Hinich. 1984. *The Spatial Theory of Voting: An Introduction*. Cambridge: Cambridge University Press.

Erikson, R. S. 1988. "The puzzle of midterm loss." *The Journal of Politics*, 50(4), 1011-1029.

Evans, Geoffrey, Anthony Heath and Mansur Lalljee. 1996. "Measuring Left-Right and Libertarian-Authoritarian Values in the British Electorate." *British* Journal of Sociology 47: 1, 93-112.

Fiorina, Morris. 1981. *Retrospective Voting in American National Elections.* New Haven: Yale University Press.

Frank, Thomas. 2004. *What's the matter with Kansas? Middle America's Thirty* Year War with Liberalism. 김병순 옮김. 2012. 『왜 가난한 사람은 부자를 위해 투표하는가: 캔자스에서 도대체 무슨 일이 있었나』. 갈라파고스.

Gasper, John T. and Andrew Reeves. 2011. "Make It Rain? Retrospection and the Attentive Electorate in the Context of Natural Disasters." *American Journal of Political Science* 55(2), 340-355.

Haidt, Jonathan. 2012. "Why Working-class vote conservative." The Guardian. (6. 5)

http://www.guardian.co.uk/society/2012/jun/05/why-working-class-people-vote-conservative (검색일: 2013.1.11).

Hetherington, Marc J. 1998. "The Political Relevance of Political Trust." *The American Political Science Review,* 92(4), 791-808.

Highton, Benjamin. 2010. "The Contextual Causes of Issue and Party Voting in American Presidential Elections." *Political Behavior* 32(4), 453-471.

Hirschman, A. O. 1970. *Exit, Voice and Loyalty: Responses to Decline in Firms, Organizations and States.* Cambridge, Mass.: Harvard University Press.

Inglehart, Ronald. 1977. *The Silent Revolution.* Princeton: Princeton University Press.

Inglehart, Ronld. 1971. "The Silent Revolution in Europe: Intergenerational Change in Post-Industrial Societies." *American Political Science Review* 64: 4, 991-1017.

Inglehart, Ronald and Hans-Dieter Klingemann. 1976. "Party Identification, Ideological Preference and the Left-Right Dimension among Western Mass Publics." In Ian Budge, Ivor Crewe and Dennis Farley (ed). P*arty Identification and Beyond.* London; New York: Wiley, 243-273.

Inglehart, Ronald and Pippa Norris. 2016. "Trump, Brexit and the Rise of populism: Economic Have-Nats and Cultural Backlash." HKS working paper No. RWIP16 -026 (July 29, 2016).

Jennings, M. Kent, and Richard G. Niemi. 1981. *Generations and Politics: A Panel Study of Young Adults and Their Parents.* Princeton: Princeton University Press.

Kang, Won-Taek. 2008. "How Ideology Divides Generations: The 2002 and 2004 South Korean Elections." *Canadian Journal of Political Science*, 41-2, 461-480.

Kaufmann, Karen M. (2004). "Disaggregating and Reexamining Issue Ownership and Voter Choice," *Polity* 36, 283-299.

Key, V. O., Jr. 1966. *The Responsible Electorate: Rationality in Presidential Voting 1936-1960.* Cambridge, MA: Harvard University Press.

Key, V. O. 1955. "A Theory of Critical Elections." Journal of Politics, 17(1), 3-18.

Kinder, Donald and Roderick Kiewiet. 1981. "Sociotropic Politics: The American Case." *British Journal of Political Science* 11, 129-161.

Kirchheimer, Otto. 1966. "The Transformation of the Western European Party Systems," in J. LaPalombara and M. Weiner (eds). *Political Parties and Political Development.* Princeton: Princeton University Press, pp. 177-200.

Kitschelt, Herbert. 1988. "Left-libertarian parties: Explaining innovation in competitive party systems." *World Politics* 40(2), 194-234.

Kuan, Hsin and Siu-kai Lau. 2002. Cognitive mobilization and electoral support for the Democratic Party in Hong Kong." *Electoral Studies* 21, 561-582.

Laakso, M. and R Taagepera. 1979, "Effective Number of Parties: A measure with Application to West Europe, " *Comparative Political Studies,* 13(3), 3-27.

Lewis-Beck, Michael and Mary Stegmaier. 2000. "Economic Determinants of Electoral Outcomes." *Annual Review of Political Science* 3, 183-219.

Lipset, Samuel and Stein Rokkan. 1967. "Cleavage Structures, Party Systems and Voter Alignments: An Introduction," in Lipset and Rokkan (eds) *Party Systems and Voter Alignments.* New York: Macmillan, 1-64.

Mannheim, Karl. 1952. "The Problem of Generations." In P. Kecskemeti, ed. *Essays on the Sociology of Knowledge.* New York: Oxford University Press.

Marcus, Gregory. 1988. "Impact of Personal and National Economic Conditions on the Presidential vote: A Pooled Cross-sectional Analysis." 32, *American Journal of Political Science 32,* 135-154.

McCann, James, Ronald Rapport and Walter Stone. 1999. "Heeding the Call: An Assessment of Mobilization into Ross Perot's 1992 Presidential Campaign." *American Journal of Political Science* 43(1), 1-28.

McCarty, Nolan, M. Keith, T. Poole, and J. Seawright. 2006. *Polarized America: The Dance of Ideology and Unequal Riches.* Cambridge: MIT Press.

Middendorp, C. P. 1992. “Left-Right Self-identification and (Post) materialism in the Ideological Space; their Effect on the Vote in the Netherlands.” *Electoral Studies*, 11(3), 249-260.

Mishler, Willaim and Richard Rose. 2001. “What Are the Origins of Political Trust?: Testing Institutional and Cultural Theories in Post-Communist Societies.” *Comparative Political Studies* 34: 1, 30-62.

Nawara, Steven P. 2014. “Who is Responsibel, the Incumbent or the Former President? Motivated Reasoning in Responsibility Attributions.” *Presidential Studies Quarterly* 45(1) 110-131.

Newman, B. and Forcehimes, A., 2010. “Rally round the flag” events for presidential approval research. *Electoral Studies,* 29(1), pp.144-154.

Newton. 1999. “Social and Political Trust in established democracies.” Pippa Norris (ed.) *Critical Citizens: Global Support for Democratic Governance*. Oxford: Oxford University Press.

Norris, Pippa. 1999. “Institutional Explanations for Political Support,” in Pippa Norris, ed., *Critical Citizens: Global Support for Democratic Government*. Oxford: Oxford University Press, 217-235.

Norris, Pippa. 1990. *British By-elections: The Volatile Electorate. Oxford: Clarendon Press.*

Norpoth, Helmut. 1987. “The Falklands War and Government Popularity in Britain: Rally without Consequence or Surge without Decline?” *Electoral Studies* 6(1), 3-16.

Nye, Jr, Joseph. 1998. *Why People Don't Trust Government*. 2001. 박준원 옮김. 『국민은 왜 정부를 믿지 않는가』. 굿인포메이션.

Oneal, J.R. and Bryan, A. L., 1995. The rally' round the flag effect in US foreign policy crises, 1950-1985. *Political Behavior*, 17(4), 379-401.

Page, Benjamin and Calvin Jones. 1979. “Reciprocal Effects of Policy Preferences, Party Loyalties and the Vote.” *American Political Science Review* 73(4), 1071-1089.

Panebianco, Angelo. 1988. *Political Parties: Organization and Power.* Cambridge: Cambridge University Press.

Petrocik, John. 1996. “Issue Ownership in Presidential Elections, with a 1980 Case Study,” *American Journal of Political Science* 40, 825-850.

Petrocik, John. William Benoit and Glenn Hansen. 2003. "Issue Ownership and Presidential Campaigning, 1952-2000," *Political Science Quarterly* 118, 599-626.

Powell, Jr. Bingham. 2000. *Elections as Instruments of Democracy: Majoritarian and Proportional Visions.* New Haven: Yale University Press.

Rabinowitz, George and Stuart Macdonald. 1989. "A Directional Theory of Voting." *American Political Science Review* 83, 93-121.

Rose, Richard and Ian McAllister. 1986. *Voters Begin to Choose: From Closed-Class to Open Elections in Britain*. London: Sage.

Rose, Richard. and Derek Urwin. 1970. "Persistence and Change in Western party systems since 1945." *Political Studies* 18-3, 287-319.

Rothestein, Bo. 2001. "Social Capital in the Social Democratic Welfare State." Politics & Society 29(1), 207-241.

Rudolph, Thomas J. 2003. "Who's Responsible for the Economy? The Formation and Consequences of Responsibility Attributions." *American Journal of Political Science* 47(4), 698-713.

Scarrow, Susan, Paul Webb, and David Farrell. 2000. "From Social Integration to Electoral Contestation: The Changing Distribution of Power within Political Parties," in Dalton and Wattenburg (eds.) Parties without Partisans: Political Change in Advanced Industrial Democracies. Oxford: Oxford University Press, 129-153.

Schattschneider, E. E. 1960. *The Semisovereign People.* New York: Holt, Reinhart, and Winston.

Shafer, B. E., and Claggett, W. J. 1995. T*he two majorities: The issue context of modern American politics.* Baltimore and London: JHU Press.

Spruyt, Bram, Gil Keppens and Flip van Droogenbroeck. 2016. "Who support Populism and What attracts People to It." *Political Research Quarterly* 69(2), 335-346.

Stanley, Harold. 1988. "Southern Partisan Changes: Dealignment, Realignment or Both?." *The Journal of Politics* 50(1), 64-88.

Stiglitz, Joseph. 2012. The Price of Inequality. 이순희 옮김. 2013. 『불평등의 대가: 분열된 사회는 왜 위험한가』. 열린책들.

Stokes, Donald. 1963. "Spatial Models of Party Competition." *American Political Science Review* 57(2), 368-377.

Tilley, James. 2005. Research note: Libertarian-authoritarian value change in Britain, 1974-2001. *Political Studies*, 53(2), 442-453.

Treier, S., and Hillygus, D. S. 2009. "The nature of political ideology in the contemporary electorate." *Public Opinion Quarterly,* 73(4), 679-703.

Tufte, Edward R. 1975. "Determinants of the Outcomes of Midterm Congressional Elections." *American Political Science Review* 69(3), 812-826.

Uslaner, Eric. 2003. "Trust, Democracy and Governance: Can Government Policies Influence Generalized Trust?" Marc Hooghe and Dietlind Stolle, (eds.) *Generating Social Capital: Civil Society and Institutions in Comparative Perspectiv*e. New Tork: Palgrave.

Velez, Yamil and David Martin. 2013. "Sandy the Rainmaker: The Electoral Impact of a Super Storm." *PS: Poli tical Science & Politics* 46(2), 313-323.

• 논문 출처 •

제1장

2011. "천안함 사건과 지방선거." 이내영 · 임성학 편. 『변화하는 한국 유권자 4』. 동아시아연구원, 37−53.

제2장

2012. "왜 회고적 평가가 이뤄지지 않았을까." 『한국정치학회보』 46(4), 129−147.

제3장

2015. "2014년 지방선거에서 이슈의 영향: 세월호 사건을 중심으로." 강원택 편. 『2014년 지방선거 분석』. 나남, 15−36.

제4장

2016. "쟁점 부재의 선거에서의 투표 선택: 2016년 국회의원 선거를 중심으로." 『한국정치연구』 25(3), 109−133.

제6장

2013. "한국 선거에서의 '계급 배반 투표'와 사회 계층." 『한국정당학회보』 12(3), 5−28.

제7장

2014. "사회 계층과 정치적 갈등: 객관적 계층과 주관적 계층." 강원택 · 김병연 · 안상훈 · 이

재열·최인철. 『당신은 중산층입니까』. 21세기북스, 61–106.

제8장

2018. "경제적 불평등과 정치 신뢰." 강원택 외. 『사회적 갈등과 불평등』. 푸른길, 171–199.

제9장

2013. 이내영·서현진 편. 『변화하는 한국 유권자 5: 패널조사를 통해 본 2012 총선과 대선』. 동아시아연구원, 77–100.

제10장

2017. "2017년 대통령선거에서의 보수 정치: 몰락 혹은 분화?" 『한국정당학회보』 16(2), 5–32.

제11장

2018. "2017년 대통령 선거에서 이념과 세대: 보수 성향 유권자를 중심으로." 『한국정치연구』 27(1), 205–240. [성예진과 공저]

제12장

2012. "정파적 지지와 인지적 동원." 박찬욱·강원택 편저. 『2012년 국회의원 선거 분석』. 나남, 204–230.

제13장

2013. "안철수 현상과 2012년 대선." 박찬욱 외. 『한국 유권자의 선택 2: 18대 대선』. 아산정책연구원, 248–276.

제14장

2019. "정당 지지의 재편성과 지역주의의 변화: 영남 지역의 2018년 지방선거 결과를 중심으로." 『한국정당학회보』 18(2), 5–28.